# 数字乡村

## 县域发展新引擎

阿里研究院 编著

中国商务出版社

**图书在版编目（CIP）数据**

数字乡村 : 县域发展新引擎 / 阿里研究院编著 . —
北京：中国商务出版社，2023.3
　ISBN 978-7-5103-4647-7

　Ⅰ . ①数…　Ⅱ . ①阿…　Ⅲ . ①数字技术—应用—农村
—社会主义建设—研究—中国　Ⅳ . ① F320.3-39

中国国家版本馆 CIP 数据核字（2023）第 040154 号

**数字乡村：县域发展新引擎**
**SHUZI XIANGCUN: XIANYU FAZHAN XIN YINQING**

阿里研究院　编著

| | |
|---|---|
| 出　　　版： | 中国商务出版社 |
| 地　　　址： | 北京市东城区安外东后巷 28 号　邮编：100710 |
| 责任部门： | 外语事业部（010-64515139） |
| 责任编辑： | 谢星光　曹　蕾 |
| 直销客服： | 010- 64243656 |
| 总 发 行： | 中国商务出版社发行部（010-64268388　64515150） |
| 网购零售： | 中国商务出版社淘宝店（010-64286917） |
| 网　　　址： | http://www.cctpress.com |
| 网　　　店： | https://shop595663922.taobao.com |
| 邮　　　箱： | 278056012@qq.com |
| 排　　　版： | 北京嘉年华文图文制作有限责任公司 |
| 印　　　刷： | 三河市鹏远艺兴印务有限公司 |
| 开　　　本： | 787 毫米 × 1092 毫米　　1/16 |
| 印　　　张： | 28.5　　　　　　　字　数：390 千字 |
| 版　　　次： | 2023 年 3 月第 1 版　　印　　次：2023 年 3 月第 1 次印刷 |
| 书　　　号： | 978-7-5103-4647-7 |
| 定　　　价： | 128.00 元 |

桑海瑞　申　洋　沈浩翔　史同鑫　舒　心　司梦雨
孙　伟　孙小迪　孙战涛　檀立龙　唐俊韬　唐　溢
田军营　涂云敏　汪　凯　王　辉　王金杰　王军伟
王　鹏　王　瑞　王姗姗　王　馨　王旭辉　王　洋
王耀辉　王屹黎　王　瀛　王　悦　吴　彬　吴多策
吴　佳　夏子怡　肖理兰　谢士杰　邢雪铭　熊梓富
徐　飞　徐　杰　徐　菁　徐旭初　许建庄　许世伟
许轶群　杨　帆　杨慧子　杨　军　杨来旺　杨　谊
杨　峥　叶祖丽　易法敏　易红梅　尹慧玲　原若凡
战晓彤　张　彬　张成刚　张梵迪　张海兵　张金淼
张九青　张龙飞　张　漫　张　楠　张秦溥　张樹沁
张　伟　张梓煜　赵桂茹　赵俊晔　周　洁　朱梅捷
左臣明　左维维

**特别感谢**

感谢遂昌县农业农村局、肥城市农业农村局、肥城市委网信办、平阴县特色产业发展中心、河北省宠物产业协会、肃宁县数字经济发展服务中心、阿里巴巴数字乡村与区域经济发展事业部、淘宝教育、中农网购（江苏）电子商务有限公司等单位提供稿件，感谢本书所有案例县（市、区），广东省粤黔协作工作队，以及中信集团、圣农集团、纽澜地、网商银行等企业为调研工作提供的支持和帮助。

# 序 一

魏礼群

国务院研究室原主任、党组书记

　　新世纪以来，随着信息技术与数字经济的蓬勃发展，我国城乡二元结构快速演变。据统计，截至2022年12月，全国网民规模为10.67亿，其中农村网民规模达3.08亿，占网民整体的28.9%。全国累计建设开通了5G基站231万个，实现了"县县通5G"，全国行政村已历史性实现"村村通宽带"。城乡差距持续缩小，数字鸿沟加速消弭，推动了信息、资本、人口等要素在城乡之间的新配置。电子商务模式的普及，更加多元化、低门槛、去中心化的平台与技术的出现，使得数字乡村大量涌现，为乡村振兴战略的实施开拓了一条切实可行的新路径。可以说，数字乡村是乡村振兴的新引擎、新阶段、新形态，是中国式现代化的新动能、新拓展、新景象！

　　发展数字乡村，主体在县域。县域是城乡融合发展的重要场域和关键支撑，以县域为主体的乡村信息基础设施建设，以及教育、医疗、养老、文化等方面公共服务设施建设是加快数字乡村建设的基本保障。

《数字乡村：县域发展新引擎》一书，集中了众多地方政府和专家的智慧，是对当前中国数字乡村发展比较全面、丰富、生动的总结和展示。以县域经验为主体，是这本书最大的特色。全书精选了全国30多个县域的数字乡村建设典型案例，涵盖了产业振兴、人才振兴、文化振兴、生态振兴等多方面类型，呈现了品牌驱动、农文旅融合、企业帮扶、东西部协作、乡村振兴特派员等多种振兴模式，内容精彩纷呈，同时很接地气，各个地方的实干精神和创新智慧跃然纸上。在这些案例中，我很高兴看到了我的家乡——江苏省睢宁县。这座苏北小县城首创沙集电商模式，进而催生县域数字经济，走出了一条"农村电商化、产业数字化"的新路子，快速改变了昔日乡村贫穷落后的面貌。

我们常说，"榜样的力量是无穷的"。这本书中典型案例的主要做法与创新举措，能够给予广大乡村地区以巨大的激励和启示。

这本书的编写出版，对于全国众多致力于发展数字经济、渴望搭上互联网快车的乡村地区，无疑是一本不可多得的读物。应阿里研究院的编著者之邀，欣然命笔，写了一点感言，是为序！

# 序 二

**黄季焜**
发展中国家科学院院士、北京大学新农村发展研究院院长

中国是数字经济发展最快的国家之一。中国数字经济总量世界第二（仅次于美国）；在数字经济在国民经济中的占比上，虽然中国还低于美国、英国和德国等发达国家，但近几年发展非常快，目前中国已进入世界前十。当我们讨论数字经济在国民经济中重要性的同时，实际上，数字经济对农业农村发展也提供了很好的机遇。总结数字经济在农业农村发展中的作用，主要集中在如下三方面：

首先，数字技术有助于提高农业生产力水平。在农业生产领域，可以使农业生产过程更精准，节约水土资源、劳动时间、化学农药等生产投入，在降低生产成本同时促进生态环境改善；可以使农业生产管理更为科学，促进要素的合理配置和生产结构调整，优化光温气调节和田间管理并提高农作物单产水平；有助于做出更加及时和科学的决策，使生产快速适应市场对产品和质量等需求，促进市场供需平衡。

其次，数字技术应用有益于提升农产品市场效益和消费者福利。在市场层面，有助于解决信息不对称问题和交易透明，促进农产品市场价格稳定，实现食品可追溯；在价值链层面，可强化价值链链接，促进一二三产融合发展；对消费者而言，可以节约时间，更好地满足个性化需求。

第三，数字技术对提升农业农村发展与治理效率有很多潜在作用。比如，在农业领域，有助于改善生产、环境、市场等国家规划及监督管理体系；在农村领域，数字技术应用对农村经济、社会、生态、环境等领域的规划、管理、基层治理等都会发挥重要作用。

我们很高兴地看到，本书展现了数字技术在打通产供销全链路、打造农产品区域公用品牌、提高农业生产力、提升农产品市场效益、促进农文旅融合发展、完善基层治理等方面发挥的积极作用，既有县域的典型案例，又有数字化转型企业的实践探索，为大家展现了多维度、广场景、多业态的数字乡村建设生动画卷，是一本难得的县域数字乡村领域的学习秘籍。

# 序 三

**王志勤**
中国信息通信研究院副院长

当前，新一轮科技革命和产业变革蓬勃兴起，数字化发展成为世界经济的重要议题和社会演进的基本趋势，对经济生产、日常生活，以及社会治理产生了前所未有的影响。数字技术以及以数字技术支撑发展的数字经济、数字政府、数字社会，正在以数十年前无法想象的速度、规模与质量推动着社会的变革。

中国经济社会的飞速发展在相当程度上也得益于数字化的推动。"村村通宽带""县县通5G""市市通千兆"，全球最大规模的移动、固定网络基础设施与超大规模国内市场相得益彰，全局、全域、全链的数字化转型同步推进，为实现高质量发展注入了强大新活力。在相对较短的时间内，中国一跃成为全球最大的数字经济体之一。规模并非是全部，创新与融合才是关键。中国不仅在以5G、工业互联网、电子商务等为代表的数字技术、商业模式、解决方案等方面孕育出了前沿创新，同时，在政策支持与产业引导的助推之下，这种创新更为迅速地实现了向农业农村领域的下沉与结合。5G、大数据、云计算等数字技术的集成应用推动无人植保机、对靶喷药机器人、除草机器人等走入田野村庄。工业互联网与种植业、畜牧业、渔业等产业加速融合，助力实现全领域的高效、精准、智能生产，并展现出难以估量的广阔发展空间。

伴随着数字化发展进程持续深入，农业农村领域更为深刻地感受到了数字化的澎湃力量，但也遇到了一些新挑战、新议题。例如，数字乡村与传统农业农村现代化建设存在哪些不同？农村电子商务如何实现差异化、可持续发展？智慧农业如何加快从"盆景"向"风景"的转变？数字技术如何助力构建"自治、法治、德治、智治"相结合的乡村治理新模式？当下，我们需要更多数字乡村研究与建设先锋将他们的探索经验总结并贡献出来，指导与助推未来实践。

《数字乡村：县域发展新引擎》一书集合了诸多专家学者在研究、调研与实践中的感悟，从理论探索、县域典型、企业实践等方面深入探讨了数字乡村建设的内在逻辑与发展路径，全方位、多角度展现了数字技术助力实现农业农村现代化的一系列创新实践。本书内容丰富、分析深入、案例翔实，为我们理解与推进数字乡村建设提供了有益的启示，是一本难得的参考读物。

# 序 四

**高红冰**

阿里巴巴集团副总裁、阿里研究院院长

　　党的二十大报告指出，加快发展数字经济，促进数字经济和实体经济深度融合，打造具有国际竞争力的数字产业集群。这为数字经济发展指明了方向。数实融合，也为中国经济高质量发展带来了新的机遇。

　　过去二十年，互联网和数字技术浪潮席卷全球。中国全面接入互联网，积极拥抱数字技术。2021年，中国数字经济规模达到45.5万亿元，同比增长16.2%，占GDP比重达到39.8%。数字经济已经成为中国经济的重要组成部分。

　　过去十多年，我们与专家一起，观察和研究电子商务、数字经济及其给县域和乡村带来的深刻变化。总的来看，县域的数实融合，依次呈现三大阶段特征：一是以淘宝村为代表的乡村电商化快速兴起，电商连接城乡，从村到镇到县，形成网络销售带动的产业集群，呈现点状数实融合的特征。二是乡村产业数字化稳步推进，数字化逐步从消费端向生产端、供给端延伸和渗透，进而实现产供销全链路数字化，以点连线带面，呈现出面状数实融合的特征。三是数字乡村建设步伐加快，数字技术、数字经济与农村经济社会发展融合日渐加深，不仅仅是数字经济，而且涉及数字基础设施、数字治理、数字生活等方方面面，呈现全方位、多层次数实融合的特征。从乡村电商化到乡村产业数字化，再到乡村数字化建设，主要是以县域为主要场景展开的。可以说，县域是城乡融合和乡村振兴的重要切入点，也是数实融合的关键场域，需要政府、平台与商家、社会各界的共同努力。

过去一年中，我们有幸邀请业界知名专家学者与地方政府领导，调研形成了33个鲜活的县域案例和6个企业实践案例。本书就是这些调研成果的集中呈现，希望能够给大家带来一点帮助。

阿里巴巴愿意充分利用数字技术和商业创新优势，面向乡村，服务乡村，参与打造数实融合的现代乡村发展体系，为乡村全面振兴、农业强国建设、农业农村现代化贡献自己的一份力量。

我们期待，与更多数字乡村建设的推动者、实践者、研究者一起，以数字乡村作为县域发展新引擎，打造更多数实融合的县域样本，让这些成功经验的总结，给数字乡村建设的参与者带来更多的助益！

## 张红宇

中国农业风险管理研究会会长、农业部农村经济体制与经营管理司原司长

人类正在经历曾经依靠土地和劳动力投入获得农产品产出的农业1.0版，再向依靠技术和资本作为生产要素的农业2.0版，正在向依靠数字化的农业3.0版和智能化的农业4.0版转变。作为即将跨入高收入国家行列的中国，必须紧随历史潮流而动。本书所呈现的丰富理论和鲜活案例，相信可以为我们推进智慧农业和数字乡村建设带来更多的借鉴和思考。

## 刘守英

中国人民大学经济学院党委书记、院长

互联网通过信息连接城乡，旨在解决城乡之间信息不对称的问题。数字技术和平台将乡村地区的产品"从土变特"，将交易对象和市场半径从熟人社会扩大到陌生人社会，为农业产业现代化和农民增收带来希望。本书中提供的大量案例，如象山红美人、广丰马家柚、深州蜜桃、徐闻菠萝，为广大乡村地区如何利用数字经济发展乡村产业打开了一扇窗。

## 金文成

农业农村部农村经济研究中心主任

手机成为新农具，数据成为新农资，直播成为新农活，数字化正在催生乡村生产生活方式发生历史性变革，并成为新时代新征程农业强国建设的重要标志。阿里研究院组织专家在深入剖析典型案例的基础上，以独特的视角，系统阐释了数字乡村发展的理论和实践，本书值得关注"三农"发展的各界人士细读品味。

# 目 录

## PART 1

## 理论探索篇

PART
2

# 县域案例篇

## PART 3

# 企业实践篇

## 2　企业数字化转型助力乡村振兴的实践案例

# 1

# 理论探索篇

**本篇作者**

徐旭初　浙江大学中国农村发展研究院教授

左臣明　阿里研究院高级专家、新乡村研究中心主任

叶祖丽　阿里巴巴集团公共事务部总监

吴　彬　杭州电子科技大学法学院副教授

金建东　浙江经贸职业技术学院合作经济学院副教授

# 数字乡村的发展背景

### 数字乡村定位

乡村振兴的新引擎

农业强国的新路径

乡村振兴的新阶段

乡村振兴的新形态

### 数字乡村六大结构要素

设施+素养+平台+数据+场景+应用

### 数字乡村的基本架构

基础层+控制层+内容层+制度保障体系

# 1. 数字乡村的现实定位

## 1.1　数字乡村是乡村振兴的新引擎

实施乡村振兴战略是顺应经济社会发展的时代趋势，通过政策支持和市场引导，把各种现代元素注入农业农村，最终实现乡村的产业振兴、人才振兴、文化振兴、生态振兴、组织振兴，推动农业农村的历史性变革。显然，乡村振兴是一个基于某些核心驱动力的发展进程，最终实现乡村生态位的不断改进和跃升，从而达到理想的乡村发展状态。

在一定意义上讲，数字乡村就是在数字经济时代，通过解放和发展数字化生产力来推进和最终实现乡村振兴。而"数字化生产力"也就是在农业农村领域通过全方位采用数字信息技术，重构生产力三要素（劳动者、劳动资料和劳动对象），亦即培养具有数字化知识、素养和技能的新型劳动者，采用与数字信息技术相结合、以数字化生产工具为主的劳动资料，提高劳动对象的数字化应用水平，整体带动和提升农业农村现代化发展水平。

概言之，数字乡村是数字经济理念及新一代信息技术发展、渗透和应用于农业农村各方面的结果，是乡村振兴全面插上数字化翅膀的直接表现形式，从而激活主体、激活要素、激活市场，不断催生乡村发展内生动力，形成乡村振兴的数字化新引擎。

## 1.2　数字乡村是农业强国的新路径

农业强国是建设现代化强国和实现社会主义现代化的重要基石。正如习近平总书记指出的，强国必先强农，农强方能国强。建设农业强国，就是要依靠科技和改革双轮驱动，实现供给保障强、科技装备强、经营体系强、产业韧性强、竞争能力强，进一步可归结为农业生产力强、农业生产关系优。就农业生产力和生产关系来看，农业生产力决定农业生产关系。因此，实现农业强国，利器在科技。

数字乡村对于农业强国建设的价值在于，以数字技术构筑农业产业竞争优势已是全球发达国家的通行做法，是我国农业强国建设必须直面的国际竞争环境，而数字乡村则能为农业强国建设提供数字化发展的技术、制度、人才、市场等良好的要素环境，助力我国农业抢抓发展机遇，实现现代化发展。通过数字化解决农业产业发展的信息不对称问题，激活数据的生产力价值，进而在农业生产经营过程中，实现对自然信息的精准感知、产业链信息的有效共享、市场信息的全面把握、产业监管的高效开展等。

简言之，数字乡村通过为农业强国建设提供数字技术新手段，以缓解要素错配、实现信息共享、加快农业技术进步、提升农业技术效率等方式促进农业全要素生产率提升，进而为农业强国建设提供数字化新路径。

## 1.3  数字乡村是乡村振兴的新阶段

当前，以智能手机为代表的个人智能数据终端设备在乡村越来越普及，促进了乡村个人数据汇集的便利性，形成了乡村振兴潜在的数据资源和数据动力。同时，伴随乡村电子商务的不断发展，在县域出现了一大批基于本地特色产业资源的电商村镇，发展出一些具有一定集聚效应的新产业新业态。另外，乡村空心化也亟须应用互联网技术破解线下地域限制问题，围绕乡村现实性议题提供广阔的虚拟网络表达交流渠道。由此，基于新一代信息技术应用和数据资源价值挖掘的数字化发展趋势已日益显现在农业农村经济社会发展的方方面面。

简言之，一是网络化、信息化和数字化在农业农村经济社会发展中日益得以体现和应用，二是农民现代信息技能和素养不断提高，三是农业农村现代化发展的历史命题和现实任务对数字经济发展理念、技术和模式提出了新要求。因此，要顺应数字经济发展趋势，直面数字经济发展带来的机遇和挑战，将数字经济理念、技术和模式应用到乡村振兴各个方面，推进乡村振兴走向数字乡村新阶段，开创乡村振兴新局面。

## 1.4  数字乡村是乡村振兴的新形态

观照现实及未来，数字乡村必然是乡村振兴发展的过程形态和未来形态。从宏观来看，数字乡村要使得乡村的生产方式、生活方式、消费方式、产业形态、治理形态、文化形态等全面进入数字化形态。从中观来看，数字乡村应该是一种呈现政府乡村决策科学化、乡村社会治理精准化、乡村公共服务高效化、农业生产经营智能化、乡村生态发展绿色化、村民生活服务便捷化的线上线下融合的综合体。从微观来看，数字乡村将演化出一系列高能级的数字化理念、主体和模式。其中，在中观层面，政府乡村决策科学化和乡村治理精准化必然演化出基于大数据和云计算的"乡村 + 数字政府"发展模式；公共服务高效化必然演化出公共服务内容的数字化转型和服务体系的网络化转型，实现数字公共服务和个人需求的精准指向和反馈，形成"数字政务 + 业务在线化"的高效公共服务模式；农业生产经营智能化必然形成基于农业产业智能化，涵盖多元利益主体和全产业链的农业产业发展新形态，表现为"农业全产业链 + 数据化 + 智能化"发展模式；等等。

## 2. 数字乡村的内涵特征

### 2.1   数字乡村的丰富内涵

2019年5月，中共中央办公厅、国务院办公厅印发了作为数字乡村顶层设计的《数字乡村发展战略纲要》（中办发〔2019〕31号），明确指出，"数字乡村是伴随网络化、信息化和数字化在农业农村经济社会发展中的应用，以及农民现代信息技能的提高而内生的农业农村现代化发展和转型进程，既是乡村振兴的战略方向，也是建设数字中国的重要内容"。

具体而言，要"按照产业兴旺、生态宜居、乡风文明、治理有效、生活富裕的总要求，着力发挥信息技术创新的扩散效应、信息和知识的溢出效应、数字技术释放的普惠效应，加快推进农业农村现代化；要着力发挥信息化在推进乡村治理体系和治理能力现代化中的基础支撑作用，繁荣发展乡村网络文化，构建乡村数字治理新体系；更要着力弥合城乡'数字鸿沟',培育信息时代新农民,走中国特色社会主义乡村振兴道路,让农业成为有奔头的产业,让农民成为有吸引力的职业,让农村成为安居乐业的美丽家园。"

由此可以看出,"数字乡村"其实是一个包容性概念。与"数字乡村"相关的概念还包括农村信息化、数字农业、智慧农业、互联网+农业、智慧乡村、互联网+农村、乡村数字治理等。自2018年中央一号文件正式提出实施"数字乡村战略"之后,前述相关概念均可被统括进"数字乡村"。需要指出,与前述相关概念相比,"数字乡村"的内涵更为丰富。数字乡村的建设发展涵盖了生产、生活、生态等各领域,涉及主体除了传统的乡村居民,还涉及诸多的"非农"主体(如数智企业、平台企业、科研院所)。或许,最为关键的是,数字乡村将各类先进的数字技术(如大数据技术、云计算技术、人工智能技术、区块链技术)视为"元技术"(在诸多现代技术中处于基础性地位、起奠基作用的技术形态),并极力促成以数字技术为核心的农业农村"技术簇"逐渐形成、壮大,并在农业农村各个领域中逐渐渗透、扩散和广泛应用,这势必改变以往农业生产方式、农村生活方式、乡村社会运行乃至农民思维方式。

还需要认识到,数字乡村建设发展是一项长期的、系统的战略性任务。根据《纲要》要求,实施数字乡村战略可分四个阶段。

第一个阶段,到2020年,数字乡村建设取得初步进展。农村互联网普及率明显提升,农村数字经济快速发展,"互联网+政务服务"加快向乡村延伸,网络扶贫行动向纵深发展,信息化在美丽宜居乡村建设中的作用更加显著。

第二个阶段,到2025年,数字乡村建设取得重要进展,城乡"数字鸿沟"明显缩小。4G在乡村进一步深化普及,5G创新应用逐步推广。农村流通服务更加便捷,乡村网络文化繁荣发展,乡村数字治理体系日趋完善。其中,根据中央网信办、农业农村部等10部门联合印发的《数字乡村发展行动计划(2022—2025年)》,到2023年,数字乡村发展要取得阶段性进展。具体而言：网络帮扶成效得到进一步巩固提升，农村互联网普及率和网络质量明显提高，农业生产信息化水平稳步提升，"互联网＋政务服务"进一步向基层延伸，乡村公共服务水平持续提高，乡村治理效能有效提升。

第三个阶段，到2035年，数字乡村建设取得长足进展。城乡"数字鸿沟"大幅缩小，农民数字化素养显著提升。农业农村现代化基本实现，城乡基本公共服务均等化基本实现，乡村治理体系和治理能力现代化基本实现，生态宜居的美丽乡村基本实现。

第四个阶段，到本世纪中叶，全面建成数字乡村，助力乡村全面振兴，全面实现农业强、农村美、农民富。

## 2.2 数字乡村的基本特征

具体来看，数字乡村具有技术性、政策性、市场性、创新性、综合性、演化性等基本特性。

（1）数字乡村具有鲜明的技术性

随着新一代信息技术的快速发展以及农业农村领域的数据爆发增长及海量集聚，推动农业产业体系、生产体系、经营体系逐步向网络化、信息化、数字化、智能化方向转型，设施装备研发显著加快，遥感、物联网与大数据应用蓬勃发展，数字技术产业化与农业产业数字化同步发展，带动传统农业农村数字化转型升级。

（2）数字乡村具有典型的政策性

数字乡村建设发展蕴含着突出的公共性和非营利性特征，包括乡村通信设施的网络化和数字化建设、农业生产经营的数据化和智能化基础设施建设、乡村信息惠民服务的基础体系构建、数字技术的产业兴农应用、新型职业农民的数字化培育等任务，都需要政府部门在政策上予以支持并在资金上予以投入。

（3）数字乡村具有显著的市场性

数字乡村建设发展需要在市场经济框架下进行，尤其在乡村消费升级、农产品上行、消费品下行等乡村市场经济领域，更要以市场化机制驱动资源要素的合理配置和高效运行。如农业全产业链的数字化改造及数字技术研发等，不仅需要政府的引导和资源投入，更需要那些技术实力强劲且富有社会责任感的数智企业投身其中。未来，在数字乡村发展进程中，市场属性将呈现越来越强的良性发展趋势。

（4）数字乡村具有突出的创新性

数字乡村建设发展是一个创新进程，是数字技术创新、渗透并应用于农业农村经济社会发展的直接结果，必然有效激发农业农村发展的内生性活力。通过强化农业农村科技创新供给，在农业农村现代化进程中实现诸如组织创新、模式创新、理念创新、文化创新、制度创新等一系列创新活动，使得农村数字新产业新业态竞相涌现，必将极大地推动农业农村高质量发展。

（5）数字乡村具有鲜明的综合性

数字乡村是乡村经济社会和农业产业全方位地进行网络化、信息化和数字化转型，包括基础设施数字化、乡村产业数字化、乡村治理数字化、乡村公共服务数字化、绿色乡村智慧化、乡风文明数字化、农民素养提升数字化等诸多维度，并且，基于数字技术和网络平台，不同维度之间呈现出联动性、体系性、生态性等特征。

（6）数字乡村具有显著的演化性

在一定意义上，数字乡村发展是新一代信息技术对多元利益主体的赋能，包括网络赋能、技术赋能、数据赋能、平台赋能等，从而形成新的利益空间及边界的进程。各类相关主体，如普通农民、乡村精英、政府官员、企业家等围绕新出现的利益空间，采取不同的行动和策略，共同助推乡村形成新业态、构建新模式、出现新变革。换言之，数字乡村建设就是乡村的数字化，是一个动态发展的过程，要注重政府和市场的边界划分，为数字乡村发展创造良好的政策和制度空间，从而激活数字乡村的内生动力，实现乡村经济社会可持续发展。

综上所述，可以认为，数字乡村是伴随网络化、信息化和数字化在农业农村经济社会发展中的广泛应用以及农民现代信息技能的提高，用以实现乡村经济发展、乡村社会治理、乡村政务服务、乡村文化发展等方面数字化转型的发展进程和现实形态，具有较强的技术性、政策性、市场性、创新性、综合性和演化性等本质特征，其既是乡村振兴的战略方向，也是建设数字中国的重要内容，更是在共同富裕背景下解决"三农"问题的历史机遇和时代要求。

## 3. 数字乡村的要素架构

### 3.1　数字乡村的结构要素

为了更加客观地呈现数字乡村的内涵，还可以通过厘定数字乡村的基本构成要素以给出其结构性定义。通过对《数字乡村发展战略纲要》《数字农业农村发展规划（2019—2025）》《关于开展国家数字乡村试点工作的通知》《数字乡村建设指南1.0》《数字乡村发展行动计划（2022—2025年）》等重要政策文件的梳理以及对国内数字乡村试点县市的实地考察总结，建设和发展数字乡村应至少从设施、素养、平台、数据、场景、应用等六个结构性要素着手。

（1）设施（Facility）

主要指乡村信息基础设施，既包括乡村网络基础设施和信息服务基础设施，也包括进行数字化升级改造之后的乡村传统基础设施。乡村信息基础设施是数字乡村的底座和基石，其建设水平从根本上决定着数字乡村建设发展水平。随着"新基建"的持续发力，特别是新一代数字基础设施建设投资高潮的到来，数字乡村建设发展将迎来千载难逢的历史机遇期。

（2）心智（Mind）

即数字心智（或数字素养），指数字乡村建设发展过程中各类主体对相关数字化应用和模式的认知、接纳、习惯及需求等。各类主体的数字素养水平是数字乡村建设发展的另一底座和基石。数字化发展促进了经济社会的数字素养不断成熟，数字素养为经济社会数字化发展奠定基础，并且反过来进一步促进经济社会数字化发展的深化。

（3）平台（Platform）

即数字平台，是一种基于软件系统的可延伸代码库，借助其聚合效应、扁平化效应及功能化效应，实现数据资源的整合、传输与共享。一般而言，数字平台的模块化技术（可区分为核心模块和外围模块）能够使其自身保持着相对稳定的状态（互补组件的模块化接口是最稳定的元素）。当前，平台在整个数字化领域已经成为一种发展趋势。在数字乡村领域中，数字平台无处不在，例如在数字农业中的自然资源遥感监测"一张图"和综合监管平台，可以对永久基本农田实行动态监测；又如农业科技信息服务平台，技术专家可以在线为农民解决农业生产难题；再如农村人居环境综合监测平台，可以实现对农村污染物、污染源全时全程监测；另外，在乡村治理方面，通过建设推广统一的在线政务服务平台，可以实现"最多跑一次""不见面审批"，有效提高乡村居民的办事便捷程度。

（4）数据（Data）

即大数据。习近平总书记指出，"在互联网经济时代，数据是新的生产要素，是基础性资源和战略性资源，也是重要生产力。"在数字时代，数据不仅是一种生产要素，也是一种治理要素。对于数字乡村的建设而言，构建跨层级、跨部门、跨领域三级联动的数据归集、交换、共享的基础数据资源库无疑是基础的基础。在现实架构中，数据要素主要呈现为数据中台（即县域数据中心），旨在通过数据技术连接数据前台和后台，对乡村数字化转型产生的大数据进行采集、计算、存储、加工，为相关决策提供数据分析挖掘服务。要重点推进农业农村大数据中心和重要农产品全产业链大数据建设，推动农业农村基础数据整合共享。

（5）场景（Scene）

即应用场景，指特定应用被使用时乡村居民"最可能的"所处场景，在一定程度上是一种分析和描述乡村居民需求的方法，因此也可被称为需求场景。数字乡村的建设发展是一项复杂且庞大的系统性工程，必然嵌入在包括农业生产生活、乡村政务服务、乡村文化繁荣、生态环境整治、乡村公共服务等多方面应用场景中。例如，在农业数字化转型当中，既包括种业数字化、种植业数字化、林草数字化、畜牧业数字化、渔业渔政数字化等各种分行业的农业生产数字化场景，还包括农产品加工数字化、农产品市场数字化监测和农产品质量安全数字化追溯管理等衍生场景。

（6）应用（Application）

即应用程序，主要体现为可安装在个人电脑或智能手机上的应用软件或其他数字化应用端（如大量固化在现代农业机械中的数字化应用端）。数字乡村的建设发展最终必然体现在诸多对应于特定应用场景的技术产品应用上，在乡村数字治理方面，目前已出现的相关典型应用，如阿里巴巴"乡村钉"（及其针对各地乡村具体情况开发的各种衍生"钉"）和腾讯"为村"（正逐步从微信公众号版转向手机客户端版）。

数字乡村六个结构性要素的分布及其相互关系详见下图。具体而言，

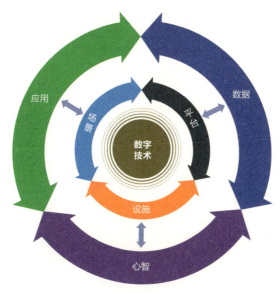

**数字乡村的基本结构要素构成及其相互关系**

信息基础设施与相关主体的数字心智是数字乡村建设发展的两大底座，其中信息基础设施是"硬条件"（相当于数字乡村的"骨骼"），数字心智是"软条件"（相当于数字乡村的"毛细血管"）；数字平台及数据属于核心层级，其中数字平台（中台）是数字乡村的中枢（相当于数字乡村的"大脑"），数据则是最活跃的要素（相当于数字乡村的"血液"）；具体场景及其应用是数字乡村的前台内容（相当于数字乡村的"器官系统"），二者最反映农业农村经济社会发展的性状和数字乡村建设发展的内涵及外延。

## 3.2  数字乡村的基本架构

基于对数字乡村内涵特征及关键结构要素的分析，可以认为，较为理想化的数字乡村内容架构应涵盖基础层、控制层、内容层三大层级以及一套制度保障体系，大致体现为"223（N）1"的形式。

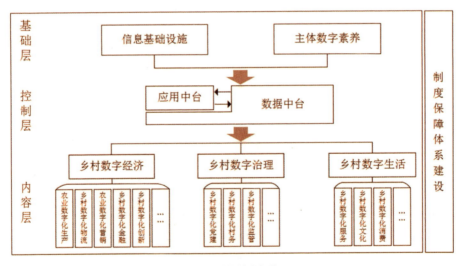

**数字乡村的基本架构**

（1）基础层

数字乡村建设的基础层主要包含两大基础条件，即作为物质条件的乡村信息基础设施和作为认知条件的相关主体数字心智，两大基础条件缺一不可，相辅相成。

具体而言，数字乡村建设发展首先要建设完善乡村信息基础设施，加强基础设施共建共享，加快农村宽带通信网、移动互联网、数字电视网和下一代互联网发展；持续实施电信普遍服务补偿试点工作，支持农村地区宽带网络发展；推进农村地区广播电视基础设施建设和升级改造。同时，要完善信息终端和服务供给，鼓励开发适应"三农"特点的信息终端、技术产品、移动互联网应用（App）软件，推动民族语言音视频技术研发应用，全面实施信息进村入户工程，构建为农综合服务平台。在加快传统乡村基础设施数字化转型升级方面，加快推动农村地区水利、公路、电力、冷链物流、农业生产加工等基础设施的数字化、智能化转型，推进智慧水利、智慧交通、智能电网、智慧农业、智慧物流建设。

与此同时，在数字乡村建设发展中，对政府、村民、数智企业等相关主体的数字心智都提出了要求。其中，地方政府逐步认识到乡村数字化转型发展的必要性，各地（尤其是县域）竞相推进数字乡村建设发展。村民也加速对各类数字化应用的接纳，在广大乡村地区迅速形成数字化的使用习惯，汇聚成数字化的现实需求。因此，要积极开展信息化人才下乡活动，加强对农村留守儿童和妇女、老年人网络知识普及，充分发挥第一书记、驻村工作队员、大学生村官、科技特派员、西部计划志愿者等主体作用，加强农民的数字心智培训。另外，由于认识到数字乡村的巨大市场空间，各数智企业更是积极地投入到乡村数字化转型发展的一系列市场活动当中，日益成为乡村数字化转型发展的主力军，成为数字心智的领先者和普及者。

（2）控制层

数字乡村建设的控制层即"乡村数字大脑"，主要包括基于乡村基础数据系统构建的乡村数据中台和乡村应用中台。所谓中台指的是通过对系统中各项基础资源与服务进行集中整合后开放给前台使用的一个强大的、资源整合的、能力沉淀的平台。中台通过提高复用性避免职能重复，通过功能整合避免数据孤岛、业务孤岛的形成。专业和缜密设计的中台能够对不同部门和业务层级进行协调和支撑，确保整个乡村数字大脑正常运行。

其中，乡村数据中台主要基于大数据计算存储平台进行建设，包括各级各类数据资源以及数据相关服务的综合体。其核心内容应涵盖：①数据归集与整理，包括数据技术属性（包括数据类型、数据格式、数据长度等），结构化、半结构化数据的抽取、转化和加载等；②数据交换与开放，包括数据接口、数据共享等；③数据分析与开发，包括数据分析方法、单一领域或跨领域数据模型构建及扩展等；④数据生命周期管理，包括数据分级存储管理、数据管理组织架构等。

乡村应用中台则是乡村数字大脑的应用中枢，是一套将乡村中各项业务、经验等模型能力进行沉淀后形成的各类政务组件构成的政务服务共享能力体系。应用中台的建设目标是通过明确乡村各项业务需求来定义平台服务，优化并迭代各项业务。其中，包括（但不限于）统一的乡村地图、区块链工具、表单工具、村民管理工具、产业管理工具等农业农村数字化管理通用组件和网关服务、系统安全管理支持、数据质量管理支持等数字大脑组件。

（3）内容层

数字乡村建设的内容层即应用场景，指的是在乡村信息基础设施和主体数字素养有效培育基础上，在乡村数字大脑（数据中台和应用中台）支撑下，结合数字乡村建设共性及个性需求而形成的应用领域。主要包括三大领域及N个具体场景，即乡村数字经济（包括数字化生产、数字化物流、数字化营销、数字化金融等）、乡村数字治理（包括数字化党建、数字化村务管理、数字化监管等）和乡村数字生活（包括数字化服务、数字化文化、数字化消费等）。

需要指出的是，在各个具体应用场景中还可以不断细分，例如数字化生产场景还可以细分为传统农业数字化转型、涉农加工数字化改造、乡村数字服务业等。具体而言，传统农业的数字化转型场景可包括数字化农业机械与设备、农业生物信息系统、农作物生长模型、动植物数字化虚拟设计技术、数字化栽培、数字化病虫害监测、农业问题远程诊断、农业专家系统与决策支持系统、农业远程教育多媒体信息系统、嵌入式手持农业信息技术产品、温室环境智能控制系统、数字化农业宏观监测系统、渔船精密智控等具体场景；涉农加工产业数字化改造场景可包括数字化加工设备、智慧能源管理、数字化的预防性维护、自适应测量等具体场景；乡村数字服务业场景可包括服务运营平台、数字化支付、数字化展示、数字化体验系统等具体场景。

（4）制度保障体系

数字乡村的建设发展还需逐步完善相关制度保障体系，具体可从组织领导、机制保障、政策支持、人才支撑、氛围营造五个方面着手。

一是加强组织领导。做好整体规划设计，研究重大政策、重点工程和重要举措，督促落实各项任务，形成工作合力。各地区要将数字乡村工作摆上重要位置，抓好组织推动和督促检查。深化"放管服"改革，处理好政府与市场的关系，充分调动各方力量和广大农民参与数字乡村建设。建立健全省、市、县三级数字乡村建设工作机制，压实县级"一把手"主体责任。可以考虑在省级成立由网信、农业农村、发改、工信、科技、市场监管、乡村振兴等部门组成的数字乡村发展统筹协调机制，负责统筹制定本地区数字乡村建设实施方案、标准规范、扶持政策、监测评价，跟踪重大工程、重点任务举措落实，协调解决部门间涉农数据共享机制、数据基础设施保护等关键问题。

二是建立保障机制。建立政产学研用多方协同共建保障机制，其中，政府要做好指导和监督并提供政策和资金支持，高校和科研院所提供智力支撑，行业协会、涉农企业和事业单位为农民开展技术指导和技术培训等服务，农业经营主体开展具体项目建设，落地实施农业生产经营各环节的应用场景。可以成立跨行业、跨区域数字乡村专家咨询委员会、数字乡村产业发展联盟等，引导行业协会、中介组织和涉农企业广泛参与，为数字乡村建设提供智库支撑与解决方案。当然，最为关键的是要完善监督考评机制，分解落实数字乡村建设任务，将数字乡村建设作为乡村振兴战略重要内容纳入省、市、县（区）政府年度工作考核，确保各项工作部署落到实处。

三是完善政策支持。依据国家数字乡村发展战略纲要，将数字乡村建设融入信息化规划和乡村振兴重点工程，完善产业、财政、金融、教育、医疗等领域配套政策措施，持续推进落实。应统筹利用省、市、县（区）现有财政涉农信息化政策、项目、资金，支持数字乡村基础设施、基础平台、生产生活数字化应用等项目建设。还可以积极拓展资金来源渠道，发挥政府资金引导作用，通过市场化机制撬动电信运营商、软硬件提供商、电子商务企业、金融服务企业和应用服务提供商参与投入数字乡村基础设施、智慧农业、便民服务等领域的建设运营，形成政府资金引导、社会多元化投入的资金筹措机制。

四是强化队伍建设。建立多层次数字乡村人才支持体系，广泛吸引信息化人才下乡创业创新，参与数字乡村建设。聚集科研机构、高校、企业资源，坚持引进与培养相结合，打造一批数字乡村领域组织型人才和领军人才。积极发挥本土企业、职业院校、培训机构的作用，提高信息化应用技能课程在教育培训中的比重，普及农业科技知识，培养一批应用技能型人才、农业技术人才。要持续完善农村基础设施与配套公共服务，对符合条件的返乡入乡高校毕业生、农民工就业及创业创新给予政策支持。还可以依托国家电子商务示范基地、全国电子商务公共服务平台，开展农村电商人才培养，推广农村电商网络公开课，共享培训资源。

五是营造良好氛围。积极探索数字乡村建设典型工作方法，及时总结推广有益经验，重点展示数字化助农惠农的新成果，定期开展数字乡村优秀成果展示和经验交流活动。采取多种形式，及时对数字乡村建设工作进行全面宣传报道，总结推广成功经验，营造有利于数字乡村建设的良好氛围。充分发挥主流媒体和重点新闻网站作用，讲好数字赋能乡村振兴故事，做好网上舆情引导，为全面实施乡村振兴战略凝聚共识、汇聚力量。

# 数字乡村的发展现状

## 发展成效

全国数字乡村发展呈现良好开局

农业农村信息化基础设施明显改善

农业生产数字化改造升级快速推进

农村电商蓬勃发展助力农业数字化

基层乡村治理数字化水平快速提升

农业农村数字化发展环境逐年优化

## 发展短板

数字乡村发展不平衡不充分

信息基础设施建设相对滞后

农业生产数字化水平待提升

数字乡村资金投入力度不足

在实践中各相关主体均存在一些普遍性问题

# 1. 数字乡村的发展成效

## 1.1 全国数字乡村发展呈现良好开局

农业农村部信息中心发布的《中国数字乡村发展报告（2022）》显示，经综合测算，2021年全国数字乡村发展水平达到39.1%，其中东部地区为42.9%，中部地区为42.5%，西部地区为33.6%。

2021年，共有12个省份的数字乡村发展水平高于全国平均水平。其中，浙江一骑绝尘，在全国继续保持领先地位，数字乡村发展水平达68.3%，比第二名高出9.6个百分点；江苏、上海、安徽和湖北分别以58.7%、57.7%、55%和52.2%的发展水平位列第二至五位。

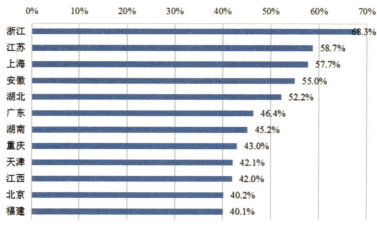

**2021年数字乡村发展水平高于全国平均水平的省份**

## 1.2 农业农村信息化基础设施明显改善

据工信部发布的《2021年通信业统计公报解读》，截至2021年底，我国累计建成并开通5G基站142.5万个，建成全球最大5G网，实现覆盖全国所有地级市城区、超过98%的县城城区和80%的乡镇镇区，并逐步向有条件、有需求的农村地区逐步推进。同时，2021年全行业持续推进电信普遍服务，宽带网络逐步向农村人口聚居区、生产作业区、交通要道沿线等重点区域延伸，农村偏远地区网络覆盖水平不断提升，农村宽带用户规模持续扩大。截至2021年底，农村宽带接入用户总数达1.58亿户，比上年末净增1581万户，全国所有行政村实现"村村通宽带"。而据中国互联网络信息中心发布的第50次《中国互联网络发展状况统计报告》，截至2022年6月，我国网民规模为10.51亿，其中农村网民规模达2.93亿，占网民整体的27.9%，农村地区互联网普及率已达58.8%，2022年上半年我国实现了"县县通5G"。可见，随着农村互联网基础设施的不断完善，农村和城市实现"同网同速"，城乡互联网接入鸿沟正逐步消弭。同时，随着广播电视重点惠民工程深入实施，农村地区广播电视基础设施建设和升级改造也在持续推进。据广电总局发布的《2021年全国广播电视行业统计公报》，截至2021年底，全国广播节目综合人口覆盖率已达99.48%，电视节目综合人口覆盖率达99.66%，其中农村广播节目综合人口覆盖率达99.26%，农村电视节目综合人口覆盖率达99.52%，基本实现乡村广播电视网络全覆盖、农村广播电视户户通。

根据已发布"十四五"数字农业农村发展规划的分省情况来看，在乡村信息基础设施方面均取得了扎实进展。例如，浙江已实现城乡同网同速，建成移动电话4G基站36万个，5G基站超6万个，实现行政村4G和光纤全覆盖，基本实现重点乡镇5G全覆盖，农村100M以上接入速率；江苏实现农村4G网络全覆盖，5G基站累计开通7.1万个，自然村100%通宽带，全省农村每个聚居20户以上的自然村落都具备宽带上网能力；云南全省行政村实现光纤宽带网络和4G网络100%覆盖，宽带接入能力达200M/秒，自然村4G网络覆盖率达92%，建成5G基站1.8万个；湖北全省所有行政村、95%以上的自然村湾（20人以上）实现了通光纤网络，4G网络在农村全覆盖。

## 1.3  农业生产数字化改造升级快速推进

农业生产的数字化转型（包括大田种植数字化、设施栽培数字化、畜禽养殖数字化和水产养殖数字化）是数字乡村发展的重点和难点，是解决"谁来种地，怎么种地"的战略举措，也是我国由农业大国迈向农业强国的必经之路。据《中国数字乡村发展报告（2022年）》，近年来，我国农业生产数字化改造升级快速推进，2021年，全国农业生产信息化率达到25.4%，较2020年增长了2.9个百分点。分区域看，东部地区为29.2%，中部地区为33.4%，西部地区为19.1%。分省份看，农业生产信息化率高于全国平均水平的有13个省份，其中，安徽为52.1%，位居全国第一，上海和湖北分别为49.6%、48.5%，分列全国第二和第三位，江苏以48.2%位列第四，浙江以45.3%位列第五。分行业看，畜禽养殖信息化水平最高，为34%，继续在四个行业中保持领先，设施栽培、大田种植、水产养殖的信息化水平分别为25.3%、21.8%和16.6%。

从农业生产数字化水平排名靠前的分省具体实践来看，江苏持续将数字农业建设作为推动农业转型升级的重要支撑，连续多年将农业物联网技术纳入农业重大技术推广计划，构建了水产养殖、设施园艺、畜禽养殖三大重点领域农业物联网服务平台，累计建成全国农业农村信息化示范基地12家、数字农业新技术应用类省级数字农业农村基地158个；浙江已累计开展2批共163个数字农业工厂试点创建，示范带动1184个种养基地完成数字化改造，启动了西湖龙井茶、浦江葡萄、德清早园笋、桐乡杭白菊等50个单品种全产业链的数字化管理系统建设，并大范围应用设施智能大棚、温室环境自动控制、肥药精准施用、病虫害智能监测、农用无人机作业等技术；湖北紧紧围绕农业生产过程的数字化管理，积极应用视频监控、传感监测、自动控制、智能水肥一体化等技术建立了一批示范基地和示范企业，打造了一批高标准农田，服务覆盖面积近200万亩，建成了全省统一的农机信息化智能管理系统，累计作业面积超过300万亩。

## 1.4 农村电商蓬勃发展助力农业数字化

当前，电子商务正日益成为农产品销售的重要渠道，已经成为农业农村数字经济发展的领头羊和突破口，极大增强了农产品供应链的稳定性，促进了农民收入较快增长，特别是对打赢脱贫攻坚战、在新冠疫情防控期间农产品稳产保供发挥了独特作用。据商务部《中国电子商务报告（2021）》，我国电子商务交易额保持快速增长，2021年全国电子商务交易额达42.3万亿元，同比增长19.6%；网上零售额达13.1万亿元，同比增长14.1%。农村电商畅通了工业品下乡、农产品进城渠道，2017年全国农村网络零售额突破1万亿元大关，2021年突破2万亿大关，达到2.05万亿元，同比增长11.3%。2021年农产品网络零售额达4221亿元，同比增长2.8%。

据农业农村部信息中心和中国国际电子商务中心发布的《2021全国县域数字农业农村电子商务发展报告》，近年来，县域电子商务快速发展，在乡村振兴战略实施的背景下，支持农村电商、农产品电商、乡村人才发展的重要政策文件接连出台，县域电商进入规模化发展新阶段。另外，据《中国数字乡村发展报告（2022年）》，农村电商公共服务基础设施建设不断加强，截至2022年7月，电子商务进农村综合示范项目累计支持1489个县，支持建设县级电子商务公共服务中心和物流配送中心超2600个；快递服务不断向乡村基层延伸，"快递进村"比例超过80%，2021年农村地区收投快递包裹总量达370亿件；截至2021年底，36.3%的市级以上重点农业龙头企业通过电商开展销售，利用电商销售的农产品加工企业营业收入比上年增长10.8%。

从已发布"十四五"数字农业农村发展规划的分省具体实践来看，成效较为显著。例如，浙江通过启动实施"互联网+"农产品出村进城工程，积极推进"网上农博"平台建设，培育了一批具有较强竞争力的县级农产品产业化运营主体和农产品品牌，2020年已拥有活跃的涉农网店2.4万家，实现农产品网络零售额1143.5亿元；江苏从2015年起每年开展电商"万人培训"活动，累计培训人数6万多人，全省农产品网络营销蔚然成风，形成了"沙集模式""沭阳模式"等一批知名度较高的电商发展模式，并积极与阿里巴巴、京东、苏宁易购等知名电商合作，累计开设地方特产馆345

个，培育淘宝镇280个、淘宝村745个，分别位居全国第二和第四位，其中以农产品销售为主的淘宝村数量位居全国首位；湖北积极应用网络直播带货等电商新模式，潜江小龙虾、秭归脐橙、随州香菇、洪湖莲藕、恩施硒茶、蕲春蕲艾等特色农产品通过互联网卖向全国和全世界，其中秭归脐橙网络年销售额突破10亿元；重庆也大力拓展农产品电商流通和销售渠道，加强与阿里巴巴、京东等国内知名电商平台合作，联合盒马鲜生打造了全国首个"水上盒马村"，同时通过三级整合模式，整体对接国内知名电商营销平台，全市农产品网络零售额由2017年的32亿元增长到2020年的130.69亿元，年均增幅达到60%。

## 1.5  基层乡村治理数字化水平快速提升

农村基层党务、村务、财务"三务"公开是维护和保障农村居民知情权、参与权、表达权、监督权的重要内容和基本途径。信息技术的应用开辟了公开渠道，提高了公开质量，加快了公开步伐。据《中国数字乡村发展报告（2022年）》，2021年应用信息技术实现行政村"三务"综合公开水平达到78.3%，较2020年的72.1%提升6.2个百分点，其中，党务公开水平为79.9%，村务公开水平为79.0%，财务公开水平为76.1%。近年来，在各级党委的领导下，综治部门切实把"雪亮工程"（以县、乡、村三级综治中心为指挥平台、以综治信息化为支撑、以网格化管理为基础、以公共安全视频监控联网应用为重点的"群众性治安防控工程"）作为一项民心工程来抓，扎实推进工程实施，行政村覆盖率快速提升，农村居民的安全感显著增强。2021年全国"雪亮工程"行政村覆盖率达到80.4%，较2020年提升3.4个百分点。此外，近年来，各地扎实推进政务服务改革，利用数字化手段让信息多跑路、农民少跑腿，为农民群众提供了高效便捷的社会保险、新型农村合作医疗、婚育登记、劳动就业、社会救助、农用地审批和涉农补贴等重要民生保障信息化服务。2021年，全国县域涉农政务服务在线办事率已达68.2%，相较2020年的66.4%上升1.8个百分点。分区域看，东部地区为72.5%，中部地区为71.8%，西部地区为62.3%。分县域看，全国已有超过85%的县（市、区）社会保险业务和新型农村合作医疗业务实现了在线办理；超过70%的县（市、区）劳动就业业务实现了在线办理。

在乡村治理数字化转型的典型地方实践中，非常值得一提的是浙江省。据《浙江省数字乡村建设"十四五"规划》，浙江通过整县制试点建设，积极示范带动全省乡村生产生活生态空间数字化、网络化、智能化发展，有效提升了乡村治理效能，夯实了乡村振兴基础。浙江已初步搭建了省级乡村治理数字化系统，大力推进农村"互联网＋监督"，"雪亮工程"行政村覆盖率达98.3%，全省县域党务、政务、财务公开的行政村占比均超过98.5%。并以"浙政钉""浙里办"为载体，将与农民生产生活密切相关的所有事项都搬到网上，135项涉农公共服务事项实现网上办，省本级线上受理率100%，平均审批时间缩短至4.3个工作日，部分实现秒办，农民的获得感大幅提升。

## 1.6　农业农村数字化发展环境逐年优化

县级农业农村信息化管理服务机构是落实各级党委政府有关农业农村数字化部署要求、确保各项任务措施落地见效的基层队伍和组织保障。近年来，随着网信事业的不断深入和拓展，县级农业农村信息化管理服务体系持续强化完善。据《中国数字乡村发展报告（2022年）》，2021年全国县级农业农村部门设置了承担信息化工作的行政科（股）或信息中心（信息站）等事业单位的占比为92.6%，相较2020年的78%大幅提升了14.6个百分点。

对农业农村数字化发展的重视主要体现在财政投入上，2021年全国县域农业农村信息化建设的财政投入占国家财政农林水事务支出的1.8%。各级、各地积极引入社会资本投资建设数字乡村，社会资本投资建设数字乡村的积极性持续高涨，市场优化配置资源作用日益凸显。2021年全国县域农业农村信息化建设社会资本投入为954.6亿元，同比增幅达18%。其中，县均社会资本投入3588.8万元、乡村人均投入135.2元，分别比2020年增长17.2%和24%。

## 2. 数字乡村的发展短板

### 2.1 数字乡村发展不平衡不充分

从数字乡村的地区发展总体水平来看，东中西由强到弱、区域发展失衡的总体格局在短时间内难以改变。其中，以浙江、江苏、上海等为代表的东部沿海省份，其数字乡村发展水平更是远高于众多西部省份。但是，在浙江、江苏等数字乡村发展水平较高的省份，也存在县域之间的发展不平衡现象。在乡村信息基础设施建设投入、农业数字化改造升级、农村电商发展、乡村数字治理以及数字乡村发展环境（尤其是财政投入和社会资本投入）等方面，省与省之间、县与县之间差距极其显著。不充分则主要表现在我国数字乡村的发展总体水平仍然很低，2021年全国数字乡村发展水平为39.1%，与全国农业机械化发展水平仍相差约33个百分点（据2021年全国农业机械化发展统计公报，全国农作物耕种收综合机械化率达72.03%），我国数字乡村的总体发展水平亟待提升。

### 2.2 信息基础设施建设相对滞后

据第50次《中国互联网络发展状况统计报告》，截至2022年6月，我国农村地区互联网普及率已达58.8%，但与全国互联网普及率74.4%相比仍有较大差距。另据农业农村部统计，当前全国家庭宽带入户率不足50%的县（市、区）有572个，不足20%的有221个，占比分别高达21.7%和8.4%。此外，在当前推进乡村"新基建"过程中，以建设5G基站为例，由于5G工作频段高、基站建设场景多、投资规模大（5G设备单价是4G的2—3倍）、成本回收周期长，以至于目前5G基站建设仅延伸到大城市郊区、县城和人口比较集中的乡镇，农村地区严重滞后。特别需要指出的是，面向农业生产的4G和5G网络、遥感卫星、北斗导航、物联网、农机智能装备、大数据中心、重要信息系统等信息基础设施在研发、制造、推广应用等方面都远远落后于农业现代化发展的需求。

## 2.3　农业生产数字化水平待提升

据农业农村部统计，2021年全国农业生产信息化水平为25.4%，而且这一比例主要依靠相对易于推广的数字技术进行支撑。而且，从不同行业的生产数字化水平看，行业间发展不平衡、行业内应用不充分的问题也比较突出，数字技术在设施栽培和畜禽养殖中的应用率则远高于种植业和水产养殖业。此外，相比而言，近年来农村电商持续保持高速增长，乡村治理数字化水平也快速提升，而农业生产数字化受自身弱质性、技术供给不足等因素影响，还停留在一般、单一技术的应用阶段，缺乏高精尖的精准技术，集成度也不高，解放和发展生产力、挖掘和释放数字农业潜力的作用尚不明显。而且，即使这些简单易用的数字技术，目前在许多县（市、区）的应用还基本处于空白状态。据《2021全国县域农业农村信息化发展水平评价报告》，2020年农业生产数字化水平低于5%的县（市、区）还有712个，占全国县（市、区）总数的四分之一。

## 2.4　数字乡村资金投入力度不足

据农业农村部测算，2021年全国县域农业农村信息化建设的财政投入仅占同期国家财政农林水事务财政支出的1.8%（2020年为1.4%，2019年为0.8%）。据《2021全国县域农业农村信息化发展水平评价报告》，2020年全国有535个县（市、区）基本没有用于农业农村信息化建设的财政投入（不足1万元），占全国县级区划总数的18.8%（2019年为310个，占10.9%）；有668个县（市、区）财政投入不足10万元，占23.5%（2019年为536个，占18.9%）；财政投入超过1000万元的县（市、区）只有490个，仅占17.2%。据分析，县域农业农村信息化财政投入与县域数字农业农村发展水平呈显著正相关，这充分说明在数字乡村快速发展的初期，财政投入对推动农业数字化转型、提升乡村治理数字化能力和水平至关重要，因此各级政府亟需加大财政投入，尽快补齐发展短板。同时，从社会资本投入看，2020年全国有841个县（市、区）基本没有社会资本投入（不足1万元），占全国县级区划总数的29.6%；有906个县（市、区）社会资本投入不足10万元，占比31.9%；社会资本投入超过1000万元的县（市、区）只有740个，仅占26%。

## 2.5　在实践中各相关主体均存在一些普遍性问题

数字乡村建设发展的各相关主体，尤其是各地政府部门（尤其是广大县域政府）和数智企业正积极为数字乡村建设发展投入巨额资金和人力资源，开展了有益探索，但在实践中也逐渐暴露出一些普遍性的问题，亟待识别并规避。

其一，对政府而言。首先，政府在数字乡村建设发展普遍存在统筹规划不足的问题，而由于缺乏必要的顶层架构设计，以至系统开发主体多元，平台数量众多、形式多样、场景不一，许多系统功能重复投入开发，使用人数有限，经费浪费严重；其次，不少地方政府未能因地制宜地建设发展数字乡村，导致优势和特色不鲜明，数字乡村建设千篇一律；再次，在数字乡村建设过程中，由于体制机制未能理顺，数据共享机制缺乏，使得同级各部门存在因数据无权共享等问题而出现数据条块分割和壁垒化问题，容易形成一系列"烟囱式应用"；最后，当前政府主导推出的各类数字乡村应用大多偏重政府部门需求，重"管理"轻"治理"，容易忽视乡村居民实际需求。

其二，对企业而言。一方面，受政府（主要是县域政府）委托，相关数智企业通常倾向于设计一系列主要依靠数据中心设备、物联网设备、监控设备等硬件构成的数字乡村建设方案，但受企业自身技术能力制约，数字乡村的相关应用软件和服务设计容易考虑不足，鲜见能得到乡村居民普遍认可的软件应用，以致数字乡村建设发展"软硬失衡"。另一方面，由数智企业主导推动的数字乡村项目普遍出现融合不足问题。例如，有些企业受自身能力限制，无法与乡村产业发展需要相结合，仍然偏重社区沟通；部分数字乡村项目仅停留在公益状态，企业未形成成熟的商业模式，缺乏与乡村共同发展的决心和策略；一些企业只关注短期利益，缺乏长远视角。

其三，对村民而言。数字乡村建设发展尚未能有效平衡技术性和人本性的问题。例如，数字乡村未能兼顾适农化，表现为针对农业的应用开发滞后，便捷性、集成性、丰富性存在不足，造成农民使用困难；同时，数字乡村未能兼顾适老化、适弱化，在设计和内容上存在乡村老人和病残等群体看不懂（知识储备不足）、分不清（视力下降、屏幕或字体太小）、学不会（步骤较复杂、学习能力下降）、记不牢（记忆力下降，不常进行的操作步骤更容易遗忘）、跟不上（某些操作步骤时限过短）、信不过等问题。

其四，对基层工作者而言。数字化技术的应用带来了"指尖上负担"问题。例如，因数字乡村相关平台多样，呈现"万码奔腾"现象，致使基层干部存在疲于应对、重复工作、低效工作等问题；同时，相关数字化建设任务存在"一刀切"现象，导致基层工作者面临心理和身体的双重压力，出现数据"跑量不保质"的问题；另外，基层工作者因末端数据收集设施建设不完善，以及设施自动化、智能化水平不足等客观原因，或者因为基层工作者工作意识和工作方式未能有效与数字乡村工作需要相匹配，导致工作负担重、效果差等问题。

# 数字乡村的发展趋势

## 趋势一：数字乡村将成为提升乡村振兴效能的"新基建"

自2020年以来，新冠疫情在世界范围内蔓延，全球经济及治理体系发生了深刻复杂的变化。应当指出的是，我国在取得抗击新冠疫情重大战略成果的同时，紧紧抓住新一代信息革命的历史机遇，将建设数字中国作为新时代国家信息化发展的总体战略，尤其重视推进5G网络、数据中心、人工智能等新型基础设施建设（简称"新基建"）。可以确认，"新基建"既是立足当前、也是面向未来的投资，"新基建"把短期需求和长期潜在增长机遇相结合，将为众多行业和领域带来空前的发展机会。在我国广大乡村地区，新冠疫情虽然凸显了乡村经济社会发展和治理中的诸多问题，但也印证了新一代信息技术手段在疫情防控中的现实价值。另外，进入新发展阶段之后，随着信息基础设施日益完善，数字经济背后的新技术逐渐成熟，数字经济模式推陈出新，县域经济结构将不断优化调整，经济社会发展内生动能将得到极大释放。可以预见，"十四五"期间，我国必将加快推进农业农村的数字化转型，数字乡村建设发展将成为提升乡村振兴效能的"新基建"，并为构建新发展格局培育强大的内生动能。

具体而言，各地将以县域为基本场景，加快部署5G、数据中心、云计算、人工智能等科技创新领域的基础设施建设，以及教育、医疗、社保等民生消费升级领域的基础设施建设。数字技术将促进乡村经济、治理和公共服务数字化转型，涌现出一批县域经济社会发展"换道超车"的鲜活实践和典型案例。还需指出，在着力提升农村"新基建"过程中，将兼顾农村传统基础设施的数字化改造升级，加快推动农村地区农田、水利、公路、电力、冷链物流、农业生产加工等基础设施的数字化转型，推进数字水利、数字交通、数字电网、数字农业、数字物流建设。

## 趋势二：农业生产数字化转型步伐将明显加快

数字经济的蓬勃发展，带来人工智能、5G、云计算、大数据和区块链等数字技术在各产业中的广泛应用和渗透，驱动着传统产业的数字化转型。在此背景下，为解决农业发展过程中存在的诸多问题，我国加快了数字技术与农业产业转型升级的融合步伐，数字农业成为新时期农业现代化发展的新形态。尤其自2019年我国大力推进数字乡村战略以来，农业产业数字化转型发展进入了新阶段，涌现出诸多数字技术赋能农业产业转型发展的创新形态，如云农场、定制农业、共享农业等。在此过程中，数字技术赋能农业产业现代化发展将逐渐展现瞩目成效，农业生产的抗自然、病虫灾害等能力将大幅加强，农产品品质将大幅改善，农业生产效能和效率将显著提升。

在数字经济浪潮和农业数字化转型实践先行先试并展现瞩目效能的双重驱动下，数字技术融入农业产业的步伐将加快，表现为农业产业数字化将日趋成熟，农业数字化设施设备将不断创新研发，数字设施设备的使用推广将日益普遍，农业产业将由单一环节的数字化转型迈向农业产业链全过程和全领域的数字化转型发展。进而，农业数字化设施设备的建设将日益完善，种植业、畜牧业、渔业等产业的数字化作业场景将日益丰富，农业数字化应用将日益集成、便捷，数字农场、数字牧场、数字渔场、共享农业、定制农业等农业生产新模式和新形态将持续涌现。与此同时，农民的数字素养将日益成熟，"数据"成为新农资、"手机"成为新农具将成为农民生产的新图景，从而重塑农业生产力并重构农业生产关系。

## 趋势三：数字技术将推动乡村数字经济不断创新发展

数字化浪潮驱动着数字技术日益成熟，并逐渐融入消费领域，对城乡居民的消费意识、消费习惯、消费方式等产生深远的影响。而消费端的改变，以及数字技术日益融入消费领域，驱动着经济结构和产业形态的创新发展，尤其改变了乡村传统的经济结构和产业形态，促进了乡村传统经济的数字化转型发展，乡村经济的新模式和新业态不断涌现、创新发展。

电子商务由城及乡，不仅重塑了乡村的消费方式，更促进了乡村电子商务的蓬勃发展，村播、县域新零售等乡村电子商务新模式和新业态在数智企业等农村电子商务先行者和跟随者的不断投入过程中而持续创新发展。在此进程中，营销端日益激烈的市场竞争驱动着农产品电子商务基于模式创新构建竞争优势，越发朝向网罗优质农产品以构筑竞争优势的方向转变，农产品电商经营者寻找优质农产品供货基地抑或自建生产基地的明显态势，驱动着农产品电商基地直采等新模式涌现，农产品生产端与消费端将日益紧密对接，最终促进农业生产的提档升级；数字技术促进乡村产业融合发展，为乡村旅游产业带来了新机遇和新动能，促进乡村旅游业的数字化转型发展，在线品牌宣传、在线订票、景区消费数字化服务等日益成为乡村旅游业消费方式和服务模式的基本形态，大幅提升乡村旅游业的附加值和消费体验；数字技术为乡村草根经济崛起带来新机遇，大量的传统乡镇经济在数字技术赋能下得以快速发展，淘宝村镇等新业态新模式不断涌现，乡村日渐成为创业者和社会资本争相进入的热土，外出务工人员逐渐回流就业创业，新农人积极投身农业农村，这些都带来了乡村创新创业的新活力、新浪潮，为乡村数字经济创新发展提供了持续动力。

　　随着数字乡村的建设发展，乡村的信息基础设施将不断完善，数字心智的不断成熟将对乡村数字经济的产业结构、运行逻辑、发展方向等产生深远的影响，使得乡村数字经济的新模式新业态在这种趋势中不断涌现。

## 趋势四：乡村社会的数字治理水平将进一步巩固提升

　　随着数字乡村战略的深入推进，数字技术必然极大促进乡村社会的全方位数字化转型。数字技术天然的"连接"特性，可以将治理对象、治理要素、治理资源和治理工具有机连接，促进形成互联互通、共治共享的乡村治理体系。通过塑造全新的乡村治理场域，势必突破时间和空间限制，增强情感和地域联系，连接起原子化的个体村民、脱嵌在外的务工人员及乡村精英等主体，推动着乡村基层治理由村两委单一治理模式走向数字技术赋能下的村民全员参与治理模式。同时，数字技术将实现"赋权"与"赋能"的双向结合，一方面，数字赋权普通村民，将极大地激活乡村内生动力，释放治理活力，打造共建共治共享的治理格局；另一方面，通过数字赋能政府管理，将有效融合乡村管理与服务，融服务于治理之中，构筑高效务实的乡村数字化公共服务体系。此外，数字技术在乡村社会的应用和发展，将大力助推政府实现对乡村环境发展、社会治安、灾害防治、疫情防控等多方面的实时掌控和有效治理。与此同时，农村政务管理在线化、智能化得以加速推进。具体而言，"互联网+"政务服务将持续向村社延伸，逐步打通市、县、乡、村四级数据通道，通过构建闭环共享的数据体系，集成服务民众的政务事项，推广以"零见面"为目标的急速审批。同时，基层综合信息平台建设日益加强，将推动党务、村务、财务等信息及时公开，有效监督村级集体资产管理、集体资金使用、小微工程建设等事关群众切身利益的事项，最终提高村级综合服务信息化水平。

乡村治理数字化转型势必加快，农村政务管理在线化、智能化将成趋势，未来将继续立足"场景化""一件事"应用需求，加快推广政务审批线上办理、"指尖"办理，着重打造智慧化、便捷化、线上线下融合的乡村政务服务体系。

## 趋势五：乡村基础设施和公共服务信息化水平将加快提升

长期以来，我国经济社会发展不平衡不充分的问题在乡村最为突出，而数字技术嵌入乡村将为相对落后的欠发达地区和农村地区提供更广阔的市场空间和发展机遇，对于促进乡村发展、加快推进农业农村现代化、缩小城乡差距大有裨益。依托数字技术提高乡村公共服务水平、为村民提供高质量生活环境将成为乡村发展转型升级的必然要求，农村公共服务的在线化和智能化也将成为当代经济社会快速发展的必然趋势。与此同时，信息基础设施建设是数字乡村建设的前提和基础，是激发乡村发展内生动力、释放巨大潜力的重要前提。随着政府在推进农村公共服务在线化、智能化方面投入和建设力度加大，城乡信息基础设施建设水平差距势必进一步缩小。进而，可以通过推广应用乡村政务服务一体机和个人智能终端设备，以及政务服务小程序、手机移动App客户端等数字技术应用，准确、全面、高效获取公共信息，实现村民生活事项网上办、自助办、掌上办。

因此，农村公共服务也将越来越趋于智能化，教育、医疗、养老方面的公共服务将日益满足乡村居民多样化的服务需求。具体而言，通过数字平台将线上线下教育活动相结合，汇集城乡教育信息资源，乡村教育教学内容和形式将不断丰富；通过搭建医疗信息共享服务平台，医疗资源的区域限制将被打破，医院服务流程得以重塑，乡村医疗服务效率进一步提高；通过构建城乡一体的数字养老服务平台，智慧养老服务体系将日益完善；等等。

## 趋势六：数字技术将助推智慧绿色乡村建设迈上新台阶

农村生态建设是我国生态文明建设的重要组成部分，是乡村全面振兴的应有之义。随着数字技术的日益成熟，也将为治理乡村生态环境和促进乡村绿色健康生活提供重要抓手，通过数字技术全方位、全过程动态监测乡村环境、农业生产等领域，最终实现乡村绿色健康低碳生活。数字技术赋能农村生态环境整治，可以利用卫星遥感技术、无人机、高清远程视频监控系统对农村人居环境进行综合监测，强化农村饮用水水源水质监测与保护，实现对农村污染物、污染源全时全程监测，打造生态宜居和美乡村。同时，可以通过数字技术倡导乡村绿色低碳生活方式，推进智能垃圾分类行动，提高村民垃圾分类意识，建立农村污水处理智能化系统，有效践行"绿水青山就是金山银山"理念。

数字技术助推智慧绿色乡村建设迈上新台阶。首先，通过推广乡村智慧绿色生态模式，从乡村实际出发，因地制宜、因村制宜，精心规划乡村生态保护方案，打造生活宜居、设施配套、生态绿色、环境优美的乡村绿色生态，推动实现农村河湖信息化管理、水土流失信息化动态监测、乡村水利数字化监管。其次，通过数字技术推动乡村绿色生活，建设农村人居环境综合监测平台，重点整治农村生活垃圾污水治理、厕所革命，引导公众积极参与农村环境网络监督，共同维护绿色生活环境。再次，通过数字技术打造乡村智慧生活场景，迭代乡村教育、健康、养老、文化、旅游、住房、供水、灌溉等数字化应用场景，推动城乡公共服务同质化，增强群众幸福生活感。此外，通过数字技术继续营造智慧平安乡村，建设乡村气象、水文、地质、山洪、旱情等数据实时发布和预警应用，实现农村应急广播和"雪亮工程"全覆盖。

## 趋势七：数字乡村将助力脱贫攻坚成果与乡村振兴有效衔接

脱贫攻坚与乡村振兴是我国全面深化改革、推进农业农村现代化的重要战略。当前，我国的脱贫攻坚战已经取得全面胜利，但"脱贫摘帽不是终点，而是新生活、新奋斗的起点"，如何有效巩固拓展脱贫攻坚成果与全面推进乡村振兴成为重要的现实议题。在促进我国农业农村数字化转型发展的背景下，数字乡村建设既为我国巩固脱贫攻坚成果提供可行路径，也是实现乡村全面振兴的重要途径。农民生活、农业发展和乡村治理等方面是数字乡村建设的重点内容，以数字技术作为核心驱动力，可以有效激活乡村要素流动、助力乡村产业发展、促进传统农业智能化升级、提升乡村治理效能，以此有效推进脱贫攻坚与乡村振兴有效衔接，助力农村高质量发展。

在农民生活方面，对于新型农民的帮扶和支持更多体现在资源要素提供和市场机制稳定方面，因此可以有效利用数字经济整合数据信息、扩大农村贸易网络、破解信息不对称难题、拓展经营销售渠道，促进农民增收；在农业发展方面，信息化和数字化的嵌入可以使得农业生产、产业结构、产业模式方面得以突破和升级；在乡村治理方面，数字化、信息化程度的提高将直接影响乡村治理的精细化与科学化水平，对信息公开透明、治理效能提升具有重要作用。

## 趋势八：县域基础数据资源体系和数字中台建设将成为重点任务

"十四五"期间，随着我国数字乡村建设发展进入发力期，县域将成为城乡融合发展的重要切入点和关键支撑，各级政府将更加重视并加大对县域经济社会数字化转型发展的资金投入和政策支持，尤其将加强乡村信息基础设施建设（包括乡村"新基建"和传统基础设施的数字化改造升级），为加快数字乡村建设发展提供设施保障。其中，基础数据资源体系建设和数字中台建设无疑是乡村信息基础设施建设的重中之重，更是促进乡村数字经济运行和发展的基础要件。基础数据资源体系建设和数字中台通常包括农业自然资源、重要农业种质资源、农村集体资产、农村宅基地、农户和新型农业经营主体、农村社会综合治理等多方面的大数据，并且据此进一步构建类如基于"地—空—星"一体化的乡村全域管理图，以数字村民管理平台为基础的识别码体系，或乡村数字经济发展指数等数字乡村应用工具。

随着数字乡村发展走上快车道，各级政府将日益加强相关政策支持和资金投入，并通过与技术实力强劲的数智企业合作，大力推进基于县域的乡村基础数据资源体系和数字中台建设，以资源整合、数据共享为途径，推进数据融合、挖掘与应用，搭建共享平台，真正实现农业农村数据互联互通、资源共建共享、业务协作协同，为城乡融合发展提供有力的数据动能和中台保障。

## 趋势九：数智企业将日益全面投身数字乡村建设发展

当前，我国农业农村发展已经走到了信息化和现代化的历史交汇期，数字经济的新动能作用越发显现。同时，国家对企业（特别是数智企业）的社会责任期待日益显著。在此背景下，阿里巴巴、腾讯、华为等数智企业既感受到宏观环境传导的政策激励和社会期待，也察觉到农业农村数字化进程带来的巨大风口，纷纷以农业农村数字化创新主体的态势，抢抓农业农村数字化转型发展的历史机遇。数智企业纷纷根据自身技术和市场优势，在农业产业数字化、城乡物流数字化、普惠金融数字化、乡村治理数字化等方面进行布局，力图在农业农村现代化中占据新蓝海，构建新高地，形成新优势。应当承认，数智企业已陆续做出引人瞩目的创新探索，使得我国农业农村数字化进程呈现出快速迭代、多维进化的创新趋向。

在数字技术赋能和市场竞争牵引下，数智企业（包括数字化平台企业的业务生态网络）基于市场诉求和社会担当，必然蓄积更大动能，更加主动作为，将日益重仓投入农业农村领域，在更高层面上整合农业、食品、生态、治理、服务等乡村发展资源及其数字化形态，形成数字乡村建设发展的市场化竞争生态，助推数字乡村建设发展和乡村全面振兴。

## 趋势十：数字乡村将与县域智慧城市建设融合发展

当前，我国社会主要矛盾已转化为人民日益增长的美好生活需要和不平衡不充分的发展之间的矛盾，而城乡差距正是我国发展不平衡的主要表现之一。随着智慧城市、数字乡村建设的不断深入，基于数字化背景的城乡融合发展已成为主导趋势。需要指出，县域治理和乡村振兴是保证国家高质量发展的重要组成部分，也是推动中央政策在基层落实的重要载体。随着智慧城市建设在全国各地如火如荼地开展，城市建设的规模也从大城市下沉到县域。在国家乡村振兴战略的推动下，县域智慧城市作为连接智慧城市和数字乡村的重要纽带，面临着新挑战和新机遇。

城市和乡村今后可能在信息基础设施统筹、新模式新业态创新发展等方面率先突破，在县域城乡建设规划衔接、数据资源共享、公共服务联通、技术体系协同、具体应用融合等方面陆续跟进，进而极大推动城乡资金流、人才流和科技流的加速流转及转化。在"十四五"发展的新时期，县域智慧城市建设将持续迭代，根据城市和乡村的不同需求，打造更完善的智慧城市体系，实现乡村振兴和智慧城市的高质量发展。当然，由于城乡发展差距较大，城乡数字鸿沟短期内难以有效消除，而以城带乡困难极大，因此数字乡村与智慧城市建设融合发展也必将面临诸多挑战。

PART

# 县域案例篇

2

# 综合发展类

# 从"农村电商"到"数字乡村"

## 1. 基本情况

浙江省遂昌县，地处浙西南山区，钱瓯之水发源地，仙霞山脉贯全境，是典型的"九山半水半分田"地貌。全县总面积2539平方公里，辖7镇11乡2街道。遂昌很"老"，自东汉献帝建安二十三年置县以来，距今已有1800多年历史；遂昌很"红"，是一个革命老区县，创造了浙西南革命历史上关键的"四个第一"（即创建了浙西南第一个中共支部、第一个中共县委、第一支革命武装，打响了浙西南武装斗争的第一枪）；遂昌很"绿"，一县之内气温、降水、日照的差别极大，独特的自然环境为各类农产品提供了优良的生长条件，一年四季均有农产品收获，包括遂昌菊米、龙谷茶叶、三叶青、长粽、番薯干、蜂蜜等，有"遂昌四季仙品"之美名。

作为浙江26个后发县之一，遂昌县同样面临着生态环境好但区位条件差、信息相对闭塞、公共服务欠缺，农产品质量好但销售渠道窄、综合效益低，劳动力尤其是青壮年持续外流等大多数山区农村普遍存在的现实问题。十几年前，遂昌县干部群众不等不靠，主动作为，坚持从解决山区农村生产生活的根本问题入手，通过培育和扶持农村电子商务发展，形成了著名的"赶街"模式，打开了一条"绿水青山"通往"金山银山"新通道。通俗地讲，"赶街"是指"电商服务平台+村级服务站"的"OTO"模式，并由此衍生出的完整农村电商生态体系，其中电商服务平台负责网商培训、农产品网货标准制定、品控、仓储等服务，村级服务站则帮助农民代买、代卖，让乡村购物、销售更便利，使乡村生活更美好。

近年来，遂昌县坚定不移走创新实践绿水青山就是金山银山理念的发展道路，贯通穿透"品质化升级、组织化发展、数字化赋能"战略要求，进一步探索数字化赋能乡村全面振兴新模式，积极推动"互联网＋农产品出村进城"工程和数字农业工厂建设，初步构建了数字乡村的底座框架，农业生产、经营、管理服务信息化水平有效提升，数字化推动乡村全面振兴促进农民农村共同富裕实现良好开局、取得显著成效。在与全省人民迈向共同富裕的新征程中，遂昌抢抓共同富裕、革命老区、数字化改革等政策礼包和发展机遇，全力推进生态、生产、生活相统一的数字乡村建设，先后入选浙江省首批数字经济创新发展试验区、省级数字生活新服务样板县、全国县域数字农业农村发展先进县。2022年实现地区生产总值173亿元，同比增长5.9％，总量跃居全市第四，增速位居全市第一。实现农林牧渔业增加值14.49亿元，同比增长4.7％，位居全市第一；农林牧渔业产值21.06亿元，同比增长5.0％。连续两年获评浙江省乡村振兴战略实绩考核优秀单位。

## 2. 主要做法及成效

### 2.1　以数字新基建助推数字乡村建设

遂昌紧密围绕城乡网络一体化建设，加快乡村信息基础设施升级换代与普及覆盖，有序推进5G网络建设和农村互联网的建设部署。截至2022年，全县家庭宽带安装达10万户以上，行政村通宽带比例达到100％，5G基站点位达到655个，覆盖率达到90％，"雪亮工程"覆盖率达到100％，农村互联网快速发展。为更好地推进大数据、云计算、区块链、信息科技等数字经济新兴服务业态的聚集发展，充分发挥各方的资源优势、技术优势，形成创新链、产业链、人才链、资本链、价值链的有机融合，加快推进遂昌产业升级，遂昌在"天工之城—数字绿谷"数字产业平台坚持市场化导向，和阿里云、网易、中电海康、晶盛机电等20多家数字类企业开展合作，成功举办了全国数字生态创新大赛总决赛等系列数字峰会，以数字新基建吸引大量数字经济优质资源集聚集成。其中，自2021年6月启动运营的阿里云创新中心（丽水遂昌），围绕"数字经济、分时经济、在线经济"三大新兴产业主题，为上百家创新型企业对接阿里系赋能资源与服务，帮助近50家企业落地遂昌，助力遂昌加快引进新资源、发展新经济、融入新格局。

## 2.2 以数字化设备助推农业产业发展

围绕生产效能提升和人力成本下降，提高农业生产终端监测和数据分析能力，遂昌县积极开展数字化种养基地改造和数字农业工厂建设。在生产端，以茶叶、果蔬、渔业、养殖业等产业为主，大力推广"一杆农眼"等农业物联网设备及自动化控制设备，建成了数字化水产养殖基地、数字化制种基地、金竹农创中心、大柘镇万亩茶山等一批数字化生产基地。蕉川村是浙江省最大的杂交稻制种基地，"千年粮仓、常乐蕉川"八个字刻印在村门口，年复一年迎接着八方来客。以前的焦川人民种水稻，收成每

遂昌的"一杆农眼"物联网应用

年都有变化。如今，借助阿里云提供的数字技术支持，蕉川村沿袭了多年的水稻育种方式开始发生新变化。农户们通过田间安装的感知设备，实现了对空气温度、空气湿度、光照强度、风速风向、雨量等关键气象指标的动态实时掌握。从被动到主动，蕉川村的村民已然成为科技型农民。目前，蕉川村实现了超500亩水稻制种基地和生态茶园的实时监测，让农业种植"有数可循"，多次被央视《新闻联播》和《走进乡村看小康》栏目报道。

在加工端，围绕茶叶、三叶青加工，在大柘镇打造了一个集研发、加工、物流及产业配套服务于一体的数字茶业创业园，园区占地面积近80亩、投资1.74亿元，建成后可入驻茶叶加工厂70余家；在石练健康产业园区，引进数字化全自动中药饮片西林瓶生产线，每分钟可生产200～270瓶，年可加工7000万瓶，相当于年加工三叶青鲜药材900吨。

## 2.3　以数字化手段打造农业经营新模式

遂昌是全国农村电商的"革命根据地"，过去"消费品下行＋农产品上行"农村电商的模式正是从遂昌走向全国的。近年来，遂昌又与阿里数字乡村等团队在品牌打造、营销培训等方面开展全面合作，建成了高山名茶电商产业园和花园数字乡村公共服务中心，实现了农产品电商运营、培训、供货、直播、创客、物流、产地仓等业务的集约化专业化发展。

1. 数字化洞察与决策。为解决产业电商发展过程中遇到的发展趋势摸不透、关键问题找不准、发展策略定不好的问题，为遂昌提供产业发展数智指挥中心产品。数据涵盖茶、粽、蜜饯果干、坚果炒货、蔬菜五大品类，涵盖品类、交易、商家、商品、品牌、消费、体验、物流八大维度，为政府决策和企业运营提供有效参考，看清产业变化趋势、剖析同行竞争优劣、洞察市场增长机会。

2. 数字化产业人才培育。为解决县域产业人才结构不均衡的发展痛点，开展多形式培育产业数字人才。通过商家驻点服务、电商培训，围绕遂昌青年商家和电商专业学生两大重点服务群体，集合蔡崇信基金培训、电商直播大赛等资源开展"遂昌'茶青人'培育计划暨商家陪跑训练营"活动，课程覆盖茶叶概况、茶叶分类、包装与保鲜、茶艺技能、茶叶线上销售等。同时，以一定机制把"茶青人"群体与县域潜力商家对接与融合，为县域商家培育一批学习能力强、电商素养高，既懂理论又会实践，既懂产品又会电商的新型销售人才。

3. 数字化选品与渠道对接。多路径打造精品网货，丰富产品供给。依托阿里大数据打造优质的适于数字化渠道销售的潜力新品，完成了"茶叶""番薯干""长粽""猕猴桃""蜂蜜"五款精品网货。以长粽产品为例，在端午期间，联动本地企业与天猫速食TOP50品牌商家悠享时打造端午糕粽礼盒，通过品牌商赋能打开"产品营销"，引领县域好货多渠道布局，天猫旗舰店、企业购、杭州盒马门店、淘宝直播多渠道产品上线。在阿里数字乡村等团队的配合下，通过一系列数字化营销手段和活动，截至2022年12月，遂昌县域内茶叶年累计网络零售额同比上年同期增长75.2%，在端午期间粽子联名款礼盒仅天猫店铺即完成120万元销售额，全渠道销售480万元，成为百万销售的超级单品，被央视和新华网种草推荐，粽子年累计网络零售额同比增长135.6%。驻点直接服务企业200余家，培育50+电商从业者，培育扶持10+潜力优质电商团队，显著提升本地产业创业创新人才数量，同时通过专业的商家陪跑服务，平均为参训商家提高电商收入20%以上。

## 2.4　以数字化物流打造农产品上行新渠道

以"政府主导、企业运营"的方式，充分利用县邮政分公司到村的投递网络，通过邮政与民营快递企业合作，对县域内农村地区的快递包裹实施"统一分拣、统一运输、统一配送、统一收寄"，实现资源整合利用，以最经济、最有效的方式达成"快递进村""农产品出村"，打通农产品线上线下流通渠道。在妙高街道上江村建成一个约2800平方米的标准化县级处理中心暨"数字乡村物流中心"，并利用中国邮政集团现有"中邮驿站"和

"中邮驿路"两大网络平台优势，打造了全国首套邮政与多家民营快递公司实现共同分拣的自动化设备，同时建成了9个乡镇级物流中转中心和120个村级综合服务站，形成了覆盖全县所有行政村的数字物流体系。农村快递通过共配后，实现件均投递成本下降近1元，每年至少为快递企业节约320万元的投递成本，切实帮助农民每年节约至少1000万元的快递取件成本和时间成本。

## 2.5 以数字化执法提升农业监管效率

为有效破解农业生产中"肥药两制"难题，推进农资监管信息化，加强农业投入品源头管理，保障农产品质量安全，遂昌县在全省率先推出"绿色惠农卡"信息平台，将全县所有农资店的销售全部纳入数字化监管。截至2022年底，已发卡6.5万余户，进驻农资经营店178家，累计销售金额达到8亿元。在"天工之城"湖山区块，建立了无人机智慧巡检系统，通过智慧水域AI图像识别系统，自动识别水域内废弃垃圾、养鱼网箱、违章建筑、钓鱼人员，通过实时拍照并上传云管控平台，对湖域的全局和实时的数据分析，对水面漂浮物、养殖设备违规蔓延、违章建筑、船只违规运营、四乱等问题进行判别与分析，有效改善了传统水域巡检短板，降低了人工投入，提升了执法人员巡检效率。

## 2.6 以数字化应用打造乡村智治新模式

以数字乡村驾驶舱和孪生一张图的形式打造了数字乡村智慧大屏，实现乡村数据的可视化，为基层政府数字化综合治理能力提供展示窗口。如开发了"i遂昌""乡村百事通""信用乡村"等应用集群，实现服务事项一键代办、一次不用跑，乡村治理一网统管、一分共治，目前"乡村百事通"应用已覆盖全县201个行政村。2021年8月，《新闻联播》和《走进乡村看小康》实地走访蕉川村和湖山村，点赞遂昌数字乡村建设。

作为遂昌县最大的行政村，以前的蕉川给大众的印象却是"脏、乱、差"，村集体经济更是处于负债状态。2022年，蕉川村进入浙江省首批"未来乡村"大名单。在蕉川居民家里，打开华数电视，就能查询自己"百姓通"中的各类数据情况，比如补贴发放情况、惠农卡补贴情况，这既打通了数字化改革到农村用户的"最后一公里"，同时也解决了智能技术的适老化问题，帮助老年人跨越数字鸿沟。同时，蕉川村的村情外貌的实景，依托数字孪生的方式复刻，将村内所有的人、房、事进行关联，展示了网格分布和重要场所的分布，为政府各条业务线提供便利支撑。

## 3. 经验启示

### 3.1  践行"绿水青山就是金山银山"要选对路径

如何打开"绿水青山"通往"金山银山"路径桥梁，各地都在探索和实践。每一个地区都有各自不同的地理、生态、环境、人文等情况，经济社会发展程度也有高有低，在选择发展路径上必须坚持统筹兼顾、扬长补短，充分发挥自身优势，尽量规避劣势、短板，做出最正确、最合理的选择。遂昌县以发展农村电子商务、建设数字乡村为抓手，抢占信息化的风口，逐步构建起"互联网+"生态产业体系，从而进一步推动县

遂昌大柘万亩茶园

域经济社会转型升级，就是基于县域发展阶段和县情实际分析所做出的正确路径选择。

## 3.2　推进产业发展要厘清政府与市场的边界

不难发现，几年前的"赶街"模式最初是市场资源优化配置的自发行为并快速推进的，如今的数字乡村建设则有着鲜明的政府规划、引导、部署的痕迹。显然，遂昌县委县政府在发现"赶街"电商模式的潜在价值后，坚持"引导不主导、扶持不干预"，全面激发创业创新热情，同时为"赶街"提供政策等软环境的强大支撑，使其在发展过程中不断修正和提升自己的前进轨迹。而对于数字乡村这种需要全域部署的发展实践，则要充分发挥政府的主导角色和作用。其启示在于，对待有积极意义的新生事物，要正确厘清政府与市场的边界，其中市场能干的要坚决放，市场缺位的要全力补，而需要政府主导的则要科学规划、勇于任事，从而让"无形之手"与"有形之手"协同发力，相得益彰，共同推动新生产业向前、向好发展。

## 3.3　发展农村"互联网＋"生态产业要抢占先机

随着农村电商布局的快速推进，农村信息化浪潮正在加速涌来，以"互联网＋"为代表的农村生态产业将成为下一片拥有广阔前景的"蓝海"。谁能够抢占先机，谁就将拥有开拓未来的主动权。遂昌实践告诉我们，哪怕是四五线城市，哪怕没有优越的创业创新环境，只要保持对新生事物的足够敏感，以及一颗随时准备向前冲的心，就能在风起云涌的"互联网＋"时代，让星星之火实现燎原。

**本文作者**

遂昌县农业农村局

徐旭初　浙江大学中国农村发展研究院教授

吴　彬　杭州电子科技大学法学院副教授

金建东　浙江经贸职业技术学院合作经济学院副教授

## 案例点评

**徐旭初**  浙江大学中国农村发展研究院教授

遂昌县是一个典型的山区县、老区县，既有青山绿水、特优产品的优势，也有地处偏远山区、产业基础薄弱的劣势。遂昌早在2005年就开始涉足淘宝等网上市场，主要经营竹炭、地瓜干、山茶油、菊米等富有地方特色的农产品，出现了闻名一时的"赶街"模式，形成了著名的以农特产品为特色、以服务平台为驱动的农村电商"遂昌现象"。近年来，遂昌着力发展数字经济，全面建设数字乡村，在以往的电商兴县的基础上，又进一步走出了一条"最美生态、绿色科技、数字经济、向往生活"深度融合的山区跨越式发展新路径。遂昌以数字新基建助推数字乡村建设，以数字化设备助推农业产业发展，以数字化手段打造农业经营新模式，以数字化物流打造农产品上行新渠道，以数字化执法提升农业监管效率，以数字化应用打造乡村智治新模式。遂昌实践告诉我们，欠发达地区虽有劣势，亦有优势，而在强调发挥乡村生态功能的时代背景下，绿水青山的经济社会价值日益凸显，关键就在于如何在数字技术加持、数字经济赋能下抢抓机遇，通过发展农村电商、实施品牌建设、建设发展数字乡村，充分体现和提升当地农文旅特色优势，有效撬动欠发达地区的乡村全面振兴进程。

## |山东肥城|

# 为乡村振兴插上"数字翅膀"

## 1. 基本情况

　　肥城市位于山东中部、泰山西麓，总面积1277平方公里，辖10个镇、4个街道、1个国家级高新技术产业开发区（分区）和1个省级经济开发区，587个行政村，30个社区。常住人口89.4万人、城镇化率67.2%。肥城素有"自古文明膏腴地、齐鲁必争汶阳田"的说法，全市耕地面积95.9万亩，其中基本农田85.1万亩，辖内土壤肥沃、物产丰富，是全国重要的商品粮种植、蔬菜生产和畜禽养殖基地。2022年，全市实现农林牧渔业总产值132.1亿元、农村居民人均可支配收入24146元，分别增长5.7%、6.4%，入选第一批国家农业现代化示范区创建名单，获评全国数字乡村试点县、农业科技现代化先行县、特色农产品优势区、村庄清洁行动先进县、山东省农业强县、乡村振兴示范县、乡村振兴战略先进县等荣誉称号。

## 2. 主要做法

### 2.1 加强组织领导，高点谋篇布局

　　坚持政府引导、市场运作、镇街主体，立足肥城实际，把准试点方向，统筹协调联动，把数字乡村建设放在工作全局来谋划推进。

　　一是强化组织保障。成立了由市委书记任组长的试点工作领导小组，组建了由25家相关公司组成的数字乡村建设行业联盟。制定了《肥城市国家数字乡村试点工作实施方案》，细化任务列出了《肥城市国家数字乡村试点工作台账》，收集资料编印了《国家数字乡村试点工作材料汇编》，为试点工作扎实有序推进提供组织保障、制度依据和现实案例。

　　二是坚持规划先行。突出效益为主，编制了肥城市数字乡村建设标准化

试点和农村智慧社区安全与健康建设规范两个标准项目，全力申报"山东标准"建设项目，为全省数字乡村建设提供"肥城参考"。以系统观念指引规划编制，深入研究农业发展方向、空间布局、产业结构，注重与国土空间规划的衔接，确保多规合一。聘请专家高质量编制《肥城市现代农业先行区建设规划》《数字乡村建设规划》，为持续推进数字乡村建设提供基本遵循。

三是建设数字平台。投入1亿元建设资金，采取国有公司控股投资方式，利用与华为公司合作开发的"数字底座"，以产业数字化为核心，整合全市涉农数字资源应用管理，建设融采集、监测、共享、分析、预测、预警、决策、服务为一体的"桃都慧农"数字平台，纳入农业大数据综合服务中心管理。依托该平台，开展涉农数据资源收集整理，建设以人口、资源、环境、生产、发展为核心的农业资源数据库，优化涉农政务档案数字化建设，为乡村振兴提供坚强有力的信息服务和数据支撑。

## 2.2  强化数字赋能，示范引领带动

依靠信息技术创新驱动农业现代化，通过构建以数据为关键要素的涉农产业数字化链条，打造现代农业示范区，为乡村振兴注入新动能。

一是打造"数字农业"示范项目。第一，以现代农业产业园和大型涉农企业为主体，建立现代农业数字化产业链，进一步完善种、管、收、加、售农业产业数字一体化架构，实施"互联网＋智慧农业"，实现农产品全流程数字化管理，为农业全产业链提供智慧种植管理、高产高效分析等数据服务。第二，打造了"康顿农业""乐汶农业"等农业数字化产业项目，初步建立了主导特色农业产业生产管理系统和大数据平台。第三，以大型畜禽养殖企业为主体，建立畜禽数字化产业链，全面提升畜禽养殖全程自动化水平。利用互联网技术，实现畜禽生产过程的大数据采集、云计算等，为大型畜禽养殖场配备监控系统等设施设备，构建起生态养殖及环境保护自动化监测体系，打造了"牧和养殖""奥亚牧场"等畜禽数字化产业项目，实现了畜禽繁育、养殖、管理全流程智能化和数据综合利用。第四，以农

机服务企业为主体，建立农机数字化服务链，加快推进农业生产机械化向全程精准化、智能化作业转型。通过政府与社会化服务机构合作，为农户提供农田托管服务。应用农机、农资、农技服务信息平台，实现农机作业调度、监控和线上租赁等业务相统一，打造了"地龙农机""金丰无人机"等农机数字化产业项目，建立了农机信息服务、农资供应、培训咨询、农田托管、机具维修等"一站式"数字化服务系统。

二是打造"数字小镇"示范镇。以产业数字化为核心，以现代农业产业园建设为重点，突出镇域特色和产业品牌，在桃园镇、汶阳镇、安驾庄镇、边院镇、王庄镇先行先试，打造"肥桃数字小镇""汶阳田数字小镇""有机菜数字小镇""两菜一粮数字小镇"等示范镇，在特色农产品的生产、加工、销售上加快提升数字化水平，探索建立全程数字化管理平台。实施信息进村入户提升项目，升级全市益农信息社农村综合服务平台，面向社会提供公益、便民、培训等基础服务，以及招商引资、生产经营、社会化生产等特色服务，可实现服务新型农业经营主体1000户以上，直接服务数字型农业基地面积1万亩以上，辐射带动周边数字型农业基地30万亩

肥城市电子商务公共服务中心

以上。做好电子商务进农村工作，以新业态、新模式为引领，扩大电商进村覆盖面，实现线上线下融合、商品服务并重，降低农村物流成本，提升农村消费品质。建成全省首个阿里数字乡村产地仓，日处理订单2万单以上，月交易额突破5000万元，更多肥城特色农产品搭上了电商快车。

三是打造"掌上村庄"示范村。以乡村旅游为核心，着力打造"五埠古村""吕仙石头村"等乡村旅游数字化示范村。开发全程数字化服务App，提升景区智能化水平，实现景点推介、网上预约、网红带货、网上下单、即时互动等"一机统览"。在全面普查历史文物、遗存遗址、民俗民居的基础上，探索利用虚拟现实技术、三维图形图像技术、互动娱乐技术等数字技术，建设村级数字博物馆，方便快捷地为社会公众提供公益性信息资源服务。用好"灯塔—党建在线"平台，借助信息化手段，大力推进农村基层党组织标准化规范化建设，为乡村发展旅游业提供坚强组织保障。升级志愿云信息平台，做好文明实践志愿者、志愿团队的服务管理，不断提升文明实践的吸引力、影响力。依托景区数字化服务管理系统，有力维护了景区秩序的稳定。

## 2.3  坚持以人为本，推动数字惠民

加速释放数字乡村惠民红利，实现精准服务"三农"，运用大数据对乡村治理工作进行创新探索，全方位提升服务质量和治理水平，让广大农民有更多的获得感、幸福感、安全感。

一是推动"互联网＋政务服务"向乡村延伸覆盖。推广"互联网＋政务服务"在农村的普及应用，创新服务方式，简化办事流程，全市超过280项政务服务已被纳入省级平台运行，实现基本政务服务少跑快办，提升政务服务效率。

二是深化"互联网＋乡村治安"建设。以农村"雪亮工程"建设为重点，加快建立人防、物防、技防深度融合的农村社会治安防控体系，推进重点场所、重要道路、重要区域和治安复杂乡村视频监控系统建设，实现

基层服务和管理精细化、精准化。比如，泰肥一级公路自2019年6月通车以来，事故高发、隐患突出。通过对沿途141个隐患路口全面摸排，采取增加路口警示标志、完善电子监控设备、调整红绿灯配时等措施，通行秩序明显顺畅。事故发生率环比下降76.2%。

三是建设"互联网+智慧教育"项目。建设覆盖全市教育系统的网络体系，搭建教育资源公共服务平台和教育管理公共服务平台，为教育教学工作提供更加方便快捷的服务，让农村中小学生也能享受优质均衡的现代化教育。目前，已完成对教育网千兆骨干线路全面升级。建成优质、快捷、全面、系统的肥城教育资源在线，充实资源120余万个，涵盖普通中小学所有学科教材版本。30所学校建成3D打印创客工作室，19所学校建成机器人实验室，所有学校建成创客活动室。

四是建立新型农民数字化服务链。以服务新型农业工人为目标，打造"服务建安App"新型农民数字化服务亮点项目，以实际需要科学设计版块，构建起集党员管理、人才交流、职业培训、法律援助、信息沟通、返乡创业等功能为一体的数字平台，为13万建安业农民工提供数字化服务。目前，平台关注人数已超过7万，累计为群众解决难题3700余条。

## 3. 主要成效

肥城入选国家数字乡村试点以来，创新实干挑重担，奋勇争先闯新路，突出顶层设计，注重整体布局，创新探索了一个县域标准、一个建设规划、一个大数据平台、一个大数据综合服务中心"四个一"数字乡村建设模式，形成了"党建引领、市场运作、镇村主体、企业协作"的推进模式，取得如下显著效果。

第一，全市乡村数字基础设施建设成效显著。行政村通讯信号和宽带覆盖率达到100%，移动设备接入数98万个，蜂窝物联网终端用户数10.7万个，310个村部署了智能数字管理平台。

第二，数字化产业项目经济效果显著。通过数字化产业项目的实施，减少农药使用量20%以上，降低肥料使用量10%以上，年可处理畜禽废弃物、农药包装废弃物等100万吨以上，农业节水达到10%以上。在产地仓的运营助力下，帮助肥城商家快递降本0.3～1元左右／单。

第三，数字化营销取得红火成效。2022年，全市网络零售额达14.4亿元，同比增长16.9%，快递进出港总量6080万件，依托强大的运营降本能力，产地仓月均单量超15万。2022年直播场次3072场，累计观看人次158.3万，其中，包括陈洁kiki、朱丹等十多位淘宝直播百万粉丝主播共同为肥城桃带货，线上传播破千万人次。

第四，数字化带动作用明显。肥城桃发展模式从"小微商"转变为"大电商"；同时通过市场化对接，带动了周边万名鲜桃等农产品种植户，并培育了以阴丽云为代表的众多新农人。产地仓服务中心发挥出对产品营销、电子商务等人才的孵化作用，年内组织各类培训活动10场（次），培训各类电商营销人才3000人次以上，其中培训培育孵化了带货主播人才200余位。

第五，建设模式和推进模式得到了中央网信办和山东省、泰安市相关部门的充分肯定。2021年4月25日，在全国数字乡村建设工作推进会上作了典型发言；2022年8月2日，在山东省数字乡村建设推进会上作了《创新实干　奋勇争先　努力打造数字乡村"肥城样板"》交流发言，肥城市三个数字化案例入选山东省数字乡村发展创新实践典型案例。大众网以"数字乡村看肥城"专题系列报道方式，对肥城市示范镇、示范村和示范项目进行了报道，已刊发报道6期，累计阅读量超100万。《经济日报》所属《农村金融时报》以《构建"数字乡村"的肥城实践》为题对肥城市数字乡村建设模式作了报道。

## 4. 经验启示

### 4.1　夯实数字乡村基底

数字乡村建设，基础设施建设是前提。只有底座硬，数字乡村云平台才有支撑。肥城市与华为、鸣迅等公司合作，加强农村地区5G、物联网和千兆光网等基础设施建设，提网速、降资费，加快推进大数据、云计算等新一代技术的应用。坚实的数字乡村基底整体带动了数字农业农村发展进程并提升了发展质量。

## 4.2  畅通数字乡村路径

数字乡村建设是一个系统工程，必须协同共享、系统推进。肥城市坚持政府引导、市场主导、社会参与三方面共同发力，发挥互联网企业和农业信息化企业的带动作用，鼓励农民和新型农业经营主体广泛参与，形成了多元主体参与的共建格局，推动了数字乡村建设高质量发展。

## 4.3  丰富数字乡村内涵

数字乡村建设，内涵丰富是关键。肥城市健全完善以农业互联网等为支撑的农业数据获取系统，以大数据、云计算、人工智能等为支撑的社会治理系统，形成了数字农业、智慧社区、数字小镇等可复制、可推广的智慧农业农村应用场景，数字乡村建设更有后劲、更可持续。

## 4.4  提升农民数字素养

人是信息化发展的关键变量，农民是数字乡村建设的主体。肥城市注重实施农业农村数字技术人才培育提升工程，把互联网、数字化知识技能纳入高素质农民、农村实用人才培训体系，提高农民信息素养与技能，培育了一批爱农业、懂网络、会经营的新型职业农民队伍，激发了数字乡村建设的内在动力。

**本文作者**

肥城市农业农村局
肥城市委网信办
崔　光　中国农业科学院农业经济与发展研究所研究助理
齐　心　中国农业科学院农业经济与发展研究所硕士研究生

## ⊕ 案例点评

**刘合光** 中国农业科学院农业经济与发展研究所研究员

肥城市数字乡村建设是政府引导、企业创新、农户投入等多主体合力推进乡村数字化的结果；该市乡村数字化注重规划设计，因地制宜有特色，点线面全多亮点，以"数字农业"示范项目为引领，以"三农"数字化链为重点，打造了现代农业数字化产业链、畜禽数字化产业链、农机数字化服务链、新型农民数字化服务链等数字化链条，实施"数字小镇"示范镇，"掌上村庄"示范村等亮点工程；推动"互联网＋政务服务"向乡村延伸覆盖，深化"互联网＋乡村治安"、"互联网＋智慧教育"建设，推动数字惠民便民，取得了数字乡村建设的五大成效，书写了具有"肥城特色标签"数字乡村建设生动案例。

肥城市数字化乡村建设的实现逻辑，关键在于通过借助先进数字化头部技术企业和头部电商的力量，构筑数字化平台、推进产业链数字化、治理数字化、提升农民和企业家数字化素质，从而获得市场的认可、上级管理部门的高度肯定。肥城市数字化乡村建设基于本地特色资源禀赋，打造发展模式、改造产业链条、推进村镇数字化创新，真正走出了一条数字与产业、数字与经济社会全面融合的发展升级路径，期待肥城市乡村发展在插上"数字化翅膀"之后进入腾飞阶段。

# 数字乡村建设助力都市郊区乡村振兴

## 1. 基本情况

"十四五"时期是我国开启全面建设社会主义现代化国家新征程、向第二个百年奋斗目标进军的第一个五年，是北京落实首都城市战略定位、建设国际科技创新中心的关键时期，也是平谷区深化"三区一口岸"功能定位，践行生态立区、绿色发展的关键时期。进入新阶段、贯彻新理念、构建新格局，科学制定和实施平谷区"十四五"时期数字经济和数字化发展规划，对新时期平谷区以数字经济引领高精尖产业发展具有重要意义。

区位交通便利优势明显。平谷区位于北京市的东北部，西距北京市区70公里，东距天津市区90公里，是连接两大城市的纽带。平谷区是北京市生态涵养区之一，总面积948.24平方公里，下辖2个街道、16个乡镇和273个村庄。

林果产业闻名遐迩。平谷区是北京市农业大区，地势东北高，西南低。东南北三面环山，山区半山区约占总面积的三分之二，中低山区占北京市山地面积的4.5%，是林果的发展基地。基于得天独厚的地理优势和自然资源，平谷区造就了"平谷大桃"、"北寨红杏"、茅山后"佛见喜梨"等一批国家地理标志保护产品。

近年来，平谷区大力推进数字乡村建设，充分发挥信息化对乡村振兴的驱动引领作用，提升农业农村现代化发展水平，成为国家首批数字乡村试点地区。2021年10月，农业农村部与北京市签署打造中国·平谷农业中关村的协议，平谷区与阿里巴巴集团签订框架合作协议，共同打造数字乡村示范点，初步探索了"数字化助力乡村振兴"的整体方案落地。

## 2. 主要做法

### 2.1  推进数字乡村软硬件建设，夯实数字化转型基础

一是推进乡村信息化建设。为实现对农村各类资源、资产、资金的信息化管理，平谷区通过完成平台软件系统的建设，按照"做精一个村，试点一个镇，铺开一个区"的思路，以点到面，层层推进，从而推动数据共享对接。同时，通过农村管理信息化平台，完成全区家庭承包合同数据化采集，提高政府线上审批速度，推动村级资金使用的规范化、科学化、民主化，以信息化的管理，推进数字乡村建设。

二是积极探索农业发展的新路径。以"互联网+"和"智能装备"为切入点，从种植养殖到销售环节均引入数字化概念，为发挥智能化在农业生产要素配置中的优化和集成作用，推动智能化创新成果与农业生产、经营、管理、服务各领域深度融合，以智慧农业引领驱动农业现代化加快发展。目前，数字养殖在峪口禽业已取得成效，数字种植正在蔬菜和大桃领域开展探索和试验。同时，为进一步推进"三农"数字化建设，在农副产品的销售过程中引入互联网销售模式，培养果农网上销售、推广直播带货等新兴的网络销售思路，从而带动多种产业销售，提高平谷产业知名度和影响力。

### 2.2  赋能大桃产业数字化，助推农业提质发展

平谷地处燕山南麓与华北平原北端的相交地带，日照充足、雨热同期，独特的土壤、气候条件赋予了"平谷大桃"个大、色艳、桃味浓、甜度高等优良品质，成为中国著名的大桃之乡，北京市果品生产基地之一。改革开放以来，特别是20世纪90年代以来，平谷大桃相继被评为世界最大集中连片桃园、种植品种最多两大吉尼斯世界纪录，成为全市唯一在第十七届中国国际农产品交易会上参展的名特优新农产品，获得了"国家地理标志保护产品""中国驰名商标"等称号，并被欧盟确定为"中国·欧盟'10+10'"地理标志国际互认产品。平谷区拥有大桃品种200多个，白桃、

蟠桃、油桃、黄桃四大系列，主栽品种40余个，平谷大桃采取露地栽培和温室栽培两种方式，设施桃与露地早中晚熟相对接，使平谷区从3月底至10月底均有鲜桃上市，实现了三季有鲜桃。经过多年的积累与发展，平谷区大桃产业已成为名副其实的富民产业、绿色产业，并产生了良好的经济、生态和社会效益。为了更好地走在农业农村现代化前列，平谷区与阿里巴巴一起在大桃产供销数字化方面进行了探索实践，共同助力乡村振兴。

桃醉平谷区域公用品牌

在销售端，阿里探索了以新品牌形象带动商品设计升级、产销渠道对接升级、品质价格升级的模式。一方面，通过打造桃产业"桃醉平谷"区域公用品牌体系，提升平谷整体农业农村品牌形象。在品牌升级的基础上，帮助平谷大桃供应商、合作社对接盒马、电商行业、数字农业、淘菜菜、菜鸟、本地生活、天猫超市、淘宝直播等十余个平台渠道，推动盒马、数字农业在平谷区建立直接采购渠道。另一方面，上线平谷大桃营销专题页面，配合平谷大桃营销IP的各类动画、小游戏，吸引更多年轻消费群体关注和消费平谷大桃，从而卖出品牌文化、卖出高品质、卖出好心智。通过整合政府、平台、媒体等资源，助力"桃醉平谷"品牌的多维度曝光，持续沉淀品牌资产，构建和提升品牌影响力。为了更好地深化数字化创新，依托平谷区电子商务服务中心，对接各类头部电商平台，大力推广农产品电子化交易和直播带货等"互联网＋新零售"，培育订单农业。发展三产融合的乡村经济新业态，不断创新线上线下相结合的农产品及周边衍生品销售新模式。2022年，平谷大桃在阿里巴巴商业体系内全面发力，数字化销售较往年增长显著。

目前，平谷与阿里的数字乡村建设示范工作正有序推进到生产端，增加更多的科技应用。以订单农业为特征的盒马村落户平谷区峪口镇西营村，采取订单农业的方式帮助平谷大桃产区提前锁定旺季订单、保障优质优价。

## 2.3  推动农文旅融合发展，促进乡村业态丰富发展

近年来，平谷区强化与头部企业合作，建设全域旅游智慧化赋能平台，鼓励各类民宿、乡村酒店、休闲综合体、旅游景区利用数字化技术提升服务品质，开展云旅游、沉浸式体验等线上线下相结合的休闲旅游新模式，发展数字旅游。依托各类互联网平台，加大优质旅游资源线上推介力度，持续宣传网红打卡地，致力于推进休闲旅游业数字化升级，培育壮大数字旅游产业。

平谷美景搬上"云"，是平谷区在数字乡村建设的尝试之一，同样也是平谷区政府与阿里合作推进农文旅融合发展的创新实践。2022年4月，平谷和阿里合作共同打造"桃醉平谷·花海休闲"云上桃花节活动，创新采用168个小时的慢直播模式，利用淘宝、优酷、飞猪等平台实时在线播放桃花绽放的盛景。

同时，为了让游客们轻松畅游平谷景区，平谷和阿里共同搭建"平谷一键智慧游"平台。依托高德的数字化能力，将平谷区内的酒店、景点、美食等出游关键要素整合到统一平台，为市民提供全方位的便民化服务，打造"吃住行游购娱"于一体的农文旅数字化解决方案。除一键智慧游之外，以平谷区内最受欢迎的旅游景点、美食、酒店等内容整理而成的"平谷必游榜"成了打造旅游数字化样板的另一大亮点，为游客提供数字化出游推荐服务以及多维度多方位的目的地信息，将平谷的美景和美物推到了万千消费者的面前，大大提升游客服务体验，发挥文旅产业拉动消费的能力，进一步推动平谷农文旅融合发展。

如今，平谷已初步实现了从桃花观赏、大桃等农产品销售到精品民宿、农庄餐饮等融合互促的文旅休闲产业链，扩大了平谷"世界休闲谷"的影响力与知名度。

## 2.4　联培数字化新人才，强化人才支撑

　　乡村振兴，人才先行。电商人才培训是平谷区和阿里巴巴合作规划中的重要项目之一。目前，阿里已经助力平谷区完成2000余人的电商直播培训，有效推动了平谷电商人才和数字化人才发展。平谷区政府和阿里巴巴合作的人才培训不仅仅是直播带货，还聚焦商家护航开展一系列围绕电商店铺运营、流量提升等主题的线下培训课程；在镇罗营镇设立阿里数字乡村平谷实训基地，用数字化的培训方式将阿里优质的电商讲师和课程资源引入平谷，通过线上和线下混合学习方式，提升培训效率和培训质量。

　　2022年，团市委"青振京郊"品牌全面开启共青团助力乡村振兴之路，借力区域优势，开启打造农业中关村战略合作，共同推动直播带货，助农直播培训，共同培养人才，交流人才等新模式。团区委将继续联合阿里巴巴，通过持续的培训，吸引更多青年人返乡就业创业，赋能青年创业者，助力平谷乡村振兴。

# 3. 主要成效

## 3.1　数字乡村基础设施有效夯实

　　截至2021年年底，平谷区政务网络基本实现全区全域全覆盖，光缆总数已达5000条，总长度达20000公里，覆盖全区100余个政府单位、273个行政村和28个居委会，均实现100M带宽接入。同时，移动互联网的网络覆盖也初见成效，通过搭建Wi-Fi基站，4G和5G的基站建设，全区移动互联的覆盖达到98%，互联网出口宽带达到1.1G，为全区的数字化建设提供了强有力的保障。

## 3.2　大桃产业实现有效提质发展

　　以峪口、刘家店两个乡镇的试点桃园为例，在平谷区峪口镇西营村建设"盒马村平谷有机桃园"，在其中60亩的数字果园里安装户外气象站、土壤墒情传感器等AIOT设备，系列设备除了能监测气象、土壤指标外，

还具有灾害预警、农资农事活动等数据统计功能，并能通过可视化大数据平台指导来年生产。此外，果园采用了最新科技手段，让果园更加通风透光，施肥更高效，种植更加标准化、精细化，既增加了果品的安全性，也有效提升了大桃品质。

## 3.3　平谷文旅产业得到有效拓展

2022年，由阿里巴巴参与打造的"云上桃花节"期间，通过互联网平台观看平谷桃花盛开美景的数据量突破1000万人次，云上桃花节全网话题曝光量超过1.7亿次，新华社、央视、北京日报等20余家媒体也对平谷桃花节进行了宣传报道。此外，平谷还联合阿里共同开展了包括"达人带你游平谷""平谷桃花慢直播""短视频大赛"等系列活动，用镜头展现平谷的春日美景和桃花文化。下一步，阿里将携手平谷进一步激发数字化的能力，以创建全国全域旅游示范区为抓手，通过建立完善的旅游公共服务体系，创新开发时尚休闲旅游产品、打造国际化高端休闲旅游品牌群，实现"全域休闲、5A平谷"。

2022平谷线上桃花节

## 4. 经验启示

阿里巴巴结合平谷实际需求和应用场景找准切入点，立足品牌化与数字化方向，从生产端、供应端、销售端、品牌端等持续探索、完善平谷大桃全产业链，助力平谷产业高质量发展，共同建设平谷数字乡村示范点。

### 4.1　推进生产过程数字化

基于数智农场系统，平谷区建设平谷数字果园，通过各种物联网设备采集数据，利用可视化大数据平台指导生产，使大桃种植更加标准化，通过数字化项目的建设，打造系统性的数字化平台，提高大数据在农业生产经营、产品销售中的运用，改变了过去果农只凭经验种植的历史。

### 4.2　实现销售渠道多元化

平谷区对接线上线下渠道，推出丰富的营销活动，签约建立"盒马村"，通过订单农业提前锁定旺季订单，解决了销售渠道单一的问题，也帮助不同等级的农产品在不同渠道实现收益最大化。

### 4.3　形成区域公用品牌体系

平谷区在"平谷大桃"国家地理标志的基础上，打造"桃醉平谷"区域公用品牌，开展大桃产业销售、农文旅建设和品牌推广，形成完整的区域公用品牌体系，构建和提升了品牌影响力，提升了平谷整体农业农村品牌形象。

### 4.4　推动农文旅产业融合发展

基于丰富的旅游资源，平谷区通过与电商平台直播、营销、品牌设计等能力的结合，助力平谷打造"吃住行游购娱"的一体化农文旅数字解决方案，将平谷丰富的旅游资源搬到线上，打造"桃醉平谷·花海休闲"云上桃花节活动。

## 本文作者

洪  勇  商务部国际贸易经济合作研究院副研究员
刘  瑶  商务部国际贸易经济合作研究院研究生

### 案例点评

洪  勇  商务部国际贸易经济合作研究院副研究员

大都市郊区如何实现乡村振兴是一个值得探讨的问题。平谷区位于北京市东北部，拥有平谷大桃、"北寨红杏"等国家地理标志产品和金海湖、丫髻山等风景名胜。然而，由于存在品牌形象弱、电商化程度低、旅游资源关注度少、数字化人才匮乏等发展瓶颈，该区农业与旅游资源优势一直难以发挥。近年来，平谷区大力推进数字乡村建设，深化国家数字乡村试点，全面应用数字技术赋能乡村振兴，创新上线云上桃花节，启动"桃醉平谷"区域公用品牌设计，开展产销对接，加速未来果园示范区建设，推动数字化人才培训，使得该区农业和旅游产业步入高质量发展阶段。平谷区实践告诉我们，基于大都市郊区的现实定位，必然要生态立区、绿色发展，必然要努力实现农业与旅游资源提质升级，而平谷区通过在农文旅融合营销推广、大桃产业链数字化与科技应用、乡村治理数智化等领域进行创新型建设，打造一体化数字乡村解决方案，初步走出了一条大都市郊区以数字乡村建设助力乡村振兴的实践路径。

# 以数字化为依托　加快优势产业转型升级

## 1. 基本情况

　　辛集市总面积960平方公里，人口64万，辖7乡8镇1个省级经济开发区，344个行政村。是河北省省直管市，河北省重点培育的高品质中等城市，河北省民营经济发展先进市，是国务院批准的对外开放市、国家外贸转型升级示范基地。

　　区位交通优势明显。西距河北省省会石家庄65公里、石家庄正定机场70公里；北距雄安新区120公里，北京、天津均250公里。石济高铁、石德铁路、石黄高速、307国道横贯东西，石雄城际辛集支线、雄郑高速已列入国家"十四五"规划，将实现60分钟赴雄安，90分钟抵京津。

　　工业经济实力雄厚。已形成绿色生态皮革服装、高端装备制造、新型显示材料、信息智能"1+3"主导产业，连续多年揽获全国综合实力百强、全国绿色发展百强、全国投资潜力百强、全国科技创新百强、全国新型城镇化质量百强"五项殊荣"。皮革产业特色尤为鲜明。作为中国轻工业联合会和中国皮革协会命名的"中国皮革皮衣之都"，是世界最大的羊皮服装革生产基地，全国最大的制革、制衣和皮具生产基地以及全国最大的皮装生产出口基地。被工信部命名为产业集群区域品牌试点单位，被河北省中小企业局命名为河北省中小企业示范产业集群，是河北省首批重点示范产业集群。

　　农业基础扎实稳固。构筑了以粮、果、菜为主的种植业三大主导品类，以猪、牛、鸡为主的畜牧业三大产业格局。林果产业更是闻名遐迩，全市现有果树面积18万亩，是国家林业局命名的中国鸭梨之乡、全国经济林产业示范县，国家标准委命名的梨果标准化示范区，国家质检总局命名的出口鲜梨质量安全示范区,河北省十大果品特色县市。其中,"辛集鸭梨"被认定为国家地理标志产品,"辛集黄冠梨"入选"中国果业最受欢迎的梨区域公用品牌10强"和"中国最有价值的20大水果区域公用品牌"。

## 2. 主要做法及成效

聚焦网络化、信息化和数字化与高质量发展的快速融合,辛集市积极抢抓机遇,着力推进数字乡村试点建设工作,以发展农村电子商务、数字农业为突破口,坚守改革底线,坚持问题导向、目标导向,结合本地实际,大胆创新实践,不断提升数字经济对高质量发展的贡献度。

### 2.1 完善乡村数字基础设施,筑牢乡村振兴的数字底座

一是夯实乡村数字化基础。加快5G通信网络设施建设,投资近亿元,建设5G基站657座,基本实现重点区域、乡镇全覆盖。全市行政村光纤和4G网络覆盖率达到100%,杆路及光缆总长6963公里,主城区和300个村庄的千兆网络全覆盖。

二是推进交通路网建设。定期维护更新农村公路路线、桥梁等电子地图数据,完善农村公路基础调查数据,提升农村公路管理数字化水平,推动"四好农村路"高质量发展。

三是做好国土空间规划。按照"统一底图、统一标准、统一规划、统一平台"的要求,研建了辛集市国土空间基础信息平台,形成内容全面、更新及时、权威准确的自然资源"一张图"体系。

### 2.2 加快乡村产业数字化,抓紧乡村振兴的数字机遇

一是智慧农业建设。大力实施智慧农机提升行动,建设大田作物精准耕作体系,安装智能检测设备506台,累计监测作业面积47.3万亩。在马兰农场、马庄保高丰农场、南智邱原种场设立了3个田间智能监测点,为农作物病虫害预测预报提供了实时、动态数据。利用土壤墒情测试仪、自动伸缩式喷灌等平台仪器,通过各部分回传的信息数据,根据需要进行合

美丽乡村建设的农村畜禽粪污集中处理中心

理的田间管理，做到了1台手机、1个人，足不出户就可以实现对几千亩地的管理。持续做好气象监测设备的保障维护工作，对气象监测设备进行升级改造，为农业生产提供详实准确有效的基础监测信息，并建立有效的信息通信方式，将气象灾害预警信息在第一时间通过短信传递到乡村生产一线。

二是乡村新业态发展。2020年以来，辛集市网络零售额累计实现78.66亿元。建设了4万平方米电商创业孵化基地，培育电商企业2000多家，从业人员2万多人。完成皮革产业电商服务体系建设项目，建设直播基地，培育"百名网红、千家企业、万名主播"进淘宝上天猫。累计举办了24次线上直播公开课。其中13次形式为"1小时技能讲解＋1.5小时互动答疑"线下沙龙活动，进一步培育壮大了电子商务新业态。具体做法如下。

首先是政策支撑。制定实施电子商务发展行动三年规划，从加快电子商务平台建设和电子商务技术创新示范工程等方面培育壮大电子商务新业态。建设电商直播基地，吸引22家优质企业、10个专业直播团队入驻，在淘宝、抖音、快手等平台开展直播带货，积极打造集群效应。打造电商直播基地的经验做法《政府组团企业拼团 辛集经济发展升级启动"云模式"》，被省重点工作大督查办推荐到省委常委会播放，得到了省委领导充分肯定。

其次是人才支撑。辛集市鼓励高层次人才、创新团队、专业咨询公司与辛集企业合作对接，对受聘于辛集市的高级人才，除按协议享受工资福利待遇外，还会按照人才身份层次分别给予不同数额的补贴。

最后是产业支撑。梨果业作为传统优势产业，辛集市依托现有的梨产业集群，引入了"互联网＋区块链＋电商营销"的新模式，打造品牌化的梨果，在保持传统线下市场的同时，增加线上与新零售的销售份额，促进果农持续增收。

## 2.3　提升乡村治理数字化，推动乡村振兴的数字融合

一方面，实施"雪亮工程"。视频监控规模达到4500余路，整合城管、交警、交通等部门1300多路监控资源，形成了覆盖城乡的视频监控网络。通过视频监控系统查询案件3500余起，破获刑事案件数278起，抓获犯罪嫌疑人315人，配合外省市侦办案件数116起，刑事发案率下降2.7%；交通事故查询数5439起，破获逃逸案件数195起。

另一方面，推进"互联网＋政务服务"。加强与建设银行"互联网＋政务服务"优化提升合作，现有175个政务服务智能终端布设"裕农通"设备，提升村（社区）综合服务站政务服务供给能力，推动基层政务服务"网上办"，以一体化政务服务平台为支撑，向乡、村两级全面延伸。全市344个村、24个社区全部设置一站式行政服务大厅，实现全市便民服务场所100%全覆盖。乡、村两级线上办理政务服务事项19490件，占比28.01%。15个乡镇和经济开发区均已接入一体化平台，乡、村两级共认领6725项便民服务，已实现100%网上办理。依托"智慧党建"平台和联通"沃会通"系统，建设了覆盖全市的乡镇行政综合服务中心、村街综合服务站，把服务事项逐渐向党群服务、农经发展、生活保障等领域延伸，真正实现了家门口的"一门式办理""一站式服务"。

## 2.4 做好乡村数字惠民服务，拓宽乡村振兴的数字通道

一是病有所医。在全省率先开展全国统一医保信息平台的切换落地应用试点工作，投资3675万元开工建设的智慧医疗公共服务平台项目将基本建成标准规范、互联共享、协同发展的"互联网＋医疗"支撑保障体系。全市120家医保定点零售药店全部开通医保电子凭证支付功能，实现医保电子凭证支持使用全覆盖。

二是学有所教。一方面做好学生教育。"互联网＋教育"基础设施建设稳步加强，完成全市201所中小学城及教学点域网升级改造，完成网络应用设备更新换代，宽带提升至1000MB，为全市师生的网络教学、网络教研和学术交流提供了有力的保障。同时，为偏远乡镇学校增加智慧黑板教室、触控一体机教室等。另一方面做好农民培训。以"线上课件＋直播培训"为主开展农民培训，利用农技电波、微信公众号和科技专员群等方式，组织学员开展线上自学，抢抓农时开展作业；依托"云上智农"等手机软件、"农博士在线"等微信公众号，组织学员观看农技直播课程。

三是业有所就。完善乡村公共就业服务平台，"辛集就业创业"公众号持续推送政策宣传、职场招聘等各类信息，提供政策咨询、职业介绍、用工指导等针对性服务。坚持从脱贫劳动力外出务工和就地就近就业两个方向，稳定和拓展就业渠道，着力做好脱贫劳动力就业帮扶。

四是法有所依。公共法律服务体系逐步健全，覆盖市乡村的三级公共法律服务实体平台已全部建成，成立了市公共法律服务中心一站式办事服务窗口，村（社区）公共法律服务工作室，推进基层公共法律服务均等化、普惠化，打通服务群众的"最后一公里"。新开通增设的"辛集市公证处"微信公众号、"12348"法律服务咨询热线，为老百姓提供便捷的法律服务。今年以来，共接听热线咨询500余人次，提出法律意见建议100余条。

## 3. 特色和创新

辛集市政府与阿里巴巴集团签署了《辛集皮革产业带合作协议》《县

域普惠金融合作协议》《数字乡村（皮革电商）项目建设合作协议》《数字乡村（黄冠梨）项目建设合作协议》等四项合作协议，为辛集市推进政务、产业、民生服务数字化，数字产业规模化，实现经济社会高质量发展奠定了坚实基础。

## 3.1 注重电商人才培育

依托阿里巴巴公共服务中心在辛集设立实体的优势，充分利用阿里数字乡村电商学院在电商领域的知识储备，通过企业沙龙、专业辅导等形式，发掘和培养各级电商人才积极参与辛集市数字县域新经济建设。

## 3.2 促进优势产业转型升级

一方面，精准定位。以皮革产业为例，基于淘宝天猫的海量市场数据，阿里数字乡村可以帮助皮革类企业精准把握潮流趋势，通过用户分层精准定位目标消费人群，快速拉动传统皮革制造企业的线上销售。另一方面，整合营销。以黄冠梨为例，依托阿里巴巴等电商平台的全域资源，阿里数字乡村捕捉挖掘辛集黄冠梨销售增长点与传播亮点，通过配套线上营销资源，组织明星直播和做好辛集黄冠梨专属创意策划等方式，打造高密度、多样化、大声势的产地整合营销活动，做好产地名片的传播。

## 3.3 高质量完成"精品网货打造"

阿里数字乡村通过天猫超级原产地IP，整合阿里生态资源、落地系列营销举措，助力辛集黄冠梨产业带升级，打造产地名片。打通阿里全域流量资源，集结淘宝天天特卖、阿里数字农业、天猫食品生鲜行业等强势资源，共同助力当地优质商家脱颖而出。通过整合资源，助力辛集做好数字化供应链体系的同时，阿里数字乡村也在努力让辛集黄冠梨在面对新一代年轻消费者时，拥有新的品牌形象并助力产地品牌溢价，策划《有了黄冠，要啥皇冠？》创意视频在全网公映，通过有趣有料的内容形式，辛集黄冠梨完成了品牌焕新。善用短视频等新兴媒介渠道进行广泛传播，打破人们对梨产品的认知，让辛集黄冠梨以更加年轻化、新锐、活泼的形象出现，逐渐成为网络爆品。

## 4. 经验启示

### 4.1　坚持政府引导，政策扶持、技术支持、扶持企业、服务农民

辛集市成立了以市委、市政府主要领导为组长，分管市领导为副组长的辛集市推进国家数字乡村试点工作领导小组，全面负责国家数字乡村试点建设工作。制定印发了《关于成立辛集市数字乡村建设推进领导小组及四个专项小组的通知》《辛集市加快电子商务发展行动计划》等一系列政策文件；全面摸清全市相关单位现有可利用数字化平台、互联网系统、手机App等现代化手段开展的具体工作情况。辛集市政府投资1100万元，完成皮革产业电商服务体系建设项目，建成5700平方米的电商直播示范基地，设立17个直播间，搭建电商培训、主播孵化、直播带货的公共平台。

### 4.2　坚持企业主导，争取政策、争取技术、积极落实、推动发展

辛集市人民政府与阿里巴巴签订数字乡村建设合作协议，借助阿里的资金、技术、人才以及强大的营销资源等，培育"百名网红、千家企业、万名主播"进淘宝上天猫，通过知名网红进驻直播基地，市长带头开展直播带货等形式，培育壮大新型消费，擦亮辛集皮革和黄冠梨产地名片。

### 4.3　坚持农民自愿、资源共享、稳步发展、积极参与、共同致富

科技的发展应用，大大增强了农民的发展信心。农民热情高涨，开拓创新意识强烈，干事创业氛围浓厚，内生动力十足，更好地实现共同致富。全程智能化技术的广泛应用，让农民从会种地向"慧"种地转变，不断激发着农业生产的新活力，更涌现出了一批新型农民。同时，作为数字时代的受益者，部分先行先试的农民网上开设了多个直播平台，以"线上＋线下"的销售模式，产品不但卖出去了，还卖出了好价钱。

本文作者

李梦迪　中国农村杂志社总编室编辑
姜子明　阿里数字乡村辛集项目负责人

## 案例点评

**李梦迪**　中国农村杂志社总编室编辑

　　辛集市产业基础好，是"中国皮革皮衣之都"，拥有"辛集鸭梨"等国家地理标志产品。但一段时间以来，品牌知名度低、数字化程度不高等成为辛集市发展的掣肘。电商作为新兴业态，为辛集带来了广阔的发展空间。依靠当地皮革、农产品等资源优势，充分利用互联网技术，将现代科学技术与传统商贸相结合，从根本上推动企业的升级转型，带动辛集加强电商产业数字分析能力、培育电商人才、打造"精品网货"，大力推动辛集电商服务生态建设，有效推动了产业转型和升级。辛集市的实践经验告诉我们，数字乡村建设发展是一项系统性工程，政府是重要的初始驱动力，数智企业是重要助力和技术来源，数字软硬件设施是重要基础，产业数字化发展和乡村治理数字化是实现路径，而惠民是根本落脚点和数字乡村建设的衡量标准。因此，数字乡村建设，应注重从系统着眼，以农民迫切需求为出发点，充分发挥政府和市场的双轮驱动作用，推动乡村数字化转型大步迈进。

# 产业振兴类

## 品牌化提升乡村产业链

浙江象山
江西广丰
广东徐闻
河北深州
山东平阴

## 互联网促进农文旅融合

安徽歙县
浙江萧山横一村

## 数智产供销全链路

广西灵山
河北南和
安徽砀山
湖南永顺
广东信宜
浙江龙泉

|浙江象山|

# 数字乡村打造产业品牌化转型新路径

## 1. 基本情况

象山县是浙江省宁波市下辖县，位于象山港与三门湾之间，三面环海，两港相拥。象山交通便利，象山港大桥、三门湾大桥以及甬台温沿海高速复线织就畅达路网，形成"一轴二环三纵四横"干线公路架构。近年来，全县深入推进"双突破双驱动"和"海洋强县、美丽富民、都市融入、变革驱动"战略，经济社会平稳健康发展，蝉联全国综合竞争力百强县，跻身中国创新百强县、全国营商环境百强县、全国县域旅游综合实力百强县。

象山地处北纬30度，属于亚热带海洋性季风气候区，四季分明，无霜期长，光照充足，温和湿润，雨量丰沛，滩涂肥沃。优越的地理位置和生态环境十分适合柑橘生长，象山建有国家级柑橘杂交育种基地，是全国柑橘品种保存最全的县域区域。经过二十年发展，象山柑橘已经成为比较成熟的县域特色产业与农民增收致富的优势产业。2013年开始，象山县内大面积推广种植"红美人"柑橘，象山"红美人"柑橘也被列入全国名特优新农产品目录，"象山柑橘"区域公用品牌价值近25亿元。

近年来，为实现"种好橘、卖好价、促共富"目标，象山县积极谋划建设柑橘全产业链数字化应用场景，用科技力量开创象山柑橘产业增收新模式，开辟象山"红美人"共同富裕新路径。同时，象山持续优化当地电子商务的基础设施建设，重点打造"筑梦空间"电子商务创业园，遵循"政府引导、市场化运作、企业化管理"的运营模式，聚焦电子商务产业链，重点引进直播电商、（跨境）电商及信息软件等赋能电商产业高质量发展的企业，促进农村电商、生活电商的优化升级，取得了显著成效，有效激发了农业农村发展活力，走出了一条具有象山特色的乡村振兴之路。

## 2. 主要做法及成效

象山在深化"红美人"产业数字化的过程中也曾遇到过一些棘手的问题与挑战。比如，柑橘产业模式较为传统，供给端管理数字化水平有限；线上销售渠道不畅，缺乏专业化的电商平台运营与管理支持；品牌知识产权保护意识不强，受假冒伪劣产品冲击较大，原产地溯源机制缺位；数字化营销途径单一，宣传推广力度有限，品牌建设效果不佳，等等。

2019年起，象山县人民政府与阿里巴巴数字乡村合作，将数字企业的优势特点与象山"红美人"特色产业发展需求相适配，以数字化解决方案衔接生产者与新型产业链，通过优化"销售—供应—品牌—传播—生产"各环节，助力传统农产品的数字化转型，以数智赋能乡村振兴。

### 2.1 推动产业数字化转型，增强全链路优化能力

象山柑橘产业以数字化改革为引领，着力提升全链路高质量发展水平，在种苗追溯、智能种养、精准分选、线上互联等多环节开展整合重构，推动柑橘产业体系和管理能力数字化、现代化。

近年来，象山不断强化科技创新，增强产业核心竞争力，并组建技术创新攻坚团队，成功研发柑橘设施加温促成、地膜覆盖完熟等10余项国内领先栽培技术，出台全国首个"红美人"柑橘设施栽培（市级）地方标准。在不断创新下，目前象山柑橘产业的科技水平在浙江省乃至全国领先，象山"红美人"鲜果供应达9个月，供应周期全国最长，储藏果实现了全年供应。

在种植技术外，象山还深入实施了数字农业"1121"工程，迭代升级"一标两码"系统，利用"5G+大数据"、云计算、区块链、物联网等技术，

分析、整合了象山柑橘特色产业的链数据、农业环境、农情信息、农机数据、种苗数据、物联网感知数据、农户服务数据等。目前，覆盖象山柑橘种苗产业发展的全程溯源体系已投入使用，大徐青果农场、新桥神韵农场等柑橘基地也已经建成，基本实现了每棵"红美人"种苗都有专属的"身份"信息，每盒"红美人"都有不可篡改的溯源码和防伪码。

象山柑橘的产业模式在数字化技术的广泛应用中迎来了蜕变。2021年，象山"红美人"种植面积3.5万亩（其中投产2.4万亩），预计产量达1800万公斤，年产值8亿元，经济效益成绩亮眼。2022年12月，"国家象山柑橘区域公用品牌培育提升标准化示范区项目"以高分通过国家市场监管总局、农业农村部组织的验收。该项目通过构建品牌传播推广标准体系、柑橘优质栽培标准体系、社会化服务标准体系、产品溯源监管标准体系等，持续提升柑橘全产业链标准化、数字化水平，成为浙江省内首个国家级农业品牌培育提升类标准化示范区。

另一方面，在消费端，象山柑橘产业充分拓展线上线下销售渠道，积极开展品牌营销，着力扩大知名度。

象山县供销社通过与阿里深度产销对接，共同制定了精品柑橘网货标准，突破传统线下销售模式，入驻盒马全国超200家线下商超，并在盒马、天猫、考拉等线上渠道广泛铺货，整合淘宝聚划算百亿补贴、"青耕中国"年货节等热点大促活动，深化全国消费者对象山"红美人"优质优价的产品印象。

同时，象山柑橘积极探索直播带货、新零售等电子商务发展新模式。在2021年疫情期间，为帮助广大橘农解决滞销难题，象山县供销社一方面利用淘宝直播等平台的优势，做好电商引流推广，提升转化率，并借助头部明星主播开展大力宣传，全网直播观看超3513万次，极大增加了象山"红美人"的曝光度；另一方面，象山"红美人"联合盒马鲜生、天猫超市、微超联盟店、社区团购等新零售渠道，提升橘农对接市场不同主体需求的能力，大力发展品牌带动、产地直供的市场新业态。

在物流端，象山"红美人"与菜鸟密切合作，通过前置仓、落地配等手段，搭建了一张覆盖长三角核心城市群，并逐步向京津冀、中西部腹地延伸的仓储物流网络。

从销售规模来看，2021年，象山"红美人"在阿里自有平台线上销售价格维持在60元一公斤左右，发货量超3万单，直接销售突破15万斤，象山商家通过阿里平台整体销量超过1500万元，同比增长34.8%。通过营销宣传，累计传播曝光超1.8亿人次，间接带动象山"红美人"全产业销售1.8万吨，实现产值8亿元。

## 2.2 促进产业品牌化升级，集聚农商品价值潜力

由于良好的经济效益和广阔的市场前景，"红美人"柑橘已经扩繁至四川、湖南、湖北、福建、江西、云南、广西、重庆、上海等全国16个省市。随着引种越来越多，不少假冒伪劣产品盗用象山"红美人"的品名，且价格出奇便宜，品质与正品天差地别，危害着象山柑橘的品牌形象与长远发展。

为解决这一严峻问题，象山县农业农村局联合浙江大学CARD中国农业品牌研究中心，制定了象山柑橘品牌战略规划，分别于2017年、2021年组织专班成功申报"象山柑橘"与"象山红美人"两个国家地理标志。另一方面，象山县政府牵头组建柑橘产业联盟。2019年2月，《"象山柑橘"地理标志证明商标和区域公用品牌使用管理办法》出台，对568家（名）会员单位的品牌使用实行组织化管理，培育发展绿色食品认证会员单位14个、"品字标浙江农产"认证会员单位1个。推出"产业联盟＋公用品牌＋主导产品"营销模式，联盟会员使用统一设计的形象，构建成强大的产品传播场。

在柑橘品牌正式建立后，象山同阿里巴巴集团开展深度合作，多渠道整合营销活动，为"红美人"品牌"走出去"提供强大助力。一是举办拍卖认领，助力品牌宣传推广。2021年，阿里拍卖平台将中国第一棵"红美人"果树上所摘鲜果线上拍卖，筹得善款12267元，捐助给四川凉山州雷波县；在抖音等移动端平台上开展认领果树活动，得到广泛响应，各界名

人积极参与认领，进一步扩大了象山"红美人"的品牌影响力，活动中创作的短视频作品也为柑橘产业的宣传推广提供了优质素材。

象山红美人拍卖活动　　　　　　　象山红美人品牌保护签约仪式

　　在象山维护品牌价值的过程中，数字化技术与平台发挥了关键作用。象山县农业农村局打造了"柑橘大脑"数字化应用场景，实行"一标一证一码"（地理标志＋合格证＋浙农码）质量管控，建立"象山红美人"数字身份证，可以进行产品溯源。借助阿里巴巴知识产权"权利人共建平台"，建立侵权及仿冒商品投诉处理机制，通过在线举证等方式打击侵犯商标权行为，保护了象山"红美人"正宗原产地品牌。同时，象山还和阿里"码上放心"追溯平台合作，给每一盒象山"红美人"配备了"身份ID"，冷链保鲜运输，全程可溯源，支持原产地信息查询，消费者收到货后可以直接扫码查验真伪。

　　经过多年的品牌建设，象山柑橘实现从"以量取胜"向"高品质、高附加值、高盈利"的卓越转变。根据象山县柑橘产业联盟的数据，数字赋能品牌保护后，全县568名联盟会员的销售收益提高了三成以上。与阿里巴巴平台共建的数字化商标品牌保护模式，投诉高效、保护有力，在维护品牌价值、促进产业兴旺、推动乡村振兴上发挥了重要作用。

## 2.3  培育产业现代化人才，引领新业态发展动力

人才是推动乡村振兴的宝贵资源，是引领乡村发展的不竭动力，只有牢牢把握这一关键性因素，才能给乡村振兴插上智慧的"翅膀"。

在传统柑橘产业转型升级的过程中，象山从培育本土人才和吸引人才返乡下乡两方面重点发力。一方面，象山定塘镇建立了国内第一家乡镇级的柑橘产业学院，已与中国柑橘研究所、华中农业大学、浙江大学、浙江农林大学、浙江省农科院、宁波市农科院等科研院校建立了长期稳定战略合作。还建立柑橘赴日研修生制度，共培育260名海归柑橘研修生。另一方面，象山大力实施"新回乡运动""农村归雁计划"，为各类人才下乡、返乡创业创造优质环境，全方位提升地区的人才吸引力。

在吸收储备了一批优秀数字化人才的基础上，象山积极探索"柑橘产业大脑+未来橘场"发展模式，贯通种植、加工、流通、品牌、文化、服务等各环节业务流和数据流，综合集成产业链、供应链、资金链、创新链，优化数据计算分析、知识集成应用、逻辑推理等核心能力，实现主体全上线、地图全覆盖、数据全贯通、业务全闭环、服务全集成、一码全管控，赋能柑橘产业高质量发展的公共服务平台。

为了更好融入直播带货的新趋势，象山举办"象山美人·华夏当红"直播大赛，由阿里巴巴集团培训部门对象山影视学院200余名在校学生进行免费线上培训。学生们以个人或团队的形式通过制作短视频、直播带货比拼，最终决出10组优胜，此次活动通过理论与实践的结合，培养了一批直播销售人才。

农村电商革新了农村传统发展方式，焕发了农业经济的新动力，是乡村振兴的"新引擎"。象山县商务局积极开展电商下乡培训，向农户传授电商运营与营销知识，培育电商人才，挖掘线上销售潜力。阿里数字乡村提供了一系列有关电商经营的培训课程，帮助企业成为新型经营主体，引导象山龙头企业通过以优质优价为根本纽带、以种植管理环节的技术扩散、分批次带动农户跟进等方式，形成了对小散农户至关重要的带头示范、利

益链接和技术扩散作用，促进了广大种植户施行更精细化的田间管理，进一步提升柑橘品质。

## 2.4 探索产业文旅化模式，提升多维度增长活力

象山围绕国家全域旅游示范区创建目标，深入实施旅游业高质量发展九大行动计划，扶持旅游景区、美丽乡村、精品民宿等业态发展，打造柑橘特色文化品牌，扎实推进"橘旅结合、以旅促橘"发展模式，全域旅游发展成为"两山"转化的重要通道。2021年上半年，全县接待游客人次、旅游总收入同比分别增长37.79%和37.68%。

在景区建设上，象山定塘镇主动对接"全域旅游""全民旅游"，建成全国柑橘品种最齐全的柑橘博览园和绵延10公里的柑橘湿地公园，倾力打造集休闲娱乐、农事体验、观光采摘等为一体的柑橘特色田园综合体。不断拓展第一产业的自然景观和第二产业科技文化等多种功能，打造橘林、花海、采摘、体验等柑橘产业新业态。

在景区宣传上，象山充分挖掘柑橘文化，多点投入营销活动。利用直播带货、互动H5、短视频以及自媒体等多个渠道宣传特色旅游。举办象山柑橘文化节，线上线下紧密结合，兼顾种植技术交流与旅游带动作用，通过云直播、云游览、云互动、云推介的创新传播形式，全方位扩大象山柑橘品牌及特色旅游景点的知名度。

民宿是乡村旅游产业的重要环节，象山县将数字技术引入对民宿管理工作中，全面清楚地掌握入住率、房价变化、淡旺季游客量等数据。客观数据的整合分析为主管部门的研判决策提供了科学依据，并通过规范高效的行业监管措施，实现当地民宿产业的持久繁荣。

## 3. 经验启示

象山与阿里共建的"红美人"全产业链数字化发展平台，着眼于特色产业的品牌化转型，从人才培训、智慧物流、数字农业、数字营销、品牌

推广等角度入手，对象山"红美人"产业进行全方位数字化升级，以先进技术与平台优势升华乡村品牌价值。

## 3.1 品牌保护助力产业转型升级

无论是象山县政府牵头组建柑橘产业联盟，还是与阿里合作推行标准分级，建立品牌侵权数字化反馈平台，都是对"红美人"地理标志的有力保护，推动着农产品向农商品升级，并转化为象山果农手中实实在在的经济利益。以天猫平台为例，同样是5斤装的"红美人"，带有象山认证的都在100元以上，而普通的则是50元左右。较高的附加值与经济回报让"红美人"成了象山的"致富果""共富果"，提产增收与品牌维护相互促进，打造柑橘产业发展正循环。

## 3.2 品牌营销推动商品价值提升

象山"红美人"广泛拓展线上线下营销渠道，依托直播、短视频以及自媒体等数字化营销工具，提升宣传效果，扩大象山柑橘品牌以及柑橘特色旅游的知名度。与阿里数字乡村共同打造象山柑橘文化节，通过抖音微博话题、广告片摄制、"红美人"认领、年货节、明星直播、第一棵"红美人"拍卖等一系列活动宣传及官方媒体报道，极大地提升了象山"红美人"地理标志品牌在消费端的影响力。

## 3.3 品牌技术加速竞争优势迭代

尽管"红美人"柑橘已经在全国多地种植培育，象山凭借"红美人"脱毒橘苗的成功研发，巩固了行业领先地位，实现了量大不伤农、增产又增收。同时，象山构建的柑橘产业大脑系统，健全了全产业链数字化服务网络。在销售环节，依托阿里巴巴的先进数字技术和平台规模优势，象山"红美人"得以精准定位市场需求，丰富产品种类，在突破传统线下销售模式的同时，畅通专业化的线上销售渠道与物流配送网络，有力强化了象山柑橘品牌的全链条市场竞争力。

本文作者

洪　勇　商务部国际贸易经济合作研究院副研究员
李　超　商务部国际贸易经济合作研究院研究生

## 案例点评

**洪　勇**　商务部国际贸易经济合作研究院副研究员

在市场竞争和数字经济环境中，乡村特色产业必须走品牌化建设道路，而数字化赋能可以显著提升品牌价值。象山是中国柑橘之乡和全国优质柑橘生产基地，象山柑橘是象山县特色产业，象山"红美人"柑橘是国家地理标志产品。象山"红美人"产业在发展过程中，碰到了商品化处理能力不足、线上销售渠道不畅、假冒伪劣产品冲击大等困扰。为了破解以上困境，象山县大力开展数字乡村建设，以品牌化建设为导向，以数字化解决方案衔接生产者与新型产业链，通过链接"销售—供应—品牌—传播—生产"各环节并协同发力，力求产品标准化、营销全域化、商品品牌化，为象山"红美人"地理标志产品高质量发展提供了新解法。特别是在知识产权保护方面，象山柑橘联盟通过商标注册、产品追溯等方式，帮助果农在线举证、打击一系列冒用盗用象山"红美人"商标的行为，支持消费者进行原产地信息查询，实现全程可溯源。象山"红美人"产业以数字技术保护知识产权、以知识产权助推品牌建设的数字乡村做法值得借鉴和推广。

# 数字赋能　柚农"智"富

## 1. 基本情况

广丰区地处江西最东部，位于浙、赣、闽三省交界处，是长三角、海西经济区的共同腹地，也是上饶市中心城区的重要组成部分，距离上饶高铁站、三清山机场分别只需要15和20分钟的车程。随着上浦高速的加快建设，未来广丰对外开放合作的区位优势和前沿地位将更加突出。

广丰马家柚，是江西省广丰区特产，先后斩获"国家地理标志保护产品"和"农产品地理标志保护"双重认定。广丰马家柚属于红心柚的种类，具有果肉单糖含量高、蔗糖低的特点。其清香浓烈，汁水充足，富含丰富的维生素和番茄素，含有二十多种氨基酸与微量元素，口感好、营养佳，深受广大消费者喜爱。广丰区很多农户依托马家柚产业奔上致富路，马家柚成为致富的"金果果"。

广丰马家柚已成为上饶市主推发展的优质特色农产品之一，上饶市种植总面积已突破43.5万亩。其中，广丰区马家柚种植规模19万亩，500亩以上的基地50余家，百亩以上基地达300余个，带动了5万户果农增收，综合产值近20亿元。广丰区围绕马家柚产业打造了乡村振兴示范园的高质量发展平台，目前这个平台占地351亩，6000平方米生产车间，一期已经完成68亩的建设，并且已经引进了五家现代农业企业。

与此同时，广丰马家柚发展也存在

马家柚：广丰致富"金果果"

瓶颈，主要表现为科技创新程度低，品牌认知度不高，以及品牌营销体系建设滞后等。因此，伴随数字经济"蓝海"的东风，广丰依托阿里巴巴集团数乡、菜鸟、淘菜菜、盒马、阿里云、饿了么等形成了种产供销全链路合作模式的技术、资源等优势，致力将广丰马家柚打造成种产供销闭环链路管理的标杆，通过数字化赋能提升广丰马家柚产业品牌知名度、影响力，助力农户增产又增收，为广丰区乡村振兴加码加速。

## 2. 主要做法

近年来，广丰区把数字乡村建设作为推动农业提"智"增效的新引擎，深化与阿里巴巴集团战略合作，借助大平台的技术优势、资源优势、渠道优势，聚焦"种—产—供—销"全链条环节，加强数字化经营与管理，着力从降耗增效、畅通销售等环节汇聚农业发展的新动能，让果品提质、果业提效、果农增收。

### 2.1 物联网加持，让"会种柚"向"慧种柚"转变

精勤农事，科技赋能。广丰区自2022年开始，选取占地约7000多亩西坛果园，投入1.5亿元进行标准化试点改造。在改造时，积极引入数字化管理理念，搭建马家柚数智农场平台。旨在通过引入水肥一体化智能灌溉系统、物联网监测等设备，对马家柚基地实现生产过程中的气象监测、土壤监测、图像监测、视频监测、虫害监测功能。对柚果生长情况摄像动态数据、气象站数据、土壤墒情仪数据、虫情预报仪数据进行监控管理，实现种植户、企业分布、种植规模、种植品种数量、种植环境、种植设施情况、最新灾情、病虫害防治等"一张图"可视化监测，构建起马家柚产业大数据库，为马家柚的历史数据积累以及模型分析提供基础平台。同时，依托华中农业大学、中国农业大学、江西农业大学等高校院所的专家库，开通"云诊所"，及时为果农的管理在线"把脉问诊"。

## 2.2 数字化运营，让"卖水果"迈向"卖产品"

马家柚浑身是宝，果皮、果肉、种子等都含有丰富且经济价值高的食品、医药和化工原料成分。一直以来，由于受技术、市场等因素的影响，马家柚产业还是以卖柚果为主，缺乏有影响力的深加工产品。针对这一短板，广丰区致力通过向科技要效益、靠创新谋发展，通过建设数智驾驶舱等方式，延伸马家柚的产业链，提升马家柚的附加值。在产品研发方面，广丰区与阿里集团、拼多多、京东等平台建立了深度合作，开发了柚汁、柚子酒、柚子精油、柚香糖果等60多种深加工产品。如2021年9月底，广丰区促进本土食品加工企业与盒马鲜生合作，对马家柚柚粒进行深度加工，开发制作出盒马杨枝甘露饮料，一瓶售价可卖到13.9元。一年来，全国盒马杨枝甘露已经售卖超80万瓶，有效提升了马家柚附加值。

## 2.3 整合化营销，"大众化"向"个性化"嬗变

个性化的产品，才是王牌。广丰区统筹线下线上两个渠道，不断擦亮营销品牌。

一是在线下，精准"种草"。借势农展会、农博会、专场营销会等活动盛装"亮相"吸粉，又紧贴消费者的消费习惯和需求，通过阿里"牵线"，广丰马家柚在南昌、长沙、武汉、西安、郑州五个城市的57家盒马鲜生门店上架售卖，大润发五十余家门店上架销售和品牌推广。重点围绕盒马鲜生在南昌3家门店上架销售和推广，集合门店及App、私域流量等优势资源，线上线下强势推广马家柚，盒马鲜生App覆盖406个中高端小区及写字楼。同步在长沙、武汉、西安、郑州四个城市的54家盒马鲜生门店开展上新品鉴，盒马鲜生App覆盖超7000个中高端小区及写字楼。

马家柚的核心销售季销售量突破4万斤。依托阿里天猫校园葱蜂鲜果门店渠道，让马家柚入驻清华大学、首都体育学院、北京第二外国语学院、吉林财经大学等高校超市，加大马家柚文化品牌的宣传，培育新一代消费群体，目前已覆盖近30万在校大学生。此外，广丰农垦集团联合阿里数字

乡村，共同策划了2022年上饶广丰马家柚丰收采摘系列活动，11月11日在江西南昌盒马门店上架，11月14日开展的"丰收采摘节"线下活动也引来市民争相打卡。

二是在线上，精准"引流"。精准策划营销话题，邀请权威媒体、省市媒体资源、专家学者、网络大V进行宣传互动，加大马家柚的出镜率；2022年"双11"活动期间，马家柚相关新闻全域传播上千条，整体曝光量触达过亿人次；积极构建"带货"卖场，响应天猫"农货多一件"活动发起，将马家柚作为全国标杆农货品牌以及本次"农货多一件"倡议的重点推荐品牌。在淘宝平台搭建"数字新广丰，超级马家柚"专题会场，聚合微博、抖音、小红书、点淘等多平台资源，进行马家柚全域传播。聚焦"双11"线上消费狂欢时间点，邀请广丰区领导走进直播间"带货"，借助淘宝直播头部主播的话题度与粉丝量，提升马家柚品牌影响力，当晚线上观看人数超千万。

此外，围绕"数字新广丰，超级马家柚"主题，在广丰马家柚产区举办丰收采摘系列活动期间，邀请了阿里巴巴数字乡村溯源主播团走进广丰开展产地仓溯源、西坛果园溯源，并进行线上活动传播，为广丰马家柚上市期的品牌影响力护航。

## 2.4　链条式供应，让"大小不一"变为"整齐划一"

科技赋能提品质，上饶市广丰区投资建设了乡村振兴产地仓，菜鸟物流科技为其生产线提供数字化的技术支持。阿里巴巴数字农业部门还联合乡村振兴仓，为果农打通了农产品的进城通道，实现了"采、产、销"一体化。即通过自动化分选设备，根据果品的外观、色泽、糖酸度等指标进行智能分拣，最终被分成10级，按级定价，让马家柚的生产、销售有了标准。马家柚进入产地仓后，会经过清洗、自动称重感应系统智能分级，并经过标准化分选，保证每一颗马家柚个头均匀、外观和口感都达到高品质。同时，数字化仓可以储存500万斤的马家柚，通过储藏延长供应周期，提高产品的议价能力。

## 3. 主要成效

### 3.1 营销端成效

　　2022年上饶广丰马家柚丰收采摘季,通过线下系列丰收采摘活动,线上全域品牌营销推广,在阿里全域生态资源加持下,构建产品营销和推广体系,不断尝试多渠道触达目标人群,提升马家柚品牌影响力,促进消费者认知,助力产品销量,整体成交金额35万+。

　　通过直播营销和手淘专属会场、频道资源、"双11"乡村振兴会场等资源引流,让消费者更直观和全面的了解和购买广丰马家柚。推进入驻阿里官方渠道盒马、大润发高端零售门店、淘菜菜、天猫校园葱蜂鲜果门店,上架阿里数乡宝藏旗舰店,进行马家柚产品售卖及推广。围绕马家柚丰收季,通过新闻媒体、视频号、小红书、抖音、微博等平台,传播内容108条,整体曝光1.6亿。通过话题、创意内容策划汇聚流量,抓住马家柚核心卖点引发大家参与线上讨论,让全国各地更多的人认识、熟知马家柚,且更好地激发了消费者的购买欲。

### 3.2 供应端成效

　　目前,智能分拣线每小时分选果品约1万斤,整体分选效率提升了约10倍,数字化仓储量达到200万斤以上,仓储量提升了5倍,有效延长供应周期。分级销售给果农带来实实在在的"红利",马家柚2022年农户收购价从之前的3.5元每斤上涨到4.3元每斤,农户增收超20%。乡村振兴产地仓和引进数字化流水线,解决了长期以来马家柚在分选、存储、运输等环节的难题,也进一步扩大了品牌知名度,带动农民增收致富。

### 3.3 产业链成效

　　新建占地350亩的农产品深加工产业园,通过增链补链,年残次柚子加工能力达到600吨。加速推进清洗包装上市，引进采后清洗包装处理生产线3条，处理能力达到60吨／天。深入研发柚子皮、柚子酒、鲜果汁、果胶化妆品、柚芽香茶等中高附加值产品，初步形成了育苗—种植—加工—仓储—销售为一体的完备产业链。

## 3.4  种植端成效

广丰区购入农业无人机进行作业，在施肥方面，以前给460亩园地打药施肥，人工作业要用18000斤水，引入无人机作业后只需4000—5000斤水。在搬运方面，农场上空进行搬运作业的无人机，从山上到山下只需要两分钟，且能运送150多斤物品。据统计，现已利用34.73万架次无人机开展病虫防治，作业面积达416.7万亩次，全年用于无人机开展农作物病虫害统防统治资金补助达1253万元。

此外，西坛标准果园重点建设项目中的江西丰溪农业综合开发有限公司标准化种植基地，自建设以来，已研发及推广马家柚授粉等品质提升专用技术2项。发掘马家柚优系5个，引入示范新优品种10余个，实施杂交育种取得杂交新品系群4个，登记加工品种1个。

# 4. 经验启示

农业生产链分为产前（农资供应）、产中（农产品种植／养殖）、产后环节（农副产品加工、农产品交易），流程冗长且复杂。

产中环节作为农业生产的重要阶段，也是数字化影响和应用最广泛的阶段，涉及播种、施肥、灌溉、畜牧养殖、环境监测等环节，需要完成农业生产过程中的自动化运行和管理过程的数智化控制。我国农业生产仍以小农生产经营模式为主，数字农业的投入产出比相对较低，技术进步成果的推广采纳难度相对较大。

产后的农产品初加工业是乡村产业兴旺的重点和支点，是构建现代农业产业链的重要节点。借助数字化来优化农业产业、赋能传统农业做全链路的升级，突破点将从初级农产品的深加工以及产业链的下游（提升农产品收储加工能力）进行。乡村振兴仓和菜鸟物流科技的结合，形成"农业云仓"这种直接建立从工厂到C端消费者的物流配送模型，通过"区域配＋社区配送"的方式完成对物流效率的最大化运算，为果农打通马家柚的进城通道，实现"采、产、销"一体化。此外，广丰马家柚入驻盒马后可以采用"智慧小站"的模式，即在分布式小仓储的基础上，开辟出"加工场＋市场"的模式，既能直接对马家柚的初级农产品进行售卖，也能在现场对马家柚进行第一步的加工，对马家柚进行保鲜保质，将"卖水果"与"卖产品"相结合。

## 本文作者

洪　勇　商务部国际贸易经济合作研究院副研究员
廖紫梦　商务部国际贸易经济合作研究院研究生

## 案例点评

**洪　勇**　商务部国际贸易经济合作研究院副研究员

　　马家柚是江西上饶广丰区的特色农产品。数字赋能马家柚产业是广丰区柚农"智"富的关键。近年来，广丰区积极推动数字乡村建设，借助大平台的技术优势、资源优势、渠道优势，聚焦"种—产—供—销"全链条环节，让果品提质、果业提效、果农增收。为了提高柚子的标准化程度，广丰区搭建马家柚数智农场平台，实现"一张图"可视化监测，构建起马家柚产业大数据库，为马家柚的历史数据积累以及模型分析提供基础平台。为了打通柚子销路，广丰区开展线上线下整合营销、通过精准"种草""引流"，让马家柚从"大众化"产品向"个性化"产品转变。为了提升柚子的附加值，广丰区延伸马家柚产业链，依托智能分选打造仓储物流数智化，建立品质分级销售机制，加大产品研发，开发60多种深加工产品。数字化赋能"种—产—供—销"全链条环节已成为数字乡村典型模式。

# 垦地联动　数字化助力乡村特色产业高质量发展

## 1. 基本情况

　　徐闻县地处雷州半岛，三面环海，与海南岛隔海相望，是大陆通往海南必经的咽喉之地；土壤肥沃，气候适宜，自然环境优越，是中国菠萝主产区、中国菠萝种植第一县，单产水平也在全国位列榜首，素有"菠萝的海"的美称；徐闻县也是全国重要的农海产品生产基地、国家现代农业示范区。

　　近年来，徐闻县首创探索了徐闻菠萝"12221"市场体系，在数字化技术助力之下，发力生产和市场两端，走出了独具特色的以乡村特色产业发展引领的乡村振兴道路。2021年，徐闻县委被评为"广东省乡村振兴先进集体"，2022年，徐闻还上榜"全国乡村振兴百强县"。

## 2. 主要做法及成效

### 2.1　网络营销打响徐闻菠萝市场品牌

　　农村特色产业的高质量发展一直是广东省委省政府高度重视的工作，省农业农村厅专门设立了"12221"徐闻菠萝工作专班开展专题研究，深入推进徐闻"12221"市场体系建设。"12221"大市场建设行动内容主要包括运用大数据建立"1"个农产品数字化网络平台，并建立和训练出系统的销区采购商与产地经纪人"2"个团队，以进一步打造销区和产地的"2"个大市场，策划采购商走进产区和农产品走进大市场"2"大类型活动，实现优良品牌打造、销量稳步提升、市场有序引导、农产品品种改良、农民"智慧"增收等"1"揽子目标。

　　为解决徐闻地区增产不增收的问题，"12221"徐闻菠萝工作专班针对徐闻菠萝产业品牌培育不足、大数据研究利用不足、市场体系建设不足等问题，提出要解决以上问题，必须联动攻坚，抓住采购商和重点销区市场，着力构建农产品市场体系。

（1）建立农产品大数据平台。徐闻菠萝大数据平台自2019年投入运营后，便达成了一图读懂、日日更新、每周总结的成就。果农不出户，买家不下地，"千里姻缘一线牵，双方皆知菠萝事"。2020年，徐闻菠萝的大数据平台在疫情的重重压力下，依然达成菠萝销售额近1亿元，徐闻菠萝售出5万余吨。在菠萝销售季结束之前，2021年，徐闻菠萝的大数据平台已经拥有了全网水果电商数据近5000条，中国水果市场数据1万余条，农户数据1.5万余条。农业生产在大数据的帮助下，装上了决策的"大脑"，不仅可以指导农事生产，还能提升预测预警能力，划分农产品等级，促进农产品销售，进一步实现农产品优质优价。徐闻县着力提升数据挖掘、分析能力，以大数据科学研判产业发展，优化资源配置，推动农产品实现靶向营销。

（2）成立"线上＋线下"的广东农产品采购商联盟。其中联盟的成员来自五湖四海，涵盖超市、农产品批发市场、农村电商销售平台以及餐饮连锁等，通过采购商组织化、"线上＋线下"的方式，搭建产区与销区的桥梁，开展各类产销对接活动，还能细分产区、销区，组建作物联盟。

（3）数字化支持线下采购商的服务优化。广东农产品上市期间，通过为采购商提供住宿保障、防疫物资、大数据信息服务等配套服务，优化营商环境，促进产销对接。广东徐闻在菠萝销售上市期间，为外地菠萝采购商提供了暖心的免费住宿服务。

（4）打造配套的菠萝销区广场。徐闻形成广东菠萝全国"连锁"展销中心，成为"12221"广东市场营销品牌推广的重要举措，并入驻中国多个一线城市的大型农产品批发市场。在展销中心，来自全国各地的菠萝采购商们，不仅可以品尝不同品种、不同规格、不同等级的菠萝，还能获取广东菠萝的生产信息，无缝对接产区一线资源。产地供应商可借助这一"据点"，与当地采购商达成合作。

（5）组织十万电商卖农产品。利用互联网将品牌营销与电商销售相融合，使农产品坐上电商、旅游、直播的"快车"，形成全方位、多渠道的特色农产品新营销模式。"网红""大V"在线打call带货，新农人在直播基地推荐，主流电商平台举办购物节。

（6）培育"网红"及数字农业人才。"菠萝姐姐""菠萝妹妹"和"鲜切菠萝小王子"都是农产品推介人才，广东"12221"通过"线上农讲所"提供众多助农数字平台，为广东百万农民提供线上培训工程，动态培育农村数字化人才，成为菠萝产业当红IP。

2022年，在省政府统一领导下，徐闻县在广东农产品"12221"市场体系建设的基础之上进行了进一步的升级，开展网络营销行动，策划并推动了"徐闻菠萝网络采购直通车"，包括通过各类短视频平台进行营销，对接采购商、供应商、物流企业，举办各种网络会客室、直播带货、网络签约活动。尤其是在新冠疫情期间由省政府领导组织建设的广东农产品"保供稳价安心"数字平台，对农业产业产生了显著的助推作用，助力一批传统的农业企业数字化发展，步入数字经济的阶段，同时农民也依靠数字平台走出困境，数字平台赋能助解农产品的销售问题，农产品供应链模式实现升级。

## 2.2  数字化赋能强化延伸菠萝产业链条

徐闻县是广东农垦集团湛江垦区红星农场所在地，2021年起，广东农垦下属湛江农垦集团与阿里巴巴数字乡村合作，通过建立标准、共建供应链、拓宽渠道、打造品牌等一系列创新措施，实现了农产品上行畅通、产业高质量发展，更带动了一大批新农人"重返"或"进军"徐闻，在红土地上种植"金"菠萝。

现代农业产业园建设是广东省发展农业产业多年来所积累的宝贵经验与独特优势，也是乡村振兴产业发展的重要抓手。徐闻菠萝产业的数字化升级，起源于湛江菠萝优势产区现代农业产业园。该产业园的项目实施主体湛江农垦集团公司与阿里巴巴数字乡村合作，依托农垦经营体制优势和阿里巴巴的数字农业建设能力，聚焦网货标准体系、产地数字供应链体系、公用品牌体系、市场数字营销体系和加工体系五方面发力，相当程度上起底重塑了这片"菠萝的海"。

（1）建设菠萝互联网流通标准体系。建立统一的菠萝品控标准，根据不同品质对其进行分级与定价，严格把握品控环节减少黑心菠萝与烂心菠萝流入市场。同时建立采摘与仓储标准，通过优化菠萝包装使产品更易于冷链物流运输，也减少仓储积压以及运输途中不必要的损耗。

徐闻菠萝大数据数智指挥中心是大数据指引产业升级的智能枢纽，在用户端与产品端发挥着关键作用。用户端，大数据中心的数据分析可清楚地了解购买菠萝的主要用户群体及他们的重要特征。根据大数据，菠萝网购的核心人群为生活在一二线城市、具有稳定收入的25～34岁的年轻女性，她们网购了近一半的线上菠萝；在购买时，她们习惯搜索菠萝、小菠萝、凤梨等关键词，有地标或品牌性质的"徐闻菠萝""都乐金菠萝"等关键词也榜上有名。用户群体的清晰定位推动了产品的销售。产品端，大数据还与行业标准、产地实际相结合，从果型、果面、果肉、机械伤等维度

徐闻菠萝数字化分选线

制定感官要求规范，就菠萝果重、可食率、糖度等制定等级分级理化要求规范。基于用户端与产品端，产销两端网络流通标准体系得以基本确立。

（2）建设湛江菠萝产地运营中心。湛江菠萝产地运营中心的产地仓主要建设在菠萝产地附近，这方便了商家就近将产品入仓，使物流可以聚集在产地附近并进行统一的规模化管理，有效地减少了物流成本，帮助商企将产品以最高效的方式配送到消费者手中。同时，产地仓可通过用户端的数据反馈，对其供应端商品、物流及服务进行优化。除此之外，产地仓应用物联网技术让商品生产过程的可溯性大大增强，提升生产者的品牌力、信誉与销量。产地仓具备分拣、分级、包装等定制化服务能力，为生产者及商家提供优质服务，在标准化体系下引导和规范农产品生产，进而提高农产品出品质量，实现农产品的优质优价，增加生产者收入，也为未来的农产品大规模流通打下良好基础。

湛江菠萝产地运营中心建设有1.2万平方米的产地仓，年分选冷藏果蔬超过10万吨，可以一站式实现预冷、分选、分级包装、农药残留检验检测、电子结算、快递物流及加工等采后商品化处理工作。结合物联网大数据技术，智能化分选仓与全方位物流体系、线上线下零售终端对接，大数据技术的运用促进了降本增效，2021年菠萝高峰期日发订单超过1万单，建成半年累计发货菠萝、柠檬等产品超过10万单，从产地源头把控品质，在广东率先打通农产品"最先一公里"，菠萝产地直发供应链成本降低25%以上。

（3）建立菠萝全链条数字营销体系。广东农垦下属广垦农业发展公司与阿里巴巴数字乡村合作，联动菠萝产地运营中心开展全渠道产销对接，促进湛江菠萝销售，提升企业品牌和产品价值，根据长线与短线相连接、重点与全面相结合的发展逻辑，拓宽电商产销对接渠道，细化电子商务营销体系，积极引导企业等市场关键主体积极参与，进行资源整合，开展协同创新，实现线上线下融合发展。

依托阿里巴巴天猫聚划算等电商促销平台，淘宝直播平台，其他导购平台、社交渠道，以及6·18、双11等重要销售节点进行在线活动营销方案的制定并执行相关方面重点工作。采取多种营销手段，建立并加深与消费者的交流，扩大产品和品牌接触面，提升销售、锁定用户。

（4）创建徐闻菠萝高端品牌。广东农垦湛江垦区与阿里巴巴数字乡村联手，利用阿里巴巴的电商平台优势，设计一整套完整、高效、可靠的区域公用品牌建设解决方案。对徐闻菠萝高端品牌进行整体塑造，助其快速提升知名度，产生差异化优势。同时运用相关技术实现农产品的产品溯源，达到单果生产可追踪、品质可溯源的高标准要求。

（5）产业兴旺带动新农人返乡创业。教育培养人才并向社会输送人才，发挥着"造血"与"输血"的关键作用，而在乡村振兴建设中，人才是重要支撑和动力源泉，"新农人"是徐闻县乡村振兴中人才的主力军。广东农垦湛江垦区通过产学结合的方式提供实训基地与系统化的指导和培训促进乡村就业创业，吸引青年"新农人"返乡创业就业。例如90后新农人魏仕旗，他在2018年决定辞职返乡创业，结合家乡的产业特色，通过直播、电商等销售渠道帮助家乡的果农们走出水果滞销的困境，并在政府相关政策与数字化技术支持下成长为一名具有代表性的"电商新农人"。2018年至今，魏仕旗对家乡的特色农业产业发展做出了重要推动，光菠萝就已经销售了330万斤，还创建鲜切菠萝厂，借助湛江菠萝产地运营中心供应链把鲜切菠萝买到盒马和大润发等高端渠道。

鲜切小菠萝在徐闻县的大力推广下成为特色新品，徐闻县鲜切小菠萝进入阿里巴巴线下新零售渠道盒马和大润发，门店销售超过100万斤。品牌和加工共同增加了农民们的收入，例如区域公用品牌"红土金菠"的种植大都由湛江农垦红星农场的500多种植户进行，由广东农垦农业发展有限公司和湛江农垦菠萝交易公司对其进行统一的采购与销售，并且中后期收购价格高于市场行情价10%以上，为果农们的收入提供了有力保障。

## 2.3 产业数字化融合升级推动特色产业高质量发展

随着数字化应用从菠萝产品网络营销拓展到菠萝全产业链，徐闻菠萝特色产业发展实现长足的进步，在此基础上，徐闻县按照产业规划目标和"12221"市场体系建设蓝图，依托农业农村特色资源，进一步发掘乡村内多元价值、使农村迈向一二三产业融合发展、开发农业多功能性、振兴乡村业态、补齐短板和弱项、树立品牌形象，促进农村产业的整个产业链条升级，增强资源获取能力和产业的可持续发展能力。具体来说，菠萝产业数字化融合升级表现在以数字化技术手段引领传统农业功能的田头小站建设为抓手，促进农产品冷链物流设施建设、"六新"示范区建设和数字农业新高地创建。田头小站以农产品仓储保鲜冷链物流设施工程为中心，主要具备以下十项功能，即农业数据化、农业农村相关法规宣传、仓储冷藏保鲜、农产品深度加工包装、直播带货、农业新技术示范推行、农民创业培训、农产品集散、连结农业金融服务、农业生产经营信息（产品发布、农业技术和政府惠农政策等）发布对接。

（1）建设数字化的冷链物流设施。农产品仓储保鲜冷链物流设施是生产对接市场的桥梁和纽带，能补齐广东热带、亚热带农业的短链和断链，让优品保持优质，实现精准销售。广东把"田头小站"新基建作为"农业生产的节点，产业升级的支点"来抓，解决好农产品"最先一公里"难题，力争"由点至面"进而推进骨干冷链物流基地建设。

（2）创建徐闻菠萝"六新"示范区。广东省农产品"12221"市场体系建设正在全省创建"六新"示范区，即通过培育推广懂技术会经营的新型职业农民、新兴的数字技术、崭新的农业模式、全新的品种、新型的农业装备新品种、新型的农产品市场营销，系统化、全方面地促进农业产业科学合理的发展。田头小站是"六新"示范基地推广展示的载体，以"六新"示范基地的建设为重点，对产业生产端进行升级，既解决了市场对农产品的需求和对农产品品质的需求，又帮助生产端实现有效的农产品上行。徐闻以田头小站为抓手，重点抓好菠萝"新品种、新技术、新装备、新模式、新营销、新农人"的"六新"种植示范基地，通过标准化种植推动菠萝品质管控提升；实施农产品质量安全保障工程，加强菠萝溯源体系建设，

积极打造区域公用品牌，提高徐闻菠萝的认可度和美誉度，不断提升品牌竞争力，推动徐闻菠萝产业发展壮大。

（3）打造数字农业高地。田头小站囊括了菠萝大数据、商机日报、冷库信息、数字农技等内容，通过田头小站培育新兴增长点，有序推动农产品全流程、全产业链数据化建设，加快甜度测定、农残检测等环节的科学测评，推进标准化生产，让农产品质量安全更有保障。田头小站是农业产业大数据重要载体之一，广东以此为抓手，加快农产品上行，加速乡村发展，加快农业产业数字化，促进农业产业化转型升级。

## 3. 未来展望

徐闻县依托广东省首创数字营销"千人培训""千人直播"活动的成功举办，努力培养掌握传统和数字化双重技能的，既会种菠萝、又会卖菠萝的"双栖新农民"，创建"中国直播第一县"，通过数字化赋能，为推动乡村全面振兴、实现共同富裕提供典范和样板。

下一步，徐闻县还将在菠萝一二三产业融合、菠萝深加工、菠萝预制菜、菠萝产业大数据等方面加大探索创新的力度，进一步加快徐闻菠萝产业以及广东菠萝产业高质量发展，进一步推动广东产业振兴、乡村振兴。

### 本文作者

易法敏　华南农业大学经济管理学院教授
邓莹莹、涂云敏、刘晓凤、司梦雨　华南农业大学经济管理学院硕士研究生

### 案例点评

**易法敏**　华南农业大学经济管理学院教授

　　产业振兴的核心要素包括良性的市场、整个产业生态系统有序的管理、合格的管理人才和技术人才、足够的资金和资源、及时的政策落地执行。区块链、云计算等数字技术可以在产业信息化、提升产业规模、产业集聚发展、产业优质发展以及产业的标准化等众多方面发挥显著的作用，可以降本提效、促进一二三产业融合、赋能产业升级。广东省徐闻县是全球知名的菠萝产地，"每3个中国菠萝就有1个来自徐闻"，近几年来，徐闻菠萝产业快速发展，2022年，徐闻菠萝就创下产量、产值以及收购均价的新纪录，分别为79.6万吨、25亿元、每斤1.5元。徐闻菠萝特色产业快速崛起，得益于广东省政府统一规划下，以现代农业产业园为抓手，促进特色产业发展；以"12221"市场体系建设推广品牌和拓展市场，以网络营销为主要手段打响徐闻菠萝市场品牌；徐闻县政府、广东省农垦集团与阿里巴巴等数字平台合作，以数字化赋能强化延伸菠萝产业链条；产业数字化融合升级推动农业高质量发展，以数字化技术手段引领传统农业功能的田头小站建设为抓手，综合运用好产业、市场、科技、文化四方面的优势，将徐闻菠萝产业现有的发展模式与机制打造成可复制、可推广的广东省特色优势农业产业发展样板；并形成地方特色产业发展推动农产品品种改良、实现品牌塑造、促进农民"智慧"增收、引领乡村振兴的良性互动机制。

# 深州蜜桃的中国式现代化场景建设

## 1. 基本情况

深州隶属于河北省衡水市，土地肥沃。被誉为"桃中之王"的深州蜜桃，是中国国家地理标志保护产品，至今已有2600余年的栽培历史，曾是皇家贡品，也是中国寿桃的原型。在世界桃界和中国桃产业具有突出的历史地位。

桃是我国主要果树树种之一，桃产业在我国果树产业中占据重要的位置，是农村经济发展的重要支柱产业之一。目前我国桃产业已进入稳定面积、调整结构、高质高效和产业竞争的全新发展阶段。深州蜜桃作为中国传统名桃最古老的物种，从品牌建设、创新建设、制度建设三个维度入手，打造中国式现代化的农产品场景，使得传统的深州名桃产业迈上新的发展阶段，历史悠久的蜜桃在数字时代散发出新的味道。

## 2. 主要做法和成效

### 2.1 深州蜜桃"品牌建设"

2022年，深州市委、市政府以实施全国电商示范县为抓手，联合阿里巴巴集团数字乡村事业部，构建了深州市农投公司深州蜜桃数字商业综合体，推出深州蜜桃数字化品牌系列活动，通过电商、供应链、公益等多种服务，全方位打造深州县域农副产品数字化运营中心。

（1）举办"深州蜜桃　蜜香华夏"丰收采摘活动，线上线下全面推介。

为宣传名桃文化、弘扬民族品牌、探索农民增收新路径，发挥平台优势，深州市政府联合阿里巴巴，以"深州蜜桃　蜜香华夏"为主题，在深州蜜桃核心产区举办丰收采摘系列活动，线上线下全面推介深州蜜桃品牌。

通过创意视频、直播带货等多种创新营销方式，共同探索深州蜜桃产业"互联网+"新模式，拓展深州蜜桃农产品上行渠道，提升深州蜜桃产业品牌知名度、影响力，实现"文化搭台、经济唱戏"。

线下的丰收采摘活动于2022年8月25日在穆村镇深州蜜桃广场启动，深州市委、市政府有关领导、阿里巴巴集团数字乡村工作人员、深州市农投公司领导及深州蜜桃核心产区相关产业的企业、合作社、家庭农场、种植大户共同参加活动。

活动期间，邀请淘宝主播团走进深州开展溯源直播，并进行为期20天的线上活动传播，为2022年深州蜜桃上市期的品牌影响力护航。启动会现场为阿里巴巴数字乡村溯源主播团主播进行"深州蜜桃推荐官"荣誉授牌，举行了深州蜜桃发车仪式，展示深州市农投公司深州蜜桃现采现发产地直供画面，这也标志着高端零售渠道对深州蜜桃品质的认可，为深州蜜桃入驻盒马门店开展消费者尝鲜品鉴活动拉开序幕。

8月24日，在线下活动启动的前一天，"深州蜜桃 蜜香华夏"线上活动启动，这是深州蜜桃的整体营销传播的起点。线上全域营销传播活动，

"深州蜜桃 蜜香华夏"丰收采摘活动

重在扶持深州蜜桃的产地电商，整合优质蜜桃供应链入驻阿里官方旗舰店，协助电商企业参与淘宝直播及淘内营销活动，赋能商家数字化营销入门与销量增长。针对未入淘系的深州蜜桃优质供应链商家，协助其对接盒马、数乡宝藏官方旗舰店等销售渠道。针对不同层级商家的不同需求与生命周期，给予不同的营销活动与关键性扶持。

在线上搭建"深州蜜桃 蜜香华夏"专题会场，页面内容包含深州产地故事、产地推介视频、深州蜜桃品牌溯源、产业优质产品展示等版块，展示了深州蜜桃的关键信息、商家信息及优惠权益等。消费者可以直接通过手机淘宝客户端搜索"深州蜜桃节""深州蜜桃 蜜香华夏"直达会场。

线下活动启动当天，联动手机淘宝土货鲜食频道，在首页为深州蜜桃定制弹窗和banner广告位核心资源位，为主会场做引流支持。

溯源直播也为主会场做引流和推介。溯源直播活动共有产地溯源、文化溯源两条路线，每条路线配有两位主播直播，单场直播时长超3.5小时。以阿里巴巴数字乡村主播团超级原产地、暴走的蜜豆包为主的深州蜜桃产地溯源路线，邀请穆村镇党委书记、马庄村党支部书记、深州市农投公司董事长走进直播间，进行品牌宣传和深州蜜桃产品深度讲解推荐。主播们带粉丝探访了深州蜜桃园、深州桃现代科技示范区，向观众展示深州蜜桃独有的生长环境，感受"数字农业"的魅力。以大粒哥美食、小柠福利局为主的深州蜜桃文化溯源路线，对穆村镇"桃王争霸赛"进行实况转播，主播细致讲解了桃王评选流程、规则等，并带线上用户见证了2022年穆村镇"桃王争霸赛"桃王的诞生。主播带观众走进深州市文化艺术中心、深州市粮仓博物馆，进行深度的深州文化溯源。活动当日直播观看人数110万+，深州蜜桃礼盒首次进行线上直播销售，尝鲜价149元/箱，上线1小时售卖85箱。面向B端和G端用户，本次活动通过网络媒体进行相关传播，共计30个媒体链接，整体曝光30万次。

阿里数字乡村聚合多平台资源，为深州蜜桃做平台背书和产业推介，此次线上活动开展了以微博为主的平台热搜话题策划，同时通过小红书、点淘、抖音、微信公众号四大主流社交媒体平台进行产品种草扩大声量，以#河北深州桃中之魁丰收采摘#、#深州蜜桃熟了#为话题进行传播，8月21日—9月15日全域投放内容100条，总体曝光6740万＋。全渠道传播大大提升了深州蜜桃在全域的知名度。

（2）通过各种现场活动进行深州蜜桃品牌推介。

2022年蜜桃丰收时节，深州市农投公司通过各种现场活动将高品质的深州蜜桃进行了展示和品鉴。

9月15日，举行"深州蜜桃中秋品鉴"活动，深州蜜桃首次进入盒马亲橙里门店，盒马门店在核心位置布置展示区＋广告位，在产品展示区域进行了主题视觉氛围装饰。结合淘宝平台"99大促"及中秋节节庆，阿里巴巴数字乡村主播团进行线上大联播，开展直播19场，包括中腰部主播2场、垂类美食主播7场、超级原产地直播间10场，总计曝光10万＋。

9月13日，深州蜜桃首次亮相2022年中国农民丰收节金秋消费季启动现场。

9月21—23日，深州蜜桃亮相阿里巴巴园区丰收节会展，23日，亮相阿里数字乡村丰收节直播专场"热土宝藏大丰收"直播间。

## 2.2  深州蜜桃"创新建设"

深州市委、市政府大力实施深州蜜桃产业筑巢引智工程，国家桃产业技术体系、河北省农林科学院等大专院校、科研院所来到深州开展技术服务、科研成果转化等工作，成立了深州桃产业技术研究姜全专家工作站和河北省桃产业技术研究院，建成了深州桃现代科技示范基地；与北京市农林科学院林业果树研究所建设了京冀桃育种中心；与甘肃省农业科学院林果花卉研究所建设了桃抗重茬种苗扩繁生产车间；与中国农业科学院农产品加工研究所建设了中国河北（深州）果蔬营养健康食品产业创新平台。通过这些筑巢引智项目的实施，深州形成了蜜桃产前、产中、采后全产业链生产过程现代化，提升了果品品质，实现了优质优价，富民增收。

国家桃产业技术体系首席科学家姜全在深州

2021年，河北省科技厅聘请省内外相关专家对2021年底前布局建设的省级产业技术研究院的建设与运行绩效进行了分类评估。作为县域特色产业类研究院，河北省桃产业技术研究院，顺利通过省级评估。

桃产业作为建设农业强省的重要产业之一，对桃新品种选育、栽培管理、采后处理及提高产品附加值等桃产业相关技术拥有迫切的需求。深州蜜桃是"国字号"区域品牌，以其产区为依托建立河北省桃产业技术研究院，以政产学研用紧密结合为基础，以国家桃产业技术体系、河北省农林科学院等大专院校、科研院所为技术依托，汇聚科研人才，集聚创新资源，建立产业公共技术研发服务平台，致力桃全产业链共性技术、关键性技术和前瞻性技术的引进吸收和研究开发，为区域主导产业创新提供公共共性技术支撑和服务，提升了成果转化和产业技术应用水平，推动了河北桃产业链现代化建设步伐，促进了河北桃产业可持续健康发展，提升了河北桃产业在全国乃至全世界的知名度。

## 2.3  深州蜜桃"制度建设"

深州市委、市政府持续科学优化制度建设，以深州蜜桃产业可持续发展为导向，强力推进河北深州省级农业科技园区建设。根据园区建设要求和发展需要，成立了园区建设领导小组、园区管理委员会和园区投资管理服务公司，并配备有专职人员进行管理服务。其中，园区建设领导小组由深州市人民政府市长担任，内设办公室和技术专家组。园区管委会由深州市政府成立，主管副市长担任管委会主任。投资管理公司以深州市农投公司为依托，农投公司董事长任园区管委会办公室主任，按照园区管委会+投资管理公司的"1+1"管理模式运行，对园区实行企业化运作，专业服务园区建设。

2022年，省科技厅对全省省级农业科技园区进行综合评估验收，经专家组测评，河北深州省级农业科技园区获评为优秀等次。完善的制度建设，随之产生的经济效益、社会效益、生态效益也正在逐步显现。河北深州省级农业科技园区组织机构健全，基础设施条件完备，科技创新创业能力较强，主导产业清晰，一二三产融合，经济社会生态效益显著。

经济效益。园区通过桃的新品种研发、繁种、引试示范及配套栽培技术的推广，增加第一产业收入；依托园区内的桃产品深加工业，增加第二产业收入；依托休闲观光、农文旅结合、互联网平台交易、技术培训等社会化服务，联动第三产业，推进园区一二三产业融合发展。2020年1月，农业农村部、国家林业和草原局等九部门联合发布通知，认定园区所在的深州蜜桃产区为中国特色农产品优势区（第三批）。在富瑞特、万鑫、新农、鲜天下等龙头企业的引领带动下，园区显著提高了经济效益。2021年，园区核心区产值达到9.03亿元，较建设之初增加4.01亿元，增长79.9%。

社会效益。两年来，园区通过完成新品种试验示范、新型职业农民培育工程、农村科技信息服务培训推广、桃产业技术培训等各项培训任务，培训农民1万余人次，培养专业化桃产业技术人才320余人；在桃规范化种植、产后加工、仓储物流等方面提高了农民的知识水平及文化素质，为河北及周边桃产业的发展打下了优良的人才、技术基础。园区通过新品种、新技术的研发、引进、中试和科技推广服务，减少了农民的引种风险，降低了农民因新品种不敢种植或种植后的生产顾虑，提升了创新产品的转化带动能力。通过这些工作的完成，园区两年建设直接安排就业4500人，间接带动就业8500人。核心区农民人均纯收入达到2.3万元，与当地农民人均纯收入2万元相比，净增收3000元，增收幅度达到15%。

生态效益。园区通过春赏桃花、夏摘蜜桃、秋游果园、冬揽胜景的景观设计，保持与周围自然景观和人文环境的高度协调；通过各个功能区的建设，利用园林化手法，营造了源于自然、高于自然的现代田园风光，形成一种良性循环的农业生态系统和景观系统。

# 3. 未来展望

深州市将继续坚持"科技支撑产业提升、文化赋能品牌增值、园景联动富民增收、全链条发展融合带动"的发展方向，提升深州蜜桃的质量效益和市场竞争力。

围绕桃产业创新发展深化提升，打造全国传统名桃创新发展的旗帜。以桃产业技术研究院等平台为依托，吸引更多国家和省级农业科研院所在园区建立专家工作站、试验示范基地，推动桃产业创新发展深化提升。

围绕带动农民增收聚合发力，打造形成乡村振兴的重要支撑平台。积极拓展蜜桃深加工产业链条，引入一批桃深加工龙头企业，拓展桃木工艺品、桃花茶、桃花蜜等多元深加工桃产品，提升蜜桃产业链条的稳定性和抗风险能力。

围绕创业孵化优化升级，打造形成带动深州经济高质量发展的重要引擎。深入对接全国农业科研机构、高等学校等科教资源，吸引汇聚一批高水平创新创业团队，并打造具备研发、服务、交易等核心功能的创新服务站所，为全市桃产业现代化发展提供强大科技支撑。

国家桃产业技术体系首席科学家姜全为深州蜜桃赋词。

**深州蜜桃赞**

桃之深州，巨核勾鼻，古籍如是，今且传遗。斤果常如，实大丰腴，偶见千克，他者莫及。颊隐深沟，顶现突鼻，躬身厚土，弱枝弯曲，如胖娃顾母，硕硕兮惹人怜爱。又如菩提童子，恭恭然心向莲开。实有红白，同族不离，红蜜染韵，白蜜如玉。待之且熟，肉色如丝，蜜汁渗出，晶莹沥沥。啖之入口，涎液泉涌，舌尖喉旁，沁香盈腻。甜之如甘露，大圣偷之恐莫及。香之逾百花，王母珍之傍瑶池。

习近平总书记强调，"民族要复兴，乡村必振兴"。对于深州来说，推动深州蜜桃传承保护和创新发展，是深州实现乡村振兴目标的重要内容。深州将继续深入挖掘和有效弘扬中国传统名桃——深州蜜桃所蕴涵的历史文化价值，不断从历史中寻找深州蜜桃的影子，在文化上丰富深州蜜桃的内涵，让深州蜜桃成为一个有灵魂的历史遗产。这项事业不仅传承了中国传统名桃文化，而且造福子孙后代。

## 本文作者

张九青 河北省深州市农业农村投资发展有限公司董事长

## 🔶 案例点评

高 颖 中国农业大学国家农业市场研究中心研究员

实现农业生产要素的有效配置是促进产业链提升的关键。深州市通过强化与行业协会、科研院校以及阿里集团等电商平台的深度合作，加强"深州蜜桃"品牌打造，并以品牌建设为有力抓手，吸引了众多具有优势资源的企业参与到桃产业发展中来，强化全产业链政策创新，优化生产端和加工端技术、人力、资本等要素供给，加强流通端品牌保护，强化营销段品牌推广，实现了生产要素的有效配置，促进了深州蜜桃产业链延伸、供应链价值链提升。其中，阿里集团对品牌的营销宣传是品牌知名度提升的关键，是塑造强势农业品牌的有效路径，也是打造品牌集聚优势资源的基础。深州案例对以品牌打造为抓手促进区域农业产业的高质量发展具有一定的借鉴意义。

# 数字赋能品牌 推动特色产业提质发展

## 1. 基本情况

平阴县位于山东省西部，距省会济南市60公里，地处黄河东岸，泰山之西，是华北与中原、山东半岛与内陆地区进行经济贸易的必经之地。平阴山清水秀，气候宜人，资源丰富，历史悠久。平阴县被誉为"中国玫瑰之乡""中国阿胶之乡""花卉产业重点县""全国玫瑰产业知名品牌创建示范区"和"圣柳下惠故里"。

平阴玫瑰始植于唐代，栽培历史悠久，距今已有1300多年历史，以其花大瓣厚色艳、香气浓郁而闻名于国内外，被誉为"中国传统玫瑰"的代表。平阴县玫瑰花栽植遍布全县8个镇街，总面积6万余亩，年产玫瑰鲜花（蕾）2万余吨。玫瑰企业、种植合作社80余家，涉及医药、化工、食用、香料等多个领域，形成了玫瑰茶、玫瑰酱、玫瑰酒、玫瑰化妆品、玫瑰精油等八大产品系列130多个品种。近几年，平阴县坚持产业数字化赋能，塑造区域公用品牌，积极推动玫瑰特色产业发展。2021年9月，山东省优质产品基地品牌价值10强榜单揭晓，平阴县优质玫瑰基地品牌价值达248亿元，全省排名第五。2021年平阴农村居民人均可支配收入增幅位居济南市第一，3万余户花农增收致富，玫瑰产业为促进当地农业增效、农民增收发挥了积极作用。

## 2. 主要做法

平阴县以"平阴玫瑰"品牌为核心，以产业链政策创新为基础，以优化产业链各环节要素配置结构为目标，积极整合平阴玫瑰产业上下游资源，延伸产业链条、提升产业链价值，助力平阴县农业产业高质量发展。

## 2.1 强化全产业链政策创新

产业的可持续发展需要政策、资金等全方位的支持。近年来，平阴县委县政府在政策、资金、人才等方面为玫瑰特色产业发展提供全方位保障，通过一系列产业支持政策，不断强化产业支撑链。平阴县先后出台《关于进一步加快玫瑰产业发展的实施意见》等扶持政策、《平阴玫瑰产业标准化"十四五"发展规划》等产业发展政策、《平阴县培育壮大市场主体三年行动计划》等组织保障政策。通过不断创新顶层设计，完善金融支撑、组织保障、人才服务等政策体系，汇聚各类发展要素向玫瑰产业高效流动，有力地推动了平阴玫瑰产业转型升级和高质量发展。

## 2.2　优化生产端要素结构

实现农业生产要素的有效配置是提升产业链韧性的关键。平阴县狠抓玫瑰标准化种植，对标欧盟认证体系打造有机、绿色、生态玫瑰基地，加快制定平阴玫瑰种植、加工、产品质量、检验检测等方面产品标准，形成覆盖全面、重点突出、结构优化的全产业链标准体系。通过优化生产端要素投入结构，打牢产业转型升级、高质量发展基础。

一是增加技术要素供给，强化科技支撑。平阴县依托6万亩玫瑰种植面积，规划建设国家玫瑰种质资源库，进行新品种研发，为全国玫瑰科研与产业提供种质材料。成立了中国玫瑰产业技术创新联盟、玫瑰产业国家创新联盟、国家林草局玫瑰工程技术研究中心三个国家级玫瑰专业研发机构和平台，与省农科院成立农科院（平阴）玫瑰产业技术研究院，与山东中医药大学、澳中致远等科研机构对接合作，推动玫瑰药物转化和医学科技发展。

二是优化劳动要素供给，完善人才服务。平阴县坚持人才振兴，不断发掘和培养更多电商人才积极参与玫瑰产业发展。2018年，国家林业和草原局批复依托山东华玫生物科技有限公司组建"玫瑰工程技术研究中心"，公司与上海交大、江南大学、上海香精香料研究所等多所大学和科研院所积极联系，开展合作，创建创新型的研究平台，吸收国内外优秀科研人员进行成果转化。此外，平阴玫瑰与阿里巴巴集团签约，建设电商服务体系，开展电商人才培训，建设数字科学参谋，玫瑰经济实现突破性增长。

三是集聚资本要素，提供资金保障。平阴县财政每年列支专项预算2000万元，加上济南市振兴十大农业特色产业专项资金1000余万元，每年3000余万元的资金扶持用于玫瑰产业增强弱项，补齐短板。在产业引领上，平阴县进一步加大招才引智、招商引资力度，吸引更多国内外加工企业和产业资本入驻。综合运用政策、基金、项目等措施，扶持壮大龙头企业，推动企业规模化、产业化、集团化发展。

## 2.3　增进加工端产品创新

精深加工是获取产业链高附加值的有效途径。平阴县不断培育壮大玫瑰加工龙头企业，做强产品精深加工，打造叫得响的深加工产品。迎合国内外市场需求，平阴县储备玫瑰品种50余个，成立玫瑰种植合作社40余家，拥有加工企业40余家。如今，平阴玫瑰产业链加工产品有玫瑰茶、玫瑰酱、玫瑰膏、玫瑰汁、玫瑰酒、玫瑰化妆品、玫瑰精油、玫瑰家纺、玫瑰细胞液、玫瑰花冠、玫瑰超微粉等130余个品种，产品销往法国、西班牙、瑞士、新加坡等数十个国家和地区。通过增进产品精深加工方面的研发创新，形成初、深、精加工梯次搭配，优势互补、分工协同的产业新格局。

## 2.4　加强流通端品牌保护

加强品牌保护能够巩固和提高品牌的竞争力和市场影响，维持品牌与消费者的长期忠诚联系，使品牌资产不断增值。

一方面，平阴以行业协会为纽带，保护品牌市场。平阴玫瑰产业协会会员单位发展到70余家，制定完善了一系列行规行约，建立了玫瑰花分级定价机制、黑名单制度和退出机制，维护行业信誉，充分发挥协会在稳定市场供应、保证货源上的积极作用。

　　另一方面，通过搭建"追溯链"，实现品牌保护。平阴县建设了玫瑰产业大数据追溯系统，通过采集种植、生产、流通、消费等环节信息，构建了"来源可查、去向可追、责任可究"的追溯链条，让每一朵玫瑰花都有"身份证"。盛花期向全县玫瑰种植户免费发放"玫瑰卡"，花农凭卡卖花、企业凭卡收购，提高原产地保护水平。

## 2.5　强化营销端品牌推广

　　平阴县以提升平阴玫瑰品牌、提高产业综合效益为切入点，通过数商兴农推动特色产业跨越式发展，打造线上线下资源整合、优势共享平台。成功与阿里巴巴集团签约，积极拓展电商经济发展新业态，多措并举强化品牌营销推广，提升品牌知名度，使产业链、供应链、价值链聚合发展。

　　一是全产业链数字化升级，推动品牌价值提升。平阴县以"互联网+"、云计算、云谷电商产业园为依托，提升平阴玫瑰数字化水平。全县玫瑰生产加工企业在种植端和加工段均采取了数字化管理的方式，通过深入分析市场生态、产品流向等数据，有针对性地开展市场营销和产品研发。此外，打造平阴玫瑰城市展厅、产品展销中心，让数字技术与产业需要、市场需求相融合。

二是与电商平台建立长期合作关系，做活产销对接。近年来，平阴县建设了108个村级电商服务站，上百家交易主体入驻天猫、京东等主流电商平台。创新实行"平阴玫瑰母品牌＋企业子品牌"的对外推广模式，通过做强平阴玫瑰区域公用品牌带动企业自身品牌发展。与阿里巴巴集团签约，共同就产业规划、产销对接、人才培训、数字参谋等方面建立合作，以2020年"双11"为例，平阴玫瑰生产企业总体成交额达850余万元，相较于2019年同期增长了144%，玫瑰企业电商运营能力和产品流通渠道均得到大幅提升。

三是发展流量经济，扩大品牌影响力。与多位头部及腰部带货主播长期合作，形成对外推介的流量矩阵。围绕玫瑰产业，积极打造网红流量景观，建设玫瑰特色小镇、玫瑰田园综合体等，定位打造国内首个女性友好型旅游目的地。举办平阴玫瑰文化节，与央视、地方媒体、线上新媒体端及传媒公司建立合作关系，线上投放推广信息，线下利用标志性建筑投放户外楼体广告等，进一步拓宽流量平台，提升平阴玫瑰的"在线度"和"活跃度"。

## 3. 主要成效

### 3.1 推动标准化生产，实现品质提升

平阴县以标准化引领玫瑰产业发展，在全县范围内大力推广玫瑰标准化种植，不断完善玫瑰绿色、有机、无公害种植技术规程，建成千亩示范园1处，百亩精品园3处，建设1000亩玫瑰标准化种植基地2个，种植专业村3个。组织制定平阴玫瑰种植、加工、产品质量、检验检测等方面40余项产品标准，有效带动平阴6万亩玫瑰种植基地实行标准化种植和生产。成立玫瑰种植合作社43个，实现了小农户和现代农业发展有机衔接。构建了从原料—入库—出库—销售整个供应链的数字化管理方式，产品质量

追溯平台注册企业占比达到95％。2021年平阴玫瑰平均每亩产量提高到900斤，玫瑰花收购价格提升到7.7元/斤，较往年提升92％，每亩比上年增收涨幅达147％，花农整体收益翻番，让"小农户"实现了大发展。

## 3.2  畅通产品流通渠道，降低产品运营成本

平阴县加力建设高效顺畅的县域物流体系，2021年获评"国家电子商务进农村综合示范县"后，将获得的专项资金重点用于支持农村电商公共服务体系、县乡村三级物流配送体系、农村商贸流通企业转型升级等方面的建设。由县政府平台公司出资打造县域数字化"产地仓"，把"产地仓"作为辐射全国，走向世界的玫瑰产业聚集基地，集农产品储存、保鲜、分选、包装、发货、揽收、大数据分析等功能为一体，从而大幅降低物流成本，提高电商运营能力，打通上下游供应链关键堵点，实现数字化产品流通。

## 3.3  聚力提升品牌声量，品牌影响力显著扩大

平阴县通过从宣传到推广等一系列完备的结构化布局，进一步提升了区域公用品牌的知名度和外向度，使平阴玫瑰在网络上的声量愈加响亮，企业高端品牌自主建设持续深化。与阿里巴巴集团开展深度合作，推出了多项线上线下共融共生、融合互动的活动，依托阿里巴巴平台优势，"平阴玫瑰"在天猫、聚划算、淘宝直播等平台开展一系列营销活动，持续提高品牌知名度。举办2022平阴玫瑰文化节暨电商直播季活动，首次采取线上"云赏玫瑰"的方式进行三小时的网络直播，总计观看量突破1300万人次，全网热度突破2.5亿，实现了在全媒体、全平台的持续引爆。通过电商直播窗口，立体展现优质特色好货，扩大本土优质品牌影响力。2022年，中国品牌建设促进会测算"平阴玫瑰"区域公用品牌价值30.28亿元，网络影响力排名全省区域公用品牌榜年度第一名。

## 3.4  实现数字化赋能，激活产业升级动力

平阴玫瑰品牌认证实现线上化管理，不断完善大数据中心平台建设，

打通了种植、采收分级、加工、销售等环节，数字化产品追溯网开始渐渐成形。不断促进数字经济和实体经济深度融合，建立平阴玫瑰数字展示交易中心，盘活玫瑰高端产业园等闲置资源，接续招引高精特新企业入驻。通过全产业链数字化升级，玫瑰花采收效益提高30%，企业收花效率提升200%，加工效率提升30%，企业结算效率提升90%。产业销售渠道进一步优化，营收增长空间不断扩宽，企业盈利能力保持稳中增长态势。截至2021年年末，平阴玫瑰农产品收购价格同比增长92%，亩均收益增长76%，企业营销收入增长41%，带动全县3万余户花农增收致富，提供就业岗位1.3万个。特色产业动能转化效果明显，产业高质量发展动力强劲。

### 3.5　集聚优质要素，产业发展生态逐渐完善

平阴县加快上下游终端市场的全渠道融合，吸引更多产业资源向平阴汇聚，推动品牌竞争力与市场份额进一步提升。发展"特色产业＋文旅＋康养＋电商"，实现多业态共生共荣。发挥原产地资源优势，产业链、供应链、价值链聚合发展，企业营收持续显增，产业产值延续高增态势，2022年玫瑰产业全产业链综合产值达60亿元。与阿里巴巴、快手、抖音等电商平台建立长期合作关系，推动品牌商与新电商企业合作，增强了特色电商产业的区域辐射效应。此外，利用玫瑰文化节期间形成的良好氛围，持续宣传、放大影响，组织引导县域玫瑰企业采取线上促销手段，吸引更多流量，玫瑰节期间带货总销售额近2000万元，充分发挥了玫瑰产业的聚集优势，促进了直播电商、社交电商、数字电商等新业态新模式持续健康发展。

## 4. 经验启示

### 4.1　加强科技创新，升级产品产业链

创新是行业可持续发展的内驱动力，提升创新能力，有助于推动特色产业发展升级。平阴县通过建立玫瑰研究所等科研机构，大力推广使用先进栽培技术，有效提高了玫瑰的品质和产量。一是加强品种选育，不断更

新种植模式，扩大种植面积，丰富产品种类，扩大产业规模。二是加强产品的开发研究，从产品理论机制、新品开发、技术推广等多方面寻找产业升级的新动能，提高产业档次。三是通过更新产业技术、延长产业链来提高产品的附加值和经济效益，最终形成以产地为中心、更多区域参与、收益不断提升、具有高吸引力的绿色农业朝阳产业。

## 4.2 塑造区域公用品牌，提高产业发展能效

推动农业品牌化，有助于提升农产品市场竞争力，促进农业增效、农民增收。平阴县聚力加快"平阴玫瑰"公用品牌声量提升，有效推动了特色产业资源优势转化为产业高质量发展能效。一是围绕区域优势特色产业，联合产业联盟、行业协会商会、企业等，打造竞争力强、美誉度高的区域公用品牌。二是积极宣传推介区域品牌形象，通过举办产业博览会、产品推介会等形式，提升区域品牌影响力和产品附加值。三是构建区域品牌质量标准、认证和追溯体系，加强地理标志的品牌培育，推动特色产业集群品牌质量提升。

## 4.3 坚持产业数字化赋能，提高产业发展韧性

以产业数字化、数字产业化为引领，增强产业内生动力。一是活用电商媒体，拓宽产品销售网。与阿里巴巴等电商平台开展合作，通过抖音视频、带货直播、微信营销等新营销、新宣传手段，提升产品知名度、美誉度。二是完善特色产业大数据中心平台建设，实现种植更标准、收储更便捷、信息更透明、决策更科学，提升特色产业数字化水平。三是推动企业数字化普及应用、产业园区数字化转型、产业链供应链数字化升级，增强产业链供应链韧性和弹性。

## 本文作者

平阴县特色产业发展中心
高　颖　中国农业大学国家农业市场研究中心研究员
夏子怡　中国农业大学经济管理学院研究生

## ➡ 案例点评

**高 颖** 中国农业大学国家农业市场研究中心研究员

平阴县以"平阴玫瑰"产业提质发展为目标，精准开展玫瑰特色产业"建链、补链、强链"工作，筑牢产业转型升级、高质量发展基础。具体来看，坚持产业规划引领，注重产业联动、资本拉动、政策推动，利用科技增进品牌精深加工，加快数字化提高品牌保护力，创新电商发展推动品牌营销，积极整合产业上下游资源，实现从单一玫瑰观赏到精深加工、文旅康养、电商经济的产业化飞跃，形成了产业链互促互补的融合发展模式。通过完备的产业结构化布局，提升了"平阴玫瑰"品牌的知名度和外向度，使产业链、供应链、价值链聚合发展，持续推动玫瑰产业资源优势转化为产业高质量发展能效。平阴县的实践告诉我们，在当前市场经济背景下，消费升级态势要求农业产业提质升级，不仅仅在于生产端发力，更应从市场端需求出发，从提升产业链价值的角度，实现产业和市场多元主体的互利共生和价值共创。

| 安徽歙县 |

# 数字赋能农文旅产业　打造新时代 "新安山居图"

## 1. 基本情况

歙县位于皖南地区，北倚黄山，东临杭州，南连千岛湖，拥有特色鲜明的主导产业和较为丰富的文化旅游资源。歙县的主导产业是茶叶和菊花，拥有茶叶28万亩，菊花5.5万亩，其中，大方茶、黄山毛峰、黄山白茶、黄山贡菊被授予国家地理标志保护产品。同时，歙县还是全国历史文化名城、中华优秀传统文化传承区。作为古徽州府所在地，歙县境内的徽州古城是中国保存最完好的四大古城之一，有"东南邹鲁、徽商故里""文物之海""程朱故里""礼仪之邦"等称号。

伴随大数据、物联网、云计算、人工智能等信息技术的不断发展，国家和各级政府不断出台相关政策引导数字技术融入农业农村、助力乡村振兴和农业农村现代化，在这些政策指导下，歙县的数字乡村建设进程也不断推进，并入选首批国家数字乡村试点地区名单。2021年12月，安徽省人民政府办公厅印发《加快"数字皖农"建设若干措施》，进一步提出以乡村振兴数字化改革为重点，深入落实安徽省委关于一产"两强一增"行动计划部署，建设"数字皖农"。文件明确了以砀山、长丰、金寨、歙县、桐城共5个数字乡村试点县和以种业、生猪、稻米、水产、茶叶、蔬菜、水果、中药材共8个试点农业产业为重点的"5+8"试点项目，歙县是"5+8"试点县之一。在上述试点项目实施中，歙县县委县政府围绕加快数字化基础设施建设、推动数字乡村产业振兴发展智慧农业、推动农村电商产业高质量发展等方面开展了许多具体工作，歙县的农业农村数字化建设也初见成效，在全省范围内的乡村振兴实施战略实绩考核中，2019至2021年度均位于优秀行列。

总体来看，歙县在数字乡村建设中仍然面临着资产资源要素盘活利用度不高、特色农产品品牌效益较低、文旅资源传播媒介较少等问题。具体来说，歙县的"古城、古村、江畔、云巅、林场、田园"等资源资产多处于待利用待开发状态，缺乏盘活资源的相关创新举措和发展动能；歙县茶叶、贡菊、枇杷、柑桔、葡萄、杨梅、雪梨、盆景、山核桃等特色农产品品牌整体附加值不高、品牌效益不甚明显；歙县文旅资源库建设滞后，资讯传播媒介和渠道较少。这些问题阻碍了歙县的农业农村数字化进程，迟缓了乡村全面振兴的速度。

为解决上述问题、进一步推进数字乡村建设，歙县人民政府与阿里巴巴集团展开深度合作，在顶层设计上确定了"1+3+N"的生态价值转化路径，相关项目自2022年有序推进并初见成效。这个路径是以促进产业发展为主线，围绕闲置资产盘活、农业产业发展、文旅产业提升等目标构建产业发展

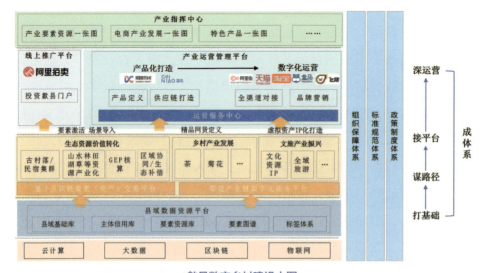

**歙县数字乡村建设大图**

体系，建设新时代的歙县乡村振兴"新安山居图"。其中，"1"是指一个歙县新时代"新安山居图"乡村振兴模式；"3"是指包含"两山转换"闲置资源资产盘活、茶叶和菊花产业发展及文旅产业提升三大方向的具体建设内容；"N"是指围绕"古城、古村、江畔、云巅、林场、田园"等多个生产要素。截至目前，歙县的"两山转换"闲置资源资产盘活项目已经完成了前期平台建设；农业产业发展项目主要围绕歙县特色农产品开展产品设计、营销推广、区域公用品牌打造等活动，将于2023年年底实施完成；文旅产业提升项目已经完成了整体建设并推出了一系列歙县文化资源相关IP。

## 2. 主要做法

### 2.1　数字化助力闲置资源资产盘活和特色产业发展，促进"两山转换"

按照农村改革"确权、赋能、搞活"三步走的总体思路，歙县借力高新技术企业，通过搭建价值转化平台服务体系促进闲置资源资产盘活。第一步是摸清家底，对闲置要素资源进行全面盘点，建立要素资源库和要素资源一张图；第二步是打造基于区块链的生态资源交易体系，对集体资金、资产、资源实行全程动态监管，实现透明化交易和不见面交易；第三步是建立"投资歙县"要素招商平台，通过互联网方式推介歙县资源资产。在这种模式下，2021年12月，利用阿里拍卖流量优势，全国首场闲置农房使用权竞拍直播通过阿里拍卖平台走进歙县，这场直播吸引了国内外217.8万人次观看，共16人参与线上竞拍，最终成功拍出3套闲置农房20年的经营使用权，有效盘活了农村闲置资源，提高了资产利用率。

同时，为做好黄山贡菊基地管理，2022年10月，歙县进一步建立了黄山贡菊产业链数字化服务平台和菊花产业管理示范基地管理系统。通过数字化服务平台，可在线查看示范基地基本情况，在基地管理过程中能做到数据留痕、有据可依。示范基地管理系统囊括了基地信息管理、作物品类管理、农资管控、农事管理、销售管理和组织在线等模块，能够实现对基地基本情况的掌握，收集和管控农资使用数据、提供线上农事服务、建立菊花产业线上组织。这有效促进了产业科技协同发展，解决了科技力量分散、产业与科技分离的"两分"问题，显著提升了黄山贡菊种植示范基地的管理效率与管理质量。

## 2.2  品牌化促进特色产业转型升级，提升产品附加值

歙县拥有以黄山贡菊、各类绿茶为主的多种特色农产品，为提升产品附加值、促进特色产业转型升级，在顶层设计上，歙县提出了"12531"的特色产业发展体系。具体来说，"1"是以品牌为引领，打造绿色农产品区域公用品牌；"253"是以产业服务为抓手，打造2款精品网货（菊花和茶叶），5款天猫联合定制新品开发，组织3场整合营销活动；最后，"1"是建设产业服务运营阵地，搭建1个产业运营公共服务中心，为歙县企业和商家提供电商产业公共服务，助力歙县特色产业发展，促进特色产业转型升级。

在具体实践中，歙县已经成功打造出一个绿色农产品区域公用品牌——"歙采缤纷"，并制定了区域公用品牌管理办法，吸引了多种歙县传统优势特色农产品进入品牌管理体系。在品牌化的基础上，为深入推进"互联网+"农产品出村进城，促进农村电商高质量发展，歙县进一步通过网络直播等方式积极开拓销售市场。2022年11月3日，歙县新安江"青绿新安"、广州"茶里"联合阿里数字乡村、阿里巴巴设计合力打造的黄山贡菊新品进入淘宝聚划算百亿补贴官方直播间，歙县副县长崔艺志和阿里巴巴集团副总裁、阿里数字乡村与区域经济发展事业部总经理项煌妹在直播间为歙县家乡好物代言，当晚直播累计场观488万人次，销售商品500多件。2022年11月12日，歙县举办了首届黄山贡菊产业发展大会，并通过与阿里巴巴集团合作拓展互联网新消费模式实现线上线下联动，通过多样化营销活动加强了供应端和需求端的联系。当天，在点淘App上，以"歙县黄山贡菊"为话题的宣传推介挑战赛的曝光量达到472万人次、歙县原

产地官方旗舰店直播间的直播观看人次超过50万。通过这些活动，黄山贡菊品牌的知名度和社会影响力得到显著提升，目前黄山贡菊新品已经在茶里天猫旗舰店、歙县原产地商品官方旗舰店、天猫超市等线上渠道上架销售，有效提升了黄山贡菊的产品附加值，拓展了农民的收入空间。

## 2.3　基于大数据创新设计IP形象，多样化活动助力农文旅产业提升

为有效提升歙县文旅产业，阿里巴巴集团利用数字经济平台优势，通过大数据提炼歙县的文化、旅游、非遗、建筑等元素，创新性地尝试通过IP设计及衍生品制作等方式推动文旅产业和数字经济相结合，促进文化破圈、助力歙县文旅产业发展。

2022年4月，阿里巴巴设计师团队深入歙县展开调研，为歙县设计了汪小鲤、歙小菊、歙小狮、歙公子、徽小玉、徽州三雕共6款文旅IP，形成了以非遗、民俗、建筑为特色的IP矩阵。2022年7月18日，歙县地图

歙县系列IP形象：歙小菊、徽小玉、徽州三雕、歙公子、汪小鲤、歙小狮

作为安徽省第一个城市地图在淘宝平台用户总量过亿的超级互动产品——淘宝人生上上线，该地图通过构建徽州古城、许国石坊、徽州府衙等场景，设计明制汉服、徽字头饰、徽墨歙砚、汪满田鱼灯、徽派盆景等道具，多元化呈现了歙县的乡村文化资源及乡土风貌，活动上线当天的参与人次累计达到96万，曝光人次超过3500万，共40多万用户使用了歙县地图定制道具，显著提升了歙县文旅资源的知晓度。2022年11月12日，在首届黄山贡菊产业发展大会上发布了黄山贡菊官方IP形象"歙小菊"，全国首个菊花类数字藏品"黄山贡菊"也上架了天猫数字藏品平台，有助于提升潜在消费者对黄山贡菊的认可度。

## 3. 主要成效

借力高新技术企业的数据和平台优势，新一代数字技术在歙县农文旅领域持续渗透，歙县在闲置资产盘活、农业产业发展和文旅资源数字化建设等方面取得一定成效。在闲置资产盘活方面，通过引入数字化服务，创新性地将区域资源转化为全国性资源，实现了投资的跨区域转移，有效促进了闲置资源要素的区域间优化配置。在农业产业发展方面，通过建立产业链数字化服务平台和产业管理示范基地管理系统，有效推动了黄山贡菊产业生产经营和管理模式的数字化转型升级，提高了生产、经营、决策的科学性和准确性，有助于产业的提质增效和未来可能的转型升级。在文化旅游发展方面，在充分整合特色文旅资源的基础上，围绕歙县文化遗产和历史遗迹创新性地通过IP设计及衍生品制作等方式有效推动文旅产业与数字经济相结合，有助于提升服务效率和质量、推动文旅产业结构升级。

## 4. 经验启示

### 4.1  体制机制保障数字乡村建设

自2020年入选首批国家数字乡村试点以来，歙县人民政府参照《数字乡村发展战略纲要》《数字乡村发展行动计划》《数字乡村建设指南》等文件内容及有关要求，立足本地实际，与阿里巴巴集团签署战略合作协议并成立项目专项领导小组，构建政企合作机制，以政策为导向明确了数字乡村的建设目标、重点任务和相关单位的职责要求，确定了"1+3+N"的顶层设计框架，细化了数字乡村在各时间节点的建设内容和阶段性目标，以政策赋能保障数字乡村建设的稳步推进，为数字乡村建设提供了重要的体制机制保障。

## 4.2 数据平台赋能数字乡村建设

立足域内特色资源优势，歙县和阿里数字乡村深度合作、整合域内农文旅资源，以资源数字化为主线对相关数据展开汇集、挖掘与分析，在"和美乡村"规划与运营、茶菊产业产地仓、特色资源数字化场景建设等方向积极探索，依托信息化技术平台促进特色农业产业的数字化转型升级，利用数字化 IP 引导乡村文旅资源线上经营，发展了基于互联网的农文旅新产业新业态，以数字赋能乡村特色农业产业发展提升，推动乡村文旅资源创造性转化和创新性发展。

**本文作者**

汪　凯　中共歙县县委书记
郭玉鹤　中国农业科学院农业信息研究所副研究员
赵俊晔　中国农业科学院农业信息研究所研究员

## ➡ 案例点评

**赵俊晔**　中国农业科学院农业信息研究所研究员

对于很多乡村地区而言，农文旅相结合、一二三产业相融合是乡村振兴的必然方向。歙县既是首批国家级数字乡村试点区，也是安徽省乡村振兴数字化改革的"试点田"。从基础条件来看，歙县拥有以茶叶、菊花为主的特色农业产业和以古城、古村为代表的多种文旅资源。借助阿里巴巴集团的数据和平台优势，歙县县委县政府强化体制机制保障，围绕产业资源数字化的主线，探索出一条较具特色的农文旅资源数字化转型路径，其基本逻辑在于通过数字化创新将区域资源转化为全国性资源，推动乡村闲置资源的区域间优化配置；积极引入数字技术要素提升特色农业产业的生产、经营、管理效率，促进农业产业的智能化转型；立足特色文旅资源发展基于互联网的新产业新业态，完成乡村文旅资源的数字化改造。

目前，歙县的数字乡村建设已经完成了"两山转换"闲置资源资产平台建设、特色农产品区域公用品牌建设、文旅产业相关IP设计及衍生品制作等项目。通过这些项目的落地实施，歙县初步解决了资产资源要素盘活利用度不高、特色农产品品牌效益较低、文旅资源传播媒介较少等制约其发展农文旅产业的几个突出问题，其实践经验有望为同类型的其他乡村地区提供前瞻性启示。

# 以数字化赋能美丽新乡村

## 1. 基本情况

横一村位于杭州市萧山区临浦镇最南端，由横一、大坞坑、梅里三个自然村合并而成，现有人口2471人，面积3.72平方公里，曾先后荣获浙江省美丽乡村特色精品村、杭州市非物质文化遗产旅游景区（民俗文化村）等称号。该村历史悠久，人文底蕴深厚，山水林田等自然资源丰富，生态环境优美，尤以梅里方顶柿出名。

2018年起，浙江省杭州市萧山区深化"千万工程"，提出在2022年杭州亚运会前夕，实现美丽乡村全覆盖，如今，这一目标已实现。根据不同山村的"家底"，萧山分类分级循序推进美丽乡村建设——整治村先靓"面子"，提升村要美"里子"，示范村需厚"底子"。为实现全域"整治美"，形成了"点上出彩、线上成景、面上美丽"的全域美丽乡村。

得益于萧山的这一工程，横一村经过（2018—2019）两年的美丽乡村建设，实施九改五清，基本解决了村庄序化、洁化、美化、绿化的问题。但村级集体经济欠佳、产业规模不大、数字化程度较低等问题依然突出，严重制约了村级发展。2021年，横一村作为"千万工程"的典型代表，依托阿里巴巴等专业团队助力，从规划、品牌、运营、建设、数字等方面，五位一体开展村庄建设，完成了新一轮的蜕变，绘就共同富裕大场景下以数字化赋能美丽乡村的新图景。

## 2. 主要做法

乡村的未来充满无限想象，而数字化的赋能无疑能加速未来进程。横一村以数字化推动基层治理、社会服务、乡村旅游等多个场景重塑，不仅以数字化工具推动乡村旅游以及相关产业发展，为老百姓带来创新创业、提高收入的可能性，更以数字化赋能乡村治理，形成高效、技术、公共参与程度高的新模式，为创建、维护美丽新乡村提供管理工具，形成以数字化助力美丽乡村产业发展的新样本。

## 2.1 以数字化工具吸引客流量

村民、游客如何关注到乡村旅游，如何从关注乡村旅游再到村里游玩和生活，一直是乡村旅游难以解决的问题，横一村大力度推广数字化工具应用有效地解决了这个问题。首先，为了吸引客流量，2021年起阿里云和横一村在高德地图上面投放了小气泡广告，以展示横一村的美景。同时，还开发了"横一智慧游"的模块，游客打开高德地图就能搜索并展现出横一村的全貌，能清晰地指引每一处景点，极大地引发游客对于横一村的旅行兴趣，有效增加了客流量。数字化工具推动了横一村的"前期引流"和"后期宣传"，吸引了游客的注意力，带来了横一村旅游产业的关键客流，推动形成了横一村作为杭州近郊"室外桃园"的"网红打卡点"。

## 2.2 强化旅游相关产业发展

数字化工具吸引来的游客具备规模大、传播效应显著等特征，这就要求无论是生态种植、农业观光等游憩产业还是住宿、餐饮、休闲等产业都要跟得上大流量的旅客，才能保障横一村旅游产业的良好发展。

一方面，强化横一村对游憩产业的建设，设计、建造了标志性的景点，包括建设彩色创意水稻1000余亩，建成全区连片面积最大的高标准稻田，以"Hi稻星球"为统一品牌，把千亩粮田打造成稻田休闲功能区、研学区、运动区等体验区块；依托千余棵百年古柿树，依山而建"如意山房"，因地制宜引入"如意茶室"，集中展示"如意柿界"美好景象；通过拆除围墙、露出庭院等工程，把游客引进来，完成了全村百余农户庭院整治提升，连片打造美丽庭院集中示范片区等，从而形成了横一村"从卖粮食"到"卖体验"、从"卖柿子"到"卖风景"、从"卖产品"到"卖院子"等旅游资

搜索"横一村"即可享受高德地图"一键游服务"

源的刷新和提升。另一方面，推动了横一村本地餐饮、住宿、商超等产业的发展，在这种网红业态的带动下，近20户农户提出开办民宿和餐厅申请，孵化出多家餐饮、住宿、休闲、商超等产业形态。

## 2.3  数字化管理提升基层效率

横一村全面推广"临云智"数字系统，打通居民、平台和政府相关部门之间的连接渠道，推动了横一村在邻里交互、公益志愿、公共服务等多个场景的普惠创新，通过流程监管与数据分析，及时对安全、安防等问题进行检测处理，最终形成了一套高效、及时、公共参与化的数字化乡村治理新方案。

第一，将数字化系统接入每个家庭，形成全民参与的"自下而上"乡村治理新局面。以"临云智"系统为基础，横一村每位村民手机里都接入了"平安钉"，并设置了平安巡防、平安宣传、邻里帮扶、邻里交互、物品共享、村级活动、积分激励等模块，巡逻日报、临里公益、如意榜单等一系列场景，以及反诈骗视频、消防知识、垃圾分类等学习课程等。村民遇到相关的问题，只要打开"临云智"中的"你钉我办"功能，输入事件详情，点击上报，事件便推送到村干部的手机上，遇上村干部处理不了的，还能一键转送到镇里的基层治理四平台，由区镇两级部门协同处置。以前三天甚至一个月都解决不了的事情，现在最快半小时搞定，从而大大激发了村民自主治理村庄的积极性。目前，横一村民通过"你钉我办"每月上报事件约80件，受理办结率达99.8%，事件平均处置时间为2小时，90%的事件在12小时内办结完成。由此，人人都成了村庄的"微网格员"，人人都成了监督员，形成了村民全面参与治理农村的新景象。

第二，通过流程监管与数据分析，实现"自上而下"的精准、高效治理。为了提升村内的自然和人文环境，横一村推进5G基站建设和网络覆盖，新增水质监测、烟感及雾感设备近百套，实现整村感知设备重要景点全覆盖，实现村庄、农田、柿林、河道的事件自动化感知，为线上治理、数字农业与旅游业的发展提供平台化支撑和数据积累，也为维护美丽乡村提供了治理工具。例如，在横一村670余户村民的垃圾桶上，都安装了智能芯片。为更好地监督和激励村民参与垃圾分类，当地面向全村实施"实户制"精准分类，并完成"智能账户"数据接入，实现四类垃圾的投放、收运、处置全链条智能监管，通过强化"看得见"的积分兑换物品激励，提高"看不见"的参与积极性，从而提升老百姓的垃圾分类获得感。此外，村内每一个旅游小院都安装了视频安防、消防、环境监测等物联网设备，通过"临云钉"进行统一监测分析，如果出现问题，平台能及时作出响应，通知到相关部门及时处理问题，守护小院的安全生产经营。在该平台上，还为小院设置了"五美"评选标准，即"卫生美""公益美""家风美""创业美""布置美"等，每个月的"五美"评比结果最终将在如意山房的数字大屏上体现，为当地游客提供消费指南，同时，也鼓励村内旅游产业形成良性的竞争引导。

## 2.4 数字化服务提升居民幸福度

在横一村，能够像城市里的居民一样便捷地收发快递一直都是村民非常迫切的需求，然而乡村的快递单量太低，快递的收入无法支撑起一个快递站点的正常运营。同时，由于缺乏人流的支撑，原先的乡村党群服务站点和部署的服务也无法发挥最大的作用。

为此，横一村引入了全国首个菜鸟乡村服务站点，一方面解决了村民的物流需求，另一方面利用这个强需求将村民吸引过来，开展高效的党群宣传和活动；其次，结合快递收发的收入、村民公共服务的补贴和生活用品的销售收入，留住了站点的运维人员。

有了场地、有了人、有了流量，乡村服务打开了无限的想象空间。在一期建设中，围绕临里驿，打通了三个"最后一公里"。一是打通现代物流体系的"最后一公里"，进一步提升了村民的幸福感，同时增加了乡村对于年轻人的吸引力；二是打通公共服务的"最后一公里"，构建"一体化"服务网络，以细"治"入微的服务提升基层治理的温度；三是打通数字化产品推广和适老的"最后一公里"，利用常驻的服务人员推广并帮助老年人使用"浙里办""临云智"等数字化服务平台。

围绕临里驿，横一村可以实施更多"常态化"服务行动，提升村民的幸福感和获得感，并注重倾斜关爱留守儿童、空巢老人、孤寡残疾等特殊群体，提供上门式、订单式"零距离"服务。

## 2.5 数智化考评引导干部提升服务水平

链接"临云智"，打通浙江省基层治理四平台、杭州市级城市大脑、萧山区级城市大脑、公域网络、问卷调查等多维度、跨领域的大数据链路，临浦镇与浙江工业大学、阿里数字乡村合作构建起一套数字化村干部考评激励系统。

整体评价体系由三个方面构成。一是职能表现模块，从15个大项、67个子项对村干部开展全方位职能考核，区别于原先月考季评的主观评定，目前50%以上的子项可以实现数据对接后的自动化考评；二是村民心声模块，利用"临云智"的反馈渠道，通过问卷发放的方式，搜集村民关于社会秩序、社会活力、社会公正3个方面10个维度对村干部的评价，并利用情感算法将群众原声进行识别归类，将群众的真实态度体现在村干部绩效中；三是网络反响模块，利用蚂蚁舆情平台搜集网络对于该村的评价，挖掘关键词云，反映网络声量大小以及情感分布的趋势。每一个模块最终都会形成一个分值，并通过科学算法汇聚成一个综合指数，指引村干部日常工作的开展。

## 3. 经验启示

### 3.1 推动组合运用、恰当运用数字化工具实现乡村振兴发展

在数字赋能乡村建设的样本中，横一村不仅在村内推广5G网络、视频安防、消防、环境监测等基础设施及物联网设备，还将"临云智"、"你钉我办"、高德地图等各类数字工具嵌入横一村村民、旅客个体当中，为村内推进各业发展提供了适配性的解决方案，而不仅仅依赖某一种数字化工具。目前，阿里、腾讯、中国移动等大批企业为乡村振兴开发了大量的数字化工具，以数字化推进乡村振兴，需要全盘考虑乡村自身的发展特征，深入探讨乡村优势与劣势，组合运用、恰当运用数字化工具，将数字化工具"用到点子上"，横一村则为以数字化推动美丽乡村建设提供了新样本。

### 3.2 强化产业发展、治理政策、社会力量参与等与数字化工具的适配性

数字赋能乡村建设不是一蹴而就的过程，而是需要乡村内部产业发展、乡村治理以及资源配置方式等全面配合发展的，横一村的发展也体现了这一点。首先，以推动和完善村内产业的振兴来配合数字赋能，横一村强化村内游憩产业及旅游相关服务业的发展，打造了稻田休闲体验区、美丽庭院集中示范片区等一系列旅游项目，以强化数字化工具带来的流量关注。其次，以更新村内的治理体系、干部考评等"临云智""你钉我办"等数字化工具，以村内评比、积分兑换等形式激励村民配合数字化工具的应用，

真正推动乡村治理由精英治理、多元治理向数字化治理转变，提升农民参与乡村治理的深度与广度，真正实现乡村的共建共治共享。最后，横一村在推动乡村旅游产业规划、官员考评等过程中，离不开政府的统筹规划和布局，也离不开企业、大学等社会力量的参与，积极引入多元主体角色更有利于数字赋能乡村振兴。

## 本文作者

王金杰　南开大学经济研究所副教授

王耀辉、孙战涛　南开大学经济研究所研究生

李　艺　南开大学经济学院财政系本科生

## 案例点评

**王金杰**　南开大学经济研究所副教授

以数字赋能美丽新乡村建设，可以说浙江杭州横一村走出了一条"美丽普惠、数智赋能、未来引领"的新路径，对具备旅游资源的村庄具有极强的参考、借鉴和推广价值。未来，横一村的发展还应注意以下几个问题：第一，深入挖掘横一村的美丽乡村相关产业，要持续不断地在旅游、休闲、体验上做开发，结合线上和线下的资源，通过宣传、游戏、网红打卡、举办活动等方式持续挖掘乡村"美丽"产业的价值，持续做大、做强、做精旅游产业；第二，大力度吸引年轻人回乡创业就业，制定大学生、返乡人员、外来人员等多种类政策鼓励年轻人回乡做旅游相关创业就业，为村民开展与旅游产业相关的各类培训，为横一村做大旅游产业持续的"造血"；第三，持续推进数字治理，更好统筹线上与线下的关系、部门与部门之间的关系等，将更多审批服务、培训学习、民情民意以及产业发展等纳入数字治理范畴，真正形成协同性、参与性、共享性的新型乡村治理体系，为激活村民积极性、产业活力提供保障，为建设美丽新乡村提供持续良好的动力支撑。

## 2.3 数智产供销全链路

|广西灵山|

# 数字化打通产供销全链路的灵山模式

## 1. 基本情况

灵山县位于广西壮族自治区南部，钦州市中部。全县辖区总面积3558平方公里。根据第七次人口普查数据，灵山县常住人口为121.8万人，是广西第二、全国第九人口大县。2021年，灵山县地区生产总值实现324.25亿元。

灵山县是著名的中国荔枝之乡、中国奶水牛之乡、中国养蛇之乡、中国名茶之乡、中国淡水鱼苗之乡。灵山县荔枝种植历史悠久、久负盛名，文化底蕴深厚。灵山荔枝种植始于汉朝，至宋朝已成规模，至今已有2000多年历史。现存百年树龄以上的古荔树3万多株，500年以上树龄古香荔树600多株，800年以上的古荔有1500多株。灵山县主要栽培的荔枝品种达48个，主栽品种有三月红、桂早荔、妃子笑、黑叶、灵山香荔、桂味、糯米糍，鸡嘴荔、无核荔等。

灵山县荔枝种植面积41.4万亩，年产量达到12.8万吨，产值16亿多元，灵山荔枝面积、产量均居广西之首。全县共有规模以上荔枝加工企业7家，其中国家级1家、自治区级3家、市级2家，荔枝加工生产线3500多条，冷藏库237座，烘房384座，年加工荔枝可达3.6万吨，主要产品有荔枝酒、荔枝醋、荔枝饮料、荔枝果脯、荔枝干、荔枝蜜、荔枝饼、荔枝茶等。目前，灵山荔枝从品种培育、种植技术、示范园创建，到精深加工、销售、文旅等各环节逐步形成完善的荔枝全产业链，为特色产业的转型升级奠定良好基础。

## 2. 主要做法及成效

灵山把握数字经济发展机遇，积极推进"数字县域"建设，加快数字产业化和产业数字化，助力数字经济和实体经济融合。针对农业特色产业，灵山重点围绕荔枝、柑橘、芒果、龙眼等名特优农产品，推进物联网、大数据、云计算、移动互联、区块链等信息技术向农业生产、经营、管理、服务领域的渗透和应用，通过数字化手段打造集品种培育、种植、加工、仓储物流、销售等一体化的全产业链，探索发展数字田园、智能养殖场等，全面助力农业各行业发展，驱动灵山农业大县转变为数字化农业强县。

其中，以荔枝产业为主要抓手，灵山在农业全产业链数字化转型方面进行一系列探索，建立农业自然资源、种质资源、经营主体等基础数据库，加快3S技术、传感器、物联网、智能管理平台的普及。用数字化打通产供销全链路，打造供应链价值高地，使数字化应用呈现出从消费端"餐桌"走向生产端"土地"的整体场景，实现荔枝产业提质增效和果农增收共富。

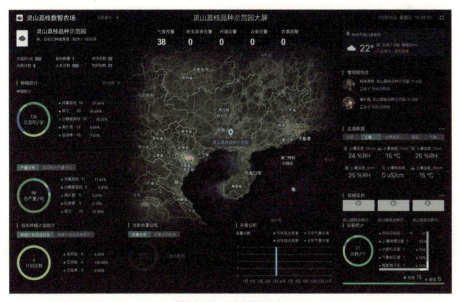

基地可视化大数据平台

首先，从生产环节数字化来看，在灵山与阿里合作建设的"未来果园"里，基于AIoT设备、物联网、气象、水肥一体等设备在荔枝种苗基地的数据化应用，将"地块—作物—环境—人"连接起来，形成生产全流程的数据档案，建立有效的知识模型来分析产量情况，优化种植决策方案，帮助果园实现标准化生产管理。通过水肥一体化灌溉机，仅需1人使用手机便可完成200亩果园的精准施肥灌溉，使用虫情测报灯能够识别出10多种害虫种类，有效防止荔枝果树遭受侵害，为优质种苗培育提供更好保障，大大降低虫害风险，节约劳动力成本。

其次，就流通环节数字化而言，灵山整合本地供配中心与供销社田头仓资源，建立菜鸟智能产地仓，为本地农特产品提供集货、检测、分选、分级、加工、冷藏、配送和信息平台等多种功能。产地仓配备智能分选线，通过机器视觉分析、光谱检测、机器学习等先进技术，自动化系统根据水果的果径、克重、表面瑕疵，甚至是果品的糖酸度，将水果分成5个等级。经过分级的水果，对应相应的销售渠道——高端商超、电商、批发市场、水果加工厂等。产地仓的建成运营能有效减少中间流通环节，降低交易成本，其中整体供应链成本预计降低10%～40%，创造超过3000个直接和间接就业岗位，通过产地仓对接的2100余户重点农户平均创收达5万元。

最后，销售环节数字化方面，灵山县突破传统销售模式，积极运用直播电商渠道，打造一系列线上直播促销活动，积极提高灵山荔枝的关注度。如灵山县人民政府联合阿里巴巴共同推介，通过系列品牌活动，如荔枝季发布会、话题引流、千年古树荔枝IP打造、淘宝直播矩阵、视频宣传片等，突出荔枝原产地品牌优势，借助天猫、淘宝等电商平台进行线上宣传和促销活动，携手直播明星、主播等为灵山桂味荔枝宣传推广。2021年，灵山荔枝线上成交金额同比增长200%，消费者线上购买灵山桂味荔枝售后好评率超过97%。2022年，灵山荔枝季通过系列品牌活动荔枝季发布会、话题引流、千年古树荔枝IP打造、淘宝直播矩阵、视频宣传片等，全网传播曝光量过亿，话题升上热搜榜，视频传播超过千万，线上成交同比增长超过300％，产品持续热销中。平台为果农进一步畅通了荔枝销售渠道，助力农民增收。

在产供销全链路的驱动下，灵山荔枝产业发展趋势良好，数字化已成为产业发展新引擎。2021年灵山新增绿色食品认证荔枝生产经营主体29家，认证面积达25万亩，建成广西首个荔枝数字化产地仓运营中心，发展壮大电商经营主体600多家，灵山荔枝网销零售额5.3亿元。"灵山荔枝"入围"2021我喜爱的中国品牌"，灵山荔枝鲜果首次获得出口认证，远销加拿大、新加坡、马来西亚等国家。

## 3. 经验启示

从县域层面看，以数字化带动特色农产品上行是建设数字乡村的典型尝试，很多中西部地区已经开始有相应实践。灵山围绕荔枝产业推动农业全产业链数字化，通过数字技术的应用，实现对物质、人力等投入成本的控制，以及流通和销售环节的精细化管理，提升生产效率，促成三次产业融合，达成农业的规模经济。时空层面看，农业数字化场景正迅速从消费端的"餐桌"走向更上游的"土地"，从"餐桌"到"土地"的背后逻辑是数字化打通研发、生产、加工、销售、服务的各个环节，让数字红利充分体现在本地产品体系、就业体系、配套载体等带来的经济社会效益上，并且在全产业链数字化转型中持续增长。

广西灵山县以当地名特农产品为依托，运用数字化手段打通全产业链，为加快农业数字化转型提供有效的路径，形成独具特色的灵山模式。灵山模式代表了农业全产业链数字化转型的一类探索实践，即政府与市场主体建立起共同参与和分工协作机制，进行农业生产、加工、仓储、流通、销售等各环节的数字化升级和改造，将数字技术应用于田间生产到销售的全过程之中，促进数据要素与农业的深度融合，农业数字化场景呈现出由消费端的"餐桌"走向生产端的"土地"的发展特征，形成更广阔的价值增长空间，从而提升农业竞争力，增加农民收入。

灵山模式带来的重要启示，不仅在于某个产品领域或者产业环节的数字技术应用，其之所以具有较好的带动和推广价值，更体现在背后的多方参与和共建机制。以共同参与为基础建立合理分工秩序，使数字技术不仅作为工具和手段，还可以作为市场主体的各自需求和实现条件，来释放多元市场主体的发展活力，形成基于数字化的关系建立和合作空间，成为培育数字生态的基础，这对于探索数字乡村建设模式有更为深远的借鉴价值。

一是政府搭台完善合作机制。灵山县主管部门牵头与互联网平台、本地龙头企业等开展合作，其中政府在财政补贴、企业入驻、基础设施等方面给予支持，互联网企业提供技术、数据和金融等服务资源，发挥本地服务商的产业带动力量，整合市场渠道、品牌传播等方面的业务优势，对荔枝产业的"产供销"环节进行数字化升级。本地龙头企业负责农产品的采购、分拣、质量把控、交易物流，以及与本地中小企业、合作社、农户等对接，形成"政府＋互联网平台＋本地龙头企业＋特色产品＋农户"的运行机制。

二是面向产业融合做好企业服务。灵山县政府通过数字化种养管理平台、智能产地仓、智能供应链设施等建设，引入技术、数据、金融服务资源，助力农业生产、供应、销售的各个环节。加大对于头部农贸企业支持力度，将县域头部农贸企业作为运营主体，调动其发挥牵引效应，带动从事销售及服务的小微电商企业联合发展。预计到2023年6月可完成50个农产品供应链企业、10家物流快递企业入驻，为产业链完善营造更加开放的企业生态。

三是优化本地特色农产品上行方案。由乡、镇、村基层单位加强产销对接，积极对接电商平台，以线下收购和线上订单结合方式完善联农带农机制，拓展特色农产品营销渠道，提高产品销售规模和促进农民增收。农产品品牌化是农业现代化的标志，为打响特色农业品牌，提升农产品价值空间，有关部门采取补贴和宣传支持，在品牌建设中突出"原产地标签"，以电商直播、活动发布、达人推荐等多元形式，充分发挥数字化手段的优势，调动网络传播效能。

此外，随着数字乡村建设的深入，农业数字化加快转型，从"餐桌"走向"土地"的农业全产业链数字化实践预计将在全国越来越多的地区落地。需把握未来发展趋势，主动做好谋划，灵山将重点围绕以下几方面重点发力。

一是积极盘活全域农产品资源。以既有特色产业为基础，利用成熟的好品牌和项目，加快整合各产业环节和品类大数据，构建涉及数据采集、应用、共享等方面的标准体系，打造具有核心竞争优势的数字农业产业。积极推动智慧文旅、电商等业态发展，依托各方企业进行县域农业文化、旅游、生态等资源的整体开发和运营，建立数字名片，提升县域知名度，提高农业附加值。

二是大力支持市场主体依托全产业链开展数字化合作。完善针对企业的补贴和优惠政策，引导社会资本投向农业数字化项目，鼓励市场主体采用数字技术来实现产业发展需求，强化以数字化应用为纽带、产业链上下游企业的合作关系，更好实现企业与生产基地和农户间的联系，营造多主体共同参与、共同建设、共享利益的数字化产业生态。

三是持续推进基础设施和服务体系的数字化转型。要明确基础设施投入重点，支持产地仓、田间冷库、物流站点、加工车间等基础设施的数字化转型，实现对产品质量、交易流通、市场消费等方面的大数据采集和监测。推动商贸物流节点的数字化转型，对传统供货市场、农批市场等进行数字化升级，探索多种形式的农商互联，打造扁平化、开放式的农产品供应网络，适应实体市场和虚拟市场结合的现代交易方式。充分结合实际，依托各类农业试点项目，建设或升级一批农产品智慧物流园、自动化分拨中心、农产品智能加工车间等，吸引大数据、云仓储、智能制造等产业配套和集聚。

四是做好本地数字化人才的培养和引进。数据要素只有与劳动力要素、人力资本等相匹配才能发挥作用，要用好国家、省市层面的各类政策，围绕农业数字化项目，积极吸引企业家、乡贤、新农人等，带动本地创业创新。优化人才培养机制，面向市场需求，通过校企合作、政企合作等方式，采用定向委培、导师帮带、基地实训等具体形式，培养一批农业综合型经营管理人才。要加快提升本地农民的数字素养，支持多元化、实用性的数字技能培训和教育，提高村干部、新型经营主体、高素质农民的数字化应用能力和管理水平，打造数字农业农村技术推广队伍。

## 本文作者

张海兵　灵山县委副书记、县长
崔　凯　中国社会科学院农村发展研究所副研究员

## ▶ 案例点评

崔　凯　中国社会科学院农村发展研究所副研究员

　　现代农业竞争的背后是产业的竞争，打造农业全产业链是农业现代化的重要方向和必然要求。当前我国农业数字化正面向全产业链，重塑生产、流通、销售等领域的竞争优势，农业全产业链数字化转型迎来重大现实机遇，表现为数字化应用由流通端向生产端不断延伸，流通体系配套设施数字化升级初现，农产品数字营销塑造产地优势的作用凸显，上下游企业间的数字化合作日趋深化。各地以农业数字化转型为背景，积极探索道路。灵山县依托特色荔枝产业，推动数字化能力向产供销全链路延伸，走出一条产供销全链路的灵山模式，让数据成为乡村增产增收的"新化肥"，让数字化从消费端的"餐桌"走向生产端的"土地"，对于建设数字乡村、发展特色产业、助力农民共富等都具有启示意义。

| 河北南和 |

# 宠物食品产业带的数字化攀升

## 1. 基本情况

　　南和区，古称和阳、嘉禾，隶属河北省邢台市，位于邢台市东部，地处华北平原腹地，区域总面积405平方公里，辖5镇3乡218个行政村。在本世纪初，南和有50余家畜禽饲料企业，但因市场饱和，产品同质化，利润非常低，亟须转型。2005年之后，荣喜、华兴等龙头企业看到国内宠物产业市场的发展势头良好，潜力巨大，率先转向宠物食品产业，其他中小企业也纷纷开始转向，专注于犬粮、猫粮等宠物食品的研发、生产和销售，自此南和一路高歌猛进，完成从饲料加工到宠物食品产业的华丽转身，宠物食品产销量占据了全国市场的一半以上。2017年，南和被中国农业国际合作促进会宠物产业委员会命名为"中国宠物食品之乡"。

　　然而，在取得亮丽成绩的同时，南和宠物食品产业也面临新的挑战和机遇。挑战主要在于区域竞争白热化和销售渠道失衡等，机遇则来自产品

**南和区宠物产业奥特莱斯**

核心优势树立和线上营销空间拓展等契机。因此，在数字经济新浪潮下，南和又一次站在时代的风口，抓住数字经济发展机遇，推动产业带数字化突围。2020年4月，南和与阿里巴巴签署数字乡村合作协议，从产业规划、人才培训、全域营销和公用品牌打造等方面推动宠物产业的数字化升级，共同推进"河北省数字乡村试点县"建设，积极打造"一平台、三板块"综合电商服务体系。

截至2021年年底，南和主动融入"互联网+"浪潮，借力阿里巴巴集团共建"电商交易平台"，全区从事宠物产品相关电商和营销商达8300余家。此外，南和还拥有全国十强宠物食品企业4家、规模宠物食品企业46家、宠物用品企业146家、上下游链条企业92家，南和宠物食品产业集群被列为河北省重点打造的10个特色产业集群之一。

## 2. 主要做法及成效

### 2.1 以产业规划推动产业攀升发展

围绕产业攀升现实需求，南和与阿里巴巴合作前只有猫狗粮，合作后，南和制定了新的产业发展规划。通过产业大数据综合分析，决定选择宠物食品细分产业作为突破口，以宠物食品区域公用品牌作为宠物产业全链提升的重要抓手，打造区域公用品牌，带动宠物周边产品和服务，定位中高端消费市场。具体而言，一方面，围绕宠物食品的研发、生产、仓储、物流、销售等环节推进全产业链纵向升级，丰富宠物食品的产品类型，升级销售模式，扩大品牌知名度，塑造产业竞争力。另一方面，在做强宠物食品、提高线上销售能力的基础上，以宠物食品为龙头带动宠物医疗、宠物用品、宠物保险、宠物护理等相关产业横向发展。

### 2.2 以数据赋能品牌生态体系建立

围绕区域宠物食品产业附加值偏低、区域品牌中高端形象尚未树立、产品和服务缺乏标准等问题，通过与阿里巴巴合作，以数据链赋能产业链，打造区域公用品牌。南和与阿里巴巴合作，结合当地农业农村发展特色，通过开通南和专有云本地化部署、数字乡村基础平台、经济运行分析平台、农业农村大数据平台、旅游大数据平台等，全方位提升南和宠物食品的竞争力，把相对松散的产业资源聚焦起来。

在此基础上，以数据赋能南和宠物产业价值链体系整合并进行品牌核心价值发掘，全面整合南和产业、产品和品牌资源，促进南和优质的宠物食品类产品网货化、规模化、标准化、产业化、品牌化发展，夯实南和宠物食品网络销售的产品和品牌基础。通过采用相关数字技术，构建南和区宠物食品质量保障溯源体系，追溯宠物食品生产的各个环节，消费者可通过码端查询及时了解到宠物食品生产全过程，传递消费信任，实现宠物食品生产的保值增值。同时，该体系的建设也有助于提高企业管理效率，加强企业内部管理管控。

围绕宠物食品的设计、研发、采购、检验、检疫、分拣、包装、仓储、物流、配货等各个环节，以数据赋能相应的产业链标准逐步建立，完善产、供、销全链条服务，提高宠物食品的品质和标准化水平。

此外，阿里巴巴还以数据挖掘南和品牌创新内生活力。2021年10月，阿里巴巴、河北省宠物产业协会联合主办第五届南和宠物博览会暨第二届宠物直播嘉年华，阿里巴巴数字乡村事业部策划举办的"宠物造物节"暨"南和宠业"杯首届中国宠物产业工业设计大赛和线上宠博会等成为本次宠博会的亮点。阿里巴巴数字乡村事业部牵头，整合天猫新品创新中心（TMIC平台）、阿里巴巴设计（Alibaba Design）、淘宝造物节等阿里内部多个部门的数据、设计、平台等资源，对优秀参赛作品以"大数据＋小样本"数据赋能的方式完成提升或再设计，快速精准地完成新品孵化，实现从概念创意到生产制造再到产品销售的全链路打通，从而帮助有潜力的优秀作品走上商业道路。获奖优秀作品将完成与各大宠物制品企业资源对接，并通过阿里平台进行展示和推广，真正地实现创意想法、产品制造以及商业销售的无缝连接，促进成果转化。

## 2.3 以产地仓推动物流降本增效

为了破解南和宠物食品企业各自为战，难以形成规模效应，以及支线物流成本高昂等问题，南和围绕电商发展物流需求，通过与阿里巴巴合作，2020年6月南和打造了一个1.12万平方米的产地仓，与南和宠业奥特莱斯相结合，形成"前店后仓"模式，整合宠物企业、物流快递等各方优势资源，通过集约化的管理和专业化的运营，降低仓运成本，提升订单效率和入仓企业的产品附加值，设计峰值每天最高可发货10万单，投入运营半年后日均发货已突破2万单。产地仓建成后，入驻企业物流成本大幅下降，运营成本得到有效控制。与此同时，产地仓直接发货极大提升了物流效率，20%的包裹可提前一天送达。

产地仓作为扎根县域本地的抓手，除了承担分级分拣、检验检疫、仓储物流等基本功能，还结合数字乡村其他业务模块，如电商培训孵化、品质溯源、仓内直播、一件代发等，成为南和宠物食品品牌营销的产业综合运营平台，有力推动了南和宠物食品产业和企业的良性发展。

## 2.4 以电商助力全域营销体系构建

聚焦线上营销空间拓展契机，南和借力阿里巴巴电商资源优势，推动传统销售渠道向线上拓展，实现线上线下协同发展。

2020年，南和联动阿里巴巴聚划算、天猫宠物、数字乡村以及公益团队共同开启汇聚南和活动，邀请明星为家乡宠粮带货、发布在线互动讨论话题，加强了南和宠物粮食产品在年轻群体间的曝光度。在2020年春节宠物流浪猫狗年夜饭爱心救助公益活动中，用户每参与一次互动，爱心团队就会给这些流浪宠物捐出粮食，让这些流浪的"毛孩子"们吃饱了年夜饭。

电商除了带来聚集效应外，还兼具了示范和带动的属性。华兴、伊萨等宠物食品电商头部企业线上销售的爆发式增长，让所有的从业者看到了实实在在的收益。"数字化潜力巨大，现在南和每年线上销售额约20亿元，每天快递发货单量约20万单，每年保持100%的高速增长。"邢台市南和区发改局领导说。

除此之外，在产地仓电商直播中，南和曾通过阿里巴巴数字乡村官方直播账号"超级原产地"推荐了30余款宠粮，拉动宠物食品产品销量提升400%。

## 2.5　以系统化培训提供人才支撑

围绕涌现的人才现时需求，南和依托阿里巴巴数字乡村电商培训体系、"万人培训、万人创业"工程，通过政府补贴等方式，加大对新型经营主体、返乡创业人员、农村青年、农村妇女、退伍军人等重点人群培训。此外，鼓励龙头企业、专业合作社、物流公司等组织开展乡村信息专业技术人员的培训。

具体来看，南和引进阿里巴巴数字乡村电商学院，就网店开设、网红直播、跨境电商等方面开展线上、线下多维度培训；围绕"电商村"建设，邀请阿里巴巴专业认证讲师深入目标乡镇，开展跨境电商培训、线下沙龙活动、一对一孵化辅导等。

培训工作开展以来，已组织超过1万人参加线上线下培训。此外，组织当地宠物企业与天猫/淘宝/1688行业专家开课10期，辅导企业、学员开通淘宝、天猫、1688等各类店铺400余家，成功带动开设淘宝店铺200余个。同时，结合电商服务中心，引导开设淘分销供应商5个、累计链接分销商超500家。以2020年数据来看，南和工厂型注册会员数增长300%，批发增长率80%，2020年南和宠物产业整体电商增长率高出全国"大盘"40%。

南和的电商培训，还带动了当地围绕电商的返乡创业就业。随着南和电商的蓬勃发展，越来越多的大学生、在外务工人员回家乡创业就业。尤其是最近兴起的厂播、仓播等营销方式，吸引了越来越多的电商企业、专业人才向南和回迁、入驻，从而让本来聚集在城市的工作岗位和人才向农村转移。

## 2.6 以数字化牵引业态丰富发展

以宠物食品产业数字化发展为契机，南和围绕宠物食品产业不断拓展丰富业态。在数字化牵引下，南和不断加大资源倾斜力度，促使南和宠物食品产业形成了"一产宠物繁育，二产宠物食品、用品上下游产品生产，三产销售、医养、美容、文旅服务"为主导的三产融合、全链发展的模式和格局。当前，南和已经由宠物主食向零食、用品、美容、培训、寄养等多业态拓展，形成以宠物食品、用品为中心，辐射涵盖宠物"衣食住行、生老病死"的全产业链条体系。具体来看，启动了宠物交易市场、医院等一批服务型宠物经济项目，推广宠物饲料电商模式，加快实施"互联网+"宠物产业行动，打造北方特色宠物小镇。特别是围绕创建全国休闲农业和乡村旅游示范县，推进宠物产业与休闲旅游、教育文化、健康养生等深度融合，鼓励、引导企业发展宠物乐园、宠物主体酒店、餐饮等经营模式，以宠物+文化、宠物+休闲农业为主体，打造具有南和特色的全域旅游精品示范区。

# 3. 经验启示

## 3.1 产业科学统筹规划是引领

产业数字化转型发展是一项系统性工程。横向层面，数字化转型涉及技术、制度、空间等多方面。纵向层面则更加复杂，包括数字化转型的建设、应用、运营过程中涉及的相关技术、人才、政府部门等要素、结构和机制。因此，产业数字化转型在建设之初就应做好统筹规划，而建设过程更应统筹各项相关要素，从而形成产业数字化转型的有效合力。南和的粮食产业数字化转型进程，就注重产业规划，进而有力形成数字技术赋能产业攀升发展的良好局面。

## 3.2 完善电商物流体系是基础

以电子商务形态促进乡村产业触网发展，本质上是通过数字技术，让

第五届南和（国际）宠物产业博览会暨第二届电商直播节淘宝直播活动

乡村产品更精准和高效的触达市场。这需要两个方面的改变，一方面，是让乡村产品信息更易触达消费者，消费者的偏好需求也更精准的为乡村生产者所获取，另一方面，则是让乡村产品通过物理空间便捷到达消费者手中。数字技术只解决乡村生产者和消费者之间信息的高效交互，而乡村产品到达消费者手中则需要依靠电商物流。而且，农村电商物流的使用成本越低，则更有利于农村电商的发展。南和区正是通过建设产地仓，完善农村电商物流体系，构建了完善、便捷、低成本的农村电商发展物流基础体系，有效助推了南和宠物食品产业的触网发展。

## 3.3　数据赋能品牌建设是杠杆

品牌本质上是产品在市场形成的消费者口碑，背后则是产品能否给消费者带来良好的用户体验。因此，品牌建立是一个产品根据消费者使用反馈，不断改进、优化、提升、巩固的良性过程，该过程背后则是消费者需求和反馈信息的精准、全面、高效的获取。数字技术高效、便捷突破空间桎梏的技术特性，能有效获取并分析消费者对产品的需求及反馈信息，对于农产品品牌建设具有鲜明的现实价值。南和区正是通过与阿里合作，以数据链赋能产业链，打造区域公用品牌。

## 3.4 构建全域营销体系是关键

当前，市场需求是一个多样化的时代，需求的"流量"也是一个多渠道的态势。除了"线上线下"的需求"流量"格局，线上的需求"流量"也因电商形态的不同而不同。因此，乡村农产品更高效的获取需求的"流量"，实现销售的明显提升，通过构建全域营销体系是关键，即类似于电商营销中构建"营销矩阵"的做法，从而实现多维度的获取"流量"。实践中，南和聚焦线上营销空间拓展契机，借力阿里电商资源优势，推动传统销售渠道向线上拓展，丰富线上营销形态，并实现线上线下协同发展，从而构建了全域营销体系，有力助推了宠物食品产业的销售水平。

## 3.5 加强电商人才培育是支撑

人是任何领域发展的直接行动者，具有高水平的人才则更为关键。作为具有技术特性的电子商务，其发展和运营，具有技术性和新生性产生的知识和技能门槛，而人才则显得尤为重要。而且，人才不仅承担着农村电商发展的建设、运营等角色，更加重要的是，人才还承担着农村电商发展的技术扩散和致富示范等角色，即人才承担着农村电商扩散发展的重要载体作用。实践中，依托阿里巴巴数字乡村电商培训体系、"万人培训、万人创业"工程，培养了一批既懂信息技术又善经营管理的复合型人才，带动了一批农民学习推广互联网技术，有力支撑了当地宠物食品产业的触网发展。

**本文作者**

河北省宠物产业协会

徐旭初　浙江大学中国农村发展研究院教授

金建东　浙江经贸职业技术学院合作经济学院副教授

吴　彬　杭州电子科技大学法学院副教授

## ➡ 案例点评

**徐旭初**  浙江大学中国农村发展研究院教授

　　每个县域都有其规模化的特色产业，都需要顺应时代发展和市场趋势进行提质增效和产业升级，而南和宠物食品产业发展在一定程度上就是我国县域经济在数字赋能下提质攀升的缩影。从案例中可以看出，南和一直致力于县域特色产业的转型升级。世纪初，南和敏锐感知市场化带来宠物食品市场契机，推动饲料加工产业向宠物食品产业转变，实现了其第一次产业跃迁。而后，电商发展浪潮则为南和带来了产业攀升的第二次契机。南和通过以电商发展为核心的数字化转型，树立了品牌生态体系、完善了电商物流体系、构建了全域营销体系、夯实了人才支撑体系等，并牵引了当地业态的不断丰富拓展，实现了产业的成功攀升和发展活力的激活。南和实践告诉我们，以电商发展为核心的数字化，是具有较强特色产业基础的县域在数字化时代实现特色产业破局攀升的有效路径。在数字化时代产业破局攀升中，科学的产业电商发展规划是引领，以数据赋能品牌建设是杠杆，完善产业电商发展的物流体系是基础，构建全域营销体系拓展营销空间是关键，加强电商人才培育是支撑。此外，当地政府的产业攀升决心和政策支持，以及数智企业的营销经验、技术助力也是重要影响因素。而且，以电商发展为核心的数字化还有鲜明的业态拓展效应，南和宠物食品产业电商发展牵引了医养、美容、文旅服务等业态拓展。因此，南和的实践进一步说明了以电商发展为核心的数字化驱动县域特色产业破局攀升的现实价值。

# 推进全链路数字化　撬动农业新增量

## 1. 基本情况

砀山县位于安徽省最北部，被誉为"世界梨都""中国果业之都"。拥有近百万亩世界最大连片生态果园，全县水果种植面积近100万亩，年产酥梨、早梨、油桃、黄桃、西瓜、蜜瓜、葡萄、苹果等各类水果170万吨，"砀山酥梨""砀山黄桃""砀山油桃"获国家农产品地理标志认证，果蔬食品加工业居于县域经济发展首位。2016年"砀山酥梨"被评为全国名优果品区域公用品牌，2020年砀山酥梨入选国家优势特色产业集群。

曾经的国家级贫困县，如今响当当的"网红县"，砀山县发生的巨大变化源于主动顺应"互联网+"发展趋势。近年来，砀山县紧抓第二批国家电子商务进农村综合示范县创建机遇，依托水果资源优势，推进农村电商发展，不断强化政策扶持推动，特别是在电商营销、直播经济、供应链服务等领域发力，探索出一条"政府积极作为、草根踊跃创业、企业自愿转型"的农产品上行电商之路，高质量发展的新模式新业态逐渐成形，先后入选2015年、2019年国家电子商务进农村综合示范县、"互联网+"农产品出村进城工程试点县。

2020年作为首批国家数字乡村试点县，砀山县积极布局，推动推进物联网、大数据、人工智能等新一代信息技术与砀山酥梨产业深度

砀山酥梨

融合，全面打造集"智能化管理、标准化生产、数字化供应、品牌化销售"为一体的数智化水果产业，这是继主动规划电商规模化发展之后，"砀山探索"迈出的又一步。砀山县倾力打造全县数字农业"新样板"，2022年该县被评为全国农产品数字化百强县，位居全国第34位。

## 2. 主要做法

### 2.1　数字化"销"：注重打造互联网销售体系

互联网的蓬勃发展，让砀山县意识到"互联网+"可为农业带来新增量。砀山县委县政府把发展电商作为打造经济增长新引擎的重要抓手之一，全力营造电商发展环境，开拓砀山果业销售市场。一是积极构建电商服务体系、培育农村电商企业。建设并运营砀山县电子商务公共服务中心，为全县从事电商的创业者提供"保姆式"孵化方案。建设县级快递物流配送服务中心，打造全自动分拣系统和标准化仓储，推动本地快递企业信息化建设和企业集聚发展。建成覆盖城乡的县镇村三级物流配送体系，实现物流配送网点全覆盖。二是大力发展网红经济、直播经济、"云端购"、农旅直播体验等新兴业态，深入推进"互联网+"农产品出村进城试点建设，持续巩固拓展电子商务成果，引导电商企业规模化专业化集聚化发展。三是推广电商品牌，扩大砀山电商品牌影响力。不断深入与阿里巴巴、京东、苏宁等龙头电商企业深度对接，打造数字化种植高端品牌，提升绿色优质果品溢价；率先引入阿里云区块链技术"一码溯源"，实现砀山农产品品质保障、品牌营销的再升级。

### 2.2　数字化"供"：整体升级数字化供应链

随着砀山酥梨知名度的不断提升，市场需求爆发式增长，对供应链提出了更高的要求。砀山县积极整合现有农业资源、数据资源和应用资源，打造集仓储物流、产品加工、智能分拣、市场交易、平台结算、品牌打造、社会化服务等各环节于一体的梨产业互联网平台，推进酥梨全产业链数字化管理，引导企业应用快递物流大数据系统分析和网络化智能分仓，完善物流零担、整车运输、直达专线等全链条功能。与阿里巴巴开展砀山生鲜水果供应链项目，购进全自动水果分拣设备，日处理量10万单，实现"鲜果产品无损化"运输。同时，引入区块链技术，与蚂蚁科技集团、农业银行共同打造商流链平台，围绕全产业链提供生产、农资、金融等多维度服务，保障农产品供应链稳定发展。

## 2.3 数字化"产"：全力推进数字化果园建设

为适应市场对产品更高品质的要求，砀山县近年来围绕黄河故道省级现代农业示范区和"数字果园创新工程"建设，将互联网、云计算、大数据、物联网、人工智能等现代化信息技术融入果园建设，全面推进果园种植数字化升级。先后研发了灌溉模式智能自动模型、防霜模型、低温预警模型、田间持水管理模型、需肥模型等数字化管理模型，为酥梨种植提供精准物联感知。加快生产环节机器替代人工的进程，开展"智慧梨园"智能农机装备集成应用，聚焦梨园耕整地、水肥灌溉、梨树喷药、除草、绿色防控、枝条管理、花果管理、采收运输、分级分拣等关键环节，以智能农机化信息化融合，实现信息感知、定量决策、智能控制、精准投入和精准调度，为砀山酥梨生产转型升级提供了强有力的科技设备支撑。"一号梨园"是砀山县与阿里巴巴联合打造的"数字化果园"之一，整个果园实现了智能化监测管理与水肥一体化控制技术，网格式分布的土壤墒情仪、自动气象站实时进行环境监控，自动灌溉系统定时启动。通过物联网传感器进行24小时监控检测，阿里云控制中心可以收集大量信息并将信息进行智能化处理分析，推送到农户的手机上，给予农户关于施肥与灌溉的直观信息。果农足不出户就可以在智能管理终端察看果树生长区域的土壤墒情、气温条件、湿度条件等实时监测数据。根据推送信息使用智能遥控技术远程精确施肥、灌水、喷药，在提高管理效率的同时，极大减少了人工成本。通过数字化管理提升了砀山优质水果的品牌效应，稳步实现增产增收，取

智慧梨园

得了良好的经济效益、社会效益和生态效益。

## 2.4  数智化"产—供—销"一体化探索

数字化升级助砀山知名度不断提升，消费者对于砀山农产品质量有了更高的要求，驱动着砀山向数智化"产供销全链路"转型。2021年10月，在砀山数字果园基础上，阿里云在云栖大会正式发布了"未来果园"解决方案，面向业界提出了建设从餐桌到田园的"产—供—销"全产业链数字化支撑体系，落地砀山园艺场酥梨种植基地，进行酥梨产业全链路转型实践，又一次助力砀山走在了产供销全链路数智化进程的前列。2022年"数字梨"在终端实现了与盒马、东方甄选等供应链的产销对接，2022年10月9日首批5000斤砀山数字梨首销被一抢而空，砀山酥梨成为东方甄选爆款，不仅助推果品实现了优质优价，更增加了果农的收入和种植信心。

## 3. 主要成效

### 3.1  以电商蓬勃发展带动砀山果业转型

近年来，砀山电商产业呈现"爆发式""井喷式"发展，由2015年的电商年交易额10.4亿元，发展到2022年电商交易额超60亿元，10多万人从事电商物流等相关产业的农产品网络销售大县。全县"三品一标"产品认证数量达到81个，砀山酥梨、砀山黄桃和砀山油桃获国家农产品地理标志登记保护。已初步形成砀山酥梨品牌文化，砀山酥梨区域品牌价值达190.64亿元，全县共有8个省级农村电商示范镇、31个省级农村电商示范村、16个省级农村电商示范点。形成了全域、全民、全品类、全渠道、全产业链的电商发展新格局。

## 3.2 以"数字果园"试点示范赋能产业升级

自2020年10月启动国家数字乡村试点县建设以来，砀山县已建成40个"数字果园"应用示范园，标准化果园面积达45万亩，砀山酥梨品质效益明显提高，较改造前平均每公斤价格提高0.8元、亩均收入增加2000元以上，辐射带动周边果农亩均增收1000元以上，预计全县梨农增收2.5亿元以上。阿里砀山酥梨"未来果园"更是通过精准灌溉模型、科学营养管理模型、植保预警监测模型以及覆盖农人、农资、农服、农机的果园数字化闭环管理，初步形成了稳定、可靠的数字化种植模型，实现了精品果率60%，平均糖度13度以上，生产成本降低30%，数字化赋能效果初步显现。

# 4. 经验启示

## 4.1 "互联网+"注入水果产业，促进三产深度融合

电商发展初期，砀山县便高度重视"互联网+"给农业带来的新动能，成立专班高位推动，统筹规划，通过政策扶持，人才培训，做好配套服务等一系列措施营造电商发展环境。针对电商发展需求，精准提供服务及产业配套。采取政府搭台企业发展，坚持市场导向，吸引更多企业和社会资本参与电商发展。激发市场主体活力，鼓励新模式新业态融合、协同发展，全方位提升砀山果品知名度。电商的蓬勃发展不仅带动农产品种植加工结构的调整，还拉动了加工、包装、快递物流、文旅等二三产业的快速融合发展。

## 4.2　善用大数据新技术，畅通产销供应链

立足于市场需求，搭建酥梨产业互联网平台，把产业链各环节信息有机地结合起来，整合资源，升级数字化管理，实行产品全过程追溯，从技术上保障酥梨产业供应链高效运转。基于区块链的商流平台，在打造农产品溯源体系的同时通过上链的产供销大数据为链上各节点主体提供信用背书，解决农村信用、融资难、融资贵的问题，从资金流上保障了供应链的稳定发展。

## 4.3　数智加持种植管理，果园生产提质增效

将"大数据、云计算、区块链、物联网"技术引入水果产业，推进产业链数字化升级。砀山县联合科研院所编制《砀山酥梨现代化改造技术方案》，明确高品质酥梨的各项生产要素，制定生产、分级、包装等系列标准，并联合科技企业共同打造数字化生产模式，促进生产标准化、管理智能化、品质高端化，由此带动全县果业数字化转型发展。

**本文作者**

孙　伟　中国农业科学院农业信息研究所副研究员
赵俊晔　中国农业科学院农业信息研究所研究员
许建庄　阿里云自然资源行业线数字农业总监

**案例点评**

**孙　伟**　中国农业科学院农业信息研究所副研究员

安徽砀山紧跟时代发展趋势，以"互联网＋现代农业"为抓手，大力发展电商，以"销"带"产"，促进种植业数字化升级，向"产供销"一体化转型。聚焦营销模式升级在先，借助互联网新业态、新媒体扩大本地电商品牌知名度，开拓网络销售渠道。其次，聚焦供应链模式升级，一方面通过资源整合，用信息和数字技术对生产要素进行重组，保障供应链高效

顺畅，另一方面引用区块链技术激活了从生产到销售的"信用链"，帮助全产业链上的主体分享到农业数字化浪潮的红利，通过数字化实现农村金融供应链和乡村产业供应链的协同发展。需求牵引聚焦种植模式升级，将科技注入水果种植管理，不断尝试探索持续提升酥梨品质，实现整个产业链良性循环发展。

可以看出，砀山在良好的农业基础上，从品牌效应出发，通过电商打开销售局面，又在扩大销售与消费升级的驱动下，向数智化"产供销"转型要效益，其阶段性成功离不开明确坚定的发展战略，政企联手勇于探索的创新精神，更要看到科技、金融在乡村振兴中发挥的重要作用。

# 政企合力打通数字化链路
# 促脱贫地区特色产业跃升

## 1. 基本情况

　　永顺县位于湖南省西北部、湘西州北部，曾是国家扶贫开发工作重点县、湖南省深度贫困县。全县总面积3811.7平方公里，总人口54万人，以土家族为主的少数民族人口占87.1%。2021年实现地区生产总值94.84亿元，增长8.3%。其中，第一产业增加值22.9亿元，增长9.1%；第二产业增加值17.31亿元，增长9.4%；第三产业增加值54.63亿元，增长7.6%。按常住人口计算，人均生产总值为23287元。

　　永顺县地处中西部结合地带的武陵山脉中段，地貌以山地、丘岗为主，具有相当的生态资源优势。永顺猕猴桃、柑橘、莓茶、松柏大米均获得了国家农产品地理标志保护，基本实现了产业化种植。其中猕猴桃种植规模11.2万亩，年产量9.6万吨，产业总产值2.3亿元；柑橘种植规模16万亩，年产量12万吨，产业总产值2亿元；茶种植3.9万亩，年产量900吨，产业总产值近1亿元，成为农民增收致富的主要支柱产业。但永顺特色农业产业发展也存在明显的瓶颈，品种改良迭代慢，种植生产方式较为传统，农产品品牌影响力弱，销售渠道相对单一，精深加工水平低，产业链分散，显著缺乏溢价能力和增值能力。

　　永顺县旅游资源丰富，是中国土家族的主要发源地，也是国家夜间文化和旅游消费聚集区，拥有猛洞河国家重点风景名胜区、不二门国家森林公园、小溪国家级自然保护区、芙蓉镇、溪州铜柱、老司城遗址及湘鄂川黔革命根据地旧址、不二门遗址、羊峰古城遗址等九大"国字号"旅游品牌。2018年，永顺县被确认为全国农村一二三产业融合发展先导区创建单位。2021年永顺县旅游接待游客人数超千万，旅游总收入同比增长28.9%。永顺开始尝试搭建"互联网+旅游"模式，但还处于起步阶段，数字经济体系发展缓慢，与特色农业产业的融合程度低，限制了文化旅游业的发展空间，产业发展动能亟需进一步突破。

芙蓉镇手绘门票示例（阿里巴巴提供区域公用品牌设计支持）

2020年10月，永顺获批建设国家现代农业产业园，规划围绕四大特色农产品带动九大产业齐头并进，建设数字化智慧农业示范基地，打造湘西地区特色农业高质量发展样板。永顺充分意识到加速产业数字化转型、发展数字乡村的重要意义和迫切性，抢抓国家区域发展战略机遇，借助农业农村部定点帮扶的政策优势，积极与阿里巴巴集团等头部互联网企业对接合作，打造国家级现代农业产业园。阿里派出专职特派员和专家团队进行对口帮扶，基于对永顺发展实际的全面分析，对症开方，着眼于进一步夯实特色产业发展基础，助力构建现代农业经营体系，帮助引进数字化人才，携手建设数字化智慧农业示范基地，推动"数字经济+乡村振兴"融合发展。

## 2. 主要做法和成效

### 2.1  打造智慧农业基地，开展产业链全量数据采集

以老司城猕猴桃种植基地为核心，打造永顺国家级现代农业产业园的智慧农业种植示范基地，实现农业生产数据上传收集及数据的沉淀，提升农业产业园种植基地管理品质。已经完成现代农业产业园25个种植基地智慧种植IOT设备及物联网操作系统部署，其中建设猕猴桃基地18个，涵盖面积32000余亩；建设柑橘基地7个，种植面积17000亩，共占产业园种植面积约20%。基于猕猴桃及柑橘种产供销4大环节、27个维度、上百个数据指标的全量采集，形成产业大数据、产业资源、生产加工、溯源体系、产地仓等5张业务大屏及1套体系化科学决策大数据驾驶舱，对产业链进行整体监测，提升农业全链路标准化水平及科学决策数据支撑能力。

### 2.2  部署数字服务平台，提升服务水平和决策能力

完成三农信息服务平台、农技培训平台及产业园数字服务中心平台部署，推动永顺国家级现代农业产业园的25个种植基地合作社及主要种植户、县域头部农资供应商、县域头部特色产品加工商、县域头部特色产品渠道商、政府相关委办局接口部门入驻平台，实现产业政策信息、产业供销信息交互。在服务市场主体和农户方面，基于现代农业产业园的25个种植基地，为产业园区及永顺县相关种植合作社和农户提供产销对接、农资采买、农技培训、园区资源申请、产业资讯等数字化服务，以产业链数字化带动农户接入和发展，通过农技社会化服务和基地数字化改造，提升全产业链服务水平及服务效率。在服务县级产业宏观决策方面，对县域特色产业情况、种植基地、生产加工、溯源体系、产地仓信息等进行汇总，结合云计算分析，有效监测农业用地、地理分布、产业结构和资源利用情况。助力产业园及管理部门精准把握产业动态，提升生产决策、资源配置、科学调度、应急指挥等方面的能力，为产业规划和行业管理决策提供量化依

据，为优化农业行业管理提供数字化工具。

## 2.3 供应链两端齐发力，畅通特色农产品网销渠道

一方面，加强物流设施建设，打通农产品进城"最先一公里"。建设湘西第一个菜鸟产地仓，主要服务于永顺当地的猕猴桃及柑橘产业，解决猕猴桃、柑橘等产品分拣、包装、储存以及物流瓶颈。另一方面，通过直播引流和消费帮扶，推动农产品产销顺畅对接。多次邀请淘宝头部主播到永顺开展"永顺农副产品销售专场"，并通过盒马、淘菜菜、菜鸟联合采购猕猴桃、柑橘等，解决猕猴桃、柑橘等特色优质农副产品滞销卖难的问题。菜鸟产地仓投入使用后，将猕猴桃的售卖窗口期由一个月延长到了半年，显著缓解了集中上市期的销售压力。由于物流条件显著改善，加上阿里的品牌效应，吸引了全国各地的商家到永顺采购。有果农反馈，种猕猴桃20多年，第一次还没有开猕猴桃开园节，产品就预售一空，并且价格比往年高出30%～45%。

## 2.4 文化助力品牌宣传，农文旅加快数字化融合

阿里巴巴"寻找远方的美好"团队以"传奇永顺县 魅力芙蓉镇"为主题，综合永顺文化、历史、产业等元素进行设计，为扩大永顺的知名度提供支持，建立"永顺"区域公用品牌，为各大景区设计了风格统一的宣传形象和文创商品，为永顺的特色初级农产品和企业品牌商品统一了形象包装和品牌标识，对"永顺"品牌形象进行全方位的打造和宣传，后续永顺城市文明创建等各方面也将启用区域公用品牌的标识。同时，阿里云、高德地图、飞猪旅游对永顺"芙蓉镇""老司城""万马归朝"进行景区数字化改造，打造"线上平台+智能设备+VR交互终端"。通过数字化改造，预计游客停留时间从原有半天延长到一天半，每五个游客带走一款全新设计的农副产品，将为年游客量在千万人次的永顺带来旅游消费和农副产品销售的显著增长。

## 2.5　落地数字产业和培训，加强数字化人才储备

一是建成阿里巴巴（永顺）客户体验中心，是落户湖南省的首个"客服县"项目。"客服县"由阿里客户体验事业群提供人才培养、技术输出和就业机会，地方政府提供场地和协助人才招聘，共同为当地培养数字服务人才，快速带动青年实现数字就业的创新模式。该中心自2022年5月正式运营以来，为本地提供了200个工作岗位。70%以上的客服中心员工有大专及以上学历，40%是返乡就业人才。二是开展"蔡崇信职业教育英才计划"培训，向8名老师和400多名职校学生开展电商开店、运营、直播技能培训，为县里储备了一批农业和电商方面的人才。

# 3. 经验启示

## 3.1　政府主导，企业助力

永顺特色产业的数字化转型发展是基于政府部门主导和企业协同推动的。2020年10月，国家批准创建湖南永顺国家现代农业产业园，产业园规划总面积83.43万亩，产业园创建期计划总投资18.04亿元，其中中央奖补资金1亿元，主要实施七大工程28个重点项目，整体空间布局为"一核两带两区五基地"。智慧农业展示基地即为"五基地"之一。政府部门的强力推动和系统规划奠定了永顺特色产业加快数字化发展的主基调。在政策引导和资金扶持下，永顺的产业发展吸引了众多社会力量的参与。阿里巴巴集团积极参与现代农业产业园产业信息化体系的建设，以技术优势和品牌效应，加快配套数字农业物联网云平台系统的开发，运用云计算、物联网、区块链等先进技术，通过数字化应用服务和相关设施设备的智能化升级改造，推动农业产业向信息化、数字化方向发展。

## 3.2　集聚要素，全链贯通

永顺政府部门高位布局国家现代农业产业园的建设，突出特色产业高质量发展的主线，通过与阿里巴巴集团在产业数字化方面开展多方位合作，

加快创新要素的集聚。针对产业基础相对薄弱、数字化建设相对滞后的现实条件，聚焦"种产供销"全链路的数字化链路的建设和贯通，改善农产品出村"最先一公里"的物流设施条件，培育优化电商人才和数字化人才发展环境，以永顺特色文化创新区域共用品牌的宣传推广，通过网络渠道引流和消费帮扶，推动农产品产销顺畅对接，从外在环境和内生动力两方面夯实永顺农业数字化发展基础，提升特色产业的核心竞争力。

## 3.3 以点带面，服务先行

对脱贫地区而言，推动农业产业数字化顺利落地至关重要。永顺以点带面，以国家级现代农业产业园的猕猴桃种植基地为核心起步建设。利用云计算、物联网、大数据等新一代信息技术，实现农业全产业链数据上传、收集和沉淀，通过建立标准化生产流程，实现农业生产管理数字化和智能化，推动产业链上各种农业要素进行配置优化。通过推进基地数字化改造和基地数据开放共享，带动更多农户接入，推动形成覆盖全面、业务协同、产销互通、订单生产的发展格局。面对数字化人才短缺的瓶颈，永顺以提升数字化服务促进产业数字化转型，依靠三农信息服务平台、农技培训平台及产业园数字服务中心平台，面向不同主体提供多层次、多元化的社会化服务。服务先行，有助于降低数字化技术应用的门槛，帮助农户有效解决市场信息不对称、不及时的问题，通过数字化、可视化和质量安全溯源能促进产品的标准化和优质化，增强消费者的品牌信任，提升产品综合竞争力及溢价能力，最终让农户更好地融入现代农业发展中，并分享产业数字化转型升级的红利。

**本文作者**

赵俊晔　中国农业科学院农业信息研究所研究员

丁瑞强　农业农村部对外经济合作中心培训处副处长，中共永顺县委常委、县人民政府副县长（挂职）

刘　寒　阿里公益驻湖南永顺乡村振兴特派员

## 案例点评

**赵俊晔**　中国农业科学院农业信息研究所研究员

　　培育壮大乡村特色产业是巩固衔接脱贫攻坚成果、推动乡村全面振兴的重要抓手。湖南永顺原先是武陵山片区国家级深度贫困县，脱贫攻坚时期，通过培育猕猴桃等特色产业，成功铺就了脱贫致富路。但与发达地区相比，产业基础较薄弱，人才还很短缺，数字化建设更是滞后。脱贫地区乡村特色产业能否以及如何借助数字化实现转型和再次跃升具有重要的探索价值和实践意义。

　　永顺是农业农村部对口帮扶重点县，也是阿里公益基金对口帮扶重点县，政企协同的产业帮扶合力为永顺特色产业打开了摆脱桎梏、实现数字化创新发展的缺口。从发展目标看，永顺特色产业的数字化，既要立足于产业基础能力的培育，更要聚焦于产业高质量发展的提升。从推进路径看，一方面要补短板、挖潜力，从人才引育、渠道拓宽、主体培育、品牌宣传等方面继续夯实产业发展基础，另一方面要抢先机、通链条，打造数字化平台，集成"种产供销"全链路数据，把相关管理部门、市场主体都纳入到数字化服务体系中来，打破数据壁垒，发挥数据要素价值。从初步成效来看，永顺已经开创了脱贫地区特色产业数字化转型发展的新局面，但全链路的数字化升级和可持续发展还有待持续的探索和创新。

# 数字化助力三华李产业高质量发展

## 1. 基本情况

信宜市，隶属于广东省茂名市，位于广东西南部。辖区总土地面积为3101.7平方公里，下辖2个街道、18个镇，2019年年末全市户籍总人口150.3万人，常住人口102.45万人。信宜是广东省著名侨乡、茂名市重点侨乡，先后获得"全国生态保护与建设示范区""全国重点生态功能区""中国南玉之都""中国长寿之乡""中国慈孝文化之乡""全国义务教育发展基本均衡县""广东省教育强市"等称号。

信宜得天独厚的自然环境孕育了多种多样的农产品，让信宜成为三华李、山地鸡、南药等农产品的重要生产基地，素有"三华李之乡"等美称，信宜是"全国水果百强县（市）"，被评为"全国三华李产业龙头市"。三华李被评为"岭南十大佳果""广东省名牌产品"。

信宜市充分挖掘中国最好的三华李产区优势，加快建设以钱排李花谷、双合村为支点，东接平塘马安竹海，西经云茂高速服务区信宜三华李主题公园，南到窦州古城、温泉连碧道的沿云茂高速农文旅结合带。目前已建成5个三华李高标准建设示范基地、1个优质种苗繁育示范基地。大成、钱排等镇"数字农业"加快推进，数字化促进了三华李的高质量发展，全市三华李种植面积达30.3万亩。在数字技术加持下，三华李农旅融合成效卓著，2022年第一季度，游客突破50万人次的"中国李乡·山水双合"乡村振兴典范，成了远近闻名的乡村振兴"茂名样本"。

为解决信宜市三华李等农业产业大而不强、有产品无品牌及农产品优质低价等问题，2022年信宜市全力推动数字农业平台和品控溯源体系建设，构建了全新的数字化产业发展范式。该范式有三大要点。一是通过数字化种植应用建立标准化种植体系，制定三华李种植规程，生成种植模型，实现从育苗到种植标准化管理，提升农业生产效益，降低种植风险。二是建立"信字号"品牌和"两标一码一单"品控溯源体系，有效提升"信宜出品、信誉保障"的农业品牌竞争力，打造"以信为本"的城市气质和信宜印象。三是通过对信宜农产品进行线上线下宣传销售，并加大农村电商人才培养，邀请达人、主播进行网络带货，实现了联农带农，全方位拓宽销售渠道，增加农民收入。

## 2. 主要做法

### 2.1　数字化助力实现三华李生产标准化和质量可追溯

质量和信誉是特色农产品行销城乡的关键法门。数字化时代，质量保障和信誉认证都可以借助数字化技术得以实现。

（1）数字化技术助力三华李特色产业标准化生产。信宜市打造了三华李数字化智能生产示范区，建设三华李智慧农业管理平台，在生产、经营、管理、服务四大领域推广数字化技术应用。借助平台及5G网络，可以随时远程查看树木花果生长情况，获取气象、土壤、虫情等实时信息，对三华李生长实现精细化、标准化、智能化农事管理，从而实现果园数字化管理。通过AI分析算法智能识别病虫害，预判作物病虫害发生情况，降低育苗风险。通过建设水肥一体化智能喷灌系统，实现精准自动灌溉。对种苗生长实现精细化、标准化、智能化农事管理，从而进一步实现种植基地数字化管理。

（2）以数字化品控溯源技术提升品牌信度。信宜市结合区域公用品牌"信字号"和产品品牌商标，建立"两标一码一单"品控溯源系统，"两标"即产地质量保障标（"信字号"）和产品品牌商标（"银妃三华李"）；"一码"即网络溯源二维码，可以追溯到种植端施肥、用药、采摘、分拣、运输等流程；"一单"即政府监管检测单，展示当天快检的检测结果，并

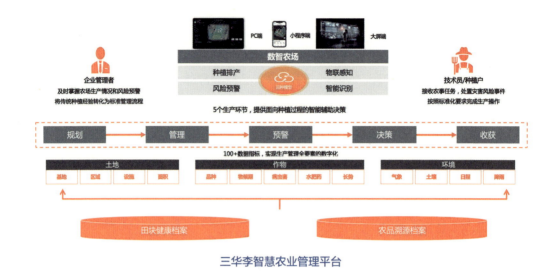

三华李智慧农业管理平台

由市场监督管理局盖章。2022年录入三华李溯源系统信息的单位（合作社、流通企业）24家，15个村经济联合社、种植户758户，覆盖面积1.5万亩，覆盖产量4700万斤。消费者通过支付宝扫码的形式查看农产品种植户信息、施肥情况、批次质检情况等，从而让消费者能够直接追溯源头，买得放心，吃得安心。数字化溯源技术有利于传播"信宜出品、信誉保障"农产品的"信义"文化，提升信宜农产品品牌形象。

## 2.2 借助电商平台和网红明星扩大数字营销威力

信宜市三华李的营销推广，注重借用电商和网红明星的力量，提高产品的调性，增强市场认知，拓展新的销售市场，培养更多潜在的消费者，为三华李农民增收踩好数字营销的油门。

（1）注重线上＋线下双重渠道无缝对接。信宜市与阿里巴巴、碧桂园、腾讯、昌大昌等销售平台合作，借力淘宝、天猫、聚划算、淘菜菜、盒马鲜生等资源，对信宜农产品进行线上线下宣传销售，拓宽销售渠道，举办特色推广活动，将"信"字号产品销往全国，全面提升"信"字号三华李的认可度、知名度和美誉度。

在三华李上市期间，信宜本地电商商家在各自的天猫旗舰店、淘宝店铺上架三华李产品。联动天猫行业小二和阿里妈妈，为信宜三华李定制专题页面，扩大三华李产品在天猫电商平台的曝光面，引导消费者消费。盒马鲜生拓展线上线下一体化的商业模式，联动盒马鲜生广州、佛山等地20家门店，举办线下门店的系列"桃李派对"促销活动，在盒马鲜生App和盒马鲜生旗舰店上架，让信宜三华李更好地触达国内高端消费者市场。

（2）借助网红和明星影响力扩大产品的消费认可度。一是借力淘宝直播明星主播，打造创新、高效的特色助农之路。集中淘宝直播中的头部明星主播，包括林依轮、李静、李艾为代表的明星主播团，为信宜三华李进行矩阵式助农直播。通过直播活动的介绍，宣传信宜城市气质及特色产品三华李，利用私域粉丝流量和淘宝直播的公域流量支持，进一步推广产品，提升线上销售额。二是全网宣传推广，塑造产品形象，扩大社会面传播。淘宝教育整合社交媒体资源，为三华李量身定制趣味美食话题，邀请美食达人，根据三华李的口感、本地食用习惯，针对年轻人口味进行美食重制，引发广泛讨论。同时，在流行的短视频平台，以多领域的网红达人形成矩阵式覆盖宣传，以"用户体验"的口吻，真实输出三华李的食用评价，引起消费者兴趣，增强对美食的共鸣。

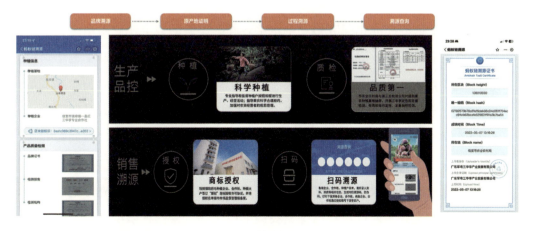

品控溯源

### 2.3 通过淘宝教育培训为产业振兴培育人才队伍

人才是行业发展最具有能动性的力量。信宜市坚持以百年树人的长远眼光开展人才队伍建设工作。与淘宝教育合作，全年多班次培训本地化电商人才，大力培养"新农人"，强化数字化生产营销技术传播与采纳。考虑到不同电商人才的专业性，制定系统配套的电商人才建设实施方案。对信宜干部、电商从业者、返乡青年、新农人、实体企业主等群体，有针对性、成规模的开展数字经济思维提升和电子商务应用技能培训，指导企业推动产业升级，真正让个体直接利用电子商务的方式开拓市场，加速农产品上行。通过在当地定向培训、孵化、输出电商应用人才，提升三华李产销企业数字化发展综合能力，以"人才驱动电商，电商驱动产业，产业带动经济"的路线，促进信宜三华李产业迈入"人才培育—数字化发展—行业红火运行"的良性循环。

## 3. 主要成效

### 3.1 三华李产业实现了数字化转型升级

（1）智慧农业生产助力三华李产业数字化升级。通过数智果园的建设和应用，结合种植规程技术指导，构建果园标准化生产管理体系，提升了果园种植生产的标准化程度和安全水平。同时，借助数字化应用系统，将生产过程的数据有效沉淀，完善果园的生产知识管理机制，提升了三华李种植生产的科技水准和效率。

（2）升级了三华李销售模式。依托阿里巴巴对消费市场的数据洞察，结合不同的销售渠道提供精准化分级标准，实现农产品从大路货流通转向多渠道分层销售。结合本地龙头企业的自动化选果设备，进一步提升了水果商品化分级包装水平，提高了其市场适销率、产品附加值。充分挖掘信宜三华李的优势，通过政府指导、农户种植采摘、合作社组织经营，利用阿里巴巴平台资源进行线上营销，并培养本地商户的电商平台思维，共同助力实现三华李的产销对接，拓展市场渠道，打造了"政府＋农户＋合作社＋平台"的营销新模式。

## 3.2　以数字技术保障了三华李的品质

2022年年初，信宜市提出"建立健全质量强农品控溯源销售体系"的工作部署，全面加强信宜优质农产品的绿色、有机等质量检测担保和可视化溯源认证工作，构建政府信用推动、企业深度参与、用户清晰可感的信宜农业品控溯源体系，全力打造"信宜出品、信誉保障"的农业品牌竞争力。市委成立了信宜市三华李品控溯源体系建设工作专班。5月，启动了三华李品控溯源和产销对接板块的合作。通过蚂蚁区块链溯源技术，联动市场监管局、农业农村局及钱排镇政府等多个部门，构建三华李"两标一码一单"的"信"字号优质农产品品控溯源体系。溯源系统覆盖近400户农户，发放溯源码标签79万张。建立退出机制，对安全检测多次不合格、不规范使用溯源码和恶意销售等种植（或经营）主体进行处罚和取消使用权限。农业技术部门不定期到三华李果园开展定性和定量检测，最大程度保障果品的质量安全。上半年，共开展钱排三华李例行检测631批次，不合格总数20批次，合格率96.8％。在数字化溯源技术的保障下，"信字号"优质三华李获得消费者信赖，总销量约1665吨。

## 3.3　三华李产销两旺且影响力不断增强

在数字技术加持、电商平台支撑、网红直播助力下，三华李产销势头兴旺。一是产业发展更加红火。在数字技术支撑下，三华李种植与经营在双合村等典型村庄形成了规模化、集约化和产业化发展态势。2022年三华李产量（销量）29.78万吨，产值约41亿元。线上线下相结合推进三华李售额稳步增长，广佛地区盒马鲜生广州、佛山、深圳三地超过40＋门店线上线下进行展销推介，2022年销售GMV同比翻倍增长。旺盛的销售增加了三华李种植户收入，每公斤带来增收6元。二是品牌传播影响力增强。产品上市期间，为信宜"信"字号三华李定制溯源直播、塑造热门话题、制作达人视频等，在短视频平台及社交平台得到了极大的曝光和广泛的讨论。打造2个信宜宣传话题，登上微博热搜榜，联动超过200位微博大V、30位抖音生活达人，原创热门内容，视频累计播放超过200万次，相关内容的讨论及互动量超过3万次，话题内容曝光超过1.4亿。2022"信宜530·享李季"活动等系列平台营销活动，被新浪网、凤凰网、腾讯网等主流媒体报道，成为助力信宜农产品出圈、乡村振兴好榜样的标杆性案例。

## 4. 经验启示

信宜市借力数字化推进三华李产业高质量发展，实现了数字技术与农业产业体系、生产体系、经营体系、消费体系、产供销一体化融合。主要经验启示有两点。

### 4.1 注重数字技术引领产业发展

信宜市以互联网和大数据为载体，搭建"云上大成"云平台，促进"互联网+"的应用，发展智慧农业，建立产业大数据和产品溯源体系，全面提升了三华李产业数字化水平。完善了智慧农业服务体系，建立智慧农业AI分析模型，推进精准种植、智慧管理。建立了农产品溯源系统平台，实现种子—种植—采收—加工—仓储物流的全程可视化溯源，确保农产品安全可靠。构建了三华李产业大数据，推动大数据、人工智能等技术与三华李的种植、销售等农业生产经营活动深度融合。通过这些数字技术的应用，帮助管理者实时掌控三华李生长态势、投入产出情况、市场价格走势、溯源等数据信息，帮助决策者调整优化种植结构、预警指导市场销售节奏等，让大数据成为决策的"智慧大脑"，提高决策效率与能力，推动产业创新。

### 4.2 坚持品牌先行带动产业发展

信宜市打出"信"字号的公用品牌作为本地金字招牌，"信宜出品，信誉保障"，严格、统一的标准下筛选特色农产品，并针对产品的特性，定制化为其组织、策划系列营销、宣传方案，从品牌打造、渠道拓展、产品宣传等方面，凸显信宜"信"字号农产品的特色，向全国用户展示信宜农产品的独特优势。同时，在生产领域，以标准化、规模化生产为核心，以"两标一码一单"品控溯源系统为支撑，全面推动信宜市三华李等优势特色产业实现提档升级发展，以优产夯实畅销基础；在营销领域，以线上线下融合为渠道，借力电商和网红明显，不断拓展三华李行销空间，提升产品影响力和消费者认可度，以畅销拉动新一轮优产。

**本文作者**

刘合光　中国农业科学院农业经济与发展研究所研究员
齐　心　中国农业科学院农业经济与发展研究所硕士研究生
崔　光　中国农业科学院农业经济与发展研究所研究助理

## 案例点评

**刘合光**　中国农业科学院农业经济与发展研究所研究员

　　信宜市三华李产业借助数字化开启新的产业发展范式：生产数字化、营销数字化，品牌获得数字技术加持，消费者认可度提高，产销两旺且影响力大大增强。信宜三华李产业无愧于数字化助力地方特色产业发展的示范样板。信宜三华李案例启迪我们，地方发展农业特色产业要搭乘数字化的快车，抓住机遇、用好机遇、实现产业振兴新蓝图。信宜市在谋划和推进三华李产业发展进程中，关键在于抓好数字化发展顶层设计和体制机制建设，用好数字化行业巨头、头部电商和网红明星等外部力量，以数字经济推进三华李产业高质量发展。数字化助力三华李产业高质量发展，本质上是数字经济在产业发展中的融入和深化，该市聚焦"信"字，实施全过程追溯，围绕生产智能化、经营网络化、治理数据化和服务在线化，再造了一个全新的三华李产业。

# 以数字化探索山区富民产业升级之路

## 1. 基本情况

龙泉市位于浙江省西南部的浙闽赣边境，是林业大市，全市森林覆盖率高达84.4%，素有"浙南林海"之称，先后荣获国家级生态示范区、国家森林城市、国家重点生态功能区、中国特色竹乡、省级特色产业示范县等殊荣。林农人口占全市总人口的78.6%，林业收入占农民人均可支配收入51.1%。

竹木是龙泉市传统特色产业，也是林业带动共富的重要抓手。全市竹林面积60.37万亩，有竹木加工企业600余家。行业产品形成了竹木制板材、户外太阳伞、日用家具、竹木制玩具及家居（厨具）用品等五大系列近千个品种，远销欧美、大洋洲、东南亚等50多个国家和地区。竹木电商发展迅速，全市有注册竹木电商697家，以鞋架、书架、花架、衣帽架等为代表的竹木小家具产品交替夺得淘宝类销售冠军，"龙泉制造"产品占全国同类产品销量的70%以上，竹木小家具电商销售占全国同类产品的45%以上。

## 2. 主要做法及成效

### 2.1 建成"益林共富"，创新林业致富新路径

龙泉以数字化改革为契机，2021年建成"益林富农"多跨场景应用，聚焦"落界管理、林区智治、社会公益、绿色金融、经营流转"五大核心业务，以数字化思维统筹运用数字化技术，推进跨行业、跨部门、跨业务打通数据，集成打造"益林富农"数据库，把数字化、一体化、现代化贯穿到整个林业工作中，助力生态价值转化。

2022年，在"益林富农"系统的基础上，打造"产业链动"子场景，系统整体从"益林富农"迭代升级为"益林共富"，服务范围从山林资源管理延伸到竹木生产加工和竹制品销售。数字化链接全市竹木加工企业和电商企业，通过三产促二产引一产的链动模式，向竹木产业百亿产值目标不断迈进。

（1）落界确权机制

针对山林资源落界难、确权难的全国性难题，创新探索落界确权方法路径。

一是首创数字化落界方法。制定公益林权属落界及信息获取与表达技术规范，将以往"指山为界＋文字描述"的模糊表述变为"数字智能落界＋矢量表达"的精准定位，有效破解传统落界方法成本高、耗时长、落界难的问题。

二是探索公益林确权路径。创新推出电子"益林证"，将收益权从物权中剥离出来，公益林面积、地点、补偿金等信息明确到户，将其作为公益林流转、补偿收益权质押和林地地役权补偿收益质押贷款的权益证明。林农的收益证明变以往"农户申请→村小组签字→村主任确认→村委会开具证明→部门调查核对"的复杂流程，简化为系统一键派发电子"益林证"。

三是重塑林业管理体制。推进机构职能优化协同高效，单设林业局为政府组成部门，基层林业站实现19个乡镇（街道）全覆盖，并重新组建326人的护林员队伍，完善网格化管理，确保森林资源管护"山有人管、林有人护、火有人防、责有人担"。

（2）价值转换机制

针对山林资源难流转、难变现、难交易等普遍性难题，创新资源盘活方式方法。

一是再造补偿金发放流程。在林界精准划分到组户的基础上，补偿金发放流程从以往"县到乡、乡到村、村到组、组到户"，简化为由县到户"一键直达"，实现了100%精准发放到户，有效提升政府形象和林农获得感。

二是开发"益林富农"金融产品。创新推出公益林补偿收益权质押贷款、地役权补偿质押贷款、村级合作社担保贷款等"益林富农"绿色金融系列产品，林农实现公益林贷款随贷随还，办理涉林贷款简化为信贷办理系统"益林证一键证明、自动生成额度、直接放贷到户、信用跟踪监管"的数字化流程。

三是构建山林流转超市。在全国率先试行林地经营权流转证制度，建立生态资源流转中心，集中发布林地流转、林农产品等信息，推进供需精准适配，实现山林经济效益和生态效益最大化。

（3）监督管理机制

针对山林纠纷多发、涉林廉政风险大、自然灾害易发等管理性难题，创新融合林业监管模式。

一是首推涉林廉政风控系统。建立涉林廉政风控系统，对涉林项目建设和公益林资金发放试行红橙黄三色预警，全程动态监测防控，变事后监督为前中后全过程智能化监管，有效杜绝了补偿金截留、冒领等腐败现象。

二是创新山林纠纷溯源治理。依托基层治理平台，创新联动调处机制，采取落界中直接调解、"平安通"网格调和、"面对面"在线调解等方式，围绕纠纷化解前中后三个阶段，推进山林纠纷分级调解、调解资源智能共享、调解数据全程留痕，有效提高纠纷调处效率。

三是迭代林区灾害智能防控。贯通省级护林巡查系统和丽水"云森防"智控综合管理平台，实时动态监测预警森林火灾，数字化防治"松线虫"病虫害。使用无人机进行灾情疫情普查，实现现场数据、图片手机端输入，操作性更强、使用更便捷，变"人防"为"智防"。

（4）数据驱动产业升级机制

针对当地竹木加工企业产品结构单一、销售毛利低等问题，搭建"产业链动"子场景应用，通过大数据分析，帮助竹木企业主推产业化和品牌化深度融合，努力实现从"卖原料"向"卖产品""创品牌""创标准"等方向转变。

一是品牌化引领，打造龙泉竹木产业高地。打造并推广"龙尚竹"区域公用品牌，提升龙泉竹木的品牌调性和品牌影响力。重塑产业标准和区域品牌，以"标准＋品牌＋销量"的模式，吸引更多市场主体参与品质升级，创建优质企业品牌，实现区域公用品牌＋优质企业品牌双轮驱动。

二是新品创新驱动，升级竹木产业运行模式。根据差异化的产品设计，开发具备成为爆品可能的新品。以新品创新驱动，提升产品差异化和附加值，以本地化新品开发带动区域产品创新，激发竹木产业创新活力。

龙尚竹竹木小件家具新品设计

三是全域整合营销，促进产品销售和品牌推广品销合一。依托第三方平台资源，利用融媒体、大 V／明星直播、主题性大型电商活动等创新营销推广方式，积极策划线上线下活动，搭建多渠道产销对接，让竹木产品在电商平台上打开销路、迅速扩大知名度。通过多元化营销，增加与消费者的互动链接，提升销量，增强客户黏性。

四是数字化赋能，提升产业监管能力和决策水平。以数字化方式对竹产业进行全产业链、全要素、全维度的感知和分析，结合"可视化""富展现"，打造"关键指标有数字、关键业务有过程、关键环节有分析、关键趋势有预测、关键成效有比对"的数据决策体系。例如，通过机耕路分布和辐射范围上图后，可以清晰地掌握机耕路分布情况，辅助机耕路的未来规划。

## 2.2 "农智链"打通农业产业全链路，推动农业数字化

为充分发挥农业产业优势，龙泉市全力实施生产、供销、信用"三位一体"工程，以"围绕产业链部署创新链、围绕创新链布局产业链"为指导思想，通过锻造数字应用、优化产业服务、提升全链路效能，全力推进"农智链"场景应用建设，围绕"竹茶菌蔬"四大产业，联合阿里巴巴集团打造首个县域全链路数字化公共服务平台"供销e城"。

（1）以数字化赋能生产，实现产端智慧化

一是建设高海拔集约化种苗基地。充分利用独特地缘优势，在海拔1200米高山上建100亩集约化育苗中心，是全省海拔最高番茄育苗基地。基地农户可随时在移动App上查看基地温度、湿度、氧气浓度、作物生长情况，一键进行连栋大棚开闭、调控温室、喷洒药水等操作，还有专业的嫁接团队为农户提供服务。同时，农户和"供销e城"通过数字化系统进行产销大数据联动，可制定精准的种植规划。截至目前，育苗中心年育苗能力达1000万株，其中嫁接苗能力达500万株，年效益达1000余万元。

二是建设全县域建智能化蔬菜大棚。为形成数字化生产集群效应，以点带面辐射全域革新，2020年在9个乡镇建设300亩智能化大棚蔬菜基地。基地农户可利用自动转膜器、山地自动运输轨道、温湿水肥智能化测控栽培，温湿智能化测报、气象监控系统等自动化设备和技术应用获取可靠农情，高效开展生产种植，有效推进农业智慧化进程。基地的建成，为农业主体新增农业产值3000余万元。

三是建设高水平建全链路数据媒介。依托"供销e城"信息和阿里巴巴数字平台资源综合优势，开展云平台数据资源转化和利用，构建"1+4"全链路数据媒介。"1"为一个数字化服务系统，"4"为四块数据化展示大

屏。"1+4"全链路数据媒介现覆盖19个乡镇，汇聚713家农业主体，农业产业覆盖面100%。

（2）以多维度铺陈营销，实现销端全域化

一是提档一个平台。2020年起通过数字化平台赋能全面提档"供销e城"平台。以"产品生产、网上交易、仓储物流、终端配送"一体化经营，以"合作＋返利"建设蔬菜基地3825亩，联结合作社150多家。如今，农业主体可通过"供销e城"农产品实验室进行SC认证，通过销售数据指导产区种植，并入驻省政采云扶贫馆。高效的冷链配送为消费者第一时间供应精品蔬菜，并让消费者通过一键扫码快速获取溯源信息。

二是打造一个品牌。以"供销e城"为运营主体，围绕"茶蔬菌菇"，打造"龙泉农师"区域公用品牌，以唐代龙泉农师季大维为原型，通过品牌文化塑造、形象设计战略规划，将龙泉市农特农产品内容故事化、媒体化，形成农产品统一品牌特征与文化。农业主体可以通过申报获得品牌授权，享受免费的营销红利和品牌溢价，免除"有好产品，没好名片"的烦恼，实实在在获得收益。现已打造12款独立农品，授牌农业企业11家贴牌，品牌赋能效应初步形成。以特色产品香菇为例，通过"龙泉农师"品牌附加值及配套供应链优化服务，整体溢价25%。

"龙泉农师"区域公用品牌发布

三是拓展多个渠道。全面拥抱电商、新零售。在农特产品标准化、规范化、商品化、电商化基础上，全面拓展"供销e城"营销渠道。现在农业主体和消费者可在天猫龙泉原产地官方商品旗舰店、盒马鲜生门店和App进行交易，并不定期在斗鱼等8个直播平台互动买卖，同时，"供销e城"不断开发大润发、橙心优选等渠道拓展与消费者的接触面。截至目前，"供销e城"通过新增线上渠道累计销售35110单，销售额近80万元，线下新增渠道月供货额近30万元。

## 2.3 以一站式提供服务，实现服务现代化

（1）农业服务一站到位

为更好地向全市农业主体提供专业化、电商化、全链条式服务，着力在"供销e城"打造电商公共服务中心。农业主体可免费享用摄影棚、直播间、办公室等硬件设施，获取商品素材库，获得电商咨询、法务咨询、运营指导、产品设计、品牌营销、货源供应、冷链、仓储、物流等服务，享受"政银担"信贷服务，真正一站式解决农业主体面临的问题。

（2）人才培育多措并举

联合阿里巴巴建立"供销e城"电商学院实训基地，年轻人及农业从业者可通过沙龙讲座、职校课程、钉钉视频、组团学习、创业大赛参与其中，与资深专家、学者交流，充分获取专业化的农产品研究、淘宝直播、电商创业、电商运营等干货知识，有效推进人才向多元化、高层次发展。截至目前，电商学院累计完成2000余人次线上培训，完成18期线下培训，覆盖800余人次。

（3）电商孵化步步为营

聘请专业团队常驻"供销e城"，通过实地走访，让农业主体精准获得农业营销和电商运营的指导。年轻人还可参加电商创业大赛，免费接受开店、直播、运营规划等服务，优秀的农业电商创业者能获得创业起始资金，以此激发年轻人及农业从业者创业热情。

（4）国企引领产业链动

龙泉市竹木产业发展有限公司积极发挥国企产业运营公司职能，与阿里巴巴等合作，联合开发和打造竹木小件家具新品，在本地工厂进行打样和生产，在龙尚竹天猫旗舰店进行销售，同步通过品牌和新品的授权推广，让本地从业主体能够低成本的进行产品创新尝试，实现政府引导企业转型的良性产业发展新局面。二三产链动方面，通过"龙尚竹"品牌引领，先行扶持15家本地电商企业，导入品牌、新品和营销资源，2022年实现店铺销量同比增长超20%。一二产链动方面，通过推进林业产业向精深加工转型、多样品类延伸，并带动增加生产链需求量，促使当地原竹收购价格增长约8元/百斤，增幅33%。

## 3. 经验启示

### 3.1 系统建设新基建，打好数字基础

数字乡村的建设离不开完备的新型基础设施体系，发展乡村数字经济更需要数字化、网络化、智能化的新基建作为支撑。基于此，龙泉加强新基建建设，补齐数字设施和服务的短板，全方位升级通信网络、物流体系，搭建数字化平台，开展数字化应用。同时，考虑欠发达地区新基建建设的成本效用问题，因地制宜，选择最适合而非最先进的新基建，秉承"小切口、跨领域、大应用"的原则搞集成创新，避免盲目追求性能溢出效应。此外，新基建建设中的"重硬轻软"问题值得重视。在建设"硬"载体和"软"资源的同时，在数字、信号、运营体制、数据保护等方面的建设也同样重要。

### 3.2 以经济建设为中心，打造电商产业集群

以经济建设为中心是龙泉数字乡村建设的重要启示，即从强村富民的角度考虑微观主体诉求，切实提高村民收益，最终实现全民参与、共建共享。提高农村电商产业集群的发展质量，对于促进地区经济发展具有重要

作用，农村电商仍是龙泉经济发展的重要抓手。

龙泉大力推进农村电商发展，打造农村电商集群，通过信息化、数字化手段和集约化管理，并采用市场化运作的方式，形成食用菌、竹木家具等电商产业集群，进而降低产业运营成本、扩大农产品覆盖面，发挥了农村电商的规模效应和协同效应。在此过程中，核心企业的角色尤为关键，通过协调关联企业，建立紧密的利益组织，加强集群产业链上的分工与协作，提升集群产业的整体竞争力，进而打造出具有高整体性和高协同性的电商产业集群。

## 3.3 打造农产品区域公用品牌，比较优势转为竞争优势

以资源为导向的发展模式通常具有被动性、低效性和对外部条件的依赖性，在这样的条件下，如何利用好有限的资源创造更多经济价值显得尤为重要。资源禀赋所带来的比较优势具有天然竞争力，但这种优势的发挥同样需要知识、技术、运营等其他创造要素的辅助。要结合龙泉农业产业特性，充分发挥自身资源禀赋，将特色农业资源优势最大程度上转化为经济效益，但同时各国各地区的经济发展历史表明，充分利用要素比较优势有助于贫困地区摆脱经济落后的地位，但要想谋求长足发展，实现地区经济的跨越式增长，则必须依赖产业的竞争优势。基于此，龙泉一方面充分挖掘出本地农业资源的比较优势，另一方面通过互联网平台，结合直播等新型营销手段和运营推广技术，打造区域公用品牌，将比较优势进一步转化为竞争优势。

**本文作者**

徐旭初　浙江大学中国农村发展研究院教授

丁钆清　中国农村杂志社总编室编辑

董维倩、徐菁　杭州电子科技大学硕士生

➡ **案例点评**

**徐旭初**　浙江大学中国农村发展研究院教授

　　农业出路在现代化，农业现代化关键在科技进步。龙泉市生态优美、物产丰富，是浙江省首批农业绿色发展先行市。龙泉市充分发挥农业产业和自然资源优势，以"围绕产业链部署创新链、围绕创新链布局产业链"的指导思想，以数字技术补齐龙泉产业发展短板，激活龙泉乡村发展资源优势，实现了龙泉农业产业全链路的贯通，以及自然资源转换通道的拓展构建，打造了乡村产业升级的"龙泉样板"。龙泉市的实践告诉我们，在自然资源条件优越的农业产区，应充分发挥自身的比较优势，以优势为切口，通过数字技术补短板、激活力、促发展、求富民，从而实现乡村产业发展的同时，兼顾绿色发展和乡村智治，构建乡村宜业、宜居的可持续富民发展新局面。

# 人才振兴类

**直播成为新农活**

浙江柯城

**乡村振兴特派员**

河北张北刘云飞

青海平安莫当科

## | 浙江柯城 |

# 村播人才成长记

## 1. 基本情况

浙江省衢州市柯城区创新实施"村播计划",探索出一条"农民当主播、手机变农具、直播成农活、数据为农资"的数字赋能促进共同富裕的模式。该模式既是一套从0到1的产业发展新模式,也是一整套从人才培训到人才实践的人才发展新模式。"农民当主播、手机变农具、直播成农活、数据为农资"中的每一种转变,都需要当地劳动者从思想意识、知识结构、素质素养等方面实现转变。可以说,柯城区农村电商产业发展的历程,也是电商人才队伍发展建设的历程。

柯城区村播产业发展是自2019年7月,浙江省商务厅、发改委、扶贫办和阿里巴巴集团联合举办的2019脱贫攻坚公益直播盛典开始的。通过这场淘宝直播活动,柯城区的农产品在短短几秒时间就卖了一百多万元,这给当地政府带来极大触动。2019年11月,柯城区开始启动电商直播培训。2020年5月,"村播计划"正式启动,柯城区开始建设"村播学院",培训孵化村播人才。之后不断扩容,形成了更具规模的"村播基地"。

通过电商产业发展与电商人才培育,柯城区农民有了创业致富的新思维,形成了更好利用数字工具提升自身价值创造的能力。柯城区村播人才培育体系逐步发展成熟,各类创新人才不断涌现,创新人才引领作用明显,为走向乡村共富持续发力。

## 2. 主要做法

### 2.1 构建人才培育组织保障，完善人才培育政策支持

为推动村播产业发展，柯城区以"专班统筹、专业运营、专项服务"的服务运行机制，在区政府各部门抽调骨干力量，成立柯城村播产业专班，统筹协调推进村播工作。在此基础上，引进第三方运营商建立健全集培训、种植、选品、塑品、销售等功能为一体的服务链，为主播、企业、村民提供综合集成服务。此外，政府多部门协同合作，搭建村播产业服务联盟。产业专班、第三方运营商服务链、村播产业服务联盟共同形成了柯城区村播产业人才培养的组织保障基础。

柯城区还出台村播政策13条，在人才引进、主播培育、资金奖补上给予政策倾斜支持；对村播团队入驻创业街的，给予创业村播最高50万元的贴息贷款及房租减免政策；设立主播人才公寓，为高质量人才集聚提供空间。

### 2.2 升级基础设施，夯实人才发展软硬件基础

产业人才培育需要硬件基础设施支持，柯城区先后建成乡村振兴综合体、直播产业创业街和厂播综合基地，为人才培育和孵化提供空间。将万田乡弈园村闲置的农贸菜市场改造提升为以阿里村播基地、村播学院、村播讲堂为载体的乡村振兴综合体；将周边闲置的文体城改造为中国衢州四省边际直播产业创业街，设立运营孵化服务中心、农创客众创空间、四省边际品牌馆、共享直播间等；将谷塘村小微农民创业园改造提升为衢州市首个集生产、加工、仓配、直播于一体的厂播综合基地。

柯城区着力解决人才培育与发展所需的师资、金融、品牌和供应链等软性基础。为提升培训品质，村播学院建立村播导师库，组织一批电商专家、本地知名主播和电商企业家等，定期入驻村播基地授课。为解决创业就业资金问题，柯城区开展政银合作，导入2000万创业贷政府贴息资金，

四省边际"它经济"广播基地

为农民主播创业、就业提供资金支持。为提升品质，柯城区构建了"百县千品"供应链选品池，对部分衢州农特产品开展品牌重塑，打造本地农产品区域品牌；联合浙江省标准化研究院制定选品标准化体系，通过自我推荐、样品送选、资质认证、专业精选、主播终选等五大筛选流程，全面把好品质关；与全国16个省阿里巴巴村播基地开展合作，牵头成立地标产品供给联盟，以月为单位形成产品共享清单。

## 2.3　构建从普惠培训到大赛培训的阶梯式、分布式育人体系

柯城区构建了从普惠培训到专业培训的阶梯式、分布式育人体系。第一，以村播学院为载体，开展零基础、零门槛、全免费的"农民当主播"系列培训。围绕返乡创业青年、村两委班子、农场主、农人、农村电商从业者等五类群体开展"理论＋实操"扫盲式普惠性培训。第二，邀请业内专家、本土主播达人现身说法，结合参观游学等活动多元化开展"请进来＋走出去"进阶式提升性培训。第三，引进专业机构负责主播培育，通过内容培训、直播实操，优选出20名优秀农民村播人才。第四，搭建村播培养规划体系，鼓励星级村播在学院开设村播工作室，作为村播导师开展带徒活动，指导新人快速成长。

柯城区还建立了"以赛代训＋以赛育才"的双循环赛马式培训，为村播人才提供展现舞台。通过组织开展全市新农人主播、巾帼云创、大学生创业、美好乡村文创短视频、国潮农创品牌设计等大赛，培养造就一批能够引领一村、带动一方的村播意见领袖。2021年5月，村播学院举办衢州市首届大学生直播创业大赛，建立产教融合基地。通过"讲堂进课堂、比赛促就业、引才助振兴"，发掘孵化村播人才，引入新青年、新力量扎根村播，建设乡村，推动高素质群体融入数字乡村建设。2022年5月，村播学院联合衢州职业技术学院举办"四省联萌　它力无限"四省边际大学生直播创业大赛，历时12天，共吸引四省五所高校的623名选手参与，话题在抖音平台访问量突破35万。活动围绕"它经济"产业元素，通过专业培训、短视频创作、直播带货等环节，乡村振兴讲堂进课堂，发掘和孵化更多村播人才，引领带动广大青年根植村播"它经济"产业。

多样化的培训体系需要成熟的培训保障机制。村播培训目前已经形成了学院培训、街区孵化、创业转化的新农人培育机制，并建立了综合考核机制，对村播人才在单个媒体平台的粉丝量、获赞量、带货量及视频内容等进行综合考核，并根据考核结果开展星级评定。

## 2.4　从培训到就业创业，形成人才实践与发展的闭环

人才成长需要从理论到实践的反复历练。除了完善的培训体系和培训机制，柯城区村播人才成长依靠的是从培训到就业创业实践的人才发展闭环。

为承接村播学院、乡村振兴讲堂孵化培训的主播落地转化，在街区实现创业就业，中国衢州四省边际直播产业创业街建成运转。街区创新发展主播孵化、"店小二"服务、政策扶持、品牌辅导、产业共富的"5F"模式，聚焦直播产业，建立柯城村播产业联盟党支部、两新党群服务中心、四省边际品牌馆、众创空间、共享直播间等板块，构建学院培训、街区孵化、创业转化的新农人培育机制，形成了集直播党建联盟、主播培育、校企合作、供应链选品、直播电商带货等功能于一体的直播产业生态圈，为直播

新业态、主播新就业群体的发展搭建平台。

创业街从主播成长需求、企业经营诉求、产业发展要求入手，全方位提供招商运营、企业入驻、创业指导、供应链整合等一站式服务。比如，组织10多名行业领军人物组成"创业导师"团，给予1V1专业服务，促进"它主播"落地转化。聚焦"它经济"引进宠物用品供应链生产企业，建立厂播综合基地，形成了"它经济"主播培训、街区"它主播"直播销售、厂播基地供应链产品配套支持为一体，集"孵化培训—直播销售—加工生产"等功能的五分钟村域联动产业发展新平台，进而实现了人才发展闭环。

除培育村播人才、促进就业创业外，村播学院还重塑了新农人产业思维方式，引导农民摒弃原有产品化营销思维，帮助他们深度参与到直播生态链条的品质供应链端、品牌营销内容端、售后服务体系端等产业生态打造中去，让人才更具创新性。村播学院打通三产融合，通过村播大数据沉淀，精准分析消费市场、农产品区域特征，推动标准化生产、产品结构优化和品牌化营销，实现以销售端指导生产端，以生产端推动深加工，以深加工反哺销售端，推动农业供给侧结构性改革。如村播学员"柚子姐姐"带领团队研发加工各类蜂蜜柚子茶，通过直播一分钟销售4万罐，实现了农产品产业链延伸。万田佳禾农场在新冠疫情期间，通过"短视频+农场直播"方式，结合"果园采摘+露营游玩+乡村餐饮"的经营模式，通过村播，在种得好的同时卖得更好，为农场增收100多万元。

## 2.5  聚集"它经济"，形成产业发展与人才推动相互助力

柯城区村播人才培育和产业发展息息相关，产业托举人才，人才反哺产业，开拓共富实效。除了开展内容实训、主播实操等通用的电商人才培训，村播学院从成立之初开展较为通用的培训，逐渐找到产业发展优势，开始聚焦到宠物经济产业。人才培育也围绕"它经济"专业化人才做文章。

通过专业的运营公司和创业导师指导，按照统一培训、统一产品、统一话术、统一场景等标准化可复制模式，为广大农人、在校大学生、返乡

创业青年等主体提供零门槛、零基础的孵化转化，带动增收致富。目前已开展"它主播"培训1026人次，成功孵化出抖音萌宠网红直播带货达人"胖虎养猫""它的一生""猫工厂"等，通过直播，将猫抓板带动成为全网TOP10爆款单品，日均发货量达5000多件，并引进了国内最大的猫抓板生产企业浙江恩派宠物用品有限公司，将四省边际直播产业创业街打造成为中国衢州四省边际"它经济"直播产业主题街区，引进宠物美容、医院、社交、内容生产、直播销售等多元化业态，探索出一条村播"它经济"产供销一体化发展路径。2022年上半年，带动宠物活体、宠物粮食、宠物零食、猫粮、猫抓板、宠物洗护用品等网络销售额超1亿元。其中，农人主播翠花半年内增收100余万元。

## 3. 主要成效

### 3.1 塑造新农人产业思维，带动当地农业及相关产业发展

村播基地深入推进村播计划，通过实施新时代农民素质提升工程、新时代农产品的数字营销品牌工程、现代农业产业的振兴工程，帮助引导当地农民摈弃原有产品化营销思维，重构农民知识结构，重塑农人新思维。依托产业集聚发展，村播基地周边以餐饮、住宿为主的现代服务业快速发展。民宿"住播"推动民宿产业成为"运动柯城"的"金字招牌"；聚焦田野的"农播"，把直播间搬进田间地头，打通农产品上行最后一公里；创新乡俗民情"村播"，推动"农文旅发展"IP吸引了广大网友注意力。

### 3.2 推动本地人才队伍不断发展壮大

自村播学院建立以来，培训新农人7245人次，孵化出1—3星级村播124人，12名村播年收入超百万元，先后涌现出了"面条掌柜""柚子姐姐""鱼子酱小哥"等20多名优秀农民村播人才，成为带动产业发展的优秀人才。70后农民村播"面条掌柜"陈家胜，开播一年时间就实现了年营业额700余万元，年收入过百万元。

村播学院培训出的优秀学员，可以直接到产业街区创业、就业。此外，通过招商引资，在当地落户工厂，当地的剩余劳动力可以在家门口实现就业。比如，猫抓板生产厂的工人能够拿到平均5000元的月薪。此外，通过产教融合等方式，帮助应届毕业生就业。截至目前，村播相关产业已带动应届毕业生、周边村民等5000多人实现就业，实现人均年增收5万元以上。

## 3.3　直播产业创收丰厚，带动周边产业促进乡村共富

柯城区"村播基地"中的四省边际直播产业创业街，2022年营收达13.1亿元，实现税收3602万元。2022年以来，直播带动网络销售额7.94亿元，缴纳税收2602万元。

村播学院与全国56个县域达成育人、产销合作，带动弈园村形成了以培训、快递、餐饮、住宿为主的现代服务业快速发展，帮助村集体增收40万元；每年帮助销售农产品1亿元以上，带动1000名以上新农人就业，助力60余家农场主（企业）触网上行。

围绕"它经济"，周边老百姓参与到萌宠养殖、生产加工、直播销售、仓配分拣、物流运输等环节，累计提供就业岗位1000多个，带动周边老百姓创业就业1000多人，人均年增收6万元以上。实施"萌宠养殖"致富计划，按照"公司＋农户"的经营模式，公司与农户签订委托养猫合同，年人均可增收7.5万元。依托产业集聚发展，村播基地周边以餐饮、住宿为主的现代服务业快速发展，帮助村民通过租房实现资产性增收189.94万元，村播餐谋长、春英早餐、杨家小厨等商户实现经营性增收260多万元，带动村集体增收482.3万元。

## 3.4　产业与人才服务能力外溢，东西协作助力四川省北川县致富

柯城区与四川省北川县形成结对帮扶，积极探索电商扶贫在东西部产业扶贫攻坚中的引领作用，探索了北川—柯城"共享＋"电商扶贫新路径，助力北川脱贫致富。柯城区依托"村播计划"全国示范县先行经验，在北

川县创建全国首个东西部扶贫"村播基地",助力北川优质农特产品上行、增值溢价。目前,共帮助北川县脱贫户销售农产品2690万元,带动脱贫户创业就业746人,年人均增收780元。

## 本文作者

张成刚　首都经济贸易大学劳动经济学院副教授,中国新就业形态研究中心主任
耿思琪　首都经济贸易大学劳动经济学院硕士研究生,中国新就业形态研究中心研究助理

## 案例点评

**张成刚**　首都经济贸易大学劳动经济学院副教授,中国新就业形态研究中心主任

优质的人才储备是数字经济新业态健康、持续发展的前提。柯城区走出了一条组织先行、多方助力、体系完善、理念先进、人才培育与产业发展相互支撑、相互促进的人才培育发展新路。柯城区村播人才及相关人才培育的经验告诉我们,人才培养需要多方助力,借助数字经济、平台经济有利条件,打通培训——孵化——创业就业的闭环,形成人才成长从理论到实践的自循环。柯城区已经成为全国数字乡村发展的"直播间""样板间",柯城区村播人才成长路径与村播产业发展路径值得继续深入探讨研究。

## 3.2　乡村振兴特派员

2017年，阿里巴巴启动"阿里巴巴脱贫基金"，2021年5月升级为"阿里巴巴乡村振兴基金"。从"脱贫基金"到"乡村振兴基金"，阿里巴巴积极投身于脱贫攻坚和乡村振兴伟大实践，为实现农业强、农村美、农民富的美好愿景贡献更多智慧和力量。

为了让更多的欠发达县域脱贫奔小康，2019年5月，阿里巴巴启动"脱贫特派员"项目，选派资深员工到原国家级贫困县，针对制约地方发展的"痛点"，实现当地需求与阿里巴巴资源的有效对接，提供"定制化"的增收致富方案，帮助县域实现科学发展。

2021年，随着脱贫攻坚的胜利，乡村振兴的全面开启，阿里巴巴"脱贫特派员"调整为阿里巴巴"乡村振兴特派员"，主要工作开展方向从五大脱贫升级为三大振兴。截至目前，阿里巴巴已派出27位"乡村振兴特派员"，驻扎到甘肃礼县、贵州普安等13个省的25个县域参与乡村振兴工作。这些被称为乡村特派员的阿里资深员工，结合当地特色和资源条件，充分发挥阿里的生态、技术力量，在产业、人才、科技等方面，探索出了互联网和乡村振兴结合的新模式，也为未来更多企业开展帮扶工作提供了路径参考。

# 刘云飞：从事公益事业是一种幸福

乡村特派员作为阿里助力数字化乡村建设的重点项目，自2019年6月至今，共有27人入选，其中22人目前仍扎根在乡村一线。刘云飞现任阿里巴巴驻河北省张北县乡村特派员，2007年到阿里参加工作，2020年4月14日作为阿里集团第二批乡村特派员被派往张北县。有着13年工龄的阿里人刘云飞在公司公益文化的熏陶下，得知集团招募乡村特派员时，第一时间报名参加了选拔。在张北县帮扶的近三年时间里，她体会到做公益事业收获最大的是自己，越做越觉得这是自己的一种幸福。

为深入了解乡村特派员这一群体的特征及其在数字化乡村振兴中发挥的作用价值，中国新就业形态研究中心主任张成刚对刘云飞进行了深度访谈，从报名初心、人员选拔、政企联动、县域发展四方面探讨如何在县域建设一套可持续、可参与、可借鉴的数字化发展模式。

## 1. 谈初心：乡村特派员做公益收获最大的是自己

刘云飞在阿里工作的13年里，有10年的年度绩效考核都是最高等级。这位优秀的阿里老员工身上，深深浸润着阿里企业公益文化的底色。她怀着一颗奉献自己、为社会多做一些贡献的心奔赴乡村振兴一线，立志做出一番成绩。

问：为什么阿里会产生乡村特派员这个项目？最开始是怎样发起的，目标是什么？

刘云飞：阿里一直有公益的基因，公司愿景就是成为一家活102年的好公司，而不单单是大公司、强公司。好公司是什么？是责任感、是先进性、是懂得感恩心存善良。在企业文化的影响下，每个阿里人都在奉献自己的一点点力量参与公益。

最开始第一批 4 位乡村特派员可以说是内定、直接出征。当时在脱贫攻坚的大背景下,阿里作为社会帮扶力量的一员,积极投身其中,把资源下沉到县里,后来地方反馈能不能别光给物资、项目等,能不能派个人过来,就有了初期的 4 位乡村特派员。乡村特派员在县域表现非常好,地方领导评价也很高,觉得给了当地很多帮助,于是开始口碑相传,其他县也开始有诉求,慢慢到今天前后已经有 27 个乡村特派员在 25 个欠发达县域先后开展帮扶工作。

问:您为什么选择报名这个项目?初心是什么?

刘云飞:我从 2007 年进入阿里,在阿里巴巴国际站做国际站点业务,工作长达 13 年,每个岗位都做了。所以我就想能不能奉献一下自己,为社会多做一些贡献,有没有这样的机会。第一批乡村特派员是直接出征的,自己没有机会参与,第二次再扩招的时候,我第一时间就报名了,特别幸运被选中了。作为阿里集团第一位女性乡村特派员,我认为必须要把标杆做好,把样板做好,不辜负公司对自己的信任。

最开始不知道公司会派我到哪儿,但无论到哪儿都是去做公益事业。在张北两年多下来,我越来越感受到,到乡村贡献自己的价值,会觉得特别享受,也愿意继续做下去,越做越觉得公益事业是一种幸福。

## 2. 谈选员:乡村特派员的选拔考核与职业发展

乡村特派员项目自 2019 年启动,有超过 1000 名阿里员工报名,经历四五轮面试后,最后筛选出 27 人派驻各欠发达县域,足以证明竞争之激烈。我们通过访谈了解到,选拔标准主要是工龄长、绩效好。与此同时,派驻期间会定期对乡村特派员进行考核,并对任期结束返岗人员给予意向岗位优先选择权。对于乡村特派员个人来说,会把这份经历当作人生中一次宝贵的回忆,并根据组织需要,哪里需要去哪里。

问:哪些人可以被选为乡村特派员?是否有共同的特征或特质?应该

具备哪些能力素质？

刘云飞：我们乡村特派员都有一个共性，工龄都比较长。一开始招聘乡村特派员都是10年以上，还要通过了解过往绩效及价值观考核、背调等多方面情况，了解你是否可以胜任，确保每个特派员能够摆正自己的位置，处理好各方面的关系，一心一意去做贡献。

要说具体的特征或能力素质，我个人觉得有三点。一是爱学习。因为做这份工作算是新领域，要了解国家的相关政策，学习各方面的业务知识。二是要吃苦耐劳。这份工作像"八爪鱼"一样是个链接，需要对接各方资源，还要了解县域痛点和诉求，有针对性地提供帮助。有些项目推进需要花费很长时间和心力，也会做无用功，所以要有吃苦耐劳的精神和毅力。三是要有爱心、利他的精神。因为这是公益工作的本质和初衷。

阿里的企业文化始终认为，公益不是一个人在做，是很多人做一点点，积少成多。我们要做到的是，通过自己的努力，发挥自己的影响力，去发起更多人的善心善念，一起去做更多有价值的事情。

问：集团是否会对乡村特派员进行考核？考核标准是什么呢？

刘云飞：会定期进行考核，一般是半年度考核。在业务考核上有体现帮扶成效的，比如，电商培训了多少场次、人次，成效如何，年度孵化了多少个百万单品，商品交易总额、同比增长等。在个人成长考核上，有与地方政府以及地方百姓的信任建立、团队的协同以及问题解决能力等，但主要还是考核给县域带来的长期价值。

问：派驻期结束后，乡村特派员回到阿里，工作岗位等对接上有没有一些特殊安排之类的？

刘云飞：乡村特派员岗位是两年期，在这个岗位上做满两年以后，一般情况下会转岗，要么换到别的县，要么换到集团内部，现在有转岗的同学主要是业务对口部门为主，如政府事务部。不过想回到原工作岗位或集团其他部门都是有优先选择权的，不过最终还是要通过面试及岗位匹配。

问：会有从职业生涯发展角度来考虑的想法吗？毕竟我们讨论的还是

职场，从您的角度看，您和其他乡村特派员有希望这段经历给自己职业生涯增添什么东西吗？

刘云飞：我们会把这当成自己一生中最宝贵的一笔财富，最珍贵的一段回忆，更是一次学习成长的机会。我想，如果组织需要，我愿意一直做一名乡村振兴特派员。

## 3. 谈联动：政企携手助力乡村公益

欠发达县域有一些普遍存在的困境，比如，就业机会少，年轻人流失严重；有农特产品，但没有品牌化、数字化。作为一名乡村特派员，到了县域，需要真正起到阿里和县域间的"桥梁"作用。摸索县域的诉求，联合阿里的资源，再加上自己的学习创新，有针对地提供帮扶措施。刘云飞表示，在项目实施过程中，大家越来越认可阿里乡村特派员这一公益事业的价值，也加深了欠发达县域对阿里巴巴集团的了解。

问：各个项目是如何提出的？您的各种想法从何而来？

刘云飞：首先是结合县里的诉求，我们摸索着去寻找答案，找资源支持。第二个是阿里有的资源，我们认为县里有需要的，就带着阿里的资源跟分管领导去汇报、沟通交流，判断是否能在当地落实。第三个是自己要不断地学习，不断开拓自己的眼界。像我前段时间也是去南方很多乡村振兴示范县学习，开阔眼界之后，会觉得有些示范项目具有借鉴价值，张北县也可以有，然后我们就研究如何去落地。

问：当地政府对乡村特派员这一项目的态度如何？政府都提供了哪些资源？

刘云飞：可以说，我们做的所有的事情，都是在县委县政府的正确领导和相关部门的大力支持和帮助下完成的。比如，客服产业项目，全部是直接拎包入住的，县里提供相关配套等。另外一些巩固脱贫类的项目，如未来高中生和小鹿灯儿童重疾项目等，县领导会开会逐级向下布置任务，等我们去乡镇巡讲时，乡镇及村干部都非常支持。所以，我觉得政府无论是从思想上、行动上及营商环境上，都是给予了我们全方位、立体式的大力支持，从而实现了多方共赢和项目的可持续。

问：阿里集团内部中台、后台对乡村特派员的工作提供了哪些支持？

刘云飞：阿里集团内部的中台可以说是特派员的"弹药库"，为乡村特派员在县域的帮扶和振兴工作开展提供了强有力的保障。比如，产业层面的支持，我们希望是"授人以渔"、可持续。在电商方面，一方面链接淘宝教育的老师做培训，线上每周、线下每个季度的电商培训，不断孵化县里的电商人才。另一方面链接主播团队为县里的商家直播带货，为店铺沉淀数据，帮助更多有品质的农货走出大山。在产品品质提升和产品包装上，通过输入高品质农特产品生产和加工标准，打造整个县域的公用品牌，提升当地农产品的品牌溢价力。比如原来卖10元钱的一箱苹果，经过品质提升、品牌打造后，可能会卖到15元左右，利润空间变大了，乡亲们就挣到钱了。在销售渠道上，不断拓宽销售渠道。不光是淘宝、天猫、聚划算、1688、淘特等线上渠道；还有淘菜菜、大润发等线下渠道，以及盒马新零售渠道，确保县里的商家销售渠道多元化。总的来说，我们希望"扶上马、送一程"，让商家学会直播、学会自己运营店铺，实现可持续的产业数字化、数字产业化。

在就业方面，中台也会帮忙去对接各业务部门人员到县域去调研，通过平台商家用人需求的对接，进而落地更多的就业项目。总之，我们不是一个人在战斗，我们的背后有强大的集团力量做支撑。

问：在项目实施中，政府和阿里之间的关系是否有改变？这一项目产生了哪些影响？

刘云飞：我感觉大家对阿里的认知维度更多了一些，会觉得阿里乡村特派员这个岗位很有价值。县领导每天想的都是怎样让张北越来越好，我们希望因为我们的加入可以给到县域发展一些助力、一点帮助。在项目落地过程中，我们也深刻感受到了当地领导干部为建设乡村认真负责的工作态度，让我们深感触动。

## 4.谈发展：数字化乡村建设应因地制宜

相较于其他特派员派驻县域，张北数字基础是处在前列的，因为张北得天独厚的气候条件，特别是当地领导的超前布局，让当地风、电、新能源、大数据等走在了全国的前列。通过访谈我们了解到，在实际的数字乡村建设中，乡村特派员会根据各县基础不同因地制宜地开展工作。就张北县而言，刘云飞希望通过数字技术助力乡村产业振兴，为当地教育、医疗条件改善提供力所能及的帮助，带动乡村经济社会发展，形成一套可持续、可参与、可借鉴的模式。

问：张北县的乡村数字化基础怎么样？

刘云飞：我认为我们这里的数字基础还是挺好的。首先，风电能源产业发展得非常好，阿里的数据港—数据中心也建在了这里。其次，数字客服产业发展也很迅猛，现在我们引进了淘宝客服、哈啰单车、中国移动等客服产业，目前吸引了3500多人就业，其中30%是返乡回流的年轻人，这也是对数字化人才的孵化。前段时间，我们荣获了河北省数字经济"十强县"的殊荣，我觉得，在这方面，全县人民在思维理念上还是很靠前的，对全面数字化理解也比较深。

问：如何看待你们发挥的价值？

刘云飞：在项目落地过程中，我们学到的比付出的更多。我觉得说我们发挥了多大价值，不如说我们学到了多少更贴切。所有的项目都是通过当地政府和相关部门高效地落实下去，形成一种可持续的模式，进而促进县域长期可持续发展。比如现在做的就业项目，无论我们在与不在，商家之间已经建立商业合作了，是可以持续进行下去的。

问：在您看来，在乡村数字化方面还有什么规划或者想法？

刘云飞：在接下来的工作中，希望能够发挥好阿里巴巴数字经济的优势，围绕县域主导产业，帮助完善增强产业链，建立农产品上行和物流共配中心，推进农文旅融合发展，吸引更多的游客来张北感受中都草原、天路的美，品尝我们高品质的藜麦、燕麦，助力张北乡村振兴绿色高质量发展。

## 本文作者

张成刚　首都经济贸易大学劳动经济学院副教授，中国新就业形态研究中心主任
王　瑞　首都经济贸易大学劳动经济学院硕士研究生，中国新就业形态研究中心研究助理
工　瀛　北京理工大学管理和经济学院助理教授，中国新就业形态研究中心研究员

## ➲ 案例点评

**张成刚**　首都经济贸易大学劳动经济学院副教授，中国新就业形态研究中心主任

　　阿里巴巴乡村特派员下沉基层，服务乡村，为社会创造价值，展现了当代中国互联网企业的社会责任感。他们抱着公益的心态，运用商业的手法，将积累的互联网经验与资源饱满但缺乏机会的乡村有机结合，助推乡村振兴高质量发展。相较于以往对乡村的资金支持，这种提供人才的公益更会"授之以渔"，给乡村振兴事业提供源源不断的动力。未来，如何吸引更多的企业把优秀的人才派往基层，怎样制定相关的配套政策保障乡村特派员后续的职业发展，如何保障政府和企业在此过程中实现双赢，需要更多的企业投入其中，共同探索出一条人才助力数字化乡村振兴的新时代方法。

# 莫当科：人人参与才是大公益

2021年5月17日，阿里巴巴在"2021乡村振兴大会"上推出助力乡村振兴的"热土计划"，将青海省海东市平安区确定为阿里公益重点帮扶县区。阿里巴巴派出乡村特派员莫当科驻扎平安区，把阿里的数字技术和资源带到当地，助力青海平安区走出一条特色的乡村振兴之路。

乡村特派员莫当科从产业、文化、旅游、就业、人才等方面全方位带动平安区乡村振兴，并辐射全省升级发展。他先后引入数字就业、手工就业、电商培训等项目，并为平安区开展了区域公用品牌设计，涵盖公用品牌形象、县域吉祥物、县域旅游推广及文创、县域核心商品系列化设计、柴火鸡餐饮品牌和中国税务文创产品等六个方面内容。

为进一步了解阿里乡村特派员项目如何推动数字乡村建设，中国新就业形态研究中心主任张成刚访谈莫当科，围绕阿里集团、地方政府、乡村数字化以及个人职业生涯等角度，还原了乡村特派员项目的真实样貌。

## 1. 乡村特派员与阿里

问：乡村特派员这个项目不论在国内外都是一个十分特别的项目。作为阿里的首创项目，我们想了解这样的一个项目是如何产生的？它的目标是什么？

莫当科：乡村特派员源自一次尝试。为响应国家的号召，阿里在2017年的时候就成立了脱贫基金，参与国家脱贫攻坚事业。第一批乡村特派员是2019年6月，阿里选派了4位10年工龄以上的资深阿里人。

经过第一批4位同学摸着石头过河，为后边的乡村特派员做出了样板和有价值的输出，我们发现这个事是可行的。首先当地政府认可，其次为当地带来了一些帮助。后来就有了第二批，2020年新增了7位，再到2021年第三批。这就是乡村特派员的发展过程。目前已经累计派出了27位乡村特派员，帮扶了13个省25个县，我是第三批。

问：相信阿里设置这个项目的初心和公益有密不可分的联系，怎么理解阿里的公益文化？

莫当科：首先，阿里认为公益不同于慈善。公益需要影响和带动，而不是简单的财物捐赠。阿里经常讲的公益文化是：公益不是一个人做很多，而是要带动更多人参与进来，每个人做一点点，人人参与才是大公益。

阿里乡村特派员经常被称作侦察兵、宣传员、千斤顶，这是组织对我们的期望，也是要求。我们要影响和带动身边更多人，比如，年轻人、企业家、老师，同时也把互联网的思维带给当地干部。到县里的时候，我们通过新农人的培训，包括日常的一些对学生群体、对电商的培训，教会他们新的能力，让他们基于互联网，基于数字经济平台，做更多的创业、就业。同时，把更多公益理念带给他们。伴随当地电商企业发展，他们也跟我们一起参与公益。今年我们在"95公益周"的时候发起安全校服捐赠活动，企业家就很乐意参与进来。他们表示："政府和阿里帮助了我，现在我有能力了，我也愿意付出一份力去帮助家乡的人"。我认为这就是阿里坚持的公益理念，人人参与才是大公益。

其次，阿里对于公益项目的制定和具体指向非常慎重。乡村特派员项目成立之初，要考虑我们作为企业人本身不在体制内，派人驻扎当地，协助当地政府工作是否可行。这是不是当地政府所需的，我们能不能做好？这两个问题的答案我们当时是不确定的。慎重起见第一批阿里派出了四人。多亏了他们摸着石头过河，做出了样板，才让我们发现这个事是可行的。

最后，我觉得公益是一种更高价值的回报。作为乡村特派员，我想收获的是，能让像我的老家卢氏县那样的山区，通过我的努力变得更好。于我而言，公益带来的更多是精神层面的满足。我从山区走出来，在阿里能力、眼界等多方面有所提升，希望能有一个机会去反哺乡村，把自己这些年所学回报乡亲父老，让平安区变得更美好。在公益项目中能帮助县里更多人，让我觉得远比完成KPI或获得奖金要来得有价值、有意义。

## 2. 乡村特派员与个人

问：请介绍一下你自己，以及谈一谈为什么选择成为一名乡村特派员？

莫当科：我今年37岁，是从山区出来的，老家是一个原国家级贫困县。上初中要走15公里路，基本上住校一周回一次家。上高中后要去离家70公里的县高级中学，基本上两周甚至一个月回一次家。本科读的是黄河科技学院。来阿里是大学实习期间机缘巧合碰到阿里招人，后来在西安落户。

从本科毕业加入阿里，已经是第十五个年头了。阿里内部鼓励转岗。我在阿里第一份工作是中供铁军（全称为中国供应商团队），见证了当时阿里的第一块业务——中供铁军的执行力、业务流程、销售之道。后来还到过口碑、钉钉等多个业务板块历练。我认为在每个新业务领域，通过两三年的工作，可以熟悉该领域。既然熟悉了，可能就想换一个新领域，去学新东西。我自己的性格是爱折腾，喜欢富有挑战的工作，用一句话说就是崇尚激情，喜欢挑战。爱好方面我平时也特别喜欢爬山、跑马拉松，极限运动这方面的。

为什么要加入阿里公益？2019年第一期四位乡村特派员都是中供铁军的老同事。我本人跟他们都非常熟，知道他们去了公益团队。当时仅仅通过朋友圈，就觉得他们做的事特别有价值、有意义。但是知道有这件事和实地走进县域去深入了解是完全不一样的。

2020年集团派出了第二批乡村特派员，时任陕西铜川宜君县的乡村特派员刘亚辉深深触动影响了我。结识刘亚辉的时候我在钉钉团队任西北大区总经理。2020年10月，刘亚辉找到我，说需要钉钉支持宜君县的数字乡村业务，邀请我去一趟，让我看到了乡村特派员原来是这样子的。跟他去见了县领导、新农人，发现亚辉在当地很受尊敬，那种感觉和在阿里完成KPI的满足和成就感不同。我当时就和亚辉说了自己的感受，他感觉我适合做乡村特派员，问我要不要考虑。我本来就是从小山村走到了大城市，现在有这样一个机会回报山区的百姓，尽自己所能为老乡做一些事情，感觉这就是我想要去做的。后来我就义无反顾来报名，经过层层选拔进入了乡村特派员团队。

问：在乡村特派员项目中，有哪些收获，是否符合您的预期？

莫当科：在我看来，收获远远大于我的付出。一方面是能力和眼界上的提升，比如，我之前对政府体系的了解，包括对县域工作的经验是欠缺的。虽然之前在钉钉有下沉到县域工作，但远没有乡村特派员这么深入。今天我熟悉了政府体系的运作方式，相关工作也更加熟悉，这是到县域之前从来没有想过的。

另一方面就是个人价值的实现。作为山区出来的孩子，我想回馈大山，为下一代做出贡献。成为乡村特派员后，我将平安区作为我的第二故乡，尽自己所学回报平安的乡亲们，努力让平安因为我的努力而变得更美好。每次看到一些需要帮助的学生、乡村致富带头人以及家庭困难人员，通过我们的努力让他们生活得更好，会觉得特别充实，觉得做这件事是有意义的，可以说是一种幸福。包括我们还给学生们提供一些"长线"教育类的帮扶，让他们不受眼界所限，上更大、更好的大学。通过我们的努力，让原本可能会辍学的孩子，能重拾梦想，未来能够有新的人生轨迹。就像是今天我们种下了种子，生根发芽，未来可以有更大的价值。诸如此类的事情，让我认为所有工作和努力都是值得的。

## 3. 乡村特派员与政府

问：初到平安，在开展工作中是否遇到困难，又是如何"破局"的？

莫当科：刚开始第一年很难打开局面，原因有两个方面。首先是人的方面。县里每个人对阿里的理解是不一样的。刚到县里的时候，很多人只知道阿里是用来买东西的电商平台，不知道阿里有这么多公益业务板块。

领导们也在观察我们来这里是为了赚口碑，还是踏踏实实做实事。我当时想，做事先做人，让县里的同志认可我，看到阿里特派员的价值，看到我想为当地做事的决心。人心的拉近靠的是时间，慢慢的大家信任我了，工作也就渐渐好开展了。

另一方面，平安区的产业基础相对薄弱。平安区人口少，面积小，只有769平方公里，其中70%是山区。唯一的全国地理标志农产品是平安马铃薯。但马铃薯只是初级农产品，且面积和产量都较少，我刚去的时候很难破局。和同期的伙伴相比，刚开始我感觉所做的工作就像拳头打在棉花上一样始终用不上劲。阿里的特长在电商，但这里没东西可卖，我甚至一度怀疑自己是否适合做乡村特派员。

第二年慢慢就破局了，平安没有东西可以卖，但整个青海有。我逐渐认识到了"平台+品牌"的优势。事实证明，绿色有机农畜产品很受消费者认可。我们要把农产品供应链对接好，让产品从之前的初级农产品，升级为农商品；再通过品牌加持，提升它的溢价能力，最终变成一个爆款的农商品，这就是我们的路径。通过这些努力，让当地政府和老乡们看到了我们是真心真意地帮助当地。

问：在乡村特派员项目中，当地政府对阿里公益的认识是否有改变？这些改变是如何产生的？

莫当科：我认为做事先做人，首先要让地方政府先认可乡村特派员，认可个人，从而慢慢去认可整个阿里公益的价值。到当地后，我通过扎实的调研，在深度调研中对当地增加了解，给出了一些实实在在帮助当地的建议。通过言行举止，让政府看到乡村特派员的品质与能力，让领导们清楚我是实实在在想对当地好的，他们认可了我这个人之后，慢慢局面就打开了。其次就是邀请相关领导到阿里帮扶的项目点上调研指导工作，让当地政府和百姓相信我们的帮扶是有方法有成效的，让百姓有盼头愿意干就是改变的起因。

## 4.乡村特派员与乡村数字化

问：请谈一谈你对数字乡村的理解。

莫当科：数字乡村，我认为分为外在和内在两个方面。从外在的表现形式来看，使用数字化的方式高效处理乡村中办事、办文、办会，包括一些工作流、业务流，以及推进产业的数字化等。从内在形式看，我个人粗浅的理解，主要还是干部群众的数字素养培养。只有领导干部自身对数字经济、平台经济有了解，将参与数字经济理论知识学习变成工作常态，才能带领更多群众提升数字化素养。

问：介绍一下平安区数字化的基础情况是怎么样的？

莫当科：我认为数字化水平跟电商的发展趋势有点相同，都是由东到西，由南到北逐渐变弱的。受地理条件等限制，西北地区的电商发展跟东南地区还有较大的差距，青海省数字化发展潜力很大。在青海省，平安的基础相对较好，相较于偏远的牧民区，这里的资源非常好。近几年平安区在具备新思想的领导班子带领下，积极推动数字化项目，发展很快。疫情刚开始的时候，推动了钉钉的政府办事、办文、办会等部分应用，还积极推动建设智慧城市。结合阿里提供的数字化、智能化帮扶，通过逐步推动和建设，目前平安区的数字化基础已经有了较大提升。

通过一段时间的发展，平安区已经成立了12人专班专门支持数字乡村建设，下一步还会着力在青海省数字乡村样板的打造上下功夫。我们将在区委、区政府的领导下，在平安区智慧城市1.0版本基础上，推进数字乡村建设，努力把平安区打造成数字治理、数字乡村的标杆县域。

**本文作者**

张成刚　首都经济贸易大学劳动经济学院副教授，中国新就业形态研究中心主任

马雯倩　首都经济贸易大学劳动经济学院硕士研究生，中国新就业形态研究中心研究助理

王　瀛　北京理工大学管理和经济学院助理教授，中国新就业形态研究中心研究员

### 📲 案例点评

**张成刚**　首都经济贸易大学劳动经济学院副教授，中国新就业形态研究中心主任

作为一名从山村走出来的大学生，在经过了科技企业的洗礼和磨炼后，通过企业公益的方式又回馈山村，将资源、能力、眼界、格局重新带回乡村，这不仅是莫当科这位乡村特派员个人秉持初心、不忘山林的善举，也是我们整个社会在物质层面达到一定的积累后，企业与公民社会责任感大幅度提升的体现，还体现了我们的社会体制和民族的精神文化对更广大范围内平等、普惠的不懈追求。公益对企业和个人的要求更高，要求人们用实际落地的解决方案去执行实务，需要更加长期化、日常化的经营与操作，需要发挥影响力在更大范围内带动更多的人加入。市场经济的发展需要有为政府和有效市场的相互配合，才能最大限度地发挥市场经济的力量。政府与企业相互配合，也能够推动公益事业向更深层次、更高效率的方向发展。

# 科技振兴类

### 乡村数字治理

浙江德清/临安

河北巨鹿

浙江建德

江苏东海

江苏张家港永联村

### 集体资产数字化配置

安徽歙县万二村

## |浙江德清/临安|

# 省地协同共建乡村数字治理平台

## 1. 基本情况

浙江省在数字乡村建设方面一直走在全国前列。北京大学新农村发展研究院、阿里研究院联合发布的《县域数字乡村指数2020》显示，数字乡村发展全国百强县中，浙江省就占据了32个席位，位列全国各省（自治区、直辖市）第一名。从政府角度而言，浙江省乡村数字治理平台建设形成的一些经验值得其他地区借鉴和推广。2022年，浙江省迭代升级数字化改革体系架构，形成了"1612"数字化体系架构，其中：第一个"1"是指一体化智能化公共数据平台；"6"是指党建统领整体智治、数字政府、数字经济、数字社会、数字文化、数字法治六大系统；第二个"1"是指基层治理系统，它是数字化改革重大应用在基层集成落地，推动改革成果转化为治理效能的重要载体；"2"是指理论体系和制度规范体系。并且，浙江省将所有应用都整合到"浙政钉"和"浙里办"两个App中，方便使用者操作。

在省级数字化体系架构的指导下，浙江省湖州市的德清县以及杭州市的临安区，在数字化治理中构建了系统科学的可操作的顶层设计，破解了政府内部纵横协同不足、乡村治理数字化应用供需脱节、数据孤岛等问题，形成了对未来乡村治理数字化建设的有参考价值的样本。

德清县隶属于浙江省湖州市，位于长三角腹地、浙江省北部，东望上海、南接杭州，多年来位列全国百强县。全县面积936平方公里，呈现"五山一水四分田"地貌，户籍人口44万人，常住人口65万人，辖5

## 总体架构："四横四纵"

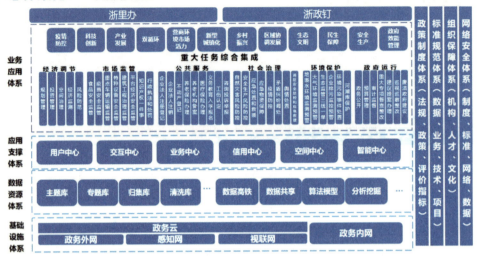

浙江省数字政府综合应用架构

个街道8个镇。2021年，德清地区生产总值615.5亿元，三次产业占比分别为4.3%、57.8%和37.9%。城镇和农村常住居民人均可支配收入分别为68619元和42548元。德清聚力打造"改革创新高地 品质生活新城"，走开放路，打创新牌，成功举办了首届联合国世界地理信息大会，是全国数字农业试点县、国家数字乡村试点县，并连续三年荣获"全国县域农业农村信息化发展先进县"。德清创新推出"数字乡村一张图"基层治理新模式，目前正以推进全域数字治理试验区建设加快县域治理现代化步伐。

临安区位于浙江省杭州市西部，总面积3126平方公里。下辖5个街道13个乡镇，全区户籍人口54万。临安森林资源丰富，森林覆盖率82.7%，拥有天目山、清凉峰两个国家级自然保护区和青山湖国家森林公园。近年来，临安深入实施城市国际化、产业现代化、全域景区化"三化"战略，全力推进乡村振兴战略，经济社会持续健康发展。2021年，临安地区生产总值658.3亿元，三次产业占比分别为6.9%、50.4%和42.7%。城镇和农村居民人均可支配收入分别为65377元和39506元。临安区聚焦数字化改革，是国家数字乡村试点县和全国县域数字农业农村发展先进县。2022年，临安区全力推进"天目云农"数字乡村建设，依托山核桃和天目雷笋两大产业大脑，不断夯实乡村产业数字基础；在治理端，创新应用"公共驾驶舱＋特色舱"模式，统一建设村级标准数字驾驶舱，推进乡村高效治理。

## 2. 样本县域乡村治理数字化建设的具体做法

### 2.1  基于"1612+N"模式开发县域数字治理平台，高效满足县域个性化需求

地方政府参照省政府"1612"数字化改革指导框架设计标准化平台框架，确保治理数字化平台建设满足政府核心治理职能需求且上下贯通。德清县和临安区分别建设了"浙里未来乡村在线"系统和"天目云农"系统。两套智能化公共数据平台系统都针对6大系统开发了适合本地情况的具体板块："浙里未来乡村在线"系统包含了乡村概览、党建统领、生产经营、生态环境、居民服务和疫情防控6大板块。而"天目云农"系统则是将6大系统进一步集成为3大业务平台：数字产业平台、数字治理平台、数字服务平台。其中数字产业平台包含了天目雷笋产业大脑和山核桃产业大脑等产业云平台，数字治理平台包含了线上村务、垃圾治理、微法庭等社会治理业务，数字服务平台囊括了农房一件事、远程慢性病管理、气象灾害防控等社会服务业务。此外，两个系统都在集成应用的"浙里办"中开发了面向村民的数字乡村小程序，临安区的小程序为"乡村e治理"，德清县的小程序为"我德清"。村民可以使用此类小程序进行民情反馈，同时也可以在线实现各类公共服务的操作。

同时，德清县和临安区在搭建数字乡村平台时都遵循着"1612+N"的模式，即参照省政府提供的标准化平台框架，针对各地区自己的特殊需求开发个性化模块。例如，随着产业发展，外来流动人口管理压力增大，因此临安区在建设数字治理平台时重点开发了"社区e治理"模块，并添加

了针对外来流动人口的管理系统——"新临居"。通过提供更加畅通的沟通渠道，显著地降低了信访压力。另外，临安区还针对本地特色产业山核桃以及雷笋，分别开发了"天目雷笋产业大脑"和"山核桃产业大脑"，助力产业发展。德清县的五四村和仙潭村都使用了"浙里未来乡村在线"系统。其中，仙潭村考虑到自身的民宿特色产业优势，在数字乡村平台中集成了本村特色的民宿数据管理系统，收集并统计民宿所在位置、名称、入住量等相关数据。同时，也对来访的游客进行数据收集和管理。收集的数据会被系统用于识别游客来源等信息，为未来民宿宣传提供方向性的数据支持。

## 2.2 共享平台内公共组件，避免重复开发和投入

浙江省数字化改革奉行"统分结合"的基本原则，坚持"整体智治、高效协同"，在"1612"总体架构下，坚持以一体化智能化公共数据平台为支撑，避免各自为政、另起炉灶、重复建设。例如，临安区区政府在开发"天目云农"系统时，搭建了"组件服务超市系统"，将以公共资金资助开发的标准化的公共组件免费向其他应用开放申请使用。这类标准化的公共组件提供最基础的功能，申请者可以直接在标准化组件上根据自己的需要添加个性化功能。"组件服务超市系统"不仅减少了重复投入，节约了成本，也能提高整个临安各类应用的互联互通水平。目前，临安区提供的公共组件包括临安区浙农码、人工智能农业应用分析服务组件、社区e治理、物联网管理组件、天空地一体化农业感知能力组件以及乡村e治理组件等。

## 2.3 综合集成各类应用功能，减轻了使用者的"App负担"

浙江省一体化智能化公共数据平台建设方案的建设原则之一是"集约建设，共享共治"。依托一体化智能化公共数据平台，集约建设数字化基础设施、数据资源、应用支撑体系，以"浙里办"和"浙政钉"为前端，实现各类数字化应用共同开发、协同治理。浙江省的数字政府综合应用模块复杂，业务体系包含了经济调节、市场监管、公共服务、社会治理、环境保护以及政府运行这6大板块。每个板块下含具体的业务种类。相比于

为这数十种数字业务分别建设一个应用端口，浙江省选择将所有应用都整合到"浙政钉"和"浙里办"两个App中。"浙里办"是数字化改革面向社会机构和公众办事的总入口，包含浙江政务服务网、移动应用端（App）、行政服务中心窗口、自助服务一体机四个子入口，综合集成全省政务服务与便民惠企服务事项，联通全国一体化在线政务服务平台。"浙政钉"是各级党政机关、人民团体、企事业单位、基层组织及其相关工作人员进行在线沟通和业务协同的移动互联网应用程序，是移动办公的总入口。终端的整合极大地减少了公众使用数字化服务的成本，避免了安装数十个手机应用的麻烦，降低了App负担。而政府工作人员也只需要在一个App中就可以远程完成各项行政事务，提高了办事效率。

## 2.4　跨部门业务协同，提升治理效能

临安区的数字乡村治理建设流程中强调"理念转变、需求侧切入以及工具方法创新"。一个典型的案例是"山核桃产业大脑"建设。山核桃是杭州市临安区的特色产业，农业农村部门等职能部门首先牵头围绕"哪里适合种""如何种得好""如何加工好"以及"如何卖得好"收集信息，确定需求；然后基于这些信息和需求，大数据局提供技术支持，与职能部门对接一起寻找适宜的数字化解决方案；最后，职能部门通过实践应用再对数字化解决方案进行反馈和改进。"山核桃产业大脑"通过收集生态适宜性因子数据，对地块进行适应性评价，在生态脆弱区执行退果还林。此外，产业大脑对病虫害和天气灾害建立了监控预警系统和防治系统。临安区还首先将溯源系统集中到全生产链条中，并提供全流程的社会化服务，依据本地的山核桃产量核定"临安山核桃"地理标志标签，规范管理品牌使用。为了让山核桃企业和农户及时了解市场行情和消费者口味偏好，区政府统一获得每个月的山核桃销售数据，并在"大脑"系统中免费向企业和农户开放，服务企业和农户生产销售决策。临安区"山核桃产业大脑"协同多个参与方，共同提升整个山核桃产业链数字化水平，促进数字技术与产业

的深度融合。

多部门协同推进的另一个代表性案例是临安区的"农房一件事"业务模块。"农房一件事"主要联合了政府三个部门的职能进行协同开发：农村农业局、自然资源局、住房和城乡建设局。通过"农房一件事"，农民足不出户就能在应用上查询自己是否有建房资格，可以在线选样，完成建房审批，远程监督农房建造等，方便了农户建房。"农房一件事"全程使用数字化平台记录各个部门的工作流程和汇总数据，提高了整体办事效率、流程透明度，避免了互相扯皮。"农房一件事"通过在线提供房屋选样，提升了农民建房的样式设计水平，改善了农村村容村貌。

## 2.5  贯通部门间数据资源，为政府决策提供有力支撑

浙江省在数字化改革中将"数据共享模型"贯穿各领域、全过程。数据共享模型以"形成数据共享清单—完成数据服务对接—实现业务指标协同—完成业务事项集成—完成业务单元集成—完成业务模块集成—形成业务系统"为路径，按照数据需求清单，逐项明确数据所在系统与所属部门，明确数据共享方式与对接接口，加快业务单元、业务模块的数据定义和系统开发，开发支撑部门职责体系的业务系统。同时，各层级的大数据局或大数据中心作为数据共享过程的牵头单位，保证数据的安全性。

以德清县为例，聚焦数据共享是德清县大数据中心的主要工作之一。大数据中心全力推动"最多跑一次"改革，整合权力运行系统、浙江政务服务网德清平台以及"浙政钉"，推进政务服务一体机镇（街道）全覆盖。加快推进"互联网+监管"工作，全面完成国家事项目录匹配对应，在本地落实国家目录的对应与补充入库，实现政务服务事项"四级四同"。而且，大数据中心大力推进业务协同联动，聚焦基层治理、应急联动、社会救助等领域，搭建统一的跨部门、跨层级、跨领域业务协同共享平台，积极探索大数据辅助决策，搭建数据中枢平台，初步形成涵盖经济社会各领域数据汇聚、联动分析、预判预警和直观呈现的平台架构，为政府决策提

供有力支撑。此外，大数据中心也在加快推行政务移动办公。

目前，德清县80％的数据已经经由德清大数据中心管理上传至德清县政府的云平台。所有数据都使用全生命周期安全防护体系的管理方法，依靠大数据中心，向各部门收集汇总并整理。同时，大数据中心的数据汇总好之后也按需向各政府治理机构回流，例如，居民身份信息、村内地图遥感数据等加工数据库就完全整合进"浙里未来乡村在线"系统。整套系统已经从德清县58个部门汇总了282类数据信息。业务部门可以根据工作的实际需求，通过大数据局申请使用其他部门提供的数据。

## 3. 经验启示

德清和临安的乡村数字治理平台建设案例是浙江省乡村治理数字化的典型代表。浙江省乡村治理数字化建设水平全国领先，不仅仅在于它起步早，步伐快，更重要的原因在于各级政府高度重视顶层设计并不断迭代完善，强调一体化协同推进，充分发挥和利用数字技术的优势推动资源共享，节本增效。概括而言，浙江省样本县域的实践经验和做法可以概括为五个方面：一是基于顶层设计定框架，为满足县域个性化需求进行数字平台开发；二是推动公共资金资助的模块组件资源共享，节本增效；三是简化集成基层应用，为使用者减负；四是以"三农"发展需求为导向设计数字应用，夯实数字技术与实体产业的深度融合；五是大数据局发力，牵头促进数据共享，保障数据安全。

各地在推进数字乡村改革过程中加强顶层设计和资源共享。首先，在上级政府层面制定具体的数字化改革框架，引导下级政府有序开发数字乡村治理模块。其次，树立"以人民为中心"的数字服务理念，部门间协同合作，以群众需求为导向落实数字化建设任务清单。再次，做好顶层设计，不仅要保障财政投入作为建设的主要资金来源，也要形成部门间资源共享机制，避免重复开发，节省财政资金。最后，各地应以大数据中心为牵头单位，统筹数据共享机制，在保障数据安全的前提下，实现数据的最大化利用。

**本文作者**

易红梅　北京大学新农村发展研究院副院长
何　煦　北京大学新农村发展研究院博士后

## ➡ 案例点评

**易红梅**　北京大学新农村发展研究院副院长

　　浙江省德清县、临安区案例表明省地共建数字治理平台的重要性与必要性。数字乡村治理本质上是省内数字化建设的一部分，而省内数字化建设重点之一也是打通各类资源为乡村振兴服务。从效率上讲，需要坚持省内大平台、大系统、大数据的建设思路，将数字乡村治理"嫁接"进来，实现网络、算力、算法、数据、共性应用、微服务等资源共建共享，支撑普通农民、县域政府、省级政府等各部门快速灵活地调用资源，降低县域构建数字平台门槛和成本，也可有效避免省内多头重复建设；从体制上讲，应牢牢抓住数据共享开放的"牛鼻子"，以数据中心作为统筹单位，统筹跨部门、跨单位的数据资源，安全有效地推动数据利用、共享和流通，挖掘数据价值，快速释放数据生产能力，提升数据服务能力，从而为各级政府数字政务建设提供数据动能。

# 打造"巨好办"服务平台 构建乡村治理新格局

## 1. 基本情况

数字技术深刻改变了人类社会的组织架构和治理逻辑。如何以数字化提升基层治理效能助力乡村振兴，成为一项重大课题。当前，基层治理在诸多方面面临挑战。一是基层组织作用发挥不充分，服务、监管存在盲区。基层治理实践中碰到的各类问题解决不主动、不及时，基础治理数据底数很难及时、全面收集。二是群众诉求渠道不畅，办事"跑断腿、找错门"，群众诉求长时间解决不到位，矛盾隐患居高不下。三是工作落实链条不精准，工作任务传达交办不精准、效率低，过程监管、跟踪督办不经常、不到位，任务落实的激励机制缺失。四是对于产业生态发展缺乏有效的治理机制。群众生产观念和方式落后，产品品质保障不足，品牌影响力不够，销售渠道不畅，而基层治理无从发力、借力，阻碍了产业发展。

河北省巨鹿县通过认真调研、深入分析，把党建引领基层治理数字化转型作为切入点和突破口，创建"巨好办"数字综合管理平台，实行全域覆盖网格化管理，建立全流程、闭环式、智能化问题处置机制，通过数字治理水平提升带动数字赋能产业链发展，探索形成了"三体系、五办理、四精准、四畅通"的基层数字治理新模式，在共建共治共享中推动基层治理提标、诉求渠道提质、工作落实提效、产业发展提速，打造出基层数字治理的"巨鹿模式"。巨鹿围绕"巨好办"形成的实践经验已入选全国农村改革试验区典型案例、全省践行网上群众路线典型案例，人民日报、新华网、中国新闻网、河北新闻联播、河北日报等相继报道。巨鹿县已获评"中国数字治理百佳县"。

巨鹿县大数据发展中心

## 2. 特色做法

### 2.1 建立"三个体系"，夯实全域数字治理的组织基础

抓好数字化建设，重在顶层设计。巨鹿县将数字化建设纳入全县总体规划，搭建统一平台、网格架构，规范运行机制。

一是建立一体化管理体系。依托县大数据发展中心创建了"巨好办"综合管理平台。在县级层面设立了集网格管理、督导调度、协调联动于一体的县级调度指挥中心，在县直部门、乡镇设立二级管理平台，在村级推行网格化管理，实现了全地域、全领域的数据共享、传输、反馈一站式服务。

二是建立网格化组织体系。构建"党委＋党总支＋社区工作者＋小区支部（居委会）＋业委会＋网格员"的"六位一体"和"县—乡—村—网格—户"五级全覆盖数字化组织架构，将全县城区、农村划分为2800个基础网格，2800余名党员、积极分子为先锋的综合网格员一线常态化排查，有效延伸乡村工作"触角"。

三是建立规范化运行体系。建立县乡"属地管理"事项主体责任清单和配合责任清单，划清县乡权责边界，明权定责；群众或网格员一上报问题，就会按照事件上报、分类受理、响应指定、部门处置、结果反馈"五步作业"流程，根据紧急程度限时办结。

## 2.2　开启"五个模式"，实现群众诉求回应多元化

巨鹿县把为民解难作为基层治理的突破口，构建"自上而下、主动解难"的服务体系。

一是基层组织"主动办"。"巨好办"App上设置"帮我办"应用模块，特殊群体和在外群众可以将需要办理的事项，通过平台推送至所在村（社区）组织，村（社区）干部根据群众授权委托进行代填、代报、代办，积极协调解决问题。

二是网格员"日常办"。网格员发挥"前沿哨"作用，在街头巷尾、田间地头了解群众诉求，主动发现问题隐患，提出意见建议，并通过"立即办"应用模块一键上报、闭环处置。

三是群众诉求"直接办"。群众通过"立即办"应用模块反映的问题，不需要乡村两级分类筛选，直接上传县调度指挥中心，平台24小时不间断接诉处置，真正开通为民解难"直通车"。

四是便民事项"集中办"。"巨好办"设置"居民服务请点我"应用模块，推出家居维修、送餐代购、约车出行等便民服务，还将公积金、医保、社区居民登记等部门公共服务和水电、热力、物业及手机充值等居民缴费事项集中上线，方便群众办理业务。对于未纳入的便民事项，全部线上转至村（社区），由村干

巨好办App

部、社区工作者提供全方位兜底服务。

五是全民共治"监督办"。"巨好办"设置"码上监督""我要建议""我要投诉"应用模块，鼓励群众发表意见建议、行使监督权利，听民声、汇民智，打造多主体参与乡村治理新格局。

## 2.3 实施"四个精准"，打造高效落实新常态

巨鹿县坚持以安全高效为标准开展数字化赋能政务服务，提升政府效能，让各项决策部署快速、精准落地落实。

一是精准派发推送。"巨好办"设置"我要办""要我办"应用模块，县乡村三级政务协同联动、高效办公，实现集指定派发、自动接收、进度跟踪、智能统计于一体的网上数字化办公。

二是精准调度督导。"巨好办"设置"重点工作督办"应用模块，对中心工作、民生实事等上线督办，实时掌控办理进度。

三是精准晾晒评比。建立"红黑榜"应用模块，各部门自行线上申报，由县委组织部审定列为"红榜""黑榜"事项，县级将"三榜两台"（高效工作榜、亮点工作榜、创新工作榜，低标准工作曝光台、低效工作曝光台）等表彰通报结果公开晾晒，作为年终实绩考核的重要依据，督促基层人员认真办事、积极治理。

四是精准无缝对接。将各部门独立的数字应用平台无缝对接到"巨好办"，延伸智慧政务、数字政府及智慧城管、交通、安防、社区、医疗、教育等应用，推进政务服务数字化、公共服务资源集成化以及基层治理高效化。

## 2.4 畅通"四个渠道"，激发乡村产业发展新活力

巨鹿县借助数字化基层治理手段打通产业发展堵点，以提升产品品质为切入点，以满足多元化消费需求为突破口，打通产品的溯源、消费、物流、推广通道，努力打造强产业、促振兴的示范样板。

一是畅通产品溯源渠道。巨鹿县是中国特色农产品优势区、中国金银花

之乡、全国最大的金银花集散中心，特别是"巨鹿金银花"获评地理标志证明商标、中国百强农产品区域公用品牌、"十大冀药"，巨鹿县荣获"十大冀药产业大县"称号。目前巨鹿县已经和河北省科学院、以岭药业签署了战略合作协议，推进合作。此外，结合金银花、葡萄等特色农产品，打造"智慧农业"应用模块，建立农产品质量溯源体系。巨鹿县依托智慧大数据中心，进行农业智慧化发展，从土壤改良、苗木栽培、标准化种植、产品深加工、分级分类标准、模式化管理到可追溯系统建立等各个方面统筹谋划推进，形成了监管、监测、追溯质量安全保障体系。由此，以标准化、程序化、基地化模式保障产品质量和安全，打造"一村一品"特色产业"新高地"。

二是畅通县内消费渠道。围绕解决本地群众"想买买不到、想卖卖不出"的难题，建立全民创业交易平台，以村集体公司和本地龙头企业为"单元"，建设本地农特产品直采基地，上架至"巨好办"平台上进行售卖。同时与阿里巴巴合作，引入专业营销团队，实现宣传精准推送、广告定向投放，畅通本地产品县内销售渠道。

三是畅通物流配送渠道。打造集快递收发、团购服务、便民服务为一体的电商综合服务站，在村便民服务站设立"巨好办"应用模块，为群众免费提供快递代收业务，打通农村产品物流配送的"最后一公里"。

四是畅通产品推介渠道。选品质优、销量好的产品进行达标认证，赋予地标产品，推荐上架到天猫平台"巨鹿原产地商品官方旗舰店"，销往各地。

## 3. 主要成效

"巨好办"平台上线以来，累计解决群众诉求47万余件，平均办结时间3~5天，办结率96.6%，政务服务效率和群众满意度显著提升，信访量大幅下降，基层治理效率逐步提升。

### 3.1　基层治理体系逐步完善，乡村社区管理更加规范有序

通过围绕"巨好办"搭建的数字化治理平台，网格员排查信息上报更

加及时，政令传达落实得到提速。在疫情防控工作中，网格员常态化巡查走访外来返乡人员，上报疫情事项3000余件，积极主动处置民生事项，及时闭环解决治理隐患。

### 3.2　群众诉求得到高效解决，干部群众关系更加和谐紧密

2020年5月"巨好办"平台运行以来，累计解决群众诉求47万余件，平均办结时间为3~5天，诉求办结率达96.6%，群众满意率达95%，逐步形成"部门围绕乡镇转、乡镇围绕社区（村）转、社区（村）围绕群众转"的工作格局。全县信访、县长热线等渠道反映的舆情量大幅下降，党群关系更加亲密，社会氛围更加和睦。

### 3.3　社会关注得到精准掌握，政策举措制定更加科学有效

通过智能化统计群众诉求问题、网格员上报事项等第一手资料，党委政府及时掌握民生热点及群众需求，快速做出反应，使政策制定更加接地气、合民意。该模式有助于在平台覆盖辖域内形成精准信息数据直传直收、大数据民生热点及时统计梳理、基层群众动态需求清晰掌握、政策举措科学制定的工作局面。

### 3.4　智能应用实现快速普及，群众生产生活更加便捷舒心

通过集中上线各项便民服务、缴费事项，农村、社区兜底服务等，构建了智能化、多元化、一站式服务模式，全域智能应用水平得到全面提升，大幅提升了群众生产生活的便捷度、舒适度和满意度。县乡村协同作战能力明显增强，给群众带来了更加优质、便捷的民生服务体验，切实增强了群众获得感、幸福感、安全感。

### 3.5　数字政务改革持续深化，决策部署落实更加坚实有效

在"巨好办"平台中，针对群众、网格员、县乡村三级管理人员等不同使用者角色，量身定制不同应用界面，形成定向、闭环推送模式，保障各类数据信息安全。各项任务从安排部署、分解下发、调度督导、预警提

醒、跟踪督办，到精准晾晒评比，再到智能应用，形成无缝对接，实现基层治理中人力、物力、财力的成本节约，促进政务资源数字化、集成化、高效化利用。

### 3.6  产业发展瓶颈有效破解，乡村全面振兴更加充满活力

"巨好办"平台创造了数字治理服务产业数字化发展的新契机。通过发挥数字治理平台所具有的信息公共品特点，依托"巨好办"建立农产品溯源体系、创业交易平台，畅通物流配送渠道，推动乡村产业数字化。通过数字平台低成本推广政府认证的信用质量体系，促进乡村产品提升质量和标准，实现高产品品质、低交易成本、快捷商品销售的三重联动，助力农民增收，助推村集体经济发展，加快推进乡村振兴步伐。

## 4. 经验启示

巨鹿县以"巨好办"数字乡村管理平台为载体，依托一站式全民通用App，有效发挥网格员"前沿哨"作用，推动全域覆盖网格治理、群众诉求闭环处置、政务服务智能导办、特色产业链式发展，建立"三五四四"基层数字治理新模式，形成"部门围绕乡镇转、乡镇围绕社区（村）转、社区（村）围绕群众转"的工作格局，取得了显著成效，对于各地区建立基层数字治理体系具有普遍借鉴意义。

### 4.1  坚持党建引领

以党建引领为核心，依托数字化治理平台，构建"党委＋党总支＋社区工作者＋小区支部（居委会）＋业委会＋网格员"的"六位一体"和"县—乡—村—网格—户"五级全覆盖数字化组织架构，将全县城区、农村划分为2800个基础网格，建立以党员、积极分子为先锋的2800余名综合网格员队伍，充分发挥社区党委、网格内党组织等基层党组织的核心作用和党员的先锋模范作用。通过数字化治理平台的赋能作用，探索建立党建引领下"网格有党组织"的基层治理模式，进一步夯实基层党建工作，

让问题发现在网格，解决在网格、满意在网格。

## 4.2  坚持服务下沉

围绕"巨好办"平台各模块建设，以群众满意为导向，开展网格化治理、网格内服务，着力解决网格内的政务服务、便民服务等各类居民需求，将更多的服务项目融入网格系统。坚持"条块结合、以块为主"，统筹网格内的有效资源和各类力量，提升服务质量和群众满意度。

## 4.3  坚持共建共治

借助数字化治理平台的联通作用，以基础网格为落脚点，发动社区工作者、小区党组织、业委会、网格员等多元力量，推动群众自我管理、自我服务，形成党委领导、政府负责、民主协商、社会协同、公众参与的常态化长效化治理格局。

## 4.4  坚持智慧支撑

不断探索以智慧化手段提升治理效能的有效途径，以量大类多质优的数据资源为基础，以数字化治理平台为基础入口，积极征集数据应用需求、探索数据资源创新应用，将数据资源转化为数据效能。持续推动基层政务服务精准化、智能化，协助基层人员转变服务模式，以数字化助推基层治理增效。

**案例来源**

本案例研究受到北京市社会科学基金规划项目"北京市乡村数字公共服务建设研究"（21GLB032）支持。

**本文作者**

高　原　中国人民大学农业与农村发展学院副教授
高雯琬　中国人民大学农业与农村发展学院硕士研究生

## 案例点评

**高 原** 中国人民大学农业与农村发展学院副教授

针对巨鹿县数字乡村建设的实际需求，借助阿里巴巴乡村振兴特派员帮扶，打造出一站式全民通用App"巨好办"，有效发挥网格员"前沿哨"作用，定制化开发出全域网格覆盖、群众诉求闭环处置、政务服务智能导办、特色产业链式发展等创新治理举措。"巨好办"的建立加强了基层干部与群众的联系，提高了群众参与社会治理的积极性，提升了农村发展的内生动力。巨鹿县通过形成"三五四四"基层数字治理模式，形成"部门围绕乡镇转，乡镇围绕社区（村）转、社区（村）围绕群众转"创新工作格局，打造了可复制、可推广的数字乡村治理"巨鹿模式"，推动县域数字化治理的探索迈入新阶段。

# "建村钉"全面开拓乡村治理新路径

## 1. 基本情况

2022年中央一号文件提出，为了全面推进乡村振兴，需要有序推进乡村发展、乡村建设、乡村治理三项重点内容。实施乡村振兴战略是一项长期的历史性任务，乡村治理效能的提升对于乡村振兴具有基础性的支撑作用，而目前乡村治理体系的建设与优化仍面临众多难点。

一是农村治理结构的组织化程度低。农村地区地广人稀，农户人口呈散点分布，"上面千条线，下面一根针"，基层治理需要借助合适的组织形式，打通乡镇政府治理、村民自治和社会共治的组织脉络，有效发挥多主体协同治理的优势对广阔管辖区实现治理。

二是乡镇政府治理存在党群关系不畅的问题。党群关系的"最后一公里"是提升基层治理效能的关键。党群对话机制不畅，政务服务尚未跑进"最后一公里"，服务"人民美好生活向往"的政务新模式需要打通社会治理的神经末梢。

三是村庄自治的内驱动力不足。村庄群众普遍缺乏参与村社共治的内生动力，如何引导村民参与村庄建设，增强村集体凝聚力，需要设计相关机制引导民风、家风、乡风可持续地正向发展。

四是社会共治中村庄与外界的对接渠道有限。基层治理仍在探索通过对接外部平台拓展多功能的治理应用。如何使用数字技术链接外部资源，拓宽村庄事务的治理场景，提升乡村治理效能，仍需要进一步的实践与探索。

针对这些难点，浙江省建德市通过推动建设"建村钉"，搭建起全员参与、人人共治的数字服务平台。"建村钉"平台底层依托阿里巴巴的智能移动办公平台"钉钉",将"钉钉"的数字化组织管理和协同优势应用于多元化的村庄事务场景,优化了村社治理的组织架构;通过将"建村钉"嵌入村庄多元治理的过程中,弥合了党群沟通机制的断点,激发出村庄自治的活力,补足了社会与村庄的对接渠道,衍生出一系列创新治理的建德举措,实现"上面千条线,下面一村钉"。其先后入选中国十大社会治理创新典范、第四批全国乡村治理典型案例,在全国数字乡村现场会上作为案例印发和场景展示,获得全国县域农业农村信息化发展先进县、浙江省数字乡村金翼奖"十佳县市"等荣誉,"建村钉"平台及"数智草莓"子模块双双获得浙江省农业农村、数字经济优秀应用场景,得到媒体广泛关注。

## 2. 特色做法

### 2.1 架构"四个全面",优化村社治理的组织管理体系

"建村钉"在嵌入原有乡镇组织管理体系的过程中,凭借自身数字化手段对组织管理体系进行了全方位升级,为构建全面掌握、全面延伸、全面联通、全面协同的新型组织体系创造了基础条件。

一是全面激活基层人员对数字平台的使用,全面掌握县域人口信息。各个镇街通过建立专班推动"建村钉"的普及使用,具体将镇街原有的群众名单导入形成基础版通讯录,老百姓收到激活短信,再通过各村社组织活动、上门走访、礼品派发等方式鼓励督促老百姓激活账号,最终形成激活版通讯录,实现县域人口的数字化管理基础。

二是形成乡村治理组织体系在村务舆情上的全面延伸。在对村社人口底数进行数字化的基础上,"人人都是网格员"的举措使得村民可以随时随地通过"建村钉"向村社干部、网格员报送安全隐患、矛盾纠纷等信息,有效解决了监控等前端感知设施覆盖面不广、专兼职网格员散兵作战、发现问题不及时不全面等问题,实现了从市镇村到组户人的延伸,形成区域人员一张网,构建出"市—镇—村—组—户"五级联通的乡村数字治理

网络体系，有效延伸基层治理的组织触角。

三是形成核心治理组织与外围组织的全面联通。村社治理组织结构中，处于核心位置的是村级组织，外围结构则是与村级组织开展对接的各类组织如乡镇政府、企业等。"建村钉"聚焦系统与其他平台的对接与功能拓展，加强了与阿里服务团队、农村产权交易平台、"清廉乡村智慧管家"平台、乡镇政府等外部组织的对接，进而全面增强村社组织体系里核心与外围的联通。

四是以钉钉运行机制为基础形成全面协同的治理组织体系。通过推广与使用"建村钉"数字化协同办公，并在此过程中应用"发现问题—分析问题—解决问题"的迭代发展机制，"建村钉"推动乡村治理组织运行效率不断升级。多点协同的线上办公模式破解了以往组织效率受时空限制的问题。结合村级工程项目监管系统、宅基地审批系统、农村集体经济数字管理平台等政务便民服务，"建村钉"在吸纳各类外延服务功能板块的基础上逐步演化成网上操作"一网覆盖"、政务服务"一链到底"的智慧平台，建立开放兼容与在线协同并存的运行逻辑。

## 2.2 开展"三个零距离"，破局乡镇政府治理的党群关系难题

基层治理是社会治理的"最后一公里"。"痛则不通，通则不痛"。"建

建村钉

村钉"平台通过开展"三个举措"，打通了社会治理现代化的神经末梢，把最后一公里变成"零距离"，让党群干群关系变成"无距离"。

一是开展在线"便民通讯录"，实现党群沟通零距离。通过平台子功能"全员群"和"便民通讯录"，村民百姓和村委可以实现快速联通，不存手机号就能直接发消息、打电话，实现"三秒找人"、快速沟通。

二是开展"有事找村里"，实现村务管理零距离。通过"建村钉"平台引导村民有事找村里，坚持群众诉求在村里反映、矛盾问题在村里化解，实现"小事不出格、大事不出村"。"有事找村里"板块实现了村民诉求的快速收集，矛盾解决全过程的透明化，把矛盾和问题化解在了一线基层，拉近了干群关系。

三是开展"最多跑一次"，实现惠民服务零距离。村民可以通过"一键呼叫"找到村干部电话、供电所、自来水公司、镇文化广播站等一系列生活所需的服务电话，实现问题咨询"零次跑"；亦可通过"建村钉"进行网格约办，由平安跑腿员上门帮助办理流动人口居住登记、优抚证、老年公交卡等便民事项。

## 2.3 设立"四个模块"，激活村庄自治的内在驱动力

针对村庄群众治理村庄事务参与度低的现状，"建村钉"在功能模块上推广应用"三个模块"，从维系村社共同体入手，通过让村庄居民在参与治理的过程中获得益处，以激活村民的参与积极性，并在此过程中完善村民自治机制，为村民持续参与村庄治理提供了保障平台。

一是设立"钉·功分"模块，实现积分制数字化。"钉·功分"由各村庄根据年度工作重点设置积分项目，包括加分项和扣分项，既充分反映村民在遵纪守法、移风易俗、环境卫生、扶贫帮困、平安创建等方面的日常行为表现，也反映村民对村级事务的参与度等村级事务表现。"钉·功分"采取"功分榜"的形式，每月由村社通过"建村钉"功能模块中的村务公开栏，对认定功分进行公告，再由功分评定小组在"建村钉"上建立功分

管理电子台账。功分累计使用，以精神激励为主，物质激励为辅，通过以德惠民，让有德者有所"得"，激励村民参与村务治理的积极性。

二是联动爱心超市与道德银行模块。通过共建共管建设爱心超市，联动"建村钉"的功分榜，对超市每年给予定额功分奖励；村民的"钉·功分"物质激励可在爱心超市兑换相应物资，兑换后功分扣除相应分值。此外，功分结果也与市农商银行设立的道德银行形成联动，通过与农户小额普惠贷款挂钩，丰富了功分管理项目的覆盖面，进一步激励村民参与。

三是设立"钉上议事厅"模块。"建村钉"上设立了村民议事模块，村民能够通过线上参与讨论村社重大事项，志愿报名参与各类村级事务如义务巡防、垃圾分类、美丽庭院等，强化了村级事项的全民参与、全民监督、全民治理，提升村民参与平安创建的积极性和荣誉感，以自治、自办、自理的形式优化村级公共服务。

四是设立"数智草莓"模块。"建德草莓一件事"，是全省农业农村数字化改革的揭榜挂帅项目之一。建德草莓四十年长盛不衰、领跑全国，成为国内具影响力的标杆产业。为此，从治理拓展到产业，在"建村钉"上设立"莓好钉子"模块，建立莓好村圈群，本地莓农、异地莓农和产业监管、服务组织人员都进入莓好村，让每个莓农都能共享莓好生产、美好生活。莓好钉子模块——"数智草莓"系统于2021年9月18日上线，并快速复制到"数智鸡蛋"，还将推广到苞茶、粮油、畜牧等产业，进一步打响建德农业品牌，推动产业转型升级和共同富裕。

## 2.4 打造"四点联通"，畅通社会共治的对接渠道

"建村钉"与外部平台实现对接，通过打造"四点联通"，在拓展自身应用场景的同时丰富了社会共治力量参与乡村治理的渠道。

一是对接基层治理"四平台"，联通基层网格员。"建村钉"构建"一中心、四平台、一网格"上下联动、左右协调治理的模式，深化网格警务化功能，联合基层治理平台打造综治警网中心，实现力量整合、信息共享、

矛盾联调、平安联创、成果共享。

二是对接"清廉乡村智慧管家"平台，联通数据处理方。建德采取在各乡镇（街道）农村集体资产管理中心代理人员电脑上安装账套采集系统的措施，与清廉建德开展合作。清廉建德智慧监督平台通过运用信息化技术将纪检监察监督、群众监督与"大数据"监督深度融合，形成一张无形的全域治理监督网。清廉建德平台在"建村钉"上拓展出"智慧管家"的模块，该模块通过实时采集村（社区）数据，形成"数据池"，实现对村社里的重大工程、重点领域、关键岗位开展智能化监督、分析、预警等功能。

三是对接农村产权交易平台，联通产权交易方。"建村钉"平台联通建德市农村综合产权流转交易网，推行各类农村产权和土地流转信息公开，实现线上交易和资金结算，及时将交易信息在"建村钉"上进行公布。

四是对接其他数字平台，联通特色群众事务。市级相关部门、各乡镇（街道）针对自身实际和特色亮点，将相应的数字平台与"建村钉"做好对接，按照"应通尽通"的要求，将"建村钉"打造成为网上操作"一网覆盖"、群众参与"一键联通"的"数智平台"，使群众使用方便快捷，群众办事"掌上办"，真正实现数字赋能乡村治理。

通过持续迭代升级，"建村钉"成为集宣传发布、在线沟通、协同办公、便民服务等功能为一体，农村干部群众共建共治共商共享的乡村治理数字平台，成为为推进乡村治理体系和治理能力现代化搭建的面向全民、双向互动的村务协同工作平台，有效提升了村民数字化组织程度。通过模块重塑，应用场景更加优化，形成"1+10+N"功能模块。"1"就是"建村钉"主平台，设立数智户、数字大屏、活跃数据、建德市号、直通发布、码上体验等应用；"10"就是至少十个子模块，设立党务钉、村务钉、财务钉、服务钉、商务钉、村管钉、气象钉、莓好钉、防疫钉、智工钉等；"N"就是每个子模块都设有N个应用场景。

## 3. 主要成效

"建村钉"平台上线推广以来，入驻52.60万人、14.16万户，平台总数288个，覆盖16个乡镇（街道）、256个村（社区），并建立1个全市专办群。目前，全市激活量达26.60万人，日活跃高达10.72万人。"建村钉"的上线应用，链接了全域组织，推进了基层减负，让数字治理落在实处。

### 3.1 高效能的组织结构，提升信息通知的速与量

通过"建村钉"在线组织架构，公告模式将信息定向下发，入户入企，既节省了人力物力，又提高了传播效率和宣传质量。高效的信息通知和收集，大幅提高了基层干部的工作效率，实现了工作可留痕，把基层干部从繁琐的事务性工作中解放出来，让基层干部把精力都投入到业务工作中，真正实现"心为民所系，事为民所办"。

### 3.2 实现党群关系零距离，画好基层服务同心圆

针对人口精准管理难的问题，助力县域农村人口全面使用"建村钉"。以新安江街道白沙社区为例，全社区人口3017人，全部入驻"建村钉"平台，并建立了居民组长、乡贤等不同的子部门，建立村民线上参与自治的平台基础。针对干部与村民缺乏有效沟通渠道的问题，"建村钉"平台通过设置全员群，推动干部自加压力，尽责办事。

2021年4月，钦堂乡大溪边村有村民在全员群反映道路出现山体滑坡，过往车辆存在危险。村干部接到消息后第一时间解决问题，采取全流程闭环式处置，让乡村治理更及时有效。针对村民诉求渠道有限的问题，用数字技术打通场景、部门、层级的"界限"。

2021年5月，下崖镇春秋村村民在"有事找村里"板块反映有村民在田里焚烧秸秆产生了浓密烟雾，干燥天气下易引发火灾。村干部收到消息后，第一时间赶到现场进行劝导并成功制止。

### 3.3 助力参与式村庄共治，形成群众治理新局面

数字化改革推进"建村钉"融入百姓生活，积分奖励兑换，村务线上讨论，使得村庄群众参与乡村治理的积极性不断增强，村庄和谐向善、共同发展的氛围不断浓厚，打造出积极向上、安定有序的乡村治理与发展新局面。2021年夏天，建德市大洋镇高垣村一老人中暑倒地，被其他村民发现后，第一时间把信息同步在钉钉乡村群，村民们看到后立即赶到现场，有的人帮忙掐痧，有的人帮忙联系家人，还有的人帮忙叫救护车，使倒在地上的老人第一时间得到救治。又如，建德市三都镇松口村村民通过"建村钉"上的"美好账本"中的积分，在"美好超市"兑换小商品，通过参与村民在治理中得到了实惠。同时，在乡村数字化平台上"美好之星"等各类先进代表，可获得外出考察学习的"美好体验课"、免费体检及就医绿色通道的"美好体检单"。通过建村钉"钉·功分"上宣传垃圾分类的相关知识和道德竞赛，全镇8015户的垃圾分类投放准确率提高32%，垃圾日均回收量下降了近35%。

## 4. 经验启示

建德通过"建村钉"平台并结合自身实际，摸索出具有地方特色的协同治理模式，通过数字化的乡村治理组织架构，提高村级组织效率。在"建村钉"平台插上"互联网+"的数字化翅膀，实现"建村钉"与积分制的深度融合，形成"1+1大于2"和优势互补效应，"三个零距离"畅通了党群关系，"四个模块"激发了村庄自治内驱力，"四点联通"对接了社会共治渠道，形成具有建德特色的可操作、可复制、可借鉴、可推广的协同乡村治理模式，对于各地区建立数字化的多主体协同共治体系具有借鉴意义。

### 4.1 坚持体系化组织领导

借助数字化组织管理和协同的优势，通过人口数字化解决辖区人口管

理难题。通过网格员与"建村钉"的联通，使民声响应速度更快，民意传达范围更广，形成开放兼容、上下贯通、同步响应、多点发力的组织领导体系。

## 4.2　提供精细化的村务管理

通过精细化的数字化管理手段，将与村民相关的政策在"建村钉"上予以公开透明的传达；"有事找村里"模块为村民诉求、建言献策提供对话渠道；"建村钉"对接基层网格员，提高村务管理时效，最大限度地让村民规范化、民主化地参与到村庄事务治理中。

## 4.3　聚焦人性化的惠民服务

通过网格信息管理，形成专业化、流程化的服务机制，村民可以在通讯录中查看本村对应服务团人员信息，相关民生问题可以线上直接触达；以网格为单位对接宅基地审批系统、农村产权交易平台、爱心超市等民生单位或组织，通过综合服务管理平台，为村民提供专业及时的服务或指导。

## 4.4　探索基于数字化的乡村德治

通过线上功分榜竞赛，设置对文明行为的功分奖励，辅以爱心超市与道德银行的联动进行双重激励，利用乡村熟人社会的道德规范对乡风文明形成助推。

**案例来源**

本案例研究受到北京市社会科学基金规划项目"北京市乡村数字公共服务建设研究"（21GLB032）支持。

**本文作者**

高　原　中国人民大学农业与农村发展学院副教授

高雯琬　中国人民大学农业与农村发展学院硕士研究生

## ➡ 案例点评

**高 原** 中国人民大学农业与农村发展学院副教授

建德抓住数字乡村治理的历史机遇，以与阿里巴巴"钉钉"的合作为有利契机，牢牢把握住数字化协同治理的发展方向，打造"建村钉"数字综合服务平台。平台借助"钉钉"底层构建逻辑应用于乡村治理，全面提升乡村治理组织管理体系的运行效率，对接兼容外部组织资源，拓展各类综合服务模块，采用人口数字化手段破解辖区内人口管理难题；应用数字化积分制充分激发村民自治活力，上线实时交流、政务公开模块畅通党群沟通渠道；形成政务便民服务的在线化、一键化办理流程机制。"建村钉"打造出创新性的数字化乡村治理平台，推动建德迈入数字治理的新阶段。

# 数字应用体系促乡村"智理"化

## 1. 基本情况

江苏省连云港市东海县位于江苏东北部,是全国首批沿海对外开放县、全国农村综合实力百强县,2020年获首批国家级数字乡村建设示范地区。在北京大学农村发展研究院与阿里研究院联合发布的《县域数字乡村指数报告》中,东海县居于全国数字乡村百强县第41位。基于数十年的数字经济成果,东海县的数字乡村发展是循序渐进、水到渠成的必然路径。早在2010年前后,在阿里公司推动下,"淘宝村"就已经在东海县发展得如火如荼。根据阿里研究院数据,2022年东海县有12个淘宝镇,21个淘宝村。在产业数字化方面,东海县位居全国"2022年度县市电商竞争力百佳样本"榜单第39位,中国东海水晶城在"2022第十一届(杭州)新电商博览会"上获得"2021年度优秀直播电商基地奖""2021年度最有影响力跨境电商平台奖"。东海县依托水晶产业,与第三方电商龙头企业合作,销售水晶的店家已达3万余家,带动7万多劳动力就业。在此基础上,东海县重点推动了数字产业化发展,集聚数字资源,联通数字网络,构建数字场景,建设完善农业现代化物联网信息系统,其中核心区农业物联网覆盖率达到90%以上。目前,东海县已开展大数据中心、电商物流产业园、石湖乡智慧乡村工程、农高区产业园、都市四季果园、跨境电商交易中心等项目工程。

2020年数字乡村试点建设以来,东海县依托现有数字经济产业优势,推进乡村数字治理稳步有序进行。"数字下乡"进程深入人心,县辖区内村镇居民掌握基本数字技能,保持较高数字素养,养出一大批具有专业知识的技能型人才,数字治理最后一米真正融入了村民生活。

## 2. 创新实践

乡村治理是国家治理的基石，是乡村全面振兴的重要保障。习近平总书记指出，要用好现代信息技术，创新乡村治理方式，提高乡村善治水平。

在东海县石湖乡，数字乡村治理通过"高清探头＋数据中心＋大屏幕"，为乡村治理数字化奠定设施基础；以"综合指挥＋一村一屏＋网格全覆盖"模式精细覆盖村域，推广先行经验；将"数据中心＋机顶盒＋小屏幕"融入村民生活，打通数字服务治理最后一米。从数字乡村治理到数字乡村"智理"，东海县的数字乡村建设没有悬浮在县域层面，而是真正落地，惠及了辖区内的每一户居民，构建出乡村数字化治理新思路。

### 2.1 "高清探头＋数据中心＋大屏幕"筑牢乡村治理数字化基础

近年来，石湖村借助智慧广电乡村工程，在村内积极开展"智慧乡村"试点工作。在石湖村村部，有一块巨大的数字屏幕，屏幕上滚动显示的信息囊括了乡村公共治理的绝大部分内容。从石湖村基本社情简介到村民疫情防控，从道路安全监控到田地火情监控，从学校安全监测再到工厂生产运营，确保村部对村里的大事小情了解清楚，反应迅速，"千里眼"和"顺风耳"成为现实。之所以如此，是由于石湖村内的主要道路口及重要场所均铺设安装了光纤宽带、高清监控探头、高空瞭望球机、户外大屏等设备，并将设备与数字屏幕连接，将数字化有效融入乡村治理。

迄今为止，石湖村共有22台高清智能摄像机，实现了村级管理区域设备全覆盖，一旦发现村内出现突发事件，就可以通过应急广播系统直接喊话，予以干预。数字化乡村治理让石湖村的村容村貌焕然一新，也使乡村环境更为安全。安装在村部周围信号塔上的360度高空瞭望球机，可覆盖方圆3公里半径，对辖区内发现的火点、烟雾、违建等情况可进行报警。一旦发生意外情况，可以派遣无人机到达现场，实时传输画面，并对现场人员进行喊话，并将图像实时传送至东海县公安局指挥中心。

## 2.2 "综合指挥+一村一屏+网格全覆盖"提升基层治理精度

在精准治理方面，石湖村积极践行东海县的数字化网格治理，并探索出具有石湖特色的经验。数字化与网格化的结合，使社会治理和服务中心向基层下移，信息的流通交互变得更便捷，村务工作者能精准发现问题并及时予以解决。总体而言，网格化管理使乡村治理走向精细化、精准化，而数字化进一步提高了网格处理的效率和水平，为村务工作者提供了及时、全面、准确的工作信息。

东海县石湖乡以石湖村"智慧乡村"建设为例，对本乡除石湖村之外的尚未深入数字化建设的行政村进行统一规划，投资40余万元建设"智慧石湖"乡级社会治理综合指挥平台，自下而上在全乡范围内推动乡村治理数字化建设，逐步构建现代化治理体系。目前，"智慧石湖"平台已经开通包含美丽乡村、平安石湖、政务服务、三务公开、便民服务、教育天地等多功能板块。未来，平台还可以与上下游平台和各类商务信息源对接，推进乡村两级"1+11"视频会议模式上线，推进"直播带货""移动电商"等电子商务服务平台接入，形成覆盖乡村、可管可控的智能化覆盖体系，

石湖村智慧乡村管理系统

全面提升数字化程度。

## 2.3 "数据中心+机顶盒+小屏幕"提升基层管理服务能力

"智慧乡村"平台通过区域电视门户,实现各类场景和业务的开放接入和集中承载,最终实现本地信息要素在电视端和手机移动端的聚合和呈现,"有线无线融合、大屏小屏互动",提升了乡村资讯和本地便民信息获取效率,丰富了党委政府宣传服务渠道,助力基层政府管理服务能力提升。

石湖村通过数字化平台,开通多项惠民板块。将智慧屏幕与电视手机相结合,在家中,村民通过手机及电视就可以实现社保、水、电、燃气费等生活服务费用的查询和缴纳。村民也可以通过手机、电视收看政务服务的办事指南,根据提示携带材料去为民服务中心办理相关业务,真正实现村民办事"最多跑一次",提升办事效率。数字化平台让村内的信息公开化透明化,村民能实时查看监督村务、党务及财务状况,落实村民的知情权、参与权、表达权及监督权。依托"智慧乡村"平台,导入人大换届选举流程、选举各阶段注意事项、换届宣传视频等,村民在家中也能够通过电视板块参与到人大换届选举中,极大保障了村民的政治权利。

## 3. 主要成效

作为国家级数字乡村试点地区中的"智慧乡村"试点地区,东海县石湖乡石湖村2021年人均纯收入达27720元,获"先进管理村一等奖""江苏省先进村""江苏省文明村""省级十佳村""农村自来水管理先进单位""先进基层党组织"等多项荣誉。

建成不久的数字化设备在广大村干部手中得心应手,这样的数字化集成也使村级事务管理流程再造,基层治理新思路因此涌现,切实提升了基层组织在乡村治理中的效率。在过去,"上面千条线,下面一根针",村子虽小,但需要村务工作者处理的事情千头万绪。数字化平台的建立,高效地整合了各类信息,使村务管理实现了智慧化,村务工作得以精准高效开展，村务管理监督、评价考核也都变得有迹可循。

事实上，在"智慧乡村"项目立项之初，东海县准备将村部智慧屏幕中的数据信息连接到智能手机上，但在石湖村领导班子的建议下，最终数据信息额外连接到村民家中的电视上，这也是石湖村的一大创举。此举是考虑到村中占比较大的老年群体，他们普遍文化程度较低，在智能手机应用方面确有困难，而有线电视的加入，让各个年龄段的村民都能快速获取乡村资讯和本地便民信息。不仅提升了基层政府管理服务能力，更全面提升了村民福祉。石湖村干部表示，现在只要装了电视，在家里就能看到摄像监控的画面，各个路口的情况都能一清二楚，这让村里的老年群体有了极大的安全感。

数字乡村现代化离不开乡村的治理体系和治理能力现代化。传统乡村的政务服务、基层治理往往因群众居住分散、政府力量有限等客观因素存在诸多堵点难点。政策宣传"大水漫灌"，政务服务难以精准，民生服务难以到达等各类问题，久而久之，形成治理盲区，无形之中削弱了基层治理能力和群众获得感。东海县石湖村数字化大屏幕，看似只是将村务信息进行可视化改变，却是"数字+"思维在乡村治理领域中的探索应用。这是基层深入推进互联网思维和技术，破解乡村治理痛点的积极探索，也是基层依托数字技术和平台，构建更高效、更便捷、更精准政务服务体系的尝试。只有依托更多数字化手段，瞄准群众对服务型、高效型政府的需求，才能解锁更多数字便民、数字惠民的"智理"密码。

## 4. 经验启示

### 4.1 数字化与精准化服务协同发展

东海县在推动农村全面享受数字公共服务上做出了好的探索，以数字化手段推动乡村治理精准化，以精准化服务提升数字化服务水平，数字化与精准化协同发展，切实解决了数字化乡村治理中覆盖不全、应用率低等难题。

一方面，通过数字化手段感知农村社会态势、畅通沟通渠道、辅助科学决策，加强农村资产、资源、生态、治安等领域的精准服务与管理，推动信息化与乡村治理体系深度融合，实现乡村治理精准化。基于数字化手段精准预测治理问题，促使基层干部科学决策并高效处理村民的实际诉求。

另一方面，线上便捷化公共服务是数字乡村建设公共服务中最直接的反馈。对于数字技术无法覆盖到的村民个体，村集体建立完善的"帮办"制度，配备专门人员，作为普通村民与数字化治理系统的中介，补偿数字化公共服务中的个体缺失，改善新技术在农村遭遇"硬着陆"的尴尬。在数字设备设计应用之初就将边缘群体包容在内，通过与相关部门沟通，将复杂的数字操作转变为更易接受的呈现方式，解决"数字接入沟"的问题，帮助乡村边缘人群享受数字公共服务利好。

## 4.2　强化乡村主体的数字乡村治理参与度

在数字乡村公共治理视角中，应大力引入先进科技，实现治理数字化转型，创新治理模式，提升治理能力。实行电子村务基层治理逐渐由单向度转为双向度、多向度，从而使得农村的民主自治建设能力不断加强，大幅度降低基层治理监管成本。在数字乡村建设进程中，村民不应是被动的数据提供者，而应是数据受益者。村民是具有自主性、能动性和创造性的行动主体。要通过乡村基层干部引领，以村民喜闻乐见的方式加强宣传，提高村民对数字乡村建设必要性和重要性的认识。只有真正激发了农民的活力，数字乡村建设才能获得持久的内生动力。

## 4.3　推进跨区域远程互动

应充分打通县域数字框架和乡村精准数字治理之间的联接，通过网络能够实现快速和大规模的远程数据采集和分析，从而实现跨地域信息的集中管理和及时响应，有效地提升政府监管能力，这使得相关基层治理信息资源数据库互联互动成为可能，而跨部门、跨区域资源得到统筹管理和综合利用，可避免资源闲置、浪费和重复建设。同时，可通过组织利用数字化技术远程融合发展，并根据本地乡村发展状况、区位条件、资源禀赋等，通过虚拟空间，打破空间和地域范围限制，复制数字化发展经验，拓展数字治理经验在落后地区的覆盖，形成全域内数字治理的互动发展与均衡发展。

## 本文作者

李庆海　南京财经大学经济学院统计系副主任
桑海瑞　南京财经大学经济学院经济统计学（数据科学与大数据技术）本科生
陆治琴　南京晓庄学院新闻传播学院讲师

## 案例点评

**赵桂茹**　中国商务出版社副总编辑

借助国家数字乡村试点政策，东海县初步形成了"高清探头＋数据中心＋大屏幕"＋"一村一屏"＋"数据中心＋机顶盒＋小屏幕"的多级别、多参与方全覆盖的数字应用系统，形成了乡村"智理"化目标的发展路径，推动了乡村治理数字化。

东海县这一案例，体现了在政府主导的乡村治理数字化过程中，激活当地居民参与度、与乡村治理根基等紧密结合的重要性。在县级层面，东海县将智慧城市建设项目与数字乡村大数据平台有效衔接，实现数据共享、共有和共用。在村级层面，"数字下乡"工程筑牢了乡村治理基底，全域系统治理保障了数字化先行经验得到有效应用。同时，在数字设备设计应用之初就将边缘群体包容在内，通过与相关部门沟通，将复杂的数字操作转变为更易接受的呈现方式，以人为本包容弱势群体，解决"数字接入沟"的问题，打通了数字服务治理的"最后一米"。

# 数字积分制赋能永联村乡村治理

## 1. 基本情况

2020年7月，中央农村工作领导小组、农业农村部联合发出《关于在乡村治理中推广运用积分制有关工作的通知》，号召各地结合实际，推广运用积分制。江苏"积分制"始于文明村镇、文明家庭创建等活动，以后逐步总结提炼，并推广应用于乡村治理，探索形成"省级引导、市县落实、乡村运用"的机制安排。近年来，在推进乡村治理中，江苏创新运用"积分制"，将乡村治理具体事项细化分类、赋值量化、打分考核，以潜移默化之势营造良好氛围，以制度细化之能促进共建共享，以数字量化之效助力乡村善治。"积分制"已成为江苏实现乡村治理体系和治理能力现代化的强力"助推器"。

张家港市，江苏省县级市，位于长江下游南岸，总面积999平方公里。张家港八镇连续多年入选淘宝镇名单。2020年，张家港市入选国家级数字乡村试点地区。2021年，张家港市成功案例入选由中央网信办、农业农村部等多部门联合编制的《数字乡村建设指南1.0》，向全国推广张家港数字乡村建设经验。

在全国64万个行政村中，张家港市永联村经济总量和综合实力位居前三，先后获得"全国文明村""全国先进基层党组织""江苏省百佳生态村""全国农业旅游示范点""中国最有魅力休闲乡村""江苏省五星级乡村旅游区"等30多项省和国家级荣誉称号。其中，2017年12月，荣获2017名村影响力排行榜300佳。2019年12月24日，入选全国乡村治理示范村名单。

## 2. 创新实践

　　永联村在张家港市率先开始实行"积分制"，并已取得丰硕成果。"永联分"是数字永联信用体系中的一项重要指标，由文明分、金融分、基础分三个一级指标构成，分别评价了居民的文明行为、金融消费活跃度（目前金融消费仅提供建设银行的消费活跃度）和信用可信赖程度。本文将从垃圾分类、文明家庭、金融信用、数字党建四个方面来阐述永联村的创新做法。

### 2.1　推进垃圾分类

　　第一，智能驱动，依托科技监管"神助攻"。垃圾分类智慧监管平台是永联村垃圾分类卓有成效的一大利器。目前，永联村共设置96台智能垃圾分类箱、10台智能可回收箱、8台积分兑换一体机，并且建设了宣教中心、再生资源分拣中心等场所。每户居民都发放有绿色积分卡、二维码垃圾袋，居民可以通过刷卡、扫描垃圾袋二维码进行垃圾分类投放。智能垃圾分类箱设有满溢报警装置，一接到报警，清运员立刻将垃圾清运至分拣中心进行二次分拣，巡检员扫描垃圾袋上的二维码，便可以追根溯源。永联村采用"四条线"收运处置模式，从根源上破解前分后混现象，杜绝混装、混运问题，分拣后的厨余垃圾由市餐厨垃圾处理中心清运处理，实现资源合理化应用，可回收物由镇废品回收中心负责处理，有害垃圾集中暂存后送往专业公司规范化处置，其他垃圾由镇环卫所清运处理。截至目前，永联村实现了垃圾分类群众知晓率和参与率均达100%，分类准确率达68%，居民投放积分总数达748万分，已实现垃圾减量312吨，其中厨余垃圾占其他垃圾处理量的57.3%。

　　第二，治理创新模式，确保垃圾"源头"分类。为了在源头上提升垃圾分类准确率，引导居民建立正确的垃圾分类意识，永联村实行了三级"桶长制"模式：由社区居委会主任担任"一级桶长"；由居委会班子成员担任"二级桶长"，每人划片包干一个网格，对责任区域的垃圾分类工作进行总体监督指导；"三级桶长"为责任区内的党员、楼道长、居民代表、村民

积分制垃圾分类模块智能管理系统

小组长、志愿者五类人员，直接指导居民进行垃圾分类。

第三，奖惩促动，用好居民自治"绣花针"。为了激励大家养成垃圾分类的意识，提高居民垃圾分类的积极性，永联村出台了积分兑换制度，在智能垃圾分类箱内正确投放垃圾，就可获得绿色积分以兑换生活用品。此外，为进一步巩固提升垃圾分类长效管理水平，永联村还对居民垃圾分类情况进行月度评比，在小区电子大屏、楼道里公布"红灰榜"。积极配合垃圾分类工作的居民典型在红榜内公示，并给予家庭文明积分奖励；拒不配合垃圾分类，且偷倒垃圾的居民，则将在灰榜内公示，并扣除垃圾分类绿色积分。永联村通过绿色积分换购、"红灰榜"、文明家庭考核等方式，多措并举，广泛宣传和动员居民参与垃圾分类，充分发挥居民自治作用，及时发现、宣传垃圾分类中的先进典型，切实用榜样的力量带动垃圾分类工作落实。

## 2.2  评选文明家庭

在文明家庭方面，永联村将积分制与文明家庭评选融合。为加强精神文明建设，提高村民素质，加快农民市民化进程，助推现代化永联建设，永联村研究修订了《文明家庭奖实施考核办法》，将涉及社会主义核心价值观的日常文明行为转化为百分比考核条款，并将其纳入永联村新时代文明实践站工作的重要内容，广泛开展文明家庭奖的创建评比，充分发挥"五联"挂钩考核机制，营造"人人参与、处处在乎"的比学赶超氛围，为社区居民营造更加祥和美好的生活环境，将永联村打造成"乡风文明示范村"。同时把村民的日常行为量化成具体考核标准，极大地推动了永联村的精神文明建设。"文明家庭奖"评比以"百分制"的形式开展，近年来获奖农户数已稳定在95%以上，村民文明素养得到普遍提升。

简而言之，"文明积分60分以上，且没有扣分项的家庭即可入选文明家庭评优活动。根据家庭文明积分，评选出文明家庭标兵、金质文明家庭、银质文明家庭，被评为'文明家庭标兵户'、金质文明家庭的家庭都会发一块牌子挂在门上。"永合社区有关负责人表示，小小的牌子在文明实践中发挥了大作用，进一步调动了永联居民的积极性，自觉规范自己的行为，让文明风吹遍永联村每个角落。

## 2.3 提升农户信用

永联村集体经济发达，但也会带来"幸福的烦恼"。由于村民联合体每年的收益分布在多个领域，有资产性收益、商业服务性收益以及村属加工生产单元服务收益。这些收益为村内的年终分配带来了很大的工作量。平衡资产性收益比较简单，按人头分配就行了，但是多人同时出工的同一类别服务，会出现出工不出力、按时出工和迟到早退之区别等，按人头分配必然带来负激励。在此情况下，永联村用积分作为考核依据，衡量村民的出勤、诚信、奉献与爱心等特征行为，解决了年终收益分配的问题。

由此可见，"永联分"也是一种商业诚信。将这种揭示行为人工作努力和社区诚信的积分设计成授信指数，可以将永联村原有的积分制向金融信用方面拓展。通过客户授权，永联村与建设银行合作，以"永联分"为基础，接通行内数据，联系政府激励制度信息，为村民生产生活提供"增信＋金融信用评分"及相关权益。"永联村联名卡"融合原先由多张实体卡承载的不同福利权益，并新增资金结算等金融服务功能，比尽职调查带来的抵押信贷所需核准信息还要可靠。

此外，"永联分"通过商业银行维度向"信用积分体系"升级过渡。永联村与建设银行采用"1+3+N"的架构。"1"是指1个永联信用评价体系；"3"是指3套应用系统，村民"永联一点通"App用户端，商户"数字人民币管理系统"以及面向后台管理人员的"数字永联"管理端；"N"是指打造多个权益场景。

## 2.4  夯实数字党建

在数字党建方面，永联村制定了一系列制度体系。永联村精筑综合党支部试行党员积分管理制度，以加强党员队伍管理，实现党员管理量化。开展党员积分制管理，是为了切实增强全体党员的党性意识、责任意识，是不断提高党支部创造力、凝聚力和战斗力的有效途径，各党员严格要求自己，积极参与党建制度建设，争做制度的坚定践行者。永联村党支部及党员考核采取一年一评，并实行党支部和党员个人积分制管理。围绕"书记有能力、班子有活力、制度有落实、工作有特色"等"堡垒指数"考核形成党支部积分，围绕"学习在先、服务在先、攻关在先"等"先锋指数"考核形成党员个人积分，并将考核积分内容与"红心闪耀"App相结合，形成"线上＋线下"的双重考核机制。最终，根据考核得分评选出先进党支部、优秀党员及优秀党员标兵，与此同时，考核积分也作为软弱涣散党组织及不合格党员认定的一个主要依据。

# 3. 主要成效

## 3.1  塑形铸魂，形成文明乡风、良好家风、淳朴民风

乡村振兴，既要塑形，也要铸魂，要形成文明乡风、良好家风、淳朴

民风，焕发文明新气象。永联村坚持富"口袋"更富"脑袋"，自1982年成立永联精神文明建设领导小组以来，在精神文明建设上，创新文明家庭奖励办法，通过物质奖励、精神激励等措施，持续创新让老百姓在乎的抓手，永联精神文明建设成果丰硕，连续六届获评全国文明村。在"积分制"实践中，永联村注重发挥党组织的示范引领作用，努力破解"老办法不能用、新办法不会用"的现实难题。2021年以来，永联村通过着力打造全国首个村域数字乡村信用体系平台，创建"永联分"，将永联文明风尚推向更高水准。

### 3.2 文明家庭评比，营造祥和美好的社区环境

广泛开展文明家庭奖的创建评比，充分发挥"五联"挂钩考核机制，可以为社区居民营造更加祥和的美好生活环境，将永联打造成"乡风文明示范村"。实施"文明家庭奖"考核以来，即便永联村的家庭从一开始的3000多户上升到2019年的5000多户，参与率达到了98%，永联村的扣分总数却在变少，村里的不文明行为也明显减少，"文明家庭奖"考核有效提升了永联村整体文明程度，在文明实践中发挥了大作用，进一步调动了永联居民的积极性，自觉规范自己的行为。

### 3.3 信用评级，实现场景互联式的信用互动质押机制

系统化的"大数据+信用体系+数字货币"等新技术，不但把张家港市永联村实施多年的"文明家庭考评体系"通过数字"永联分"升级，而且可对域内26880名村民（居民、职工）进行信用评级、评级授权，授权增级为"文明贷"信贷额度、利率优惠激励，在农耕文化园、文体俱乐部、天天鲜超市等商点折扣，实现场景互联式的信用互动质押机制。

### 3.4 党建积分制度，充分发挥党建引领作用

基层党组织是实施乡村振兴战略的"主心骨"。党建积分制模式能够充分发挥党建引领作用，以党组织建设为切入点，夯实基层战斗堡垒，使得基层组织功能不断强化，凝聚力和战斗力明显增强。永联村党建积分制度

的建设有效打通了乡村社会自我治理的"神经末梢"，有力激发了党员的工作积极性和创造性，有力保障了党委政府中心工作顺利推进，努力打造了一支政治素质、工作水平过硬的农村党员队伍。

# 4. 经验启示

## 4.1 积分制结合智慧平台，加强居民与村镇情感联结，提高集体凝聚力

通过将积分板块加入日常治理线上平台，擅长使用网络技术的居民可以充分利用线上服务，提高积分应用和兑换效率，扩大群众受惠范围，增加智慧平台影响力与公信力，使数字化深入居民日常生活，提高村镇数字化程度和治理水平。

## 4.2 以数字技术之"智"改善社会发展机制，实现社会治理共同体建设

探索原有共建共享分配和兜底制度与数字化大屏等的融合方式，共享智慧乡村和周边的各种公共资源和服务能力，从而提升基层工作数字化、农业生产智能化、农村生活智慧化水平，实现人人共享发展红利，提升居民在数字时代的获得感、幸福感与安全感。

## 4.3 借鉴积分制等创新激励机制，推动居民对自身权利与公共事业自发关心与维护

通过激励机制全方位调动治理对象的积极性，从政府单一的行政管理向多元协商共治转变，从追求政府协同统一的管控向引导群众发挥正能量转变，鼓励群众参与社会治理，激发群众的责任心与正义感。通过构建一套新的量化标准实现公平与效率，克服治理低效、动员不足等弊端，将物质脱贫与精神脱贫相结合，解决困难户内生动力不足、主体性缺位、自身素质落后等问题。

本文作者

李庆海　南京财经大学经济学院，统计系副系主任
陆柳辰、王　悦　南京财经大学经济学院，经济统计学专业本科生

## 案例点评

**赵桂茹**　中国商务出版社副总编辑

张家港作为全国农村社区治理实验区，近50%的村获评省级民主法治示范村。数字技术与社会治理互促共融、相辅相成，已成为张家港乡村治理能力现代化和数字化的重要标志，永联村便是其中的典型代表。永联村案例表明，数字乡村治理，不仅需要市联动中心、镇分中心、村（社区）工作站三级平台及移动终端一网融合、一体运行，更需要以"积分制"形成制度上的变革，调动村民参与的积极性，用量化标准实现对村民的引导与管理，凸显村民在乡村治理中的主体地位，以此带动和推进乡村"基建、产业、治理、服务"的全面数字化转型。

## 4.2 集体资产数字化配置

### |安徽歙县万二村|
# 数字化助力农村集体资产高质量配置

## 1. 基本情况

《中共中央国务院关于实施乡村振兴战略的意见》要求，按照产业兴旺、生态宜居、乡风文明、治理有效、生活富裕的总要求，构建农村一二三产业融合发展体系，让农民合理分享全产业链增值收益。安徽省黄山市依托资源与区位优势，在全国先行先试，采用全域互联网服务技术创新，开启歙县昌溪乡万二村的农房经营使用权的直播竞拍，首次构建了全国农村集体资产全网数字化配置服务创新模式。"黄山模式"依托互联网科技创新服务者阿里巴巴集团阿里拍卖的技术、流量、服务等核心能力，精准匹配区域外产业投资人，实现新兴产业投资跨区域导入、特色产业集群培育、产业增值和农民增收，打造了推进乡村振兴与共同富裕的全国标杆和样板。

安徽省黄山市歙县古村落丰富，拥有多处世界文化遗产，生态资源价值极大，引进优质外部要素、构建高质量产业集群、建设宜居宜业和美乡村的基础极好。拓宽农民财产性收入渠道，需要创新发展思维，秉承"绿水青山就是金山银山"的理念，安徽省黄山市歙县引入数字化服务技术创新，为拓宽农民财产性收入提供了先行先试的经验。黄山市歙县依托数字化技术实现了对徽派民居、农房的确权登记，并面向全国进行"云招商"，明确要求农房使用服务于乡村振兴。2021年12月，全国首场闲置农房经营使用权竞拍直播在安徽歙县万二村举行，吸引了约217万人次围观，产生了极大的社会影响。根据官方数据，截至12月9日，首批进入拍卖的农房单标的平均围观人数超过7000人，跨省成交人数占比33%、跨省保证金缴纳人数占比87.5%、跨省围观人数占比73%，涵盖全国31个省（区、市）和香港特别行政区。数字化技术的应用，吸引外部资源导入，为提高宅基地资源配置效率、促进宅基地有序流转提供了新方向。

黄山市通过数字化技术推动农房优化配置，既拓宽了农民财产性增收渠道，又推动了乡村建设发展。一方面，数字化创新提升了农房的市场价值，产生的收益更好地服务乡村振兴，惠及农村居民。农房的租金收入以及后续运行的收益将成为农民财产性收入的重要来源。依托"云招商"的方式，植入新产业、新业态，引入外部优质资源激活了乡村创新创业活力，开辟了就业岗位。文化、科技、旅游、生态等乡村特色产业兴起，全方位助力农民增收。另一方面，数字化技术引入有效地解决了传统乡村治理中存在的产业分散、资源空置、管理难度等难题，通过数字化技术方便了地方政府对农房的产权、区位的管理。乡村产业的发展，解决了乡村建设行动钱从哪里来的困境，实现乡村公共服务的提档升级，加快推动农村公路建设项目更多向进村入户倾斜，高质量推进乡村建设行动。

## 2. 主要做法

### 2.1 集体资产监管，实现宅基地全流程管理

数字化技术为歙县盘活利用闲置宅基地提供了全方面的管理机制。歙县目前已逐步形成了闲置宅基地"发现—发布—审核—协商—签约—监管"于一体的完整业务链条，借助数字化平台为盘活农户闲置宅基地提供便捷的发布渠道，为村集体提供闲置上报和发布审核能力，为出让方和受让方提供资源寻找和在线签约能力，为各级管理部门提供监管抓手，同时协同多业务部门规范市场运行环境，可持续性较强。为突出经营开发、服务乡村振兴、防止农房再闲置的问题，安徽省黄山市歙县在直播看样、竞

拍公告、流转合同内均对竞拍后的房屋用途进行明确规定，必须用于有助于乡村振兴的产业项目，竞买方在竞买两年内未开发利用或未按规定用途使用的视为违约，杜绝房屋用途性质转变以及二次闲置问题，确保其盘活率和利用率。

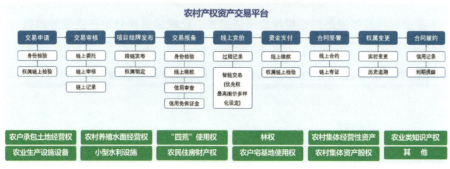

## 2.2　发挥集体优势，有效整合宅基地资源

在规范化的盘活流程中增强村集体参与度，激发村集体基层自治的能动性。村集体与农户达成协议，将闲置宅基地统一收储后进行统一规划、盘活和经营，将盘活后的闲置宅基地运营项目所获得的收益用于乡村发展。根据宅基地资产的不同特征，村集体为农户发布闲置宅基地信息提供灵活多样的模式，包括房屋租赁发布、单体发布（单宗闲置宅基地发布到资源推介平台）、集体收储发布（闲置宅基地收储到本村集体后再发布到资源推介平台）、项目发布（在闲置宅基地基础上整合水塘、废弃学校等其他闲置资源包装为项目发布到资源推介平台）等多种形式，为农户提供契合自身需求的信息发布方式。村集体经济组织在整合宅基地资源、统一经营方面发挥了"统"的作用。

## 2.3 资产数字化，让产权资产更加通畅

数字化技术为闲置宅基地盘活出让方和受让方赋能。数字化平台以统一的资源推介平台为基础，提供多样化、规模化的闲置宅基地资源，降低闲置农房盘活的出让方和受让方交易成本。数字化技术通过毫秒级时延提高资产交易效率，并赋予流量支持和曝光率倾斜，同时采用"1对1"的精准撮合服务、"7×24"小时全程人工智能在线服务，提高宅基地资源交易的效率。

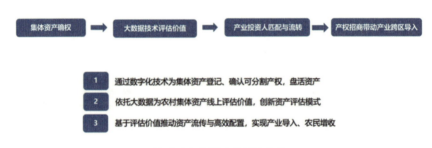

**数字化纵深服务：从资产确权到产业跨区导入与增值**

**探索农村集体资产股份权能实现新形式，让农民更多分享产业增值收益**

集体资产确权 ➡ 大数据技术评估价值 ➡ 产业投资人匹配与流转 ➡ 产权招商带动产业跨区导入

1 通过数字化技术为集体资产登记、确认可分割产权，盘活资产
2 依托大数据为农村集体资产线上评估价值，创新资产评估模式
3 基于评估价值推动资产流传与高效配置，实现产业导入、农民增收

**资产确权释放产业投资价值**

## 2.4 "一平多端"，提供宅基地交易配套服务

数字化技术为闲置宅基地价值体现赋能。一方面，引入中介机制，由专业团队完成闲置宅基地的信息发布，包括产业规划和价值评估等，全方位提升了闲置宅基地的商业价值，吸引投资主体完成盘活交易；另一方面，构建包含交易资格审查、电子合同存证、资产价值评估、可信资金监管、三资管理系统、宅基地管理系统、本地交易平台、信用评估与金融服务在内的八大增值服务，为歙县盘活闲置宅基地资产提供全方位保障。此外，歙县还为盘活宅基地项目提供金融支持。歙县授予万二村ＡＡＡ级信用村牌匾；歙县农商行向万二村授信500万元，并设计党建引领信用村金融产品用以助力竞买方盘活利用。

建设中的资产上链场景

## 3. 经验启示

### 3.1  依托数字化加快宅基地的确权登记

确权登记是闲置农房盘活的基础。加快推进"房地一体"农村不动产登记发证工作，充分发挥数字化技术在全面摸清宅基地底数的作用。虽然"三调"数据为准确掌握宅基地数量规模和空间分布格局提供了支撑，但是对于宅基地块上的产权形态、利用情形和"户""房""地""权"信息及其匹配关系还不清晰。因此，需要加快推进"房地一体"农村不动产登记发证工作，通过掌握宅基地的全面准确信息，构建宅基地数据信息库，为宅基地管理和闲置农房盘活提供数据支撑。

### 3.2  探索建立市场黏合度更高的盘活机制

通过大数据、物联网等数字化技术不断提高乡村治理水平。通过利用网络技术和数字技术打造全国一体化的宅基地数据中心和网络政务中心等有效解决闲置宅基地盘活中的"信息孤岛"问题，实现全国闲置农房数据的互联互通和共建共享，不断提升宅基地的利用效率。当前的闲置农房盘活数字化应用主要依托政府资源构建，目标导向明确，主要是为满足政府集成监管，形成规范化管理体系。但是在此基础上需要进一步与市场对接，加强政企合作，让企业逐步接入进来，共同促进更多元立体的闲置盘活机制。尤其是要在夯实数据底座的基础上，引入市场化成熟的中介服务平台，着重提升服务市场能力。通过政企合力，优势集成，共同建设一流的闲置盘活机制。

## 3.3 探索更多元的闲置盘活利用方式

一方面，探索建立闲置农房的科学盘活机制。通过制度设计引导农户、市场、集体，明晰闲置宅基地和农房的盘活客体，培育、制定科学合理的闲置宅基地和农房盘活市场机制及相关基础性配套制度，规范市场行为，发挥数字化技术在引导农户规范进入市场的积极作用。另一方面，探索利用闲置宅基地和农房发展新产业的多元化路径。鼓励利用闲置宅基地和农房发展符合地区现实和特点的休闲农业、乡村旅游、民俗展览、生态康养、创业办公等新产业、新业态，以及农产品加工、仓储等一二三产业融合发展项目，增加农民就业岗位，促进农民创收。

## 3.4 注重发挥整体性开发的规模效应

目前，闲置宅基地和农房普遍存在单体开发的特征，尚未发挥规模效应。首先，应进一步发挥村集体的统筹和组织功能，为闲置宅基地盘活利用提供组织支撑。其次，应重点发展乡村产业新业态。以农房、宅基地为资源要素，积极招引数字产业类、文化旅游类、咨询服务类等新经济新业态落地。最后，注重发挥前期规划的作用。闲置土地利用改造要遵循"规划—设计—建设"规范，与村落布点规划、村庄建设规划、土地利用规划相匹配，与村集体经济发展充分结合、相互促进，使农户、村集体、投资者多方共赢。

**本文作者**

李　颖　阿里研究院产业研究中心高级专家

## 案例点评

**王金杰**　南开大学经济研究所副教授

　　发展壮大农村集体经济，是维护广大农民集体成员财产权益、实现乡村全面振兴、推进共同富裕的客观需要。案例表明，数字技术能以对接外部市场、降低闲置房屋资产交易成本、提供闲置房产交易及售后服务等方式，盘活农村闲置资产，解决集体资产监管治理难等问题，实现要素重组、价值深挖、产业深度融合，促进集体资源的价值实现，激发集体经济活力，提高集体成员的财产性收入，为发展新型农村集体经济走出了一条创新融合、互利共赢的发展道路。应该说，这一案例具有较强的普适性和可借鉴性。一方面，通过直播竞拍引入了宅基地确权、交易资格审查、电子合同存证、资产价值评估、可信资金监管等一批新的数字化服务，数字化技术的引入有效地解决了传统乡村治理中存在的产业分散、资源空置、管理难度大等难题。另一方面，数字技术引入外部的市场新主体，充分实现了农村产权制度和要素市场化配置机制，有可能实现乡村资源向资金、资产、资本转化，解决了农村资产价值增值问题，拓宽了农民增收渠道。

# 新业态新模式类

## 央企帮扶模式

云南元阳

## 东西部协作模式

新疆阿克苏

贵州毕节/黔南

## 县域产业数字化转型

河北肃宁

山东曹县

江苏睢宁

重庆垫江

| 云南元阳 |

# 中信集团引入阿里巴巴打造产业振兴"动力源"

## 1. 基本情况

　　元阳县是云南省红河州下辖县之一，位于云南省南部，全境重峦叠嶂、无一平川，正是这独特"3D立体"地貌，在亚热带山地季风气候下，形成了这里的农耕文明奇观——世界文化遗产红河哈尼梯田，元阳梯田是红河哈尼梯田的核心区。元阳县境内世居的各民族各自创造了本民族传统文化，形成了具有民族特色的文化遗址、历史文物、民居建筑等物质和非物质文化遗产312项，孕育出了梯田文化、火塘文化等异彩纷呈的民族民间传统文化，同时，元阳也是云南热带水果和云雾茶及黄金的重要产地之一。

元阳梯田景观

曾经的元阳贫困人口多、贫困面广、贫困程度深，是滇西边境集中连片特困地区县、云南省27个深度贫困县之一。2020年，元阳县摘掉了"贫困县"的帽子，全县区域性整体贫困得到根本治理，千百年来的绝对贫困基本消除。2021年8月，元阳被列入国家乡村振兴重点帮扶县。

"脱贫摘帽不是终点，而是新生活、新奋斗的起点"，巩固拓展脱贫攻坚成果同乡村振兴有效衔接，加快建设现代化农业产业，是元阳45万各族各界干部群众努力的方向，也是中信集团一直关心的事业。中信集团从1992年开始对口帮扶元阳县，派驻多名扶贫干部协助当地政府开展工作，投入上亿元专项资金开展了"美丽家园"乡村建设、生产技能培训、劳务输出、中信奖助学金等300多个扶贫项目，有效改善了元阳县的基础设施状况和人民群众的生产生活条件。

"作为一名中央单位定点挂职干部，要认真抓好二十大报告精神、习近平总书记对深化东西部协作和定点帮扶工作重要指示精神的贯彻落实。结合中信集团帮扶工作的实际，紧紧围绕'五大振兴'，充分发挥集团金融、农业、医疗、智力等产融优势，帮到点扶到根，强化产业帮扶，强化智志双扶，为元阳县巩固拓展脱贫攻坚成果同乡村振兴有效衔接贡献中信力量。"中信集团挂职元阳副县长田军营如是说。

## 2. 主要做法及成效

近年来，中信集团重点帮扶元阳开展乡村振兴尤其是产业振兴相关工作，依托元阳作为红河哈尼梯田文化景观世界文化遗产的核心区、全球重要农业文化遗产、中国重要农业文化遗产、国家湿地公园、全国重点文物保护单位、国家4A级旅游景区等优势，重点着力培育果蔬、梯田红米、绿色养殖、绿色食品等重点产业，加快建设现代化产业体系，构筑现代化经济强县的重要支撑和基础。

尽管元阳有着丰富的农特产品资源，但元阳的现代农业打造还存在一些制约因素。一是农产品种类丰而不富。元阳县立体气候特征明显，农产品种类多，但作为产品开发较少，很多农产品仅停留于本地消费；农产品加工企业较少，规模小，工艺水平不高，产业链条短，提升附加值难度大。二是乡土品牌杂而不亮。乡土品牌产品同质化严重，多而不优，品质参差不齐；经营主体质量意识不强，缺乏对品牌内涵的认识、塑造和文化的挖掘，消费者对品牌认知度和忠实度都不高。三是品牌宣传形式单一，仅停留在展会平台，未与新媒体、互联网、物联网、大数据等技术有效结合，产品影响范围较窄。

为此，中信集团引入阿里巴巴，共同推进元阳县农产品网货销售、特色农产品原产地影响力提升，打造遍布全国的消费帮扶数字营销网络，不断激发元阳当地农业产业发展原生动力，共同探索实现共同富裕的数字化乡村振兴。

## 2.1  营销牵引，驱动产业发展提质增效

梯田红米是元阳的主打特色产业。哈尼人用数十代人毕生心力，将沟水分渠引入田中进行灌溉，把海拔相对高差2078.3米的哀牢山一角，垦殖了成千上万梯田。生长于元阳梯田的元阳红米，也和世界文化遗产的哈尼梯田一样，在千年时光中，保持了最初的模样。从生长过程看，它至今保留着山泉水灌溉、施农家肥、人工耕禾除草的原始耕作方式；从稻米品质看，它保留着最古老的稻种基因，产量低却营养丰富。元阳红米生长期比东北米长40～60天，产量却只有三分之一，营养价值高。

元阳哈尼梯田保留了近百种传统水稻品种，开发了红米酒、红米糊、红米茶、红米饼等红米系列产品。元阳梯田红米于2016年申请了地理标志证明商标。2022年11月，"元阳梯田红米"品牌正式发布。

为了让"梯田红米"成为当地群众增收的"红钞票"，中信集团做了大量基础工作支撑产业发展。中信集团投入帮扶资金实施红米种子资源选育和保护项目，建设专家工作站、田间实验基地、品种展示基地、种子低温冷藏库、种子数据管理库，繁殖红阳3号、月亮谷等品种；设立产业专户基

金，专项用于发展梯田红米产业。目前已在元阳县范围内建设15万亩优质粮源基地，发展订单基地5万亩，培育优质红谷繁育基地1500亩。通过与中科院作物研究所合作，研发梯田红米品种16个，辐射带动全县种植梯田红米面积达10万余亩，种植农户2.6万户，总产量达4万余吨，农业总产值达2.4亿元，实现产量、品质双提升。同时，还注册了"阿波红呢""梯田印象""元阳红"牌等6个梯田红米商标，借助世界文化遗产哈尼梯田的优势，以"一粒米"为核心，力争将元阳梯田红米打造成世界一流的红米品牌。

中信集团持续积极动员集团上下采购梯田红米、茶叶等农特产品，深入开展"元品入京"工程，通过组织网络直播，接入阿里巴巴、中信易家、中信大昌行等方式，不断拓展元阳农特产品销售渠道，累计完成消费帮扶1196万元。集团还推介元阳县粮食购销公司与一线城市供应链公司合作，通过与中信集团搭建农特产品供需对接平台，双方建立长期定向采购合作机制，有效调动各族群众依靠自身努力实现收入持续稳步增加。

基于元阳的资源禀赋和产业发展现状，结合元阳县政府需求，中信集团与阿里数字乡村团队认真研究分析，确定了帮扶路线，即通过线上多渠道产销对接及整合营销活动推广等方式，打造以红米、沃柑等产业为核心的产业价值，在产品营销和渠道等方面进行能力提升，让老百姓有更大的种植收益。同时，孵化本地电商人才，以支撑本地产业持续健康发展。

在线上营销渠道方面，挖掘元阳梯田红米卖点和价值，多维渠道触达消费者，强化品牌心智，助力元阳梯田红米、沃柑等农产品拓展销售渠道，助力本地企业及农户增收。"元阳软红米颗颗饱满，口感比较软糯，非常适合熬粥……"在聚划算百亿补贴官方直播间，随着田军营副县长的生动介绍，开启了元阳公益溯源专场直播带货。

此外，阿里数字乡村还推荐元阳本地农特产品入驻阿里巴巴自营及合作第三方电商渠道，如阿里数乡宝藏旗舰店、阿里数字农业源生鲜旗舰店、点淘商城等。结合中国农民丰收节、聚划算官方直播等持续开展直播带货，

**田军营副县长在直播间**

总计达成销售额近300万元，全网影响力曝光宣传近2500万人次。2022年9月，在元阳县哈尼梯田举办的"云南·元阳稻花鱼丰收节"启动仪式上，元阳县政府、中信集团、阿里巴巴集团三方代表共同发布"数字化助力元阳县乡村振兴合作"，并向元阳县粮食购销有限公司授牌"天猫超级原产地云南元阳梯田红米种植基地"，为元阳梯田红米原产地优质供给背书。

## 2.2  智志双扶，培养乡村电商人才

电商人才培养是提升元阳农业产业发展动力的重要环节。中信集团引入阿里巴巴，共同推动元阳培养一批懂电商、懂运营、懂直播的电商基础人才，夯实元阳电商人才体系。

案例：得益于阿里巴巴数字乡村团队的大力推荐，在阿里巴巴"农货多一件"活动中，在2022年天猫"双11"期间，作为元阳的优秀电商人才代表，绣娘刘玲芝来到明星胡兵的淘宝直播间，为家乡带货。

"这个咸鸭蛋和红米都是来自有着1300多年历史的哈尼梯田……"随着刘玲芝的介绍，屏幕前的网友对这些产自世界文化遗产之地的美食，早已按捺不住，不断上升的销量和热闹的评论让这位云南绣娘露出欣喜的笑容。这场直播，让元阳特产走出大山，让大山深处的绣娘们被更多人看见，让流传千年的民族刺绣被更多人了解。

自参加阿里巴巴"村播计划"培训开始淘宝创业以来，刘玲芝注册了自己的店铺，奔波于乡间农户找货，售卖家乡的土特产，有元阳红米、红米线、小黄姜和当地种植的时令水果等。元阳当地的彝族刺绣制作精美、种类繁多，是彝族传统文化之一。通过走访周边各个村寨，刘玲芝发现掌握彝族传统刺绣技艺的绣娘们缺少产品开发以及市场拓展的能力，以"零打碎敲"的模式自绣自用，或者卖给本地人，或者旅游旺季时卖给游客，略微补贴一些家用。2021年刘玲芝成立工作室，拓展创业的道路，组织当地的绣娘们一起创收。从坐在田埂间刺绣到走进直播间，淘宝直播为刘玲芝和元阳绣娘们提供了一种新的可能，让她们获得了与更广阔的世界连接的机会。有的绣娘仅凭刺绣一年就可以为家里增加两三万元的收入。

中信集团引入阿里巴巴推动元阳数字乡村项目落地以来，大力发展"电商人才培养"，不断孵化乡村数字化农业人才。2022年，通过线上+线下结合方式开展体系化、实战化、长周期（100天）的直播课程培训，助力元阳电商人才提升直播技能，助力元阳商家提升电商人才培养能力。2022年11月，启动元阳电商直播人才培训活动调研座谈，"中信帮扶—元阳电商主播孵化训练营"，进行线下和线上授课，内容包括直播基础技能、直播人设打造与流量获取、直播话术与全流程策划等，学员反馈受益颇多。截至目前训练营已累计开展线下面对面实操培训4场，线上培训20余次，累计覆盖2553人次，开展直播带货81场，累计观看69000+人。

## 2.3  多方合力，打造产业振兴内生动力

近年来，中信集团严格落实"四个不摘"，发挥产融优势，建立大帮扶工作机制，帮到点、扶到根。脱贫攻坚战取得全面胜利后，三农工作重心历史性转向全面推进乡村振兴。面对新形势新任务要求，中信集团顺应目标调整做出改变，围绕"五大振兴"，立足元阳县资源禀赋，拿出切实可行的帮扶举措，形成上下联动、内外协调的大帮扶格局。中信集团大力培育元阳县农业产业内生发展动力，在巩固拓展脱贫攻坚成果与乡村振兴有效衔接工作上，取得实实在在的成效，在于源源不断的持续投入，更在于因地制宜，聚合各自优势力量，为当地注入了产业振兴"动力源"。

中信挂职干部积极配合当地政府努力促进县域产业生根发芽、枝繁叶茂。元阳县本地梯田红米、梯田鸭蛋等产业，在种植生产、深加工、渠道流通、品牌等方面基础都十分薄弱。在巩固拓展脱贫攻坚成果与乡村振兴有效衔接过程中，当地政府在中信集团的支持下，共同探索"输血＋造血"缔造县域产业帮扶模式，确保引得来企业、留得下项目、干得好产业，帮助元阳县本地商家与农户提升供应链能力，拓展线上销售渠道，同时培养电商等相关产业发展有生力量。该模式改变了当地产业单纯依靠直接采购的"输血"模式，以"造血"带动商家能力成长，实现元阳县本地特色产业的可持续发展。

数字化嵌入产业发展全链条，促进县域农业产业高质量发展。在产业帮扶的实施过程中，阿里巴巴结合平台自身能力特点，在电商领域结合互联网大数据，为本地农特产品升级与销售提供针对性建议。在品牌领域借助数字化营销经验捕捉挖掘区域公用品牌传播亮点，联动线上线下，打造多样化、大声势的品牌营销活动。政府、中信、阿里巴巴和当地新农人一起构成了加速乡村产业数字化进程的主体，成为乡村产业振兴的价值创造者和利益分享者，有效提升了县域农业产业链发展质量，也给县域经济和新业态发展带来新机遇。

数字文旅整合线上线下旅游资源，打造县域产业发展新优势。元阳哈尼梯田是世界文化遗产，在全国乃至全球拥有较高的知名度。在数字文旅发展方面，依托支付宝鲸探平台，聚合元阳哈尼梯田景区、知名艺术家哈尼梯田画作、哈尼古歌、元阳梯田红米品牌四大IP，联合打造"元阳哈尼梯田"字藏品，通过元宇宙、NFT等新玩法，精准触达95后、00后年轻消费者。通过借势世界文化遗产品牌，串联农特产业、文旅产业，在线上线下分别建设品牌阵地，围绕阵地开展丰富创新的营销活动，扩大品牌影响力，以此提升元阳县与元阳县特色农特产业及文旅产业在消费者与游客心目中的认知度与好感度，为县域各产业的发展构筑坚实基础。

## 本文作者

崔明理　中国农村杂志社记者

田军菅　中信集团挂职元阳副县长

## 案例点评

**崔明理**　中国农村杂志社记者

中信集团长期帮扶云南省元阳县。在元阳县摘掉了"贫困县"帽子、列入国家乡村振兴重点县以来，中信集团引入阿里巴巴，扶持当地发展特色优势产业和适宜产业，推动元阳产业逐步走上良性可持续的发展道路：从强化线上营销入手，驱动产业发展提质增效；培养乡村电商人才，切实满足当地产业发展的人才需求；强调政府与中信集团等多方合作，共同打造元阳产业振兴内生动力。元阳县案例表明，围绕特色产业进行数字化提升改造，以完善供应链、培养产业人才等提升造血能力，能够有效提升帮扶的针对性、有效性和可持续性，形成产业振兴的内生动力源。

## 5.2 东西部协作模式

# 杭阿携手共建西部电商新模式

## 1. 基本情况

阿克苏市，维吾尔语意为"白水城"，地处南疆中部、塔克拉玛干大沙漠西北边缘、塔里木河上游，是阿克苏地区七县二市政治、经济、文化中心。全市总面积1.442万平方公里（含辖区内兵团），建城区总面积67平方公里，耕地147.77万亩，市辖4乡2镇、5个街道和6个片区管委会，共有124个行政村和66个社区。2021年全市总人口70.5万人，由维、汉、回、哈等39个民族组成，是一个多民族聚居地区。阿克苏市得天独厚的自然资源为冰糖心苹果、薄皮核桃、红枣、香梨等农业特色林果业发展奠定了基础。2021年，全市林果种植面积71.02万亩，其中核桃33.4万亩、苹果13.95万亩、红枣13.52万亩、香梨8.27万亩、其他1.88万亩。经测产挂果面积65.09万亩，果品总产54.3万吨，是著名的瓜果之乡。

"十三五"以来，杭州市对口支援新疆阿克苏市工作坚持贯彻"创新制胜、变革重塑、防控风险、共建共享、唯实惟先"五大工作导向，持续擦亮杭州对口援疆金名片。尤其是明确以电商援疆作为推动阿克苏产业发展和就业增长的重要突破口，通过电子商务人才培训、优质电商资源引入等方式，有效激活阿克苏的资源禀赋优势，推动"十城百店"工程，线上线下助力阿克苏农产品销售，有效搭建起西部农产品优质供给和东部旺盛市场需求之间的电商发展"金桥梁"。阿克苏在杭州市对口支援下，充分借鉴杭州数字经济发达、市场机制灵活、文化底蕴深厚、生态本底优良等特色优势，电商销售各类林果产品占全市果品总产量的四分之一，阿克苏如今已成为闻名遐迩的"中国好果园"。

## 2. 主要做法

### 2.1 坚持杭阿优势互补，加速农业产业升级

首先，阿克苏市拓展了农产品线上线下全渠道销售模式。例如，阿克苏市商务局联合阿里巴巴、20多家本地电商协会企业搭建"阿克苏线上馆"，成为阿克苏市林果产品标准和原产地窗口名片。同时，"十城百店"工程在浙江10个地市有序建设的阿克苏特色农产品公共仓辐射销售门店超过100家，形成"十城百店"市场网络。其次，阿克苏市围绕林果、特色农产品等优势产业落实农副产品招商引资精深加工项目，促进精深加工企业数量不断增长、精深加工能力不断提升。例如，重点招商引资的阿克苏浙疆果业致力于标准化生产的农产品精深加工，促进农产品附加值提升，有效带动了当地居民就业。再次，物流快递共配体系趋于完善。例如，通过建立"最初一公里"直采渠道，搭建"阿克苏—杭州"直采直销模式，扩大了阿克苏农产品在东部地区的直销网络。而通过构建以阿克苏市物流配送中心为枢纽的市乡村三级物流配送体系，依托乡（镇）村级电商服务站点，打通了快递下乡"最后一公里"，为电商产业发展奠定基础。

### 2.2 着力打造区域公用品牌，提升市场知名度

阿克苏市通过主推"阿克苏礼物"市域公用品牌，完成"阿克苏礼物"市域公用品牌体系和质量溯源体系建设，建立了公用品牌的准入标准。通过为产品品质优良和运营能力优秀的电商企业定制带有区域公用品牌的公用礼盒包装，打造出专属于阿克苏市的农产品原产地名片，助推本地电商企业规模化、规范化发展，促进阿克苏市农产品上行。此外，"爱香妃""浙疆果""天山雨果""品味西域"等30多个特色商标进一步提升了阿克苏市的品牌知名度。

## 2.3　聚焦培养电商相关人才，夯实产业发展基础

　　阿克苏市始终将人才培育工程列为产业升级的工作重点，充分发挥杭州电商产业、技术和平台优势，开展智力援疆。在杭州市援疆指挥部推动下，2020年5月，阿里巴巴数字乡村事业部在阿克苏市设立疆内首家阿里数字乡村培训中心，基地通过梯次开展"天山计划""蒲公英计划""领航员计划""追梦计划"等完备的四期培训体系合力培育本地电商人才，年培训各类电商人才、讲师超1000人次，形成了以电子商务企业、院校、培训机构为主体的电子商务人才培训体系。

## 2.4　大力实施消费帮扶，促进特色产业提质增效

　　引导产业项目入疆的同时，依托杭州庞大的消费市场帮助阿克苏农特产品出疆，持续打造消费援疆金名片。2020年在援疆指挥部的牵线搭桥下，天猫阿克苏原产地官方旗舰店正式成立，开启阿克苏农产品电商直销的官方窗口。近两年通过深化"十城百店"工程，认证鲜丰水果、联华超市、盒马鲜生等成为市级运营商，在杭城开出240多个阿克苏农产品销售专柜，线上线下销售各类阿克苏农产品超过10万吨。杭州·阿克苏城市空间店、杭州市民中心"新疆礼物—阿克苏好礼"对口支援特色农产品馆在杭打响品牌。举办"杭阿情深·阿克苏好礼"年货节，常态开展"姐妹帮扶·巾帼带货"，持续深化杭州人游阿克苏活动，以消费援疆助力阿克苏"两个先行"。

## 2.5　引导产业集聚发展，带动当地居民就业增收

　　基于重点援建项目阿克苏市电子商务产业园，目前已建成阿克苏商贸物流园、电商快递物流分拣中心，形成了南疆首个集商务、仓储、物流、培训、孵化等功能为一体的阿克苏电子商务集聚中心。通过搭建创业孵化平台，提供网商创业指导、网店装修设计、品牌培育、直播带货、法律支持等服务实现电商企业"抱团"发展。除了围绕阿克苏市电商产业园形成的集群效应，在乡村地区，电商发展也呈现集聚态势。例如，以浙疆果业为代表的当地龙头企业，通过在原产地建立核桃基地、卫星工厂、精深加

工生产线等，带动当地农民就地就近就业，直接或间接带动上千家农户增收，形成了核桃"初加工在乡镇、深加工在园区"的集群式发展格局。

### 2.6 迭代升级营销模式，积极开拓电商新业态

在阿克苏市广大乡村，越来越多人成为"新农人"——手机成为"新农具"，数据变成"新农资"，直播变成"新农活"。阿克苏市的电商发展已经不再局限于传统的电商模式，内容电商、直播带货等新模式也成为居民生产生活的重要组成部分。依托原产地优势，加上阿克苏市的农产品特色，田间地头直播带货已成为电商销售的重要渠道之一。同时，杭州市援疆指挥部联合阿克苏市商务局和阿里数字乡村事业部通过天猫平台"阿克苏线上馆"开展直播带货，设立直播中心和村播基地，通过打造具有民族特色和原产地风光的直播，在丰富居民生活的同时极大促进了当地农产品的销售增速。

## 3. 主要成效

### 3.1 电商销售额实现强劲增长

2020年，阿克苏市电商交易额实现57.42亿元，2021年实现67.62亿元，同比增长17.76%；其中网络零售额实现25.50亿元，同比增长31.46%，在阿克苏地区占比65.71%，排名第一，是阿克苏地区电商发展的领头羊。其中，实物型网络零售额对网络零售额增长贡献率为68.52%，为网络零售额增长发挥了积极作用。2020年，阿克苏市农产品网络零售额实现6.83亿元，2021年实现9.95亿元，同比增长45.69%，相对靠前的行业分别为水果、坚果、草药，分别实现52166万元、44061万元、1190万元。

### 3.2 助力网商群体迅速崛起

2020年，阿克苏市网商（指从事电子商务活动的商家）总计7415家，2021年增加到8635家，同比增长16.45%。从网商类型看，应用型网商数共计8518家，在网商总数中占比98.65%；服务型网商数共计117家，在网

商总数中占比1.35%。应用型网商中，流通型网商数共计7796家，在应用型网商数中占比91.52%；生产型网商数共计722家，在应用型网商数中占比8.48%。从电商带动就业情况看，阿克苏市电商带动就业人数2.92万人，其中直接带动1.30万人，间接带动1.62万人。截至2022年，阿克苏市电商创业孵化基地已入驻电商企业95家、快递物流企业16家，解决就业近2000人，孵化电商企业226家，涌现出米尔扎提·喀米力、阿迪力江·艾麦提、牛艳青、刘会芳等诸多电商创业典型。其中，电商销售额在5000万元以上的企业2家、1000万元以上的企业25家。

## 3.3　培养了一大批电商后备人才

2017年至2021年，阿克苏市共开展"天山计划"19期2781人，"蒲公英计划"16期368人，"追梦计划"新媒体直播培训217人，通过"领航员计划"培养认证的电商讲师69人，培训学员迅速成长为阿克苏本地电子商务发展的带头人，培训后从事电商产业的到达了85%，迅速聚集起产业的新高地、人才的磁力场。同时以推进农副土特产品提质增效和乡村旅游电商服务升级为突破点，促进农村电子商务普及应用，对农村创业青年、

阿克苏市电商人才培训"蒲公英计划"在杭州成功举办

村民、干部、学生、电商服务站站长进行电子商务知识培训，为农村电商注入"新鲜血液"，2017年至2021年共开展农村电商轮训12000余人次，累计直接或间接带动电商就业6000余人，实现3000余人完成线上开店或从事微商行业，仍在运营的人数超过1800余人，存续率达60%。

## 3.4　获得多项省级以上荣誉

2015年4月，杭州援建阿克苏电子商务产业园被新疆维吾尔自治区商务厅正式命名为首批"自治区电子商务示范基地"。同年5月，阿克苏市被确定为自治区级电子商务进农村综合示范县市。2020年8月，阿克苏市电商产业园获批自治区级创业孵化示范基地。2021年3月，阿克苏市被商务部、财政部评为10个电子商务进农村新激励典型县（市）之一，成为新疆首个获批国家农村电商激励县项目的县（市）。同年9月，阿克苏市电商产业园被商务部增补为"国家电子商务示范基地"，是新疆唯一获评国家电子商务示范基地的产业园。

# 4. 经验启示

## 4.1　电商引领

电商引领的关键和本质是回归产业本身，以互联网技术为新要素注入，发展优势产业，培育地域特色产品。阿克苏市政府依托国家级电子商务进农村综合示范市建设，发挥杭州电商之都援疆优势，集中精力推动阿克苏市农产品产业与杭州电商产业对接，明确将电子商务作为阿克苏市三大支柱产业之一，从产业孵化、园区培育、平台搭建、网点建设、服务体系、环境优化等方面系统扶持电商发展，并积极引入电商新模式新业态，增强产业链韧性。

## 4.2　全链提升

通过搭建电商创业孵化基地，阿克苏市建成首个集商务、仓储、物流、培训、孵化等功能于一体的电子商务产业园，并着力打造南疆地区商贸物流集散中心。同时，以数字赋能带动电商产业链和生态圈的扩张。首先，建成新疆果业大数据交易中心，可实时展现全国各地产品销售情况，为公司仓储、加工、物流提供数据支持。其次，建设乡村振兴快递统仓配送中心，通过基于大数据的云仓模式与销地仓在全国各地联动销售阿克苏农产品，有效解决困扰中小电商的物流成本高、配送时效差等难题。再次，打造阿克苏苹果"未来农场"示范基地，加装物联网数据采集设备，为土地管理、亩产量以及商品果率提供技术支持，真正实现产地溯源，提升了阿克苏苹果的品牌价值。

## 4.3  集聚发展

阿克苏市通过建设电商产业集群，走出了一条园区化发展的集群式电商发展模式。其一，加快电子商务产业园园区建设，科学规划产业园区和基地的功能定位，推进产业向产业园区聚集，实现电商企业"抱团"发展，提升竞争优势。其二，发挥聚集效应，产生辐射带动作用。依托优秀电商企业的成功经营模式和培训力量，促进电商技能在同地区亲友和邻里之间的快速传播，为电商产业集群的发展再添动力。同时，电商集群产业链上的分工合作、同业者间的横向合作以及外部网络组织的合作，还促使产业集群逐步从相对封闭的产业链体系向相对开放的网络化协同体系跃迁，实现多点突破、点面融合的产业集群协同体系。例如，阿克苏通过召集电商协会、行业组织、战略联盟等性质的合作组织，建立商业联盟，提高了集群规模的竞争力。而通过充分发挥返乡人员的财富效应和示范效应，加强不同电商群体之间的交流合作，提高了同质性资源的利用深度、异质性资源的利用广度，打造了开放共赢的电商集群氛围。

## 4.4  品牌先行

在杭州市援疆指挥部的指导下，阿克苏市电子商务协会及时针对龙头产品阿克苏苹果申请注册了"冰糖红"电商公用品牌，并启动"冰糖红"

的品控体系建设，做到"品牌可信、品质可控、来源可追"。同时，协会会员根据"严格标准、规范管理、自主使用"的原则，共同使用和推广"冰糖红"品牌，促进了阿克苏苹果的网络销售。针对整体特色产业完成了"阿克苏礼物"市域公用品牌体系和质量溯源体系建设，建立公用品牌的准入标准。对于产品品质优良和运营能力优秀的电商企业，定制带有区域公用品牌的公用礼盒包装，由政府提供印制补贴，助推本地电商企业规模化、规范化发展。

## 4.5 协同推进

东西部协作是实现资源跨区域调配、缩小地区发展差异、促进平衡发展的有效治理模式。杭州市援疆指挥部发挥杭州"中国电子商务之都"的人才优势、产业优势、技术优势和平台优势，把推进阿克苏市电商产业发展列为杭州援疆的重点项目，从2014年开始每年投入500余万援疆资金用于电商人才培训、公用品牌打造、供应链系统提升和平台资源对接，始终将人才培育工程列为产业升级的工作重点，充分发挥杭州数字经济发达、人才集聚等特色优势，开展智力援疆。

**本文作者**

徐旭初　浙江大学中国农村发展研究院教授
吴　彬　杭州电子科技大学法学院副教授
朱梅捷、葛　平　杭州电子科技大学法学院硕士研究生

**案例点评**

**徐旭初**　浙江大学中国农村发展研究院教授

经过杭阿两地多年的对口支援、东西协作以及阿里巴巴等数智企业的积极参与，在杭州数字经济发达、市场机制灵活等特色优势加持下，阿克苏市有效搭建起西部农产品优势资源供给和东部旺盛市场需求有机衔接的

西部电商发展桥梁，探索出独具特色的西部电商发展新模式。

应该说，阿克苏市电商产业发展模式的实现逻辑，关键在于通过跨边界获取能力提升的异质性资源，积极突破组织边界、产业边界、物理边界和地理边界，进而振兴电商产业领跑南疆，以最终实现阿克苏市高质量发展。一方面，基于当地内部条件和基础，主动引入外部市场主体并召集多个合作组织进行跨组织边界的主体融合。同时，积极引入契合时代趋势、具有赋能作用的数字技术要素，打破原有的物理边界，通过在生产端、流通端、配送端与中间服务等环节创新，完善和提升全产业链发展链条。另一方面，集群企业通过建立跨越地理边界的超本地知识网络，突破能力发展路径依赖性的困境。因而，阿克苏市电商产业发展基于本地特色资源禀赋，引入新发展要素，突破创新能力不足、要素结构落后等一系列约束条件，构建信息共通、价值共创、资源共享的电商生态体系，真正走出了一条虚实融合、产业融合、点面融合、内外融合、组织融合的跨边界发展路径。

# 东西部协作推动乡村振兴的数字化路径

## 1. 基本情况

开展东西部协作是党中央着眼全局作出的重大决策，是推动区域协调发展，缩小发展差距、实现共同富裕的重要举措。东西部协作以"优势互补、互利互惠、长期协作、共同发展"为指导原则，以"联席推进、结对帮扶、产业带动、互学互助、社会参与"为合作机制，将来自东部发达地区的资金、技术、人才、理念源源不断输入西部，促进贫困地区提升"造血"能力，是全面推进乡村振兴和巩固拓展脱贫攻坚成果的重要途径。2020年打赢脱贫攻坚战后，"三农"工作的重心发生历史性转移，从脱贫攻坚转移到全面推进乡村振兴。面对新形势和新任务，扎实推进东西部协作对于构建新发展格局具有重要意义。

为进一步贯彻《中共中央 国务院关于全面推进乡村振兴加快农业农村现代化的意见》，2021年9月广东省与贵州省签署了《"十四五"时期粤黔东西部协作框架协议》，围绕助力贵州省巩固脱贫攻坚成果同全面推进乡村振兴有效衔接，在整体规划、需求调研的基础上，在产业、青年创业就业、消费帮扶、人才交流、社会力量、民生社会事业、乡村振兴，以及合作创新项目等方面全方位开展协作。2022年8月，贵州省人民政府和广东省人民政府联合出台了《关于建立粤黔两省更加紧密的结对帮扶关系的实施意见》，明确指出"支持协作地区开展整村推进数字乡村建设，探索城乡智慧园区、智运快线和数字商城等新模式，打造数字乡村供应链"。

发展数字经济，离不开企业的支持。2022年以来，广东省粤黔协作工作队与阿里巴巴合作开展数字乡村建设，致力于通过数字化技术，加快当地产业数字化转型，并在共建智能产地仓、开发溯源体系、品牌打造、打通数字化全链路、电商人才孵化等方面积累了宝贵经验，探索出一条从脱贫攻坚到乡村振兴的数字化发展新路径。

## 2. 粤黔结对帮扶方式与成效

毕节市位于贵州西北部，西邻云南、北接四川，被誉为"洞天湖地、花海鹤乡、避暑天堂"，具有酱酒、茶叶、土豆、食用菌、皂角米、刺梨、精品水果（猕猴桃、苹果）、鸡蛋、核桃、豆制品、蔬菜等优势产业，是现代山地特色生态农业产业集聚地。

黔南布依族苗族自治州地处贵州高原向广西丘陵过渡的斜坡地带，人文毓秀、历史悠久，是休闲旅游之地、纳凉避暑之域，也是长江和珠江上游的重要生态屏障，生态资源丰富。

广东省粤黔协作工作队联手阿里巴巴在贵州省毕节市、黔南州多个地区开展合作，助力当地产业发展、品牌打造、销售模式创新和人才孵化，加快县域数字化升级，共同打造乡村振兴新样板。

### 2.1 产业振兴：高品质打造农产品供应链

产业振兴是乡村振兴的关键。广东省粤黔协作工作队长顺工作小组联合阿里巴巴以数字化工具打造农产品供应链，推进农业高质量发展。

一方面，开发溯源体系，打造安全可靠农产品。结合蚂蚁区块链溯源技术，打通天猫淘宝体系商品、扫码介绍页面、搜索溯源心智标签等功能，提供数字化赋码，助力农产品品牌保护、电子溯源和防伪查询，提升消费者对当地农产品信任度，减少客服投诉比例。

另一方面，构建数字化驱动的供应链体系，提升农业现代化水平。黔南州长顺县依托阿里菜鸟物流，围绕绿壳鸡蛋农产品开展分拣分选智能化运营，开发检测、分选、分级、喷码、包装、配送和信息平台等多种功能，提升农产品标准化水平。同时重塑农商品，升级产品包装设计，开发商超款、电商款、精品礼盒款三款产品组合，面向不同消费群体对接不同渠道，部分农特产品已入驻贵阳盒马鲜生线下店。

## 2.2　品牌唱响：提升产品附加值

　　黔南州长顺县、毕节市威宁县分别与阿里巴巴联手共同举办品牌推广发布会，推出一系列线上直播推广、促销活动，借助"天猫超级原产地"产品推广阵地，在全网打造热点话题，提升长顺县"中国绿壳鸡蛋之乡"、威宁县"阳光威宁·天生好物"曝光度。黔南州龙里县刺梨产业优势明显，当地政府以"龙里刺梨"区域公用品牌创建为抓手，通过产业带整合营销活动、产品销售渠道拓展等模式，将"龙里刺梨"品牌产品端、营销端、渠道端紧密串联，发挥区域公用品牌的示范引领效应，全方位助推刺梨产业发展，进一步增强"中国刺梨之乡——龙里县"的知名度和影响力。毕节市联手阿里巴巴线上线下推广打响"毕节好物"，助力乌蒙山好物插上互联网营销的翅膀，拓宽渠道，全面提升毕节原产地商品的知名度、美誉度和品牌价值。

## 2.3　搭好平台：数字化全链路触及消费者

　　为集中展示毕节好物，数字化全链路触及终端消费者，强化"毕节好物"消费者心智，阿里巴巴搭建了毕节线上消费季线上主阵地"毕节好物

特色馆",并在手机淘宝App上搭建"2022年毕节线上消费季"专属主题会场,为超过100家毕节优质电商企业及300个以上优质农特产品、深加工品、地方美食等提供线上展示展销窗口。结合线上消费季启动会、广博会、丰收节、年货节等营销节点及阿里妈妈精准流量投放,以毕节乌蒙山、乌江源百里画廊、化屋村等知名景区为素材原型,充分考量消费者喜好及平台个性化推荐规则等,将"粤黔协作"、毕节文化、原产地特色好物等共同展现出来。

围绕天猫"双11"相关主题,以"家乡,就要这么爱"为契合点,在"2022年毕节线上消费季"主题会场搭建"双11毕选好物"分会场,选取优质店铺和产品,结合各区(县)产品分布进行展示和宣传,通过1个特色产品、1个地理位置、1个产地故事介绍,用手绘形式展示"毕节好物"创意海报,营造"双11"氛围,用内容打动、吸引消费者了解毕节原产地好物。在阿里杭州园区"双11展区",展示和推介毕节代表性产品化屋黄粑。

"毕节好物"线上消费季

截至2022年12月12日，"毕节好物特色馆"累计曝光量近400万，涌现出如美滋堂、雪榕、可渡河、秦纪煌等优质品牌，以及鹿茸菌、黄粑、荞麦制品、皂角米等被淘系消费者认可的产品。毕节本地特色商品天淘平台增幅超过35％，毕节原产地好物的线上影响力不断扩大，"毕节好物""黔货出山"发展愿景逐步实现。

此外，大力建设毕节市电商发展数智指挥中心，运用大数据剖析全市电商发展结构与态势，助力实现电商产业发展可见、可知、可预测的科学决策，也为毕节农特产品开拓大湾区市场提供数据支持。

### 2.4 销售创新：直播电商提升销售效率

2022年11月，由广东省粤黔协作工作队龙里工作小组联合龙里县乡村振兴局主办、阿里巴巴数字乡村与区域经济发展事业部承办的"2022年龙里电商直播大赛"，帮助黔南州龙里县本地经营主体成功开通近百个淘宝店铺账号和直播账号，累计场观人数破万、新增粉丝500多人，销售总额超过2万元。同期，由广东省粤黔协作工作队毕节工作组联合毕节市人民政府主办、市商务局承办、阿里数字乡村执行的"活力电商·跃动毕节"直播技能大赛吸引了近350名选手参训参赛，决赛PK环节，选手们3小时直播销售达到15万多元，直播带货1400余件，观看人数10万余人。毕节赛事期间，参训选手累计开通淘宝直播账户300余个，淘宝店铺80余个，50%学员课程结束后仍坚持上播。

2022年11月至2023年1月，为进一步提升毕节乌蒙山好物的知名度和影响力，阿里巴巴邀请了十余位达人、明星主播及二十余位美食主播共同带货，累计开展近50场直播活动，总观看人次超4500万，成交近7000件，直播当日成交金额超过20万元，提升了毕节农产品的销售效率。毕节还聚焦一二线城市"网络时代"（85后）及"Z时代"（95后）年轻用户，充分发挥全网50位优质内容创作者在微博、抖音、小红书等多平台的资源，推荐毕节线上消费季活动及原产地好物，超过万名普通用户参与毕节相关话题的互动，全网累计传播曝光量超过1亿次，直播带货内容推介累计覆盖粉丝量超过4000万，助力乌蒙山好物口碑、知名度双丰收。此外，毕节依托丰富的文旅资源和农特产品举办"畅享夏日　热购毕节"活动，推出了线下达人邀约出席、直播带货、线上媒体传播等内容，覆盖更多消费人群，打造了覆盖全域消费者的搜索、展示、信息流、互动等营销产品及阿里巴巴商业化营销IP。

## 2.5　体系构建：加快推进数字县域体系建设

围绕全面推进乡村振兴战略的总要求，充分发挥数字政府改革的优势，筑起县域综合治理体系的"智慧防线"。阿里巴巴与黔南州长顺县政府、广东省粤黔协作工作队长顺工作小组联合打造运营以乡村振兴服务平台为载体的县域数字化样板，依托蚂蚁集团支付宝全面构建以精准防疫、县域治理、涉农和信息服务为核心的县域民生体系，帮助民生服务精准触达居民，提高县域公共服务普惠能力，带动县域治理体系数字化转型。目前长顺县已在支付宝上接入24个部门221项服务，包括电费缴纳、交通出行、社保缴费、就业招聘、文化馆、农特产品电话售卖、融媒体资讯等。

## 2.6　人才培训：培养数字乡村发展人才

数字乡村，人才先行。2022年11月，"蔡崇信职业教育英才计划—长顺站"在长顺县中等职业学校顺利举行，此次培训为期5天，培训107名5G智能终端维修专业学生。广东省粤黔协作工作队龙里工作小组联合龙里县乡村振兴局开展了为期15天的"龙里淘金训练营"及"直播大赛海选集训"活动，线上累计超过600人次参加学习，线下共计150余人进入赛前辅导与决赛，提升了龙里本地电商主体的电商直播销售能力。

毕节针对自身特色农产品电商销售占比不高的问题，在人才培养方面，通过推动种养大户转型和农户内部培养并举的方式培育电商主体，并结合政府相关政策帮扶引导，发动在外的同乡生意人、外出务工人员、在校大学生等共同从事农产品电商；鼓励新型经营主体自建商品产地信息档案，对接电商服务运营主体，完成在线渠道疏通、产品上线前包装等服务；营造良好的电商氛围，以村为单位发动各类返乡群体参加电商培训；通过内生外引相结合提升本地电商人才实用技能，为农村电商发展培养"好人才"。

2022年12月至2023年1月，毕节市商务局联合阿里数字乡村培训中心为化屋村60余名居民就电商直播开展了为期5天的线上专场培训，为助力化屋村黄粑、黄姜等特色产业打通直播电商渠道奠定人才基础。

## 3. 经验启示

### 3.1 精准定位互补优势产业

结合东西部优势，推动产业转移、开发和创新升级。首先，东西部协作应深耕于西部地区的资源要素禀赋和发展条件，围绕加快培育优势特色产业，引进优质市场资源，推动特色优势产业做大做强。其次，构建紧密的利益联结机制，组建不同类型的农业经营主体，提升生产组织化水平，引导西部地区农民以参股经营、直接参与等形式进入产业发展过程中。最后，基于各方优势打造利益共同体，东部地区要深度嵌入西部地区的产业链中，而西部地区也要以自身优势资源深度融入东部地区的产业体系中，实现东西部发展空间拓展、后发地区开发、产品供求、产业迭代升级与承接等方面的有机衔接和互补互惠互利。

### 3.2 市场与技术的深度结合

首先，推进东西部市场实现技术衔接。以深化农业供给侧结构性改革为牵引，以东部地区先进理念和发达技术，促进西部乡村传统产业向绿色化、智能化转型，增强优质产品和消费服务供给能力，真正激活西部地区市场潜力。其次，畅通东西部协作的要素市场机制。着力畅通土地、劳动力、资本、技术、管理、数据等要素向协作企业和产业集聚的市场通道，建立健全资源要素的市场化协作信息和交易平台，探索各类要素在东西部地区共建园区、飞地经济协作中的市场化产业链接、价值实现和利益共享模式。最后，构建市场化产业融合发展机制。引导东部地区产业向西部地区适度疏解和梯度转移，支持西部地区乡村发展比较优势明显、带动农业产业"接二连三"能力强、就业容量大的富民产业，以供给链、产业链、创新链、价值链耦合联动，加速形成具有竞争优势的西部乡村特色产业集群。

## 3.3　充分利用人才激活协作

首先，完善人才晋升和薪酬激励机制，营造"引得来、能留住、用得好、能干事"的良好氛围，整合各方信息建立东西部地区协作人才信息平台，定期开展优秀人才表彰活动。其次，组织挂职干部与本地干部的交流活动，促进挂职干部更好服务当地经济社会发展。最后，拓宽激励机制的应用范围和领域，吸引医生、教师、专家等各领域优秀人才踊跃参与人才支援活动，促进西部地区的全面发展。

## 3.4　完善体制机制

首先，完善东西部产业协作相关政策。通过改善营商环境、优化审批程序、协助拓宽市场、解决公共配套难题、提高服务水平等综合性政策保障，给予东西部协作持续性政策优惠，激发东部地区市场主体参与西部地区协作的积极性。其次，优化东西部资源对接政策。聚焦健全激活东西部地区资源活力的政策体系，实施城乡建设用地增减挂钩指标跨协作区域流动，促进西部土地、劳动力等优势与东部资金、技术、人才等优势有效对接，形成优势资源带动特色产业长效机制。再次，完善东西部就业协作政策。面向高质量就业协作导向，建立健全职业教育和技能培训衔接的劳务就业协作长效机制，搭建"县—乡—村"劳动就业和社会保障服务平台，提升乡村居民稳定就业率。最后，完善东西部社会协作政策。分类建立全社会力量参与东西部协作的畅通渠道，完善社会多元主体回报社会的激励政策，凝聚各方力量助力乡村全面振兴。

**本文作者**

左臣明　阿里研究院高级专家、阿里新乡村研究中心主任
陈浩翔　阿里巴巴数字乡村与区域经济发展事业部西南区项目经理
蔡东健　阿里巴巴数字乡村与区域经济发展事业部贵州区域经理
王　馨　中国人民大学农业与农村发展学院博士研究生

## 案例点评

**左臣明**　阿里研究院高级专家、阿里新乡村研究中心主任

　　广东省粤黔协作工作队联手阿里巴巴在贵州省黔南州、毕节多个县域开展乡村振兴合作，打好数字经济这张"弯道超车"牌，实现了产业体系发展、市场体系完善、人才体系培育，既巩固拓展了脱贫攻坚成果，又协作推进乡村振兴，修好了发展的"内功"，为西部地区探索出了一条从脱贫攻坚到乡村振兴发展的数字化发展新路径。在这一案例中，特别值得借鉴的是，帮扶的重点是有效地搭建数字乡村的发展体系，充分发挥东部地区的先发优势和市场主体活力，不断培育西部地区的市场体系，为西部地区提供在线市场、打造特色产品、完善供应链体系、建设人才培育体系、输入数字化服务新理念等，形成西部地区能"自我发展"的新产业生态，实现长期的可持续发展。

## 5.3  县域产业数字化转型

## |河北肃宁|
# "电商兴县"引领产业转型升级

## 1. 基本情况

　　肃宁县位于河北省沧州市西部，位于京津石大三角和沧保衡小三角中心位置，距离北京、天津、石家庄各150公里；位于雄安新区正南50公里，距雄安新区边界仅22公里，被誉为雄安新区"南大门"。G337、G240两条国道过境，京九、朔黄和京港（台）通道三条铁路在肃宁交汇设站，大广、沧保、曲港、石黄、石津、京德六条高速公路纵横环绕，使肃宁融入首都一小时经济圈，成为京津冀协同发展中至为重要的交通枢纽。县域总面积516平方公里，总人口34万，辖9个乡镇，254个行政村，拥有1个省级经济开发区和1个省级物流产业聚集区，2021年地区生产总值146亿元，财政收入27.76亿元。拥有17个淘宝村、全域淘宝镇，是第八届中国"淘宝村"峰会举办地、国家级数字乡村试点县、国家电子商务进农村综合示范县。

　　肃宁拥有十大县域特色产业，其中一半以上是轻工业属性的电商友好型产业，是全国最大针织服装加工基地，核心的户外鱼竿渔具产业带，有悠久历史传承的裘皮服装产业带，核心龙头带动的乐器产业带，高质量、高效能的出版印刷产业带，其中针织服装生产占全国70%，户外渔具销售占全国市场的近50%，裘皮服装占全国市场的30%。

　　肃宁高度重视电商产业发展，立足轻工业为主、产品适合网络销售的资源禀赋，大力实施"电商兴县"战略，将其作为传统产业转型升级的重要载体和推动乡村振兴的重要抓手，全县电商得到较快发展。"肃宁电商"模式作为典型案例入选《数字乡村建设指南1.0》。该县先后获评"电子商务促进乡村振兴十佳案例"、全国"电子商务进农村综合示范县"、国家数字乡村试点县、淘宝村百强县、数字乡村百强县等称号。

肃宁是一座状元之城，古称武垣城，已有三千年建城史，先后出过元朝文状元魏元礼、清代武状元哈攀龙和清代末科状元刘春霖3名状元，以及36名进士。肃宁是一座通衢之城，区位优越，交通便捷。肃宁是一座活力之城，拥有数字经济、针纺服装、裘皮服装、鱼竿渔具、乐器、出版印刷、铁路物流、电力装备、现代农业、科教文旅等10大特色产业，是中国裘皮之都、中国针纺服装名城、中国北方乐器之都、全国蔬菜产业重点县。肃宁是一座电商之城，全县注册网店达3万余家，直接或间接带动就业8万余人，年销售额超150亿元，全年发单量突破1.1亿单，连续4年同比增长超过50%。

| 电商兴县战略实施框架 | | | |
|---|---|---|---|
| | 聚 | 融 | 促 |
| 人 | 成立电商学院，加大人才培训。 | | 提高电商人才就业、创业率。 |
| 货 | 打造"肃心匠作"区域品牌，引进优质供应链企业。 | | 掌握产品议价权，促进电商和跨境电商发展。 |
| 场 | 打造直播电商产业园，培育园区企业升规、上市；建立大数据中心。 | 产播互融 品牌交融 内外相融 | 促进扶持政策落地落实，吸引专业人才及企业入驻。 |
| 仓 | 加快云仓建设。 | | 降低仓储成本，丰富产业链及销售渠道。 |
| 流 | 完善三级物流体系，成立县级快递物流安全中心。 | | 降低物流成本，提升快递配送质量及效率。 |
| 展 | 依托中国电子商会资源，举办、参加各类全国性会展活动；持续办好电商文化节。 | | 提高肃宁县知名度，提高肃宁产业美誉度，促进招商引资。 |

电商兴县战略实施框架

## 2. 主要做法

2022年5月20日，肃宁县成功举办中国·肃宁"电商兴县"战略发布仪式，明确提出"打造中国北方直播电商产业中心"战略目标，将不断强化"人、货、场、仓、流、展"六大要素支撑，吸引各种资源要素向肃宁聚集，最终实现"肃宁卖全国、全国卖肃宁"。

## 2.1 做好"人"的文章，为产业发展全方位赋能

以保持政府推动为中心点，以融合人才带动为落脚点，抓好从谋划实施到形成成果全流程人才赋能。

大力实施"时代动车"工程，产业发展稳中有劲。大力实施肃宁"时代动车"工程，将139名县处级领导、县直及驻肃单位"一把手"、乡镇党政正职划分为特色产业10大战队；明确提出打造"世界裘皮中心""国家出版印刷基地""中国鱼竿工贸基地"等特色产业"十大工程"，以特色产业转型升级为主题进行专题研讨，采用团队PK、分组讨论、交流心得等互动体验式模式，开展头脑风暴进行学习演练，着力培育领导干部"教练式"思考模式，同步对话、反思问题、分享经验、碰撞思想，形成领导干部争当特色产业数字化转型"领头雁"良好氛围；先后制定《关于加快特色产业高质量发展的意见》《肃宁县电子商务进农村综合示范县实施方案》政策文件，为产业发展指明方向。

探索阶梯式专项培训，销售渠道不断拓宽。与中国时尚文化人才培养计划工作组合作建设中国·肃宁创新赋能中心，借力中国北方首个国家级互联网营销师培训和认证基地、阿里数字乡村肃宁电商培训基地，不断拓宽电子商务人才培养渠道，建立人才高阶培养的海选池。通过9个乡镇推荐、人才自荐等方式，选拔本土优秀的电商人员，根据能力基础划分为三个层次探索实行阶梯式培训制度，基础班为200人班容量，进行电商基础知识培训，结业后选拔50名优秀学员组成精英班开展深度培训，从中再择优选拔15人开展跟踪指导培训，打造头部网红主播人才。截至目前，累计开展普通班培训9期，培训1900余人次；精英班培训5期，250余名结业学员已开始直播带货实操演练，同时，对27名优秀电商直播人才进行陪跑陪练运营指导。截至目前，全县日销售额"10万+"店铺达50余家。

## 2.2  做好"货"的文章，为产业发展全链条提质

设立肃宁10大产业直播电商供应链产品优选中心、中国北方肃宁直播基地供应链选品中心、阿里数字乡村肃宁直播基地供应链选品中心，集聚本地和全国产品，搭建优质物流配送体系，实现肃宁货品与全国优质货品的深度融合，为全国主播提供优质供应链服务。

1.抓提升，推动本地产品数字化。引导企业从"以价格为优势、以数量为规模"到依托数字经济实现传统产业品质提升、流程再造的经营理念上的转变。例如，在裘皮服装领域，鼓励企业建立综合时尚服饰智能生产车间，改变原有分离、单一的生产加工模式，建成集针纺、裘皮等多种服装生产能力于一体的综合性、智能化生产线，提升产品质量，迅速适应"快时尚"的线上销售需求。

2.抓整合，创建区域公用品牌。倾力打造"肃心匠作"区域公用品牌，以数字技术为纽带，探索构建品牌体系、打造标准体系、夯实技术支撑、完善质量基础设施并创新评价机制，从源头进行品质控制，对产品进行整合，推动产业标准化生产，实现品牌美誉度和品牌竞争力的不断提升，成为助力肃宁产业数字转型的新优势。借助阿里数字乡村等数字化营销资源，整合鱼竿渔具、裘皮服装、乐器、现代农业等肃宁优势电商产业资源，打造以区域公用品牌"肃心匠作"为主题的肃宁天猫超级原产地数字化营销会场，整合肃宁各类产业资源齐聚电商发力，带动产业转型升级。依托河北省电子商务进农村示范县项目，整合全省77个县（市）的区域公用品牌资源，打造"燕赵区域公用品牌联盟"，充分发挥电子商务对农产品的带动作用，促进农村消费和农民增收。

## 2.3  做好"场"的文章，为产业发展全角度增效

建设一批直播基地、孵化基地，为电商发展提供基建支撑。通过直播平台共建、资源要素共享，形成周边区域产业发展合力。

依托孵化基地迅速构建云端网络。在总占地3.5万平方米的8个孵化基

地中，聚集了"最美主播""直播销售员""直播高阶""换届村支书直播"
（组织村两委换届后新上任的淘宝镇、淘宝村相关村支书参加直播培训，以
带动整村致富增收）等职业技能培训，累计培训17000余人次。目前，全
县累计孵化机构和账号主播1000余个，迅速形成了优质供应链840条，带
动业务量实现翻番剧增。

　　以供销链条"云展示"促进要素流动。揭牌成立"电商供销链产品展
示中心、阿里数字乡村肃宁电商直播中心"，搭建区域特色产品集中展销
平台，为来自170家企业的200余款特色产品提供丰富的优质资源。同时，
利用数字云平台、移动互联等手段，依托5G直播新技术，由80名网红主
播在线互动，全面打造数字化、智能化应用新体验，推动肃宁业界美誉度
迅速提升，成为"播全国、卖全国"的数字经济热土。

## 2.4　做好"仓"的文章，为产业发展优配套

　　着力推进建设菜鸟产地仓、斑马云仓等一批"一键代发、快速反应"
的智能云仓，实现快递物流的智能高效配送。目前，斑马云仓已落户科创

中心，为打通数字产业全产业链闭环，进一步完善配套服务、升级货物仓储、降低物流成本，切实解决肃宁数字产业发展中的痛点、难点、堵点，规划了总投资2亿元的肃宁直播电商产业园区，占地80亩，建筑面积60000平方米，设有云仓储中心、电商人才孵化中心、电商产业配套服务中心、电商技能培训中心等场所，为数字经济产业发展提供新引擎。

## 2.5 做好"流"的文章，为产业发展提速度

依托规划占地7.5平方公里的省级物流产业聚集区，高标准打造保税物流中心、圆通速递分拨中心、安能物流转运中心，辐射沧、保、廊、衡等周边地区。依托保税物流中心，天津港和黄骅港的进口货物可直接进入肃宁享受保税服务，积极推动跨境电商发展。加速推进全国电子商务进农村示范项目，打造三级物流体系，打通农村物流"最后一公里"，进一步整合物流资源，降低物流成本。

## 2.6 做好"展"的文章，为产业发展聚资源

依托创新赋能中心、超级碗，打造全国产品的展销展示中心。着眼于发挥会展经济的溢出效应、乘数效应，实现优势要素的优化组合、高效配置。先后成功举办第八届中国淘宝村高峰论坛和以"电商搭台、产业唱戏"为主题的2021年河北（肃宁）首届电商文化节、2022年中国北方（肃宁）电商文化节、中国·尚村国际皮草交易会、中国·肃宁针纺服装文化节、河北（肃宁）电商产业国潮大集、肃宁县鱼竿渔具博览会、肃宁县电力装备博览会等，各大展会互为映衬、梯次展开，在为电商直播提供沉浸式"云逛街"多重体验的同时，达到了聚产业、拓市场、拓渠道、旺人气的目的。中国北方（肃宁）电商文化节期间，GMV（商品交易总额）达到1.76亿，引进供应链企业150余家、SKU（供应链单品）5600余种。

## 3. 主要成效

### 3.1 形成"1258"电商发展格局，营造电商发展良好环境

"1258"电商发展格局，即一个机构（数字经济发展服务中心）、两个中心（肃宁县科创中心和中国·肃宁创新赋能中心）、五个产业带（裘皮服装、针纺服装、出版印刷、鱼竿渔具、乐器）、八个电商创业孵化基地（超级碗、博天、创创、尚德、米桥米、源发、正宁、丰雷电商），免费提供技能培训、运营管理、供应链对接全流程电商配套服务。

### 3.2 形成淘宝村镇集群，数字产业规模化发展

制定出台《肃宁县培育淘宝镇电商产业集群实施方案》，细化分解培育全域淘宝镇工作目标，不断促进电子商务产业链向农村延伸，将数字经济更多惠及农村农民。同时，组织电商专家开展培育淘宝村（镇）网上培训课程，课程涉及产品上架、首图制作、信息编辑、基础销量和提升搜索等实用内容。目前，肃宁县17个村被评为淘宝村，9个乡镇全部被评为淘宝镇。获评"淘宝村""淘宝镇"是对村镇数字经济产业化的最高认可，同时也是数字经济促进城镇化的最佳体现。

### 3.3 形成"互联网＋特色产业"模式，实现传统产业逆袭突围

以肃宁县与阿里巴巴集团签订数字乡村建设合作框架协议为契机，持续深耕传统产业，不断强化品牌意识，提升肃宁产品质量，做足强链、延链、补链文章，为电商销售和网红带货提供充足优质货源，拉动电商经济的增长空间，促进传统轻工制造业与电商相互促进、携手发展。鱼竿渔具产业是肃宁县特色产业之一，仅河北镇就有鱼竿渔具企业摊点560家，产值达千万元以上企业28家，从业人员达到1.6万人。为该产业插上互联网的翅膀，开辟了"互联网＋"的发展渠道，全县鱼竿渔具产业已实现完全互联网化，有11个淘宝村专门从事鱼竿渔具网络销售，年销售额近30亿元，直接或间接带动就业2万余人。针纺服装业建成了投资1.2亿元、占地

50亩的源发针纺展销中心和电商孵化基地，展销中心42栋主体建筑、168套展厅已经全部完工并投入使用，共入驻各类针纺商户200余家，在针纺电商产业园的辐射带动下，针纺电商已经成为万里镇经济社会发展的特色主导产业。截至目前，全镇共有各类针纺服装企业摊点1000余家，从业人员2万余人，占全镇人口的三分之二，年生产各种针织服装、文化衫、保暖内衣2亿件，年产值72亿元，产值1000万元以上的350家，产品占据全国文化衫70%的市场份额、保暖内衣40%的市场份额，注册服装品牌100多个，"小喜蝶""金喜蝶""星之光""暖倍春"被评为"河北省知名品牌"，"小喜蝶"被评为"河北省著名商标"。

通过先触网带动后触网，电商经营模式渗透到民族乐器、裘皮服装、电力装备等其他传统产业，目前全县针纺服装、民族乐器产业已实现主体互联网化，线上销售率在50%以上；裘皮服装、电力装备实现部分互联网化，线上销售率在10%以上，特色产业在电商带动下，产业链不断完善，呈现产销两旺的态势，为群众增收致富打下坚实基础。

### 3.4  形成"互联网＋农副产品"模式，实现农副产品供需对接

河北在全省率先开展农产品上行工作，2017年肃宁县联合农村淘宝在千年梨园举办了"互联网＋肃宁贡梨  助力精准扶贫"活动，该次活动是阿里巴巴农村淘宝在河北省打造农产品上行的第一个案例。2019年6月，"肃宁贡梨"经国家知识产权局核准生效，成为肃宁县首枚国家地理标志保护商标。同时，该县积极探索特色农产品数字化转型路径，支持引导企业开辟电商销售渠道，建立电商扶贫线上线下销售体系，并搭建"肃品优选"农副产品网络销售平台，发展"电商＋龙头企业（合作社）＋农户"的直采直销模式，推选带贫企业入驻，通过带贫企业接纳脱贫户就业、收购脱贫户农副产品、土地流转等方式，带动脱贫群众增收。

### 3.5  形成"互联网＋直播带货"模式，实现销售途径迭代升级

为加速实现电子商务产业由传统模式向直播模式转变，肃宁县委书记、

县长先后四次通过"淘宝村纷享汇肃宁周""河北县域特色产业擂台赛"等直播活动，为针纺服装、乐器、裘皮服装等特色产业代言，并将直播活动向基层延伸，由驻村第一书记带领帮扶工作队，创新帮扶途径，把直播间开在田间，让镜头对准地头，为农民直播代言，云端销售扶贫产品，带动脱贫群众致富增收。同时，组织开展"百名网红看肃宁"等系列直播活动，营造了领导干部带头当主播、普通群众争相当网红、各大主播角逐带货王的良好氛围。

## 4. 经验启示

### 4.1　肃宁电商"自下而上"的野蛮生长

在肃宁可以看到自下而上的"互联网+"创业典型，也可以看到基于传统产业基础进行"+互联网"的示范；既有草根创业者的"无中生有"，也有各层次服务商的精准服务；不仅有裘皮、T恤等轻工业产品，还有乐器、鱼竿渔具等特色产品，同时农产品中既有养殖也有种植，所有这些基于当地良好营商环境而野蛮生长的业态都奠定了肃宁县坚定实施"电商兴县"战略的强大基础。

### 4.2　肃宁电商"自上而下"的整合发力

肃宁主导区域、产业、空间与治理等方面的高效协同，通过"聚、融、促"三条战略路径，充分利用欠发达地区能够获取的一切资源，充分调动政府、草根创业者和服务商"三大主体"的积极性，最终成为通过数字化助力县域产业转型升级的探路者和受益者。肃宁没有东部沿海先发地区的区位、产业基础、能源资源、政策优惠等多方面的优势，而是通过"三大主体、四个协同"激发活力、集聚资源、释放潜力。这一路径对于中西部乃至全国"普通"的县域来说都非常有意义。

## 4.3 肃宁富民、兴业、强县的市场化之路

从单个淘宝村走向全域淘宝镇，从电商单元的独立发展到县域电商生态的系统搭建，从互不联系的分散产业链到交叉融合的数字经济体，肃宁县域电商产业的发展始终坚持市场的有效资源配置。政府、草根创业者、服务商三大主体始终在市场化的框内边界清晰、职能明确地充分聚集、相互融合、相互促进，交织融汇出一条富民、兴业、强县的数字化助力县域产业升级之路。

### 本文作者

肃宁县数字经济发展服务中心

### 👉 案例点评

**罗震东** 南京大学建筑与城市规划学院教授、空间规划研究中心执行主任

肃宁县委县政府乘着第八届淘宝村高峰论坛召开的东风，坚定不移地持续推进"电商兴县"战略，久久为功，成效显著。面对蓬勃兴起的数字经济大潮，肃宁将做好"人、货、场"三要素，进一步拓展为做好"人、货、场、仓、流、展"六要素，持续升级基础设施与公共服务设施。政府、草根创业者、服务商三大主体在市场化框内的互动协同，实现了农村电商从单一商业模式向县域数字经济生态的升级，值得中西部乃至全国的欠发达县域学习借鉴。

# 从演出服饰到"曹献优品"

## 1. 基本情况

曹县位于山东省西南部、鲁豫两省八县交界处,总面积1969平方公里,总人口175万人,是山东省人口第一大县,典型的农业县。曹县物产丰富,拥有标准化生产基地89.6万亩,特色种植、林果28.8万亩,蔬菜70万亩,孕育出了15万亩芦笋、10万亩辣椒、7万亩叶面菜、万亩荷塘、万亩金银花等特色农产品集群。

曹县电商企业发展到6008家、网店7.1万个,曹县"淘宝镇"达到21个、"淘宝村"176个,分别超过山东省总数的十分之一和五分之一。其中安蔡楼镇37个行政村全部被评为"淘宝村",是全国淘宝村最多的镇,与大集镇共同成为县域"淘宝村"全覆盖的"双子星"。曹县形成了四大电商产业集群即"中国原创汉服产业集群"(拼多多平台大数据显示,全国汉服销售排名前2000家网店中有1200家来自曹县)、"中国最大的演出服产业集群"(曹县表演服饰网络销售占淘宝、天猫的70%以上)、"木制品产业集群"(曹县木制品网络销售占淘宝、天猫的40%以上,占京东的二分之一,多个类目产品全国排名第一)、"曹县农特产品产业集群"(曹县已经形成了以芦笋、黄桃、烧牛肉、荷塘大米等为主要网销系列产品的农产品上行产业集群)。

近年来,为加快"曹县农特产品产业集群"数字化发展,县委县政府高度重视农产品上行建设,为进一步发挥曹县农业大县特色资源优势,提升曹县农特产品知名度、竞争力和品牌价值,曹县申请注册了农产品区域公用品牌——"曹献优品",助力农产品上行。"曹献优品"跟曹县谐音,是奉献的献,就是曹县为全国乃至全世界献出的优质农产品。以县政府名义为产品质量好、发展潜力大、自身管理严、有独立商标的企业授权使用公

e裳小镇

用品牌，通过发挥品牌赋能作用，进一步助推电商产业迭代升级，持续擦亮曹县网红名城名片。

2020年12月21日，曹县举办了农产品区域公用品牌——"曹献优品"启用仪式。公用品牌启用后，为了更好地发挥公共服务作用，精准使用品牌，曹县组织专人深入各镇街了解曹县农产品发展情况，优中选优，甄选出王光烧牛肉、归一牛奶、韩集芝麻糖等24款优质农产品，对其所属企业于2021年12月12日进行首次"曹献优品"品牌使用集中授权，其中归一牛奶、韩集镇天之润麦芽糖两款产品更是成功入选山东省商务厅主办的"好品山东　嘉味年货"2022年网上年货节活动推介的"必买100款山东好货"。11月15日，山东省商务厅组织的"2022金秋双节直播季·100款山东网红产品"评选结果出炉，曹县共有4款电商产品入选，分别是银香伟业的牛奶（曹献优品授权企业）、青青种植合作社的红薯粉条（曹献优品授权企业）、老丁驴肉的驴肉（第三批曹献优品拟授权企业）、天地榜服饰公司的曹县汉服，分别占全省的1/25、全市的4/9。春节期间，曹县开展了"曹献优品云上年货节"活动，推介首批授权企业，推广曹县农副产品品牌。

首批企业授权后，在县域内产生了积极影响，农产品企业纷纷向所在镇街咨询、申请农产品触网销售和"曹献优品"品牌使用。县政府及时把握时机，延续农产品上行热度，于2022年3月开启第二批农产品公共区域品牌"曹献优品"授权活动，申请企业超过50家，从中选出20家在2022年6月26日举行的"2022曹县第四届荷花节·电商节"上授予"曹献优品"农产品公共区域品牌，当前曹县已授权企业达到44家。

品牌赋能进一步激发曹县农产品上行的热情，农产品触网发展势头强劲，2022年4月24日，农业农村部干部管理学院、阿里研究院公布全国"农产品数字化百强县"榜单，曹县位列第92位，是菏泽市首个入选的县级行政区。6月16日在"2022菏泽网络消费节"上，菏泽市副市长和阿里研究院高级专家为曹县"农产品数字化百强县"进行揭牌。

## 2. 主要做法

### 2.1　成立工作小组，统筹公用品牌建设

曹县为加强"曹献优品"管理，特成立曹县农产品区域公用品牌"曹献优品"创建工作组，该小组由曹县电子商务服务中心、曹县供销社、曹县农业农村局、曹县市场管理局、曹县文化和旅游局等5个单位组成，针对申请使用"曹献优品"品牌的企业进行全方位审查，确保每个授权企业均能生产体现曹县高质量的农特产品，确保公用品牌的生机和活力。

### 2.2　列入政府工作报告

曹县将"曹献优品"建设情况列入政府经济工作之中，在年初的政府工作报告中予以展现，体现了曹县对农产品区域公用品牌"曹献优品"的重视。

### 2.3　坚持"政府引导、企业主体、市场化运作"原则

为了充分发挥农产品区域公用品牌"曹献优品"的作用，曹县主动发

挥市场在资源配置中的决定性作用，推动"曹献优品"品牌市场化运作。曹县建立了"曹献优品"农特产品体验中心，为入驻企业产品提供免费宣传，还为企业解决了租赁房屋费用高、占用销售人员等问题，同时还与京东集团合作开设了京东曹献优品馆。通过线下线上深度融合、共同推广，持续扩大"曹献优品"影响力，拓宽农产品销售渠道，打造互联网时代农产品销售新模式。

## 2.4 培育、引进优质电商人才

通过招揽优秀人才、引凤筑"曹"、培育人才、挖掘曹县本地的特色电商人才等多种措施吸引人才。一是"招"，就是招揽优秀人才。借助产业的发展，招聘高学历、高水平人才到曹县从事电商产业，目前全县有博士3人、硕士近百人、大学生近万人。二是"引"，就是引凤筑"曹"。在新业态下，依托返乡创业服务站，宣传电商发展的优越条件，累计吸引了5万人返乡创业，带动35万人从事电商行业。三是"培"，培训人才、培育人才。政府采取购买服务、定向扶贫培训等多种方式，开展"千村万人"培训计划，充分发挥示范县项目功能，建立了完善的培训体系。截至目前，已经组织线上线下培训1158期、为59966人次进行免费电商培训，经过培训新孵化个人网商数超过2700个，帮助130余家电商企业发展为千万级店铺，带动全县300余家传统企业转型升级。同时在曹县职专、易尚职专、三桐职专、技工学校等4所学校开设了美学、物流、直播、视觉传达等电商热门专业，在校生约有1000多人，是培育本土人才的摇篮，正以较高的转化率服务本地企业。四是"挖"，通过开展各种评选活动，深入挖掘曹县本地的特色电商人才、直播达人。

## 2.5 提供优质金融服务

为打破传统贷款流程长、时间久的困局，2018年12月，县政府与浙江网商银行签署《"数字化普惠金融项目"战略合作协议》，截至2022年10月已累计放款157.13亿元，累计服务人数10.8万人，最大单个个体电商户贷款额度达152万元，为全国最大个体电商户贷款额度，真正实现了"310"模式，即"三分钟申请、一分钟到账、零人工干预"。

## 3. 主要成效

自"曹献优品"授权活动开展以来，通过各种方式的宣传、引导，带动了授权企业的网络销售额，2022年以来农特产企业网销额平均上涨15%。如大集镇群英杠子馒头，通过拼多多平台实现线上销售，馒头通过网络甚至销售到了内蒙古等地，自政府授权后网络销售额已经近200万元，甚至出现了产不够销的情况，现又新增了生产车间，扩大了产能；王光烧牛肉除线下销售外，通过天猫和京东线上销售就达到近400万元；韩集镇天之润芝麻糖公司，抖音平台上粉丝超过62万人，2022年以来网络销售额实现400余万元。通过"曹献优品"授权助推曹县农副产企业上行，能进一步降低租赁店铺成本，减少了退货风险，省去了库存压力，甚至做到了以销定产。通过网络销售农产品逐渐成为共识，更多商家跃跃欲试。

"曹献优品"区域公用品牌能进一步发挥曹县农业大县特色资源优势，提升曹县农特产品知名度、竞争力和品牌价值，通过发挥品牌赋能作用，进一步助推电商产业迭代升级。

## 4. 经验启示

### 4.1　农产品上行是贯彻落实新发展理念、实施乡村振兴战略的根本要求

通过建设、运营农产品区域公用品牌"曹献优品"，推动县域内农产品标准化和品牌化建设，宣传推广曹县优质农特产品，助力农产品上行，一定程度上消弭了疫情带来的不良影响，对于提升民众的幸福指数大有裨益；另一方面，区域品牌夯实了务实高效的商品推介销售平台，对于解决商家的销售难题提供了很大的支持和帮助，尤其是搭建的一站式采购、对接和

交流平台，让买家、卖家和中间的流通环节实现了精准衔接，这对于做强做优供给侧裨益良多，更是对于构建大循环、大流通，营造更加优越的消费环境起到了"以点带面""四两拨千斤"的作用。

## 4.2　坚持将政府有形之手和市场无形之手有机结合

在发展电商相关产业中，政府一定要当好引路人，在制度创设、人才引培、基础设施配套上下功夫，最大限度激活各类市场资源，切实培育发展的良好生态，持续推进电商相关发展。"曹献优品"品牌建设活动，是连接政府、企业、媒体和广大人民群众的桥梁和纽带。需要在政府正确引导、企业积极配合下，充分发挥市场这只"看不见的手"的作用，撬动社会资本投入农业，才能进一步推进农业供给侧结构性改革、提升农产品市场竞争力，实现农产品溢价增长，增加农民收入，促进乡村振兴。

### 本文作者

张龙飞　山东曹县电子商务服务中心主任

### ➔ 案例点评

**罗震东**　南京大学建筑与城市规划学院教授、空间规划研究中心执行主任

从"无中生有"的淘宝村到红遍全网的"宇宙中心"，曹县的数字经济从儿童演出服饰到"曹献优品"，一步步迭代升级，目前已经形成"中国原创汉服产业集群""中国最大的演出服产业集群""木制品产业集群"和"曹县农特产品产业集群"四大产业集群，培养了一大批网商精英、网红达人。随着汉服、演出服饰、木制品的畅销网络，曹县农产品的标准化、品牌化与数字化发展如火如荼，让农业大县的特色资源优势进一步凸显。曹县案例让我们看到了乡村电子商务发展起来后的巨大带动作用，为广大农业县域展示了一条有效的数字升级之路。

| 江苏睢宁 |

# 农村电商化　产业数字化

## 1. 基本情况

　　睢宁，是淮海经济区中心城市徐州的"一城两翼"的南翼。全县面积1769平方公里，人口145万，耕地面积155万亩，是人多地少的农业大县。"一部三国史、半部下邳城"，下邳即是睢宁的前身，具有4000多年的历史。"季札挂剑"的诚信故事、张良"圯桥进履"的智谋故事等均发生在睢宁境内。

　　在2006年以前，睢宁每年外出务工的劳动力达到30多万，青壮劳力外出务工养家糊口，作为省级重点帮扶县，经济社会发展长期处于全省落后位置。2006年，该县沙集镇东风村回乡创业青年孙寒等在家开淘宝网店，拉开全县农村电商大幕。广大农民勤劳智慧的内生动力、政府从顺势而为到积极作为的推动力、平台的低门槛对创业的拉动力等共同作用，"无中生有"的沙集模式横空出世。

　　15年来，从零起步，睢宁县累计实现网络销售额1487亿元，为创业就业者提供工资、利润收入近491亿元。截至2021年年底，全县网商3.54万人，网店4.83万家，带动就地就近创业就业人口16万，网络零售额达460亿元。电商经济落地生根以来，成为睢宁历史上发展最好的时期。

### 睢宁县主要经济指标

| 年份\指标 | GDP | 公共预算收入 | 城镇居民收入 | 农民人均纯收入 | 居民储蓄存款 | 城镇化率 |
|---|---|---|---|---|---|---|
| 2006 | 72.1亿 | 2.46亿 | 7030 | 5880 | 53.25亿 | 27.27% |
| 2021 | 680亿 | 42.69亿 | 30923 | 23012 | 480.08亿 | 65% |
|  | 年均增长16.1% | 年均增长21% | 年均增长10.4% | 年均增长11.2% | 年均增长15.8% | 年均增长2.2% |

当下，该县经济指标进入全国"百强"，获得省级脱贫攻坚先进集体，沙集电商园获得江苏省改革开放40周年先进集体。电商重点镇如沙集、凌城、双沟、李集均入选全国"千强"镇，电商重点村高党村被住建部等六部委评为2017年度"全国美丽乡村示范村"，其余电商重点村全部入选市级以上美丽乡村。

作为全国最早最大的淘宝村集群之一，睢宁县走出了一条农村电商化破局，产业数字化转型，用信息化引领工业化，进而推动新型城镇化、农业农村现代化的探索之路。

# 2. 主要做法和创新举措

## 2.1 农村电商化破局

小农户分散生产经营天然处于对接大市场的困境，乡镇集市是他们购销生活、生产用品的低成本理想之地。2003年，阿里巴巴的淘宝网为农村居民采购生活用品、销售生产用品减少中间环节，节省支出，增加收益，获得良好体验搭建了平台。从此，农村居民生产生活电商化程度逐年提高，农村与城市同步分享信息化红利。电商化成为实现农村全面小康的重要抓手。

2006年5月，沙集镇东风村民孙寒在自家注册淘宝店铺，开启电商大幕，从售卖手机充值卡赚得第一桶金，在无充分木材资源，无家具市场，无加工技术工人的"三无"情形下，利用家庭作坊制作家具，催生了家具产业。

淘宝平台的低门槛，网络销售的蓝海市场，激发了网商创业致富的胆量。一根网线对接海量市场，一个家庭老少齐上阵，分工采购、生产、发货、客服等，农村的组团居住，熟人社会，使得电商经济迅速在村庄传播。一个村、一个镇、数个镇的加入，实现了模仿、跟风、复制到星火燎原。网商彻夜无眠，财富汹涌进村入户，打鸡血似的创业者搅动了沉睡的乡村，

物流发货场景图

政府被火热的创业氛围灼烤。

（1）做好"人"的工作。

广泛宣传、免费培训。2007年，政府为了打消农村家庭担心电商引发孩子打游戏的顾虑，组织村民参观网商生产经营场所，在全社会开展"在外打工东奔西跑，不如回家网上淘宝"的铺天盖地的宣传活动；2010年，对愿意从事网销的村民开展免费培训，县中等专业学校牵头购买服务送培训下乡入村入户，组织熟练网商手把手教。

成立电商协会，建立电商专门服务机构。为了提高网商的组织化能力，2011年建立县、重点镇村电商协会，协会发挥了电商知识普及推动的作用。同时成立由县主要领导任组长的农村电子商务推广领导小组，下设办公室统筹全县电商发展规划指导、综合协调、政策落实、考核监督等工作。各镇、重点村均有电商服务机构，形成县、镇、重点村的三级服务网络，同时把发展农村电子商务纳入县对镇、园区的绩效考核；把对网商的服务和电商产业的扶持等，纳入对县直相关部门绩效考核。

提高专业人才技能，树立电商先进典型。持续开展"电子商务万人培训"活动，15年来，共计培训14.35万人次。与南京林业大学合作在睢宁开设家具制造与设计大专班，首批学员已经毕业；设立沙集学院，搭建与全国电子商务知名院校、科研机构、电子商务企业合作平台；从2012年开始，通过开展"优秀网商""电商优秀推动者""十大电商经济人物"等系列先进评选活动，树榜样，立标杆，营造电商创业的良好氛围；举办网商创业故事会；推荐网商参选"两代表一委员"，增强网商社会责任感，提升网商社会地位。

（2）做好载体的工作。

完善基础设施，加大园区载体建设。电商发展头10年，县政府加大对道路桥梁、通讯、供电等基础设施的投资改造。累计投资32亿元全面实施"400公里农路、297座农桥"，镇村供电、供排水管网、网络等基础设施提档升级工程。解决电商家具加工难、物流难问题。支持电商基础较好的镇建设电商产业园，促进产业集聚集约发展。到2015年，9个镇级电商园相继建成运营，三成企业入驻园区。

全域规划电商产业，强化要素保障。从各镇的产业特点和实际基础出发，规划了"一街、一带、四大片区"电商布局（东风村网商经营一条街，徐淮路电商产业带，东部简约家具、西南小饰品、西北特色农产品、中部线下传统店铺与网店结合）。提供土地要素支撑，从2010年起，县里每年拿出150亩作为电商发展专项用地。提供资金扶持保障。一是设立电子商务发展专项扶持资金，从2011年起，县财政每年拨出预算1000万元用于支持电子商务产业发展。二是引导商业银行推出面向网商的"电商助力贷"等产品，把银行对电商产业的信贷增幅纳入对银行的考核评价；鼓励政府担保公司为网商贷款提供担保服务。15年来银行累计发放电商产业贷款54亿元。

（3）做好制度建设工作。

健全监管生态。成立江苏省首家县级电商监管分局，实现有"专门力量"监管；与杭州市余杭区市场监管局、阿里巴巴平台治理部等开展合作，共建跨省网络市场执法协查机制；建立家具检验检测国家级实验室，实现电商家具产品检测检验常态化、规范化；每年定期开展常态化家具"质量月"专项行动；加大对家具定期抽检频次，加大对不合格产品处罚力度。

制定标准、创建示范。主动争取国家质检总局在睢宁设立"电商家具产品质量提升示范区"，全面打响简约家具产品质量提升攻坚战。与中国家具协会合作建设"中国电商家具产销集群""中国电商家具产销第一镇"，助推家具产业生产水平和产品质量提升。在推广和应用家具生产国家标准基础上，开发并执行睢宁家具协会三套地方团体标准。

成立跨区域产业联盟，提升区域品牌影响力。徐州、宿迁、睢宁、宿城共建联盟，建立产业联席会议机制，统一监管，统一品控，统一执法标准，共同打造电商家具高品质示范区。利用沙集影响力和知名度，打造区域电商家具集群品牌"沙集镇"，实行"六统一"。建立家居设计研发院，为沙集集体品牌提供原创设计。

加快农副产品电商化，推进跨境电商发展。推动具有鲜明地域特色和比较优势的农副产品走上电商之路，如官山镇的营养土、食用菌，王集镇的小花生、三水梨，魏集镇的稻蟹米、西瓜等，农产品电商交易额突破10亿元。激励电商企业、外贸企业发展跨境业务。成立镇级跨境电商公司，组建专业团队，开展跨境电商业务。2021年跨境交易额达1.7亿美元。

## 2.2  产业数字化探索

农村电商化是消费互联网下的购销行为革命，为农村居民追求美好生活做出了划时代贡献。电商平台多元、流量碎片化，消费互联网白热化竞争导致睢宁电商产业有规模、无利润，有数量、无品牌，有交易、无数据，网商与政府冷静思考，如何抢抓产业互联网机遇，推进产业数字化转型，迫在眉睫。县政府创新机制，建设沙集、凌城等四镇电商转型示范区，设立示范区党工委，加快电商产业数字化转型。

（1）上云。原辅材料销售、设计、运营、仓储、物流等产业生态丰富。

以数据整合供、采、设、产、储、运、销诸环节，降低成本，提高品质和效益。依托协会为主导的原材料"上云"工程，给原材料采购提供实时数据，建设共享备料中心；建设沙集码头和睢宁木材产业园，组建润森进出口贸易公司，搭乘中欧班列等"顺风车"开展木材进口业务，补齐原材料购买、运输、仓储环节的数据短板。

（2）用数。建设产业互联网家具产业园，通过ERP系统构建产业中台整合产业链路，推出家居全场景定制，鼓励中小企业自愿加入产业中台体系，用数据串联整合实现降本、提质、增效。江苏万沙集团的实践探索取得一定成效。

（3）赋智。建设智能制造产业园，为中小企业提供共享喷涂、共享焊接、共享仓储、共享物流等智能服务。

# 3. 经验启示

睢宁在缺乏线下优势产品和市场比较优势的情况下，完全依靠当地居民的创业激情，借助互联网机遇创业致富，政府顺势有为、引领作为，从电商创业破局到产业数字化探索，政产学研用多方合力，走出了一条建设宜居、宜业、和美乡村之路。

## 3.1 抓住机遇，占先机，得天时

在大幕开启时期，抓住行政村通宽带的机遇，给农村连上一条信息高速公路，才有电商创业的可能；抓住农村电网改造机遇，才有电商家具的供电支撑；抓住农村公路改建工程，才有电商物流的畅通。在模式诞生时期，抓住领导人批示，模式全国闻名，各级政府关心，社会各界支持的机遇，推进优惠政策落地，扩大产业规模和影响力。在示范推进时期，抓住"电子商务进农村综合示范县"机遇，加快电商家具产业转型升级，提高农副产品网销率。抓住多元化网络平台出现的机遇，与院校合作，及时培训新型人才，针对产业实际把培训从普及、普惠逐渐向企业管理、成本控制、产品设计、品质管控专业培训转变。在产业数字化探索期，抓住数字乡村建设机遇，加快产业数字化人才培训，激励企业"上云、用数"改造生产经营流程。

## 3.2  高位牵头，强合力，得人和

睢宁电商产业是自下而上，在没有任何外部资源凭借下，由农民推动自发产生，然后依靠自治组织、政府力量扶持引导推广而逐步发展壮大。15年来，形成了几十万的农工商跨界本地化从业队伍。电商经济、产业数字化是新生事物，必须集中各方资源、汇聚各界力量，形成良好的支持氛围。实施县镇一把手挂帅，成立跨部门联合协调机构是其持续发展的关键。睢宁把电商家具产业作为主导产业之一，敢于投入财力精力，打造产业集群，发挥"滚雪球"效应，降低边际成本，壮大创业者群体，养育企业家苗子。超前规划，举各方合力，久久为功，才有今天的产业振兴模样。当下，睢宁把抢占产业数字化风口作为新一轮竞争优势进行布局。

## 3.3  勇于创新，解难题，得地利

以解决问题为导向的时时创新，以做优产业生态的处处创新，贯穿电商产业发展、产业数字化起步全过程。电商产业发展的不同阶段，网商和产业面临的困难不少，政府、网商、社会都须勇于担当，解决责任范围内的难题。从"缺什么，补什么"的要素支持，向"走在前，做在前"的主动作为转变。"缺什么，补什么"，补齐了基础设施、要素供给、产业监管、产品标准、行业自律、营商环境等短板。而"走在前，做在前"，根据不同阶段特点，深入企业挖掘创新市场主体，加以扶持推广，以一带十。

## 3.4  扭住重点，提效率，事半功倍

紧扣产业发展重点，解决主要矛盾和主要问题，才能实现"四两拨千斤"的效果。一是重视对农民网商的持续赋能，扩大从业人员群体，增浓工商业氛围；二是加强企业负责人的头脑升级培育，发挥关键少数作用；三

是扭住品质品牌核心，规范企业管理；四是加大知识产权保护，打击侵权行为；五是持续营造良好营商环境，坚定支持市场主体创新。

## 3.5　提高组织力、凝聚力，激发创新力

网商的商业思维极具电商灵活性。为激励网商的思想交流、头脑风暴，睢宁由政府资助、专业协会牵头，利用"小镇客厅""达摩院""直播大厦"等免费平台，请平台专家、产品设计大师、产业数字化优秀企业老板来分享经验，走出去学习先发地区企业做法，摒弃小富即安小农思想。

## 3.6　尊重规律，不折腾，以存图强

尊重产业发展规律，从农村农民作为市场主体的现实出发，支持产业由低到高，由弱到强，由小散到集中集约，不超越发展阶段，不强行拔高做大，采取审慎、包容的监督规范理念；不好高骛远、邯郸学步、盲目追求高端定位，避免中断产业发展进程。

### 本文作者

陈　良　江苏省睢宁县政协原主席、数字乡村50人论坛成员

### 案例点评

**罗震东**　南京大学建筑与城市规划学院教授、空间规划研究中心执行主任

作为全国著名的农村电商模式——沙集模式的诞生地，睢宁的农村电商化、产业数字化道路让沙集模式不断迭代升级，焕发勃勃生机。面对星火燎原的农村电商，睢宁在做好"人"的工作的基础上，持续在"软硬"两个方面——营商制度和发展载体上下功夫。一方面，大力投入基础设施改造升级，推动产业园区、物流枢纽的发展建设；另一方面，积极健全监管生态，定标准、做示范，成立跨区域联盟，推进跨境电商发展。政府的积极有为、顺势而为，与草根创业者的敢闯敢为，让睢宁的数字化、工业化和城镇化道路充满活力。

# 县域智慧农业整装一体式体系助力产业发展

## 1. 基本情况

垫江县位于重庆市东北部，面积1518平方公里，耕地面积占54.2%，连续3年跻身中国西部地区县域经济竞争力百强县市，居重庆入围6县之首。垫江县在重庆市率先提出了"全域数字经济"新理念，把"数字化"作为县域经济发展新引擎，在工业、农业、交通、旅游、医疗、水利等领域引入50余家国内领先的数字化企业，形成了数字化技术全面赋能县域发展的新格局。获评"国家数字经济创新发展试验区试点县"，先后两次获评"国家级电子商务进农村综合示范县"。

2020年8月，垫江县与中国农业大学签约，共建教授工作站，为垫江农业农村发展赋能。两年多以来，教授工作站在李想副教授带领下，积极发挥高水平智库作用，被垫江县委县政府誉为垫江数字乡村的CTO。工作站团队来自中国农大信息与电气工程学院。该学院是智慧农业的国家队，"智慧农业"概念由该学院汪懋华院士提出。学院始终面向国家战略与产业需求，以强农兴农为己任，以新一代信息技术为引领，以信息感知、移动互联、云计算、大数据、智慧决策与人工智能为突破口，以"智慧农业"为主线，全速推进智慧种植、智慧养殖、智能农业装备、智慧农村能源4个领域的发展，助力精准扶贫，推进乡村振兴，给农业插上信息与电气的翅膀。

中国农业大学垫江教授工作站全面发力，在重庆市率先提出以整体化思维思考智慧农业，提出了建设"县域智慧农业整装一体式体系"，让智慧化、数字化技术赋能县域整体农业产业，全面助力提升农业产业整体效益效能。

县域智慧农业整装一体式体系，面向政府、新型经营主体、农民多个层级需求，实现了"点、线、面"结合的全方位、立体式的数字农业管理体系。在县域"面"管理方面，实现了县域农业农村大数据全面摸底和实时监测。在产业链"线"管理方面，打通生产、加工、流通、销售数据，全面反映产业链动态。在园区、基地"点"管理方面，实现了从种养到收获全流程，人、机、物、料、环全要素的自动化、智能化综合管理，极大提升了生产规范化水平。体系的建成，让数字化技术从单点突破，转变成为农业整体发展服务。通过"点、线、面"的全面赋能，助推垫江农产品种得好、卖得好、管得好，有效地支撑了农业产业发展。

## 2. 创新实践

### 2.1 构建智慧农业县域平台

在县域层面，针对政府管理决策和行业服务需求，构建了智慧农业县域平台。该平台以大数据思维，破除信息孤岛、信息烟囱，着力汇集县域数据，形成数据分析能力、产品溯源能力、行业服务能力。为政府管理部门科学管理和决策提供支撑，为农业行业发展提供服务。

一是构建了覆盖全县的"空—天—地"一体监控网络，对全县农田、环境、作物长势等数据进行全方位监控。二是构建了产业链大数据中心，实现生产、加工、流通、经营数据打通。三是结合GIS技术，构建了垫江农业"一张图"，全景式实时展示垫江智慧农业发展状况。四是建设了农产品溯源系统，实现农产品全流程可追溯，确保数据真实可靠。五是建设产业服务平台，聚合农机、农技、检测、设计、包装、销售、农资、金融、保险等服务能力。六是建设了电商大数据分析平台，对县域电商的销量、受欢迎的产品等进行综合分析研判，有效反馈指导生产。

### 2.2 打造智慧农业示范基地

建设毕桥村智慧园区等智慧种植基地5个，猪福门、瀚宇晨全面智能化生猪养殖场2个，简易自动化养殖场95家。其中，毕桥村智慧种业基地作为代表，是具有地区影响力的、技术和理念领先的智慧农业示范基地。中国农业大学主导在该制种基地打造了"制种ERP数字化管理体系"。制种未来发展的关键词是"标准化、规范化、农业工业化"，通过构建"数据层面＋作业层面＋管理层面"的智慧农业整装一体式体系，帮助种业企业制种过程提高生产效率，进行规范化管理，产出标准化的种子。

一是数据层面。在数据层面，通过遥感及世界最先进的90多台传感器全面监控制种基地的各要素数据。

在世界上率先利用摄像头＋AI算法智能识别并记录了农业工人在干什么，是否按照规范生产，形成了《人员作业档案》，该项技术是世界首创。利用小型气象站、土壤站记录数据，利用AI算法对未来短期气候土壤进行准确的预测分析，形成了《农田小气候和土壤档案》，这些设备不需要外接电和网络，在国内第一次成功解决了农田布网布电难题。利用北斗农机导航盒子，对农机和无人机的轨迹进行规范记录，并对作业面积和作业质量进行了AI智能分析，形成了《农机作业档案》。利用摄像头＋AI算法，智能识别并记录了作物的生长期和病虫害情况，形成了《作物档案》。利用智能设备和供电改造等手段，获取了设备设施的操作数据，形成了《设备设施操作档案》。开发了物料仓库系统，规范地记录《农资投入品档案》。

数据层面覆盖了制种从种到收全过程中"人、农机、设备、作物、物料、环境"全要素数据，为生产企业规范化管理提供了数据支撑。

二是作业设备层面。在作业设备层面，引入世界先进的无人机、水肥灌溉，初步形成了无人化制种格局。

引入了世界较为先进的双目视觉L4级别导航无人机，实现了农药的自动喷洒，同时，弥雾状液滴能悬浮于空中，解决水稻叶背施药的难题。引入先进的智能小区播种机械，解决了品种试制过程中分区播种容易混杂的难题。引入水肥一体化设备，实现对油菜制种的精量化给水给肥，提升制种品质。还拟引入水稻田水位自动控制设备，调节水位，促进水稻更好生长。各种智能化设备的引入，有效提升了制种效率，提高了种子品质。

毕桥村插在地里的土壤站

三是管理层面。在管理层面，在国内率先探索了对制种管理流程进行建模，引入了工业界标准的以ERP为核心的精细化管理体系，建立了农业生产ERP管理体系。

企业家可以通过一张图系统，全面查看所有地块的生产实时情况；通过计划排产系统，排定每个地块的生产计划，全面链接从种到收的全过程；通过工单打卡系统，对农业工人下发工单，并能查看工单执行前后的实时状态；通过生产日报系统，能够查询到每个地块每天的生产情况，掌握第一手信息；通过作业考评系统，可以建立考评机制，对每个地块每天的生产情况进行评价，对生产加强监管。同时，通过区块链技术，建立了种子溯源系统，加强了种子的监管，确保了种子的来源和生产过程可溯源。未来，还将加入生产标准系统、成本收益核算系统等。

管理层面实现了制种企业的标准化生产、规范化管理，让企业清楚生产环节每一分钱是怎么花的，每一分钱是怎么挣的，促使农业制种企业向管理要效益。

## 2.3 建设智慧农业服务队伍

一是引入中国农业大学垫江教授工作站，将智慧和国际先进技术带到垫江，对智慧农业整装一体式体系进行了顶层设计、把关了各系统的详细设计、主导打造了毕桥村示范，为垫江智慧农业发展提供了有力的智力支撑。

　　二是依托新打造的垫江软件产业园，引入武汉珈和科技、极目无人机、瞰天科技、左岸芯慧、中新云农、中卫慧通、映潮科技等10余家国内知名智慧农业企业，培育允成、扬成等垫江本地企业涉足农业，让国内外先进的技术和产品在垫江落地。

## 3. 主要成效

### 3.1　管得好

　　在区县域层面，管理部门通过大数据形成对农业产业运转的实时监控和高效管理，管理部门能够及时了解"哪来的种、施什么肥、打什么药、在哪块地种、谁负责种、用什么农机、生态环境如何"，做到"底数清、情况明、问题准"，实现科学管理和决策。

### 3.2　种得好

　　针对农业企业、农业园区、新型经营主体等农业生产主体，一是提升智能化生产水平，打造高效生产模式，减少人工操作，科学施用农业投入品，提高产品质量、提高产量，创造更大经济效益。有效提升了30%工作效率，减少了50%手工劳作。二是提升管理水平，通过以生产计划为核心的生产流程智能管控，极大降低由于管理不善造成的内耗，让生产标准得到严格执行，真正让农场"向管理要效益"。有效降低农场企业30%以上的管理成本，提高生产执行标准化程度50%以上。

### 3.3　卖得好

　　一是实现从田间到餐桌的全程客观可溯源，极大增进了消费者对垫江农产品的信任。二是通过规范化管理，从根源上保障农产品的质量符合品牌价值要求，让品牌价值持续可维持，让农产品更具有市场竞争力。

### 3.4　宣传报道和领导关怀

　　体系效果得到了人民网、光明网、科技日报、重庆日报等多家媒体的报导。2021年5月27日，作为重庆市唯一推荐的优质数字农业示范，向来访的全国政协视察团专题汇报，得到高度好评。

# 4. 经验启示

## 4.1 构建"政府主导＋智库引领＋企业赋能"的工作机制

　　智慧农业体系由县主要领导亲自牵头，农业农村委主导，中农大教授工作站发挥智库引领作用，十余家企业共同赋能，凝聚成了一支坚强的智慧农业实干团队。

## 4.2 坚持整体性思维，为县域农业整体发展服务

　　智慧农业体系坚持整体性思维，不止服务于局部的点，更加服务于整个县域的"面"和产业链的"线"，让县域管理与产业链各环节协同发展，力求达到整体最优。

## 4.3 形成服务成渝双城的智慧农业产业格局

　　"县域智慧农业整装一体式体系"诞生于垫江，但生命力不仅限于垫江，也为西南地区县域智慧农业发展初步破解了路径、找到了办法。垫江县凝练出的解决方案已经在巴南、綦江等推广。同时，各企业以垫江为中试基地，不断改进产品和服务，正在形成服务成渝双城的智慧农业产业格局。

**本文作者**

李　想　中国农业大学副教授、博士生导师，垫江教授工作站站长
王　洋　中国农业大学垫江教授工作站副站长
李德飞　重庆市垫江县农业农村委员会主任
李洪波　重庆市垫江县农业农村委员会副主任，中国农业大学垫江教授工作站副站长
陈　昕　中国农业大学信息化办公室主任，垫江教授工作站专家
张　漫　中国农业大学信息与电气工程学院院长，垫江教授工作站专家
林建涵　中国农业大学信息与电气工程学院副院长，垫江教授工作站专家

## 案例点评

**赵桂茹**　中国商务出版社副总编辑

自2020年起，垫江县引入中国农业大学组建垫江教授工作站，并聚集十余家数字农业头部企业，打造了面向县域的"智慧农业整装一体式体系"，构建政府主导、智库引领、数智赋能的工作机制，加快垫江的智慧农业建设。其一，该体系破除了数字农业技术单点发展的困境，在全市率先以整体化思维，提出数字化技术应该全面赋能县域管理和产业链发展的先进理念，设计了体系化的智慧农业框架，初步打造了面向县域的智慧农业系统；其二，各系统间有效衔接，成为一个整体，助推垫江农产品种得好、卖得好、管得好，有效助推垫江农业产业发展。垫江案例实质上是以数字化促进农业现代化发展的新探索，有了"数智"赋能，农业现代化的建设目标将加速实现，也进一步加快了全域的数字经济创新发展。

PART

企业实践篇

# 数字平台助力乡村振兴的阿里实践

- 阿里数字乡村

- 阿里云

- 阿里农产品电商

- 农产品直播电商

- 聚划算

- 盒马村

- 菜鸟乡村

- 淘宝教育

- 橙点同学

- 少年云助学计划

# 数字化助力县域乡村振兴的策略思考

党的二十大报告再次强调"乡村振兴",并首提"农业强国"。县域位于"城尾乡头",是连接城市消费群体和服务乡村产业主体的天然载体,是乡村振兴、农业强国的重要阵地和载体。数字化是创新生产力,是乡村振兴、农业强国的重要引擎。随着《数字乡村建设指南1.0》向《数字乡村建设指南2.0》升级,全国县域数字乡村建设逐步进入了新的创新加速期。

阿里巴巴数字乡村与区域经济发展事业部(简称"阿里数乡")作为阿里巴巴集团服务县域乡村振兴的重要窗口,发挥集团科技助力创新和平台链接市场两大核心优势,聚合集团多个垂直业务板块的资源和能力,持续聚焦"产业数字化"和"治理数智化"两个领域,通过整体布局、统筹规划、持续投入、有效协同等,为全国县域提供综合可持续的数字乡村解决方案,助力县域乡村振兴。目前,阿里数乡已与全国150多个县域展开了深度合作,打造了20个数字乡村标杆县域,积累了丰富的数字乡村实践经

**数字化助力县域乡村振兴的策略框架图**

验，重点形成了一些关于数字化助力县域乡村振兴的策略思考，对于县域数字乡村的参与方有一定的参考价值。

一个中心：以县域为中心，一县一策、顶层设计。

两个领域：聚焦产业数字化、治理数智化，促进产业振兴、人才振兴、组织振兴。

三个原则：政企联动、统一治理和服务、数实融合。

四个路径：品牌化提升乡村价值、互联网化助力农文旅融合、数智化畅通产供销全链路、实训化促进乡村就业创业。

# 1. 以县域为中心，一县一策、顶层设计

五级书记抓乡村振兴，县委书记是乡村振兴的"第一责任人、一线总指挥"，县域作为产业发展与政府治理的区域集聚单元，乡村振兴的核心阵地落在县域一级。国家、省、市的农村综合改革，农业产业园区，商业流通体系等专项工程的建设核心节点也在县域一级，县域数字化方案是重中之重。全国各地县域发展不平衡、不充分，产业带类型多样化、多元化，产业链不完整、不体系，信息化、数字化程度亟待提升。因此，实施县域数字乡村战略是一个系统工程，必须全盘考量、因地制宜、一县一策、顶层设计，要下沉到乡镇、村、户，要关联到产业链、龙头企业、合作社、种植大户等。

一县一策，做好产业规划。需要针对县域做好深度调研，以数字化技术和县域产业融合为主线，围绕产业和数字化发展的焦点、难点和痛点问题，结合县域企业数字化发展诉求，从市场发展趋势、行业竞争格局、政策解析、发展建议等维度，为各级政府提供定制化调研、"把脉式"数据分析，并结合国内外乡村振兴优秀案例模式研究，帮助县域客观认识产业数字化发展面临机遇与挑战，为当地县域政府提供制定政策依据，为当地企业抓住市场发展机遇提供参考。规划目标是让农民通过数字化增收，让百姓通过数字化享受生活便利，帮助县域政府切准数字化发展方向。县域产

业数字化规划方案要因地制宜，不能盲目复制，要制定好每个县域的目标、架构、举措、内容、场景、路径及保障措施。

一县一策，做好顶层设计。需遵循《数字乡村发展战略纲要》《数字乡村建设指南1.0》等相关文件要求，从生产、管理、经营、服务等多维度多方面进行综合设计，充分发挥阿里数乡在品牌提升电商兴业、产供销全链路数据贯通的驱动引领作用。整体谋划在产业、人才、组织、文化、生态领域的多个场景，为每个场景提供相应的数字化端、功能和工具，整体带动和提升县域农业农村现代化发展，促进农业全面升级、农村全面进步、农民全面发展。阿里数乡方案涵盖了县域重点发展产业的生产销售环节、产业管理的数字化以及线上平台经济发展，涵盖了云边网端链、数实融合、产供销一体等体系，涵盖了县域线上商业体系和线下公共服务体系双阵地，能够满足各县域乡村振兴、产业振兴的高质量发展需求。

## 2. 聚焦产业和治理两大领域，以产业数字化促进产业价值提升、以治理数智化助力治理现代化，实现产业振兴、人才振兴、组织振兴

产业振兴是乡村振兴的关键，治理有效是乡村振兴的根基。因此，县域数字乡村的建设方案，需要重点关注和集成两方面的能力。一是产业数字化能力，乡村振兴的关键还是要看乡村产业发展，产业数字化是数字化助力乡村振兴的基础及首要发力点。产业数字化能力涵盖了智慧农业、农业产业社会化服务、农业供应链体系、精品网货、品牌营销、产销对接、县域公共服务等。二是治理的数智化能力，提供一整套基层数字治理平台+工具+服务+人才综合解决方案，例如数字乡村建设的策略思考、线上化的村务基层治理能力、县域数据沉淀和决策分析能力等。阿里数字乡村业务，就是集合了阿里巴巴集团在上述两个能力领域的众多业务部门，共同形成全方位的县域数字化助力乡村振兴的解决方案。

## 领域一：产业数字化领域能力

产业数字化特点是优先增强全产业链的营销和数字化能力，增强销端、产端及服务联动。产业数字化重点要做好精品网货、品牌设计、产销对接等，打造县域产业发展阵地，建立县域数字化运营能力。同步助力县域政企建设产供销应用系统、数据平台及协同平台，实现业务数据化和数据业务化。

在销售端，重点做好产销对接、区域公用品牌及整合营销，通过品牌体系建设、溯源体系应用、电商新零售渠道销售、方案推广和活动策划营销等，带动当地产业规模升级和效益提升。在供应端，做好精品网货打造，通过数据分析，选择适销网货、进行网货设计、孵化新品，并结合文旅孵化内涵IP；做好共配中心和公服中心建设，通过产地仓规划、公共服务、人才培训、品控和分级分选等，保障供应链有序稳定运行。在生产端，通过物联网、云计算及人工智能等技术做好数字化育种、数字化种植、数字化农技、数字化采收等，沉淀数据资产形成县域产业发展潜力地图，实现县域农业生产标准化和智能化。

## 领域二：治理数智化领域能力

治理数智化是利用数字化治理底座、治理工具及乡村应用场景配套服务，畅通干群双向沟通渠道，提升治理办事效率，升级乡村便民服务，提升基层居民获得感，助力基层治理能力现代化，推进乡村数字化治理新进程。落实好数字化支撑人才振兴、组织振兴的策略，突出"基层治理+下沉服务+工作提效"。在县域治理中，往往需要结合治理加服务，让政府、商家、农户/村民可以获取更多的信息服务（三农信息、优惠、就业等）和决策支持（电商分析、农业产业分析），为基层干部带来实际的工作效率提升（无纸化、表格自动汇总），才能真正起到效果。

治理数智化领域的核心能力是一个底座平台、一套标准治理工具、一套村民服务应用及一个人才培训计划。阿里数乡治理方案的核心要实现组织在线、沟通在线、协同在线、业务在线、生态在线，以微场景小切口来带动乡村基层治理平台的建设，增强乡村治理的实际效果，线下填报线上化、线上统计自动化、网格治理高效化、基层工作便利化，并探索积分治理、邻友圈、村庄社群运营模式，推动乡村共建、共享、共治。

## 3. 坚持三个原则：政企联动、统一治理和服务、数实融合

数字乡村建设不是一个工程，而是一个长期过程，要坚持长期主义、体系化推动。数字乡村建设能否长期取得成效，取决于是否能够实现政企联动、统一治理和服务、数实融合。数字乡村要提供完整的可持续的一体化服务链条，从方案设计、数字化建设、信息化运维，到数据运营、产品运营，要跟上外部环境的变化，通过政企联动、统一服务、数实融合，形成数字乡村产业互联生态圈，防止数字化系统失效，不要留下数字乡村的半成品。

### 原则一：政企联动

县域数字乡村建设是政府搭台牵引、产业需求驱动迭代的工程。政府需要加强组织领导，建议成立数字乡村建设领导小组，成立专班、加强相关政策支持，按规定统筹利用现有涉农政策与资金渠道，支持数字乡村重点项目建设。企业要承担引领行业、率先推进提升产业链提升的责任，强龙头、补链条、兴业态、树品牌、形成以龙头企业牵头、以链主聚合各类骨干企业，实现从种子到餐桌的一个完整链条。通过产业链串接、把控生产标准、品牌创立、营销等方面，组织好所有骨干企业协作起来，把一个产业链搞好，实现生产端标准化、营销端品牌化及产业链协同化。

### 原则二：统一治理和服务

建议推进一体化的县域综合治理和服务中心策略，做好县域治理统一管理、统一对接运营。基于一体化的县域服务中心，可提供商家办公入驻、商品展示、决策分析、培训、直播间的一体化服务，可提供组织在线、沟通在线、协同在线、业务在线、生态在线等统一底座平台，形成政府—商

家—运营方的联动。同时，服务中心也有利于各类信息资源打通和沉淀，把县域产业服务和基层治理真正做实。

### 原则三：数实融合

加快乡村振兴在"产业振兴、人才振兴、组织振兴、生态振兴、文化振兴"等领域的数据融合，加快电商平台数据、县域治理数据及县域产业数据的数据融合，实现"数据一张图、分析看链条、决策有智能"。通过乡村振兴多场景、产业链多环节的数据融合，形成各类数据聚合的一张图、全面分析展示乡村振兴发展态势，从链条上看产供销对接的规模和效率，在决策之前有预测、有智能判断。

## 4. 践行四个路径，通过数字化重点推动乡村产业全链条升级

强龙头、补链条、兴业态、树品牌，推动乡村产业全链条升级，增强市场竞争力和可持续发展能力，是乡村振兴的重中之重。阿里数乡在数字化助力乡村产业振兴方面，有自己的实现路径思考。从平台消费群体的需求出发，通过农产品销售和乡村旅游服务两个方面，连接产地县域，链接更多的农户、农业企业及乡村创业者。沿着这一链路，建议践行四个典型路径。

## 路径一：品牌化提升乡村价值

　　从商品和品牌切入，引入新兴消费群体，促进优质优价，最终实现品牌化——"让家乡优质特产有名有姓"。首先平台会引入新兴消费群体，而后根据消费者洞察来完善网货设计，并将网货推到阿里的全渠道进行多层次的精准营销，最后完善品牌打造，做好区域公用品牌建设、传播与保护。阿里数乡依托兴业数字化底座平台对平台上的多类消费群体进行了深度的洞察，根据这些群体需求特征来完善包装设计、规格设计，甚至提出新的产品概念；在渠道上，也结合了线上和线下多类渠道，对接多层次市场（盒马、天猫、本地生活、淘菜菜等）；最终，根据价值定位来打造区域公用品牌，进行品牌传播并进行平台上的品牌知识产权保护。

## 路径二：互联网化助力农文旅融合

　　从农文旅融合的新业态入手，在线上对乡村景点和服务进行信息融合，举办线上旅游节——让绿水青山在线上成为"金山银山"。重点在线上融合乡村的各类旅游景点、乡村休闲园、农家乐民宿以及农产品信息，进行活动组织和信息推荐。例如，举办云上旅游节活动（疫情期间吸引关注，提前体验种草），推出高德一键智慧游（在地图导航中对周边游人群、车主进行引导推荐），让消费者"从线上看，到实地游，再到持续延伸消费"，在线上为绿水青山转化"金山银山"。

## 路径三：数智化畅通产供销全链路

　　从产业链畅通入手，搭建产供销一体化的数智平台，促进全链路管理增效和订单农业实施——让数字化"从餐桌到土地"。对于全产业链数智化、搭建产供销一体的数据及管理平台，政府与企业可以在产供销多个环节实施数字化，采集和监测数据，整体判断品种产量、物流、销售、品牌、消费群体的适配情况及链条效率，进行宏观管理和支撑金融服务。具体来说，在生产端，数字基地 / 农园可以提供气象、农事、土壤监测数据以及产量预测；在物流环节，可以对分类分级的仓储、库存、发货运输进行监测；

在销售环节，可以对渠道进行汇总统计，发展溯源和品牌IP授权。这些环节如果衔接起来，数据就可以汇总到统一的平台上进行分析和应用，沉淀农产品从种植到销售的全链路数据，形成农产品画像，支持全链路追溯应用、订单农业体系重构、优质优价模式升级、产业社会化服务模式创新等。

## 路径四：实训化促进乡村就业创业

从产业人才培育入手，从培训到实训（孵化/大赛/陪跑），"授人以渔"，服务新农人、创业者、基层治理管理者——让乡村创业降低门槛、让基层治理更有效。从产业人才培育入手，对商家、新农人、返乡创业者的培训服务将更加公共和普惠，降低创业门槛。阿里数乡从提供简单的课程培训，发展到组织各类实训活动，提供SAAS版培训平台、县域乡村振兴方案、全省乡村振兴方案及县域职高培训方案等。一位学员可以在线看录播和直播课程，参加线下班级，也可以参与直播大赛和开店孵化项目，并学习成为一名电商主播；阿里还会为部分学员提供一对一的成长辅导。

阿里数乡集合了集团各业务能力，围绕"产业数字化"和"治理数智化"两个领域，形成了智慧农业、产业服务、产地仓、公共服务、精品网货、品牌营销、产销对接、人才培训、基层治理、电商大数据、农文旅融合等方面的县域解决方案。基于此，阿里数乡愿与各方一道，面向全国打造一批标杆合作县域，打造乡村振兴的"数字引擎"，共同推进产业数字化、治理数智化，助力乡村振兴。

### 本文作者

阿里巴巴数字乡村与区域经济发展事业部

# 数字农业助力农业产业数字化提升

## 1. 阿里云数字农业解决方案

随着土地经营制度的改革和数字经济的助力，传统农业生产经营方式正在发生根本性的变革，单纯依靠经验、习惯和单一生产经营模式难以适应现代农业的发展要求，集约化、标准化、数字化已经成为当前农业生产的发展趋势。

阿里云一直专注于云计算、物联网、大数据及人工智能等数字技术在农业领域的应用，用数字技术赋能农业产业全链路数字化升级，助力农业产业向规模化、数字化、标准化发展。针对当前农业的发展现状和要求，立足于数字经济时代农业发展的新趋势，阿里云整合重构生产、物流、渠道、营销、品牌、金融六大农业产业要素，助力跨越产供销全链路的现代农业数字化提升，推动"土特产"对接"大市场"，将小产品做成大产业。

### 1.1 构建农业农村数字化基础底座

围绕县域农业产业发展要求，阿里云基于云资源、物联网、遥感AI、

精准气象与灾害预警、区块链，构建以云平台运行的云底座，支撑区域农业产供销全链路数字化。云底座涵盖多项功能和云基础服务，云资源为上层应用提供云计算资源、存储和大数据支撑能力，也用来承载与农业主体服务相关的应用；物联网管理平台面向农业生产经营全过程，对传感器、环控设备、摄像头进行统一接入和管理，利用信息化手段对数据进行实时、动态的采集、监测、统计和预警；区块链服务平台基于区块链技术为农业农村相关业务提供可信存证、产品追溯、协同共享能力；遥感农情AI分析与服务平台，利用卫星影像、无人机影像等空天信息，对县域范围农业产业进行盘点和常态化监测，做到种植业动态管理；精准气象预报与灾害预警平台围绕现代大数据信息平台发展的需要，为农作物主产区建立农用天气、关键物候期、短期气候预测产品，实现预报服务产品的多元化，提高预报产品的精准化水平和时效性。

## 1.2　搭建农业农村数据治理体系

根据区域产业升级目标，阿里云建立区域农业农村数据汇聚决策分析治理体系，将来自政府、行业、市场、企业、基地、农户、消费者以及产业链各环节和服务主体的海量数据，汇聚和整合于统一的数据中台。该中台提供一站式数据资源管理服务，可完成数据架构、数据标准、数据质量、数据生命周期管理、数据可视化等多项数据管理应用，为业务应用提供全量的、标准的、干净的、智能的数据，为产供销链路和政府产业决策提供规范的数据标准和数据服务。除此之外，利用地理信息系统、物联网技术等建立"天空地"一体化的农业数字资源体系，紧紧围绕当地重点农产品全产业链为主线建设"条数据"，从试点基地遴选农产品品种建立全产业链大数据，构建大数据平台数据标准与共享标准，打通数据壁垒，优化业务流程，提升管理效率。

## 1.3　打造"从产地到市场"的完整产销链路

在生产端，阿里云将数字化贯穿"耕、种、管、收、储、运"等核心环节，利用物联网、卫星遥感、无人机等数字技术为农户提供农田监测、农事指导、农事推送、农情预警等多样化服务，完成农田、农事、农机、农作物和农民的资源调度管理，提高农事生产管理效率。在流通端，整合物流仓配能力，搭建产地与市场的流通链路，并基于区块链构建全程质量管控，建立原产地认证和品牌追溯，提升农产品商业价值，让农产品快速高效对接市场。在销售端，联合传统卖场、电商企业等商业资源，帮助县域农产品建立线上线下营销渠道，构建区域公用品牌，开展统一规范的品牌营销推广，打造产业品牌的市场影响力，帮助农户摆脱产销链路脱节困境。同时，建立面向县域政府的数字化人才培训体系，提供专业化项目课程，为县域农业产业提供多层次电商人才。

## 1.4　聚焦三大类场景应用

阿里云致力于农业科技创新，聚焦 AI 和农业知识的融合，积极探索构建以 AI 技术为核心的农业知识引擎，以科创助力乡村振兴。农业知识引擎面向数字果园、设施农业、无人农场三类应用场景，能够有效解决作物精准管理、产业市场风险管理和产业集群持续盈利等问题。

在数字果园应用场景中，通过建立不同地域、不同品类的瓜果科学种植模型，结合水肥一体化、物联网监测、无人机飞防植保等农事操作打造闭环农事操作场景。在对作物生长态势进行智能化分析后，依据分析结果和专家经验辅助种植管理者合理制定下阶段生产策略，为农业生产精准化提供了有力的技术支撑。

在无人农场应用场景中，将小麦、玉米等大田作物基于物候期的农事作业和相关病虫害防治等知识沉淀，形成大田作物的农业知识图谱；结合水肥一体化、节水灌溉、无人机、遥感 AI、精准气象等数字农业硬件和软件系统制定策略模型，打造针对农场的智慧化协同场景，为种植管理者提供农场基地规划、物联监控、智能排产、农事管理和消息预警等帮助，满足精细化生产管理需求。

在设施农业应用场景中，针对温室高产高效栽培中对环境、水分、养分的精确控制需求，构建黄瓜、小番茄、绿叶菜、花卉等作物的知识图谱；通过与温室内物联网设备深度协同，兼顾了微环境监测调节、封闭式栽培、有机发酵、营养液回收消毒、有机水肥数字化智能管理、清洁生产等多种功能，为设施农业打造智慧"大脑"。

**阿里云数字农业平台**

-基于云底座，构建农知引擎底座，支撑数字果园、设施农业、无人农场三类场景应用，提升农业生产标准化和作业效率，搭建可复制可扩展的服务全县域的数字农业平台

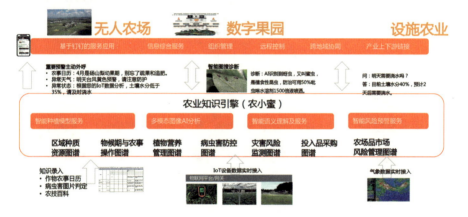

## 2. 浙江嘉善案例："智慧稻田"与数字粮仓建设

### 2.1　浙江嘉善水稻产业基本情况

嘉善县地处浙江省嘉兴市东北部、苏浙沪两省一市交汇处，素有"鱼米之乡"之称。2021年，嘉善粮食播种面积32.31万亩，总产量14.42万吨，水稻为农户主要收入来源。近年来，嘉善大力推进浙粮"数字粮仓"建设，聚焦现代化、优质化水稻种植模式，引领水稻产业高质高效绿色发展。为了减少水稻种植过程中的甲烷排放、能源消耗，以及减少化肥农药等农资投入，中国水稻研究所与阿里云联合研发了低碳智慧稻田技术，并在西塘镇竹小汇400亩的低碳智慧田落地，以数字孪生方式展现"低碳、智慧、生态、效益"四大数据主题，形成"1+3+N"的总体架构，在不减

产的前提下，"智慧田"实现了大幅度减碳。

## 2.2 嘉善县"智慧稻田"与数字粮仓建设的主要做法及成效

（1）构建稻田数字孪生平台，实现智能化辅助决策。低碳稻田数字孪生平台利用三维数字建模技术将真实稻田场景1∶1还原，依赖物联网智能感知、遥感卫星影像、人工智能等数字技术，实现稻田基本概况、节碳情况、作物分布分析、种植计划情况、农事活动统计、设备数据监测和设备使用统计等生产信息的可视化。该平台通过分析二十多种水稻种植实时监测数据与历史数据，对农业生产预演后形成预案，完成对灌排、施肥、打药等生产操作的科学指导。在稻田数字孪生平台的另一端，连接的是中国水稻研究所的专家，根据反馈数据及时对种植计划和技术方案进行调整和升级，提高基地种植水平。

嘉善县祥符荡稻田数字孪生平台

（2）三大技术突破，N个模型实现全方位减碳。数字测碳、装备控碳和立体减碳技术，基于物候期、薄露灌溉和水稻种植等算法模型，通过精准灌排、无人农机、绿色防控三大智能控制系统直接或间接控制碳排放量。具体来说，在水稻不同生长阶段，通过数字测碳技术可以精准地测出一块稻田综合碳吸收量和排放量，结合水稻生长物候期模型，指导水稻农事标准化作业，实现"零直排"。装备控碳则是通过无人机光谱分析、精准变量喷洒技术和稻田可视化大数据平台，依据水稻长势精准把握化学农药和肥料用量，提高农业机械应用效率，可减少间接碳排放8%～15%。除此之外，立体减碳技术利用生态沟渠、薄露灌溉和北斗自动巡航进行水陆空全方位减碳。其中，基于精准灌排的蓄雨薄露节水灌溉模式减排效果突出，该方法借助水位动态监测App实现间歇性节能节水灌溉，农户可远程完成灌水排水操作，预计可减少稻田甲烷排放15%～20%。经核算，相较于传统种植方式，低碳稻智慧农田亩均碳排放量减少超20%，肥料使用量减少10%，稻田退水氮磷含量减少30%～40%，累计灌溉用水量可减少30%，劳动力预计可减少15%。

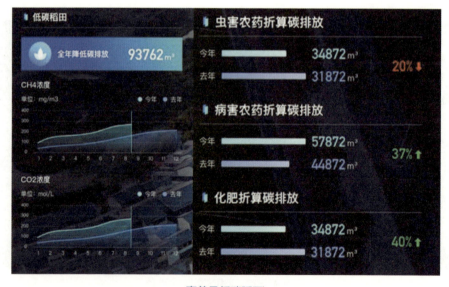

嘉善县低碳稻田

## 3. 浙江遂昌案例：数字化赋能乡村振兴

### 3.1 浙江遂昌茶叶产业基本情况

遂昌县有"中国名茶之乡""中国生态茶乡"的美誉。茶叶作为遂昌的主要农业产业，2021年，全县茶园种植面积14.06万亩，产值突破15.8亿元，有超过三分之一的农民从事茶产业，茶叶种植规模和产值均位居浙江省前列。近年来，遂昌全面推进生态、生产、生活相统一的数字乡村建设。遂昌坚持问题导向，聚焦山区县农村基层信息不畅通、治理力量下沉难、群众办事要跑腿、特色产业营销难等突出问题，通过与阿里云共同探索，已初步构建了"一库、一图、一码、两端"①的乡村数字化平台，将服务、治理、产业三大场景集成于"浙农码"，打通了全县所有涉农部门数据资源，农业生产经营信息化水平显著提升。

## 3.2 浙江遂昌数字化赋能乡村振兴的主要做法及成效

（1）以数助农，重塑农业生产经营新模式。一是借助阿里云数字技术，遂昌投入使用"一杆农眼"等农业物联网设备及自动化控制设备，积极开展数字化种养基地改造和数字农业工厂建设。农户利用智能感知设备可以准确、实时地掌握温湿度、光照、降雨量、风速风向、土壤墒情等作物生长环境数据，视频图像数据和病虫害发生情况，通过与专家经验结合，能够做到智能灌溉、精准施肥。目前，试点村之一的蕉川村实现了超500亩水稻制种基地和生态茶园的实时监测，让农业种植有数可循，节省了大量的人力物力。二是一码溯源，保障农产品质量安全。农产品"从田间到餐桌"的每个环节自动赋予"浙农码"，农产品的全链路信息均被传到区块链中，每一件农产品都拥有"原产地身份证"，最终形成全县域农产品完整可信数字供需一条链，实现来源可查、去向可追、责任可究。

（2）以数惠农，打通乡村服务"最后一公里"。遂昌通过对本县农业、农村、农民相关业务数据进行全面系统调查摸底，构建了县、乡、村三级数据管理机制，迈出了农业农村数字化改革的第一步。在此基础上，开发了"i遂昌""乡村百事通""信用乡村"等应用集群，为农户提供一键代

---

① "一库、一图、一码、两端"是指：数字乡村专题库、数字孪生一张图、浙农码、两个服务端（浙政钉和浙里办）。

办、惠农资金和一码查询等多种服务，帮助农户少跑路、多办事。"乡村百事通"可为农户提供96项民生补贴事项查询服务和52类代办服务，实现了涉农补贴全覆盖，农户可实时掌握账户动态。

（3）以数利农，提升农业农村治理效率。遂昌积极促进乡村自治、法治、德治和智治融合，通过"乡村百事通"党建引领、村民共治和村务公开等模块，鼓励农户积极参与到乡村治理和建设中来，使得信息获取更加公开透明，实现村规民约在新时代的数字化。同时，数字孪生技术赋能，叠加物联感知数据、图层数据、统计数据，实现村情民情可视化，形成"数字乡村一张图"，为政府各条业务线提供便利支撑。

# 4. 经验启示

## 4.1　坚持问题导向，系统化设计

在数字乡村建设过程中，阿里云围绕嘉善和遂昌区域农业产业发展需求，从"小切口"出发解决"大问题"。针对遂昌产业发展遇到的问题，提供数智指挥中心产品，为政府决策和企业运营提供有效参考。此外，聚焦农户补贴查询难、产销对接难、稻田排放高等难题，利用数字孪生一张图、百姓通等应用集群对农业生产经营、全渠道产销对接、生态建设等进行全方位、系统化改造升级，真正做到用数字化促进农业农村发展。

## 4.2　夯实数据基础

嘉善和遂昌的案例证明，数字农业取得的成效离不开大量及时、准确的数据支撑。首先，利用"一杆农眼"、物联网智能感知、无人机等数字化设备，可实时监测田间环境变化和作物生长情况，提高了农业生产终端数据收集和分析能力。其次，通过建设数字孪生平台，将不同来源、不同类型、不同应用的要素数据资源进行规范、整合、叠加，基于产业建立分析指标，从数据中挖掘价值，实现了农业农村数据和资源立体化、可视化，进一步为产供销链路、乡村治理服务、应急指挥提供更直观、科学、高效的决策支持。

## 4.3　坚持经济、社会、生态协同发展

　　嘉善和遂昌坚定不移走创新实践"绿水青山就是金山银山"理念的发展道路。围绕该理念，遂昌建设生态、生产、生活"三生"共同体，全力打造人与自然和谐相处的花园乡村、智能化智慧化的数字乡村、城乡融合改革的活力乡村，在农业产业、乡村服务治理方面均取得较好成效。嘉善利用薄露灌溉等突破性技术，统筹推进优质、稳产、节能、节水、节肥、清洁，充分体现了现代农业发展能够不再以牺牲资源和环境为代价。

**本文作者**

耿闻轩　中国农业科学院农业信息研究所博士研究生
赵俊晔　中国农业科学院农业信息研究所研究员
许建庄　阿里云自然资源行业线数字农业总监
何　毅　阿里云自然资源行业线数字乡村总监

# 新零售重构多链路流通渠道　促进农业现代化

## 1. 新零售模式的出现

　　自20世纪90年代，电子商务经历了从产生到成熟的不同时期，然而随着在线零售模式的发展逐渐进入瓶颈期，在线零售业的增速开始放缓。根据国家统计局的数据显示，2014—2022年，虽然全国网上零售额逐年上涨，但其增速却呈现下降的趋势。

2014—2022年全国网上零售额及同比增长情况

数据来源：国家统计局

　　针对传统零售的困境和弊端，在线零售开始探索新零售模式，即企业以互联网为依托，运用大数据、人工智能等技术手段，对商品的生产、流通与销售过程进行升级改造，并深度融合线上服务、线下体验以及现代物流。根据阿里研究院《新零售研究报告》中对新零售的定义，新零售是以消费者体验为中心、数据驱动的泛零售形态。因此新零售的核心是利用技术手段，掌握消费者需求，并从需求端逆向牵引生产端的变革。

　　新零售作为近些年出现的一种全新的商业模式，蔬菜水果、肉禽蛋奶、水产海鲜等农产品占据了重要位置。新零售通过提升农产品标准的要求，也在不断改造着传统农业，加快了农产品的上行速度，推动着农业提质增效。

　　传统农业的经营管理和生产技术较低，规模较小且分散，对自然灾害的抵抗力较弱，生产成本高、生产效率低下；生产的标准化程度较低，配套的物流设施不足，农产品附加值较低；农产品从生产到消费环节过长，交易成本、运输成本高，损耗高；以产量 / 利润最大化为生产和经营目标，品牌意识薄弱，也没有形成地域上的分工，无法满足消费者日益增长的消费需求和个性化偏好。

　　从新零售的"排头兵"盒马鲜生到整合阿里生鲜业务的淘鲜达，阿里巴巴一直走在探索"新农业 + 新零售"模式的路上。在这一背景下，传统农业各个环节得以转型升级：基于新零售产生的用户消费洞察，带动农业供给侧结构性改革，逐步提升农产品品质；建设数字化供应链，提升物流效率；通过新零售平台将农产品快速高效地送达消费者手中。

## 2. 新零售助力数实融合：农产品消费互联网与产业互联网融合创新

　　2020 年，阿里巴巴开启数字化助力乡村振兴探索，统筹二十多个涉农业务部门，从电商、供应链、物流、科技等多个领域，推动"农民富、农业强、乡村美"。其核心是数字兴业，即通过搭建数字农业的产地仓、物流、供应链体系，配合天猫超市、盒马、淘鲜达等零售体系，升级农业产业链，提高零售效率，这也体现了消费互联网与农业产业互联网的深度融合。

### 2.1　线上线下高度融合，提供不同场景，便利消费

　　线上线下融合主要体现在两个方面，一是采用"前店后仓"模式；二是联合线下生态合作伙伴共建履约中心。

　　"前店后仓"模式的典型是盒马鲜生，盒马鲜生以生鲜食品为主，采用"线上 + 线下"相结合的模式，为一、二线城市的中高收入群体提供服务。

线下门店既作为"前置仓",承接线上的仓储配送功能,同时还能满足消费者店内就餐、逛超市等多场景的消费需求,也能让消费者对生鲜产品的质量有具象感知。这种"前店后仓"模式再配合其全自动物流配送体系,可以实现"3公里内30分钟送达"的短距离快速配送,并在一定程度上减少生鲜产品的损耗。

联合线下生态合作伙伴共建履约中心(Closer Fulfillment Center,简称CFC)则是"新零售+新农业"概念的另一种探索。2018年重组后的天猫超市和淘鲜达是这种模式的典型。截至2020年,淘鲜达平台已经入驻超过50家实体零售商,包括大润发、家乐福、世纪华联等,实现了生鲜产品五公里范围"一小时达",日用百货商品20公里范围"半日达"的配送服务。

## 2.2 将新零售端用户需求反馈至生产端,实现"按需定制"

"新零售+新农业"的核心是数据驱动,以消费者为中心开展一系列的生产和销售活动,是一种C2B模式,这种模式改变了原有农业生产者和消费者的关系。以盒马鲜生为例,通过绑定App的会员支付制度,把线下门店和线上销售的数据进行汇集处理,理解消费者的具体诉求,进而利用前端的销售数据去影响后端的供应链生产。从消费者的视角来看,这种模式实现了"买得到""买得好"的消费诉求。通过大数据进行按需定制、智能选品、需求预测以及自动补货,让消费者在线上或货架上可以随时买到优质优价的农产品。

> 案例:猕猴桃是典型的"呼吸跃进型水果",从树上摘下后,会出现一个呼吸高峰,随后衰老程度迅速加快,在某一阶段进入最佳赏味期。消费者挑到的国产猕猴桃,往往需要放置一阵才能食用,但消费者无法掌握赏味时机,也容易挑到坏果,往往是猕猴桃"拿到手硬邦邦,放软了一包水",这个现象有个行业里的说法叫"僵尸果",往往是保鲜

剂使用不当造成的。如果追溯到种植端，由于绝大部分是小农户小果园，猕猴桃缺乏标准化种植，商品化率低，损耗高。而厌恶等待与不确定性的消费者，宁愿花高价去买品质更稳定的进口奇异果，他们更愿意为摆在眼前的水果品质买单。为了让猕猴桃从树上摘下后，经过产地、运输、销地、货架等流程，以最好的状态到达消费者手中，它会被提早采摘，在催熟环节，淘菜菜联合技术伙伴合作研发了国产数字化猕猴桃催熟和压差预冷一体化设备，能够远程实时监控催熟进程及催熟工艺，精准掌握了登上货架的最佳时机。如此一来，消费者就能买到"买到就可以吃且是最佳状态"的果子。国产猕猴桃进化到了"即食猕猴桃"，也因此有了更高的溢价。据了解，淘菜菜在2023年年货节期间共有200万斤国产即食猕猴桃入市，销量同比增长超300%。

案例来源：天下网商。

## 2.3  减少中间环节，采用直采直销方式

供应链稳定可靠是"新零售＋新农业"模式下的又一个重要目标，直采直销不仅是产品质量的保障，还是持续供应的关键。在品控方面，盒马鲜生与高品质供货商合作，国外方面，主要是全球优质产地直采，包括水产、肉制品、果蔬、乳制品等；国内方面，分为原产地直采和本地直采，对于国内有成熟基地的产品，会直接到基地做品控、采购、加工等，而肉类和蔬菜则基本与本地企业合作，可以实现早上采摘下午售卖。从源头直采食材，没有了中间环节，既降低了价格，又保证了新鲜，减少了损耗，同时价格的降低也增加了需求，当需求增多，生鲜产品的流转率提升，也保证了新鲜度。直采直销，向生产者购买货物后其他服务全部由企业完成，该模式有利于改善供应链，提升业务的运营效率。供应链的稳定性是持续保障供应的关键，而这种稳定性供给也在疫情期间收获了一部分此前不太使用电商的用户，对平台企业在用户拓展上有巨大价值。

## 2.4 以"产地仓＋销地仓"模式搭建全国数字化农产品流通网络

2020年，阿里巴巴数字农业流通网络初步建成，通过在水果主产区建立数字农业产地仓，以及与生态伙伴建立协管仓，上百个产地仓辐射全国核心农业产区，并与遍布全国各城市的销地仓、淘宝、天猫、淘菜菜、淘特、盒马等线上线下零售渠道，形成数字化仓配矩阵和分销网络。图2展示了阿里巴巴农产品从产地到消费者手中的各个环节，其中详细地列出了在农产品上行"最先一公里"（蓝色环节）的投入以及工作内容。由于对新鲜程度的要求，农产品在采摘之后到移交物流运输之前，需要进行预冷，即将采摘后的农产品温度迅速降温至最佳仓储温度；到达协同仓（前置仓）之后，进行保鲜、初级清洗、分选等工作；产地仓包含标准化冷库区域、恒温低温生产车间、常温分选包装车间与品控室、水果智能分选、打包线等，货物到达产地仓之后进行深度清洁、产品分选、包装、加工等一系列活动；通过全国的菜鸟物流体系快速将农产品运输到全国各地的销地仓，再通过各种形式的零售网点以最快的速度送达消费者手中。

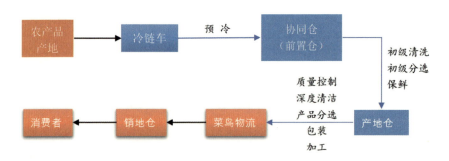

**阿里巴巴农产品从产地到消费者的环节**

资料来源：农业行业观察

> **案例**：近年来，阿里将越来越多的目光聚焦在云南这一全国重要的水果产区上。云南地处低纬高原，立体气候明显，热带、亚热带、温带和寒带气候小范围内能同时出现，并形成了丰富的生物多样性，拥有开

展高原特色农业的先天优势。而云南特色农业中又以果业的特色和效益最为突出。云南拥有的果树种质资源居全国之首，全省超过50万亩的大宗水果有香蕉、柑橘、梨、芒果等果种，荔枝、石榴、蓝莓等30多种特色水果广泛种植。位于云南昆明的数字农业集运加工中心，是阿里巴巴在全国的五大产地仓之一，且是最早投入运转的，总投资1000万元，距离昆明长水国际机场约10公里，面积为7500平方米。该仓于2020年2月建设完成后，经历了4个月试运行，目前运行稳定。阿里巴巴数字农业已为云南18种农产品建立了分级标准。包括沃柑、百香果、糯玉米、阳光玫瑰、冰糖橙、雪莲果等。其中沃柑销量最多，成为全国最受欢迎的云南水果。自建仓以来的两个多月里，云南产地仓自动分拣线共给8000吨水果"做过CT"，相当于至少20000名熟练工人一天的劳动成果。产地仓内的4通道数字化分选设备，能检测出每一个水果的酸甜度、果面光洁度，是否有霉斑、橘皮和划痕等，果径精确到毫米，重量可精确到正负0.5克。产地仓内一条双通道分拣线一小时能分拣7吨水果，而普通工人一天分拣300至450公斤，该分拣线效率是工人的124倍。在产地仓，更多传统农民升级为产业农民。在产地仓，农产品变为商品的过程只需要两分钟：包含分选、品控、装箱、封箱、打单。

案例来源：搜狐网。

## 3. "新零售＋新农业"取得的成效

根据阿里巴巴公布的数据显示，多年以来，阿里巴巴一直稳居中国农产品销售平台之首。2019年，阿里平台农产品交易额为2000亿元，2020年实现50%的增长，为3037亿元。新零售与新农业的结合既是新零售发展的必然，又是农业发展阶段的必然，转型升级后的农业丰富了新零售的内容和形式，新零售也反向重塑了农业生产、流通、销售的各个环节。在新零售引领农业高质量发展过程中，取得的成效主要体现在三个方面。

### 3.1　新零售与新农业融合，为零售商开拓了新的商业模式

随着人们消费方式的改变，零售业的形态也发生了几次重大的转变，从线下零售商拓展线上渠道到线上零售商布局实体体验店，再到线上服务、线下体验、现代物流的融合。随着新零售概念的提出，电商平台和实体零售店开始在商业维度上进行优化升级，而零售与农业的融合，为零售商开拓了一个全新的商业模式。盒马模式是当前比较典型的"新零售+新农业"模式，它是采用"线上电商+线下门店"的经营模式，线下门店提供餐饮体验，并让消费者对生鲜产品有具体的感知，同时也是线上渠道的仓库。线上渠道配有全自动物流系统，覆盖周围3公里。盒马的大数据选品、源头直采、开发自有品牌等策略的实施表明生产者、消费者与企业之间的关系与传统模式相比已发生了改变。另外，天猫超市、天猫生鲜、淘鲜达等也是其中的代表，他们选择与线下商超共建近端履约中心，扩大了覆盖范围，满足了消费者对送达时效的需求。

### 3.2　新零售与新农业融合，提高品牌的消费者满意度

作为消费品市场中最重要的品类之一，生鲜产品也受到了零售新模式的影响。消费者对于生鲜产品的要求有二，一是优质，二是优价。因此向消费者提供优质优价的生鲜产品是提高复购率的重要条件之一。除此之外，提供符合现代人消费需求的产品以及稳定的履约服务，也是提高用户黏性和消费者满意度的重要因素。为了满足消费者的一系列诉求，新零售携手新农业，从订单式生产到自动化种植、采摘、分级、包装，流通过程中采用先进技术保鲜，并通过"销地仓—产地仓"的网络送达消费者手中。这种全产业链参与的形式，是新零售与新农业模式下的常见形式之一，也是提高品牌的消费者满意度的重要形式之一。

### 3.3　新零售与新农业融合，促进农业的转型与现代化

新零售与农业的融合，促进了农业生产方式的转型。为节本增效，农业生产中使用数字化、智能化的机器设备，既解决了"谁来种地"的问题，

又实现了农业生产的标准化，还有利于控制化肥农药的使用。数字化生产还降低了生产和管理过程中的风险。一是将环境指标数据化，预测并有效预防生产过程中的自然灾害，降低农业生产中的自然风险。二是将劳动过程数据化，农业劳动内容难以实现工业生产中的标准化与可量化，而可视化管理与全程化监管能降低农业生产中雇工模式下的道德风险。同时，零售渠道倒逼农产品质量提升，进而提升农业本身的价值。在生产前，用终端消费大数据指导农业生产，根据市场需求进行生产，避免农产品因市场信息不充分及不对称而产生的市场风险，也能提高消费者的效用水平；在流通前，通过分拣步骤可以提升农产品的价值。农产品在仓内进一步完成清洗、烘干、称重、包装、打单等步骤，完成了从农产品转为农商品的最后一步，大大提高了农产品的经济价值。

### 案例来源

本案例研究受到中国人民大学科研基金项目（21XNL022）支持。

### 本文作者

马九杰　中国人民大学农业与农村发展学院教授
王馨、张梓煜　中国人民大学农业与农村发展学院博士研究生

**|农产品直播电商|**

# 更具包容性的乡村数字经济模式

## 1. 直播电商发展背景

### 1.1 直播电商兴起

过去的20年时间里,得益于互联网革命,依托信息、数据、云计算等数字创新技术,中国电子商务行业蓬勃发展,改变着我们的生产销售、生活消费方式。企业生产无需大规模建置厂房就能满足产品周转,消费者足不出户就能实现一键购物。根据商务部《中国电子商务报告2021》,从2014年至2021年,中国电子商务年交易额从13.37万亿元增长到42.30万亿元,年平均增长率达到17.89%。在世界范围,根据eMarketer的数据,2022年,中国零售电商销售额超过27840亿美元,是第二名美国的两倍多,超过了榜单前十余下9个国家之总和。

电商的兴起也为中国乡村发展带来了新的契机,学界亦有大量文献表

2014—2021年中国电商交易额

资料来源:商务部《中国电子商务报告2021》

明，电商可以即时连接买卖双方，整合资源、连接外部市场，在创造就业、增加家庭福利、降低交易成本、带动经济增长等多方面发挥着重要作用。商务大数据显示，2021年，全国农村网络零售额已达2.05万亿元，同比增长11.3%，增速加快2.4个百分点。

随着互联网技术和网络基础设施的进一步成熟与完善，电商的新模式新业态层出不穷，从图文到短视频，从短视频到直播电商。2016年5月，淘宝直播正式成立，随后不久京东也正式推出直播业务，掀起直播热潮，业内由此开启直播电商元年。根据《第50次中国互联网络发展状况统计报告》，截至2022年6月，中国电商直播用户规模为4.69亿，较2021年12月增长533万，占网民整体的44.6%。

## 1.2　直播电商特征

直播带货的本质是主播利用即时视频、音频通信技术同步对商品或者服务进行介绍、展示、说明或者推销，并与消费者沟通互动以达成营销目的的商业活动，是数字时代背景下直播与电商双向融合的产物。与传统电商相比，其具备提高产品信息透明度、建立买卖双方信任、通过实时交互加快用户购买决策等优势。

作为新的业态，直播电商具有三大特征：普惠、信任和体验。一是普惠性（或称包容性）。凭借互联网技术，直播电商的门槛条件相较于其他销售方式较低，几乎人人可播、物物可播、处处可播，使得直播电商具有较高普惠性，这也是直播可持续发展的最主要内因。二是建立信任。在消费者观看直播、进行购物的过程中，以往产品搜寻、比较、测试的流程交给了带货主播进行，消费者仅需从主播身上获得相关决策信息即可，由此，主播成了消费者和产品之间的信任中介，这使得直播电商具有了信任特征。三是增强体验。从与消费者交互的角度看，依托强大的实时展现、双向互动等功能，直播电商更加注重交流和实时互动性，具有更强的吸引力。消费者在观看直播时可以从主播的讲解中获取更多商品质量、服装搭配等信息知识，增强了消费者购物体验感、娱乐感，赋予了直播电商体验特征。

## 1.3 直播电商作用

疫情以来，直播电商通过"拓展新人群、营造新场景、挖掘新需求、扩展新品类、推广新品牌"，不断刺激消费者的购买欲望，将消费者在冰山水面下的需求挖掘出来，促进了消费的持续恢复和快速增长。

直播电商下沉到农村，帮助农产品销售开辟了新渠道、新模式。长期以来，农产品销售面临农户"难卖"和客商"难买"的困境。如今，随着乡村网络基础设施的不断完善，直播电商凭借其普惠性在农村地区快速普及，越来越多的农户、商家通过短视频、直播来宣传和推介优质农产品，多位县长、明星走进直播间为农产品代言带货，帮助大山深处的优质农产品快速走向全国消费者的餐桌，使得"酒香不怕巷子深"。一部手机和一根自拍杆，正在替代锄头镰刀成为农民脱贫致富的"新农具"，一场"直播"正在替代下田插秧成为农民的"新农活"。

同时，直播电商在很大程度上打破了消费者对农产品看不见、摸不着、感受不到的现状。相比于图片和文字的产品描述，视频的信息维度更加丰富，而农产品主播可以将农产品的种植、生长环境、采摘、包装等环节用视频方式展现出来，有利于促进优质农产品卖出优价，减少买卖双方的信息不对称，有效降低"柠檬市场"发生的概率。

此外，农产品直播电商相关企业为搭建农产品供应链，在主播招募，"代播业务"[①]，后台制作，农产品采购、分级、包装、发货、快递物流等环节为农户提供了大量就业机会，特别是在电商销售中的分拣和打包环节创造了众多适于农村地区女性的就业岗位，也为农村地区实现性别平等发挥重要推动作用。数据显示，2021年，全国淘宝村、淘宝镇电商从业人员达

---

① 2022年11月，陕西佛坪县政府联合淘宝直播，试点开启"代播业务"，通过教培和品牌招商，对接多个知名品牌，大学生、无农货可卖的农人可以通过代播服务获得就业机会和收益。

360万人，交易额突破1.3万亿元，人均年销售收入超过36万元①。

## 2. 农产品直播电商之阿里实践

### 2.1  阿里巴巴实施"村播计划"

2019年3月，为促进农产品上行，助力乡村产业发展，阿里巴巴在技术脱贫攻坚大会上宣布启动实施"村播计划"，将帮助地方培养自己的网红主播，实现农产品电商直播自运营，"让农民变主播，手机变农具，直播变农活，数据变农资"，首批入选省份包括山东、河南、山西等。仅在3个月内，村播项目就覆盖了全国270个县，开展了近5万场直播。

2022年4月，淘宝直播的商品池上线了村播农货专区，尝试用产品方案来解决县域农产品的直播销路问题。如今，"村播计划"已经覆盖全国所有省份，培养超过10万新农人加入到农产品直播营销当中，开展助农直播累计超过300万场，带动县域农产品800万个，县域农品销量达1.3亿单。

### 2.2  阿里巴巴联合开设"村播讲堂"

虽然直播的开设并不需要过高门槛，但要掌握直播话术、产品设计、爆款打造等专业技能也需要进行一定量的学习。2020年，作为"春雷计划2020"助农兴农的重要措施，阿里巴巴再度宣布四项举措，其中包括在全国打造100个"村播学院"，线下手把手教农民主播们用好手机"新农具"，学会直播"新农活"。"村播学院"以培育主播人才、销售当地特色食品农产品为主要目标，由淘宝直播村播机构负责运营，承担县、市淘宝直播人才培训、孵化、日常及大型直播营销活动策划实施等工作。通过开办学院，阿里巴巴将联合各地，以零门槛零学费的方式，为农民主播提供从基础设施支持、人才孵化培训到地域品牌设计、直播带货产业规划扶持以及政策引导和资源协调等方面的全方位支持。

---

① 数据来源：中国国际电子商务中心《中国农村电子商务发展报告（2021—2022）》。

阿里巴巴"村播计划"宣传图

2020年4月23日，全国首个"村播学院"
在浙江衢州市柯城区开课

2021年9月，"村播计划"迎来全面升级，推出"村播之星成长计划"助力新农人成长，在此基础之上针对"村播讲堂"进行全面改革，实现"轻量化、流程化、高效化、数字化"发展。推出五大举措：一是"学院更名"，"村播学院"正式更名为"村播讲堂"，持续在新农人主播的培养上深耕；二是"权益升级"，给予月度奖励公域资源、年度优秀讲堂表彰等村播之星成长计划的流量激励，助力学员快速成长；三是"线上课堂"，"村播讲堂"线上云课堂发布，轻量化课程为新主播入门助力提速；四是"数字运营"，线上数据产品、培训套件支持，精确落实讲堂业务；五是"流程变更"，优化村播机构入驻流程及"村播讲堂"挂牌流程，实现可持续发展。

至今，淘宝直播助农账号10万＋，农人账号2.6万，足迹遍布全国31个省级行政区（不含港澳台）。2022年"双11"期间，淘宝助农直播日均开设量约9000场，日均成交额约1300万，同比增长14.4％，直播成交达到万元账号数量约2900个，同比增长43％。

**案例：村播学员陈家胜**

49岁的衢州村民陈家胜是全国首个阿里巴巴"村播学院"的第一批学员。陈家胜曾进城开过烤饼店、做过木工，2010年返乡创业后，他将家传的做面手艺做成了"德门龙"手工面坊。2019年7月，在阿里巴巴"村播计划"公益直播中，他第一次接触到了直播，他记得："第一次做直播很紧张，眼睛都不知道该往哪里看。现在经过练习和学习，已经很熟练了。"如今陈家胜通过淘宝直播卖自己的家传手工面条，一次能卖1000斤，相当于以前一个月的销量。

## 3. 直播电商价值链打造

质量是电商的核心，更是直播电商的"命门"，据中国消费者协会2020年3月发布的《直播电商购物消费者满意度在线调查报告》，超六成消费者担心直播购物所购买商品的质量问题。直播电商长久发展必须要考虑货物的质量、品牌、体量、体验等问题，只有好的质量才能不至于"直播翻车"。

农产品质量的关键在于直播电商供应链的打造与维护，但直播电商的供应链是十分多元的，可能以涉农企业为主导，前后涉及生产者、合作社、电商平台、带货主播等环节主体；可能以村播为主导，涉及生产者、合作社等环节主体；也有可能是农民自己开网店、做主播（村播），即"自产自销"。在直播环节，还可以分为自播、代播、雇播、达播等形式，直播场景也可以分为基地直播、果园直播等。

案例：个人自播利用自身特长，打造独特卖点

福顺东北特产（简称福顺直播）是一家淘宝直播店铺，属于个人自播，主要售卖干果、玉米、地瓜等东北特产。福顺直播开播近2年，粉丝量已经超过7万，近一年旺季直播观看量能超过10万人次。其货品主要来自自家种植、本地村民以及当地批发市场，偶尔也会寻找一批小商家，现在一年的销量价值能达到两三百万。

福顺直播的发展并不是一帆风顺，其间离不开主播的个人努力。主播经营淘宝店铺13年，积累了丰富的电商运营经验，但两年前刚转行直播时，并没有系统学习过直播技巧，也很不适应，直播间并没有多少流量。后来借助表演"崩爆米花"与折扣促销的手段，终于为店铺积累起了一定粉丝与固定客户。逐渐地，福顺直播间已经打造起自己的直播形象和个人特色，主播时常会在直播时着道具服、唱二人转，秀才艺，并偶尔在村子田间地头进行直播，再加上东北人自带的口音、方言等喜乐元素，保持了轻松诙谐的交流风格，吸引着不少消费者的眼球。

## 3.1 价值链上游

为了保障上游货源及其品质，大型公司、头部主播们可能会与合作社、种养大户直接签订合同协议，开展订单农业，或者直接进行产业链整合，建立生产基地。而一些尾部主播、村播，可能会直接前往当地或附近的农场订购产品，或者销售自己（及熟人）的农产品，对于这些产品，主播自身就比较熟悉其生产种植情况，农产品质量风险的可控性较高。但对于外地主播或者企业来说，他们不了解当地的实际情况，寻找货源时往往会委托一个"中间人"，即当地的代办。代办更加了解当地的产品质量状况与农户的信誉名声，能够帮助主播找到满意的产品与合适的供货者，提高履约率。

案例：寻找当地代办，保障货品质量

塔塔部落是2017年成立的一家主要从事生鲜农产品直播业务的公司，其带货产品来自境内境外，如泰国榴莲、眉山丑橘、昭通苹果、赣南脐橙等。旗下共5位主播，5个直播间，最大直播间辉辉榴莲已经拥有超过86万粉丝，近一年旺季时观看量能达到40万人次。

到直播季，辉辉榴莲会预估直播销量，提前与原产地果农进行沟通联系。由于市场价格的不确定性和生鲜果品每年的品质口感都可能存在一定差异，提前的时间不会超过1个月，这是一种"市场交易和订单农业之中的'中间模式'"。

在农产品选购中，当地代办往往更能知悉果子的生长种植情况，知悉农户的品格为人。因此，为降低交易成本与交易风险，辉辉榴莲往往会按成交量支付一定佣金，寻求担保，委托当地代办按照果子的质量、大小等要求去寻找合适的果农，与果农们沟通，再签订商业合同。经过数年的沉淀，辉辉榴莲现今也积累起丰厚的声誉与一批稳定可靠的供货商。

大部分直播，辉辉榴莲都坚持原产地果园直播，原产地发货，这有助于更全面地展示商品信息，吸引更多消费者。

## 3.2　价值链下游

在消费端，平台对商家及其上传的货品质量信息，也会根据大行业、子类目设定相应标准加以审核与限制。例如，在淘宝平台的要求下，商家们需要上传产品的质检报告、资质证书等，以证明产品的质量，若商家产品的退货率高于平均水平，会被重点监测，如果是开设直播，平台还会以保证金、店铺等级等为条件进行筛选、限制。而且，淘宝平台还设立了《生鲜食品品质抽检规范》，会不定期让第三方任意抽检平台内商品，若生鲜产品的农药残留、重量标准等未达到规定要求，商家将会受到处罚。此外，淘宝平台针对商家还建立了DSR（Detail Seller Rating）动态评分系统，具体分为描述相符、服务态度、物流服务等项目。消费者可基于自身购物体验进行评分，共5分，4.5分以下商家的点评级别会变为绿色，以起到提醒和警示的作用。而对天猫超市这一自营平台来说，其商家入驻的品质要求更高，主要面向于成熟商家定向招聘。

可以说，在农产品流通市场上，凭借着对农产品流通渠道、品质信息的掌握与管控，代办、主播、平台等主体成了农产品质量安全的守门人，他们可以按照市场需求制定产品流通的标准规格，对流通中的产品进行资质审核、质量检测，进行层层的筛选过滤，保障优质的产品送入消费市场。

## 4. 启示、挑战与展望

直播电商的嵌入使农产品可以突破地理限制，远距离直接触达消费者，扩大了农产品的销售半径，拓展了农产品价值的实现方式，带动了乡村一系列产业的兴旺发展。"村播计划""村播讲堂"的推行也成为提升农民职业技能、助推农民收入增长、促进农业产业发展的重要手段，帮助当地建立起产品销售、产业发展的长效机制。

随着市场高质量消费需求的不断增长，农业发展在满足数量要求以后，如何满足质量要求、解决市场高质量农产品的供需矛盾将成为农业现代化的核心问题。

目前，许多电商平台深耕农业电商销售领域，通过深入农业源头端、自建供应链和自营销售平台等方式，助力实现农业高质量发展。例如，阿里巴巴正通过搭建数字化的"产地仓＋销地仓"模式，配合菜鸟网络以及天猫超市、淘鲜达、盒马等平台，形成了一条完整、稳定的供应链体系，在帮助拓展农产品销售渠道的同时，提高了商品履约效率，进一步保障了农产品的高质量发展。

**案例来源**

本案例研究受到中国人民大学科研基金项目（21XNL022）支持。

**本文作者**

陈俊良　中国人民大学财政金融学院硕士研究生

马九杰　中国人民大学农业与农村发展学院教授

# 数字化营销助力农业品牌升级
## ——以世壮燕麦为例

如何用互联网助力农业品牌升级？阿里巴巴集团旗下的聚划算有着丰富的经验。2021年，聚划算围绕生鲜品类衍生出全新IP——"聚新鲜"，旨在引领生鲜品类趋势消费，助力生鲜品类销售爆发，成为农产品消费风向标，助力农产品实现品牌化。

## 1. 聚划算助力世壮燕麦品牌升级

中国农业科学院作为农业科技创新的国家队，以"科技兴农"为己任，自1981年开始研究选育燕麦作物，建立了中国第一条燕麦生产线，寓意强壮（英语strong）的世壮品牌国产燕麦随之诞生。1993年，世壮燕麦被国家科委评为年度国家级新产品。2021年，世壮品牌成立40周年之际，中国农业科学院上市了金典速溶蓝帽保健燕麦片，味道浓香、营养丰富。但在很长的一段时间里，世壮品牌一直"养在深闺人未识"，面临着如何提高在消费者中的知名度和影响力，实现品牌化发展的挑战。

2021年9月，聚划算聚新鲜与中国农业科学院达成战略合作，集中手淘开屏等平台推动新品速溶蓝帽保健燕麦片首发与品牌化营销合作。

## 2. 世壮燕麦数字化营销的主要做法

品牌营销是提升品牌知名度、打开品牌产品销售渠道的关键，聚划算聚新鲜围绕"数媒"Z世代[①]目标群体创作营销内容，并以喜闻乐见的形式

---

① Z世代，也称为"网生代""互联网世代""二次元世代""数媒土著"，通常是指1995—2009年出生的一代人，他们一出生就与网络信息时代无缝对接，受数字信息技术、即时通信设备、智能手机产品等影响比较大。

开展品牌宣传推广活动，助力世壮品牌营销，加速累积品牌无形资产，实现品牌效益。

## 2.1　明确目标用户，围绕"数媒"用户需求开展品牌营销

聚划算聚新鲜遵循品牌营销理论，首先抓住关键环节，依据产品特点寻找细分消费群体，在明确目标用户的基础上，根据目标用户的多样化消费需求制作品牌宣传内容，使其以更具成本效益的方式进行品牌营销，在充分保证营销效果的基础上实现资源的集聚和节约。速溶蓝帽保健燕麦片的主要特点是味道浓香、营养丰富、饮用方便，符合Z世代健康方便饮食诉求，因此确定目标群体为Z世代。其后，以用户需求为导向，创新营销内容和营销方式，联合目标群体常用平台进行品牌推广。具体来看，聚划算聚新鲜联合微博内容KOL，发布"聚说新鲜事"系列科普视频，详细介绍世壮燕麦的科研背景与产品卖点。在对消费者以品类教育塑造用户心智的同时，扩散话题，提升品牌知名度。以新颖的营销创意，准确击中年轻代的"奇点"，有效提升品牌的附加值。聚划算聚新鲜与中国邮政共同发布"长江丰收新农潮邮票种子盲盒"，中国农业科学院世壮燕麦片作为科技兴农代表进行展示，且售卖所得全部用于公益，不仅将农业品牌与盲盒的潮玩属性、邮票的集邮属性相结合，而且创造盲盒参与公益的差异化价值体验，深化品牌年轻化、社会化形象。

## 2.2　创新包装设计，以"新农潮"为基础打造品牌"网红"

产品的包装不仅具有保护商品、便于储运的功能，在品牌营销中，还具有向消费者传递品牌和产品信息、提升品牌价值、吸引消费者视觉的重要作用。世壮燕麦的原包装仅考虑到实用性和功能性价值，忽略了宣传和推广价值。基于此，聚划算聚新鲜对世壮燕麦的视觉识别系统进行全面升级。以叶子为全新的视觉符号，既是代表绿色食品的树叶，也是代表品牌孵化的标签，传递着聚划算聚新鲜挖掘新鲜美食、创新新鲜事物、打造新农品牌的宗旨。同时，聚划算聚新鲜为产品提供全新的包装设计参考，以

视觉的标准化推进品牌孵化。

以"新农潮""新农人"为基础,以产品品牌典型事例为载体打造品牌形象。聚划算聚新鲜作为潮农新文化引领者,通过发布长江丰收新农潮图鉴、定制新农潮主题曲MV、举办新农潮音乐会、发起"中国潮农大赛"等方式打造全民狂欢"新农盛事",述说"新农人"的"向新力"。其中,新农潮主题曲《图个新鲜》邀请10位新生代"新农人",拍摄了一部潮农MV。在MV的真实群像下,中国农业科学院博士、潮农专家郭刚刚的"80后研究员下乡村"故事,充分展现了热爱农业、扎根农村的"新农面孔",成为新农人典范,也带动"农字号"燕麦成为网红。

## 2.3 利用数字化平台,直播让利提升品牌影响力

过去三年间,新冠疫情在全球范围内蔓延使得过分依赖单一线下渠道销售的企业深受打击,与此同时,互联网技术的飞速发展使得网络购物的消费方式被越来越多的销售者接受。而直播带货在网络购物的基础上,通过搭建"身临其境"的购物场景,实现与消费者实时沟通互动,有效提高了营销效率。基于此,聚划算聚新鲜从站外回归站内,延续"新农潮"在社媒平台的横向驱动与纵向延伸,将"新农潮"的热度落回到产品本身,推动活动声量对产品销量的赋能。借助聚划算"99划算节",在淘宝站内聚划算聚新鲜频道开展"丰收上新"专题,中国农业科学院世壮燕麦片首发,刘涛、李好等明星主播为世壮燕麦片量身打造多场带货直播。直播带货过程中,将品牌产品以较低的价格销售给消费者,在扩大品牌产品销售规模、提高品牌产品市场份额的同时,显著扩大了品牌的市场竞争力和影响力。

## 2.4 发挥品牌聚焦效应,展现科技兴农社会价值

用展会、节庆等活动开展品牌宣传是传统的品牌推广方式,阿里巴巴在中国农民丰收节等大型节庆活动期间,充分运用数字化手段推广世壮品牌,展现科技兴农社会价值。中国农民丰收节是展示科技强农新成

明星主播世壮燕麦
片带货直播活动

果、产业发展新成就、乡村振兴新面貌的官方舞台。聚划算聚新鲜在
2021年中国农民丰收节"金秋消费季"启动仪式现场，以《长江丰收新
农潮图鉴》为背景，展现了朝气蓬勃的新农潮，将中国农业科学院世壮
燕麦片搬到现场，向与会嘉宾和媒体做了一次集中展示，以官方背书，
发挥聚焦效应，展现中国农业科学院科技兴农的科研成果和社会价值。

## 3. 聚划算农业品牌数字化营销的主要成效

### 3.1 提高品牌知名度，带动产品销量增加

中国农业科学院与阿里巴巴联合打造的科企融合新模式，发挥了电商平
台企业的资源优势，在显著提高品牌知名度、带动产品销量增长的同时，形
成了健康长效的科技兴农、科研农产品上新生态。纵观延续多日、玩法多样
的科研农产品上新活动，聚划算聚新鲜创造了5亿的传播声量，以新农潮为
传播核心，首届中国潮农大赛、抖音微博等平台参与人数近10万人，同时

微博端吸引微博三农、新华网财经、农民日报等近百个微博官方矩阵转发。世壮速溶蓝帽保健燕麦片在聚划算聚新鲜首发活动期间日均成交额是活动前一个月日均成交额的45倍，访客数也增加了50倍。

## 3.2　形成可复制的品牌创新营销经验，推动科研农产品品牌化发展

在成功推出世壮燕麦品牌后，2021年12月，基于中国农业科学院科研新品上新的经验，聚划算聚新鲜与张家口农科院藜麦研究所合作，开展藜麦代餐粉新品上新。瞄准健康饮食人群，以"同学，开动啦！"为主题，通过联动各地校草及健身人群集体秀身材，传递藜麦健康营养概念，助力张北县藜麦产品触达年轻人群，普及藜麦品类。活动期间，带动藜麦整体成交金额达243万，成交件数9.4万件，成为藜麦品类全年次高峰，同比暴涨500%，传播总曝光近5亿。聚划算聚新鲜通过科研农产品上新营销事件，有效推动了科研农产品品牌化。

## 3.3　建构起年轻群体对"潮农生活"新认知，实现品销合一

阿里巴巴精准地找到了世壮燕麦品牌的消费群体，创造了"新农潮"与受众互动的沟通场景，通过对新农品、新农人、新潮文化的持续性热点打造，将农村从"土味"印象中解构出来，在年轻人的主阵地吸引长效关注，让"新潮""艺术"的价值标签与新农人、新农品牢牢绑定，建构起年轻群体对于"潮农生活"的全新认知。多渠道、多内容角度传达新农潮心智的同时，实现了"科研上新、丰收上新"品销合一。在农民增收和消费扩容的良性循环下，实现自身价值增长的聚划算聚新鲜，也为新时代科技兴农、乡村振兴带来更多想象。

# 4. 聚划算数字化营销的经验启示

在助力实现农业农村现代化愿景下，阿里巴巴集团聚划算聚新鲜以自身资源优势，以数字化资源为基础助力打造农业企业品牌和产品品牌，为传统农业产业转型升级提供了强大推力，为乡村振兴和科技兴农的文

化"软实力"持续赋能，构建起了一套持续长效的品牌赋能新机制。

## 4.1 从产业侧为传统农业业态转型升级提供强大助推力

农业企业是农业新型经营主体的重要组成部分，世壮品牌的创新发展带动了经营主体的高质量发展，并对品牌产品和生产经营主体提出了更高的要求，为推动农业产业发展提供了创新源泉。同时，阿里巴巴在解决销路、实现创收的同时，帮助一代新农人创造可持续收益，改变本土农产品品牌营销能力弱的弊端，为传统农业业态转型升级提供强大助推力，让农民丰产又丰收，实现共同富裕。

## 4.2 从文化侧为乡村振兴和科技兴农的文化"软实力"持续赋能

通过开发科研与乡村文化资源，聚划算借助"中国农民丰收节"等全民盛事，创造出"潮农"文化新趋势。随着"新农潮"逐渐为社会普遍认知、认可，农民的文化自信进一步提升，聚划算也将在营销模式及用户价值的创新升级中，向更具产业驱动力与社会影响力的方向发展，为乡村振兴和科技兴农的文化"软实力"持续赋能。

## 4.3 从市场侧为农业品牌营销和发展提供可借鉴经验

营销创新是提高企业市场竞争力的重要途径。聚划算根据消费市场环境的变化，结合电商平台资源条件和经营实力，从营销管理方面入手进行变革和创新，寻求全新的营销策略，以塑造"新农人"、打造"新农品"为核心，从产品定位到包装设计、产品推广，最终到渠道规划，不断突破农产品传统营销手段，显著提高了品牌农产品的市场占有率和品牌竞争力，形成了可借鉴、可复制的品牌创新营销经验。

**本文作者**

高　颖　中国农业大学国家农业市场研究中心研究员
王屹黎　中国农业大学经济管理学院研究生

| 盒马村 |

# 新零售助推农业现代化

在全面推进乡村振兴战略的背景下，如何引导小农户进入现代农业发展轨道，强化农业科技和装备支撑，推进农业全产业链开发，推动农产品质量升级是我国农村地区亟待解决的重大问题。党中央、国务院高度重视数字乡村建设，多次提出以数字化提升农业农村现代化发展，"十四五"规划、数字乡村发展行动计划等明确要求，利用数字技术助力基础设施、强化农业科技、提升农产品产业链和供应链的现代化水平、帮助农民增收等。在这一过程中，盒马平台持续不断地为农村提供订单，实现"以销定产""以销促链""以销增收"，打通农业上下游产业链，以数字化技术贯通农业生产、加工、运输、销售等全链路，形成了以"新零售+数字化农业"带动农业产业兴旺、农民增产增收的新发展模式——"盒马村"模式，为数字经济带动农业现代化、推动乡村振兴树立了新样本。为此，摸清什么是"盒马村"模式、怎么发展成为盒马村、如何以盒马村模式助推农村产业兴旺等显得尤为关键。

## 1. 盒马新零售业态与盒马村模式的形成

2015年盒马成立以来，以满足消费升级需求为目标，形成了盒马鲜生、盒马mini、盒马X会员店、盒马邻里、盒马奥莱等几大业态，覆盖不同层次的消费者群体。通过数字化与数据化工具挖掘，盒马精准识别消费者需求，构建了国内外专属的供应链体系，实现盒马产品的差异化、品牌化；通过线上线下与现代物流融合，实现了30分钟送达的智能消费体验，吸引了大批消费者的关注。截至2022年9月，盒马鲜生+盒马云超覆盖全国27个城市300家门店，盒马奥莱+盒马邻里已经遍及16个城市，门店数大于600家，活跃消费者约2700万，付费会员用户达到270万。盒马已经成为国内头部的、数据和技术驱动的新零售平台。

"盒马村"正是依托盒马新零售平台，通过与盒马签订农产品订单而形成稳定供给关系的乡村。"盒马村"是指基于数字订单形成供需关系，以数据指导农业生产、加工、运输、销售等全链路，形成以需求重构生产、以需求重构产业链，从而实现产业兴旺、生活富裕的新农村。主要体现在三个层次上：第一，"以销定产"，通过与盒马签订农产品订单，形成长期稳定的供给关系，能以销量决定农民生产什么农产品、什么农产品价值更高等；第二，"以销促链"，通过盒马平台的大数据、物联网及人工智能等数字技术手段，带动农村的"产、供、销"等产业节点数字化，形成数字化驱动的"销—供—产"供应链，将供应企业、合作社、农民等多主体融入到以盒马为中心的产业体系中来；第三，"以销增收"，通过多元化的组织形式，让农民能够从分散、孤立的小农式生产模式中解脱，成为现代农业产业价值链的一部分，成为种得出好产品、卖得上好价格的数字化新农民。

截至2022年10月，全国24个省区市的140个盒马村年度农产品销售额达70亿元，带动4万余名农民就业，实现农民人均年增收超过2.5万元，促进农村土地流转10余万亩。其中浙江、上海、四川、山东等省市的盒马村数量较多，聚焦果蔬、肉蛋禽、水产、鲜花、常温乳制品等品类。通过打造标准化体系，帮助上海南汇8424西瓜销量增长超50%，实现果农平均每月增收2000元。此外，盒马深入云南、贵州、青海、新疆等省（自治区、直辖市）开展重点精准扶贫项目，在脱贫地区创建了10个高山基地，打

戴庄盒马村

造高山鲜、秦岭鲜等地标性农产品品牌。以与新疆合作为例，盒马与阿克苏地区柯坪县签订了千万级的面粉年采购合同，覆盖7000亩麦田，推动近2000名脱贫户增收20%。

## 2."盒马村"模式推动农业现代化的主要路径与实践模式

目前，我国农业面临着规模小而散、生产方式粗放、供应链薄弱、农产品品牌优势差等诸多问题，"盒马村"模式可能是破解这些问题的新样本。依托盒马新零售平台的消费者需求，盒马直接在盒马村建立标准化、常态化、精细化的供应链体系与稳定的销售渠道，用新技术、新模式推动农业产业数字化，打通从初级农产品到高品质商品之间的通道，延长农业产业链，提升价值链，带来了农业高质量发展。

### 2.1　依托盒马平台精准的市场需求，围绕数字化订单实现"以销定产"，带动农业规模化、品质化，促进农业产业价值增值

盒马平台大部分消费者为80、90后富裕群体，他们通常希望能买到供应稳定，不打农药、不用化肥，健康、安全、口感好的果蔬产品。2020年，盒马与江苏省镇江市戴庄村签订"定植包销计划"，开展长期订单农业，合作成立"赵亚夫"农产品品牌，专门为戴庄制订青菜类的产品标准，并对每个品种做农残检测。这些举措使得戴庄的有机水蜜桃、茶叶、畜禽、蔬菜、草莓、山芋等40多种高品质农产品进入盒马。这些农产品的种植面积达到2400亩，果蔬园形成了"森林＋野生动物"的自然林业生态系统，夏季稻田能找到青蛙、蜻蜓、田螺、螳螂等127种动物，让农产品的品质更好。2020年戴庄蔬菜在盒马销售近90万元，成为南京周边首家盒马村。戴庄案例的成功，得益于盒马平台提供的长期、稳定、高价值的数字化订单，这些订单让农民在预期收入增加的情况下，扩大生产规模、形成规模化经营，同时增加绿色生产环境投入、改善农产品品质，进而形成附加值更高的现代化农业。

## 2.2 依托盒马供应链优势，促进农村形成完善的数字化供应链协作体系，助推农业现代化

传统农产品供应链存在流通环节多、损耗多、运输效率低等难题，同时各个产业节点之间不连通。为解决这个问题，盒马做了两件事。第一，通过盒马自建、当地企业自建或合作共建，补齐农产品供应链上缺少的节点，提供完整的加工、物流仓储、分拣包装及检测服务。盒马在全国供应链总数为2495家，通过在全国构建5大枢纽中心，8个供应链运营中心，百余个产地仓、销地仓，110条干线线路，形成了一套高效的仓网服务体系，并向全国数千家上游基地开放服务，提升供应链整体运营水平。第二，依托盒马供应商系统，将盒马与供应商的数据协同起来，形成数据在农产品生产、加工、流通和销售上不断的反馈流动，支撑起以信息畅通为主的供应链信任机制，以数据为依托不断地找到供应链中存在的问题，优化提升供应链效率，提高产品商品化和品牌化水平，让供应企业、盒马平台、农户与合作社以及消费者等均成为数字化供应链协同发展的利益体。

山东淄博市最早与盒马合作的雪花黑牛养殖品牌——纽澜地，是数字化供应链协同的代表。该企业业务涉及黑牛养殖、屠宰分割、精深加工、物流、销售打通，实现了从牧场到餐桌的全过程供应链精细化管理。2017年入驻盒马平台，并有80%的产品在盒马销售。2020年，纽澜地与盒马、阿里数字农业在淄博市打造了占地430亩的纽澜地（阿里巴巴）数字农业产业中心，承载生鲜蔬果、生鲜牛羊肉、生鲜预制品、粮油、面食、熟食、包装材料等产业的全自动化生产加工、分切分拣分装集散中心，补齐了加工、仓储、分拣等产业节点。纽澜地已经用盒马大数据嫁接整个供应链，逐步建立起一套集养殖、屠宰、分割、生产、深加工、0—4温区的新鲜牛肉，以及日订单、日配送的配送体系于一体的供应链体系，能在24小时之内让新鲜牛肉从冷链运输端运到消费者的餐桌上，同时与消费者溯源体系打通，消费者通过"一牛一码"溯源系统，即可获得全链路的溯源信息。基于这一反应灵敏的数字化供应体系，纽澜地不断扩大销售品类，扩展在全国的

销售地图。目前纽澜地已在全国27个城市300多家盒马门店，形成了包括黑牛、黄牛、日式火锅、潮州牛肉等全品类的牛肉产品，以及纽澜地、盒福、纽福地等多个适应不同消费者群体的产品品牌。同时，纽澜地还在不断扩大生产规模，黑牛已经成为当地支柱产业，淄博高青县成为"中国黑牛城"，造就了饲料加工、黑牛繁育、生态养殖、精细屠宰、冷链运输、高端平台销售、数字农旅观光于一体的产业链条，真正实现了农业产业化发展，也让农民享受到了这一红利。仅纽澜地一家企业，通过提供社企合作养殖、就业岗位等方式，将1000多个农民纳入到现代化黑牛养殖产业链中，大大提高了农民的收入水平。

## 2.3　依托物联网、大数据、智能技术等，推动传统农业向数字化农业转变，提升农业生产效率

在传统农业中，小农户作为经营主体，长期受到资金、技术以及低抗风险能力等制约，而无法改善农业种养殖技术、提升农业生产效率，更无法提升农业质量效益和竞争力。盒马以长期稳定的数字化订单帮助农民克服小农经济的弊端，与地方政府和企业合作，通过资金、技术等的投入，特别是无人机、智能灌溉、农业机器人等数字科技设备，大幅度提升农业生产水平，助推农业现代化。

2020年5月，盒马与上海崇明区政府合作共同建设盒马村，即翠冠梨数字农业基地，园区内覆盖了全域物联网传感器，能够及时感知作物生长过程中的温、光、水、肥、气等环境气象变化。无人机定期测绘园区作物变化，发现病虫害时，植保无人机起飞，定量喷洒农药，可精确到厘米级，

翠冠梨数字农业基地里的无人值守
果园机器人正在施药

全地形自主作业；测绘无人机可以全地形测绘园区，为植保无人机的工作路线规划提供地图依据；无人值守果园机器人负责从陆路喷洒农药，可在梨树封垄之后对树冠以下进行精准打药，与空中无人机配合，共同完成对病虫害的绝杀；形成了集物联网云平台、智能农事管理、区块链品质溯源、钉钉农业管理服务平台于一身的数字农业基地，极大提升了生产效率。以施肥为例，以前至少需要四名熟手操作半个小时，现在两名产业工人操作无人机只需要2分钟即可完成。当地农户也参与到智慧农业的生产和管理中，比如操作无人机、手机种地等，提升了农户的知识和技能水平。

## 2.4 依托盒马新零售优势，推动农产品标准化、差异化、品牌化，实现农民增收

传统农业中农产品难以标准化、差异化等特征，都是制约农产品品牌化的重要因素。盒马在经营上具备垂直化、专业化以及数字化服务能力，在生鲜、标品、3R（即烹、即食、即热）等类别上自有品牌商品销售占比已经达到了35%，自有品牌开发成功率更是达到97%，这对于农村地区打造农产品品牌化具有相当大的优势。

一是通过盒马的产地直采模式，农村特色农产品可以被充分挖掘，并形成差异化竞争优势，扩大特色产品生产规模，形成具有竞争优势的特色产业。以四川峨眉山市龙池镇蔬菜产业为例，豌豆尖是当地的特色农产品，合作前，豌豆尖种植管理相对粗放，产品整体品质不够稳定，因保鲜期短、运输困难，产品只能在当地销售，价格较低，菜农收益有限。与盒马鲜生合作后，该基地引入了标准化种植体系，即统一种子、统一播种、统一施肥、统一采摘，从选种、种植、采摘、包装到运输的全链路实现可溯源，豌豆尖年亩产从1500斤提高到2000斤，品质全面提升。二是盒马村具备盒马的供应链优势，能以此来制定农产品标准，甜度、直径、成熟度等都可以作为蔬菜和水果的产品标准。三是盒马通过打造自有"盒品牌"和放大合作者品牌优势等方式，提升农产品的品牌竞争力。例如，盒马在四川

打造的"高山鲜"品牌，抓住了消费者对生态环境、口感的需求，以及对换季蔬菜的长期需求，在四川甘孜、阿坝和凉山州等高海拔地区，为当地的豌豆尖、黄金荚和自然熟番茄等生态农产品提供品牌标识与品牌溢价。"高山鲜"品牌为山区特色农业提供了一个面向全国高端农产品市场的接口，为消费者常年提供高山食材的同时，也发掘了农产品的品牌价值，推动四川高山地区农业的高质量发展。目前"高山鲜"品牌已经从一个成都区域品牌成长为盒马的全国品牌，产地从四川发展到重庆武隆、湖北恩施、湖北宜昌、陕西太白山等基地。

## 3. "盒马村"发展趋势及建议

"十四五"期间，盒马还将在全国建设1000个"盒马村"，并在国内农业产地采购上千亿元的优质农产品，持续通过"盒马村"模式探索中国农业现代化高质量发展的创新实践。

### 3.1　鼓励形成"盒马+公司+合作社+农户""盒马+合作社+农户"或"盒马+公司+农户"等组织形态

保证"盒马村"具备数字化改造、承接盒马订单的能力，同时保证盒马与农业经营主体形成长期稳定的合作关系。鼓励龙头企业以及合作社等市场主体，做好与盒马、小农户之间的有机衔接。重点发挥龙头企业、合作社在农业技术升级、品质控制、供应链管理等方面的职责，大力支持龙头企业以土地经营权流转、生产托管、联种联收和股份合作等多种形式与合作社或农民展开合作，建立产业链和价值链有效融合的利益联结机制，确保"盒马村"产业链条上的每个参与主体都能从高端农业的增值中受益。

### 3.2　发挥盒马在挖掘和打造特色农产品方面的优势，统筹各方资源，推动形成当地特色优势产业

一是通过盒马挖掘当地具备市场潜力的农产品，做好龙头企业、合作

社、农民与盒马的有效对接，鼓励和扶持农民按照盒马平台的消费需求和标准来生产农产品，扩大规模、提升品质、打造品牌。二是以盒马数字化优势带动本地化供应链与产业链升级，打造集加工、生产、物流、仓储、分拣、包装及检测于一体的数字化供应链体系。基于供应链优势，拓展特色产品品类、拓宽特色产业范畴，打造产业集群、现代化产业园、标准化生产基地等，形成具有竞争优势的现代化农业产业。

### 3.3 培养农民的数字素养，鼓励农民参与数字化生产与流通环节、接受相关技术培训，提升农民对产业链、价值链的参与度及获得感

只有提升农民数字素养、数字技能，调动农民更高效地建设数字乡村，才能让农民真正享受到数字化时代所带来的红利。一是通过线上、线下积极开办农村数字素养、数字技能培训班，引导并鼓励农民通过学习数字技术，根据乡村产业发展特征对农民进行有针对性的数字素养培训，开设诸如数字化种植、技术推广、市场拓展等实用培训课程，打造产教融合的农业人才实训基地，提升农民思维水平、认知水平和数字化工具应用水平，助推农民真正享受到农业现代化发展红利。二是加大对"盒马村"模式的宣传，特别是对在该模式中涌现的先进农民的典型案例加以广泛宣传，激励其他农民共同发展，提高农民参与数字乡村建设的积极性。

**本文作者**

王金杰　南开大学经济研究所副教授
王耀辉　南开大学经济研究所研究生

# 打造县域物流共配体系　畅通农产品供应链 "最先一公里"

在数字社会中，依托全新的数字技术，许多产业获得了前所未有的发展动力，但是数字技术并不天然地将机会均等地分配给不同群体，更常见的是形成了多样的数字鸿沟。要想一定程度上缓解数字社会中城乡获利的差距，不仅需要有更强的本地产业，还需要与网络零售活动相伴生的成熟的物流体系建设，特别是乡村物流基础设施的发展。针对这一问题，财政部办公厅、商务部办公厅、国家乡村振兴局综合司发布了《关于支持实施县域商业建设行动的通知》，其中特别强调要"加快补齐农村商业设施短板，健全县乡村物流配送体系"，完善县乡村三级物流配送体系。但是，仅依靠政府输血式支持县乡村的物流体系建设难以持久，更重要的是形成可持续的物流商业体系。特别是对于包裹量较少的地区，在未产生规模效应之前，如何设计适应欠发达地区乡村物流的经营环境，使之融入全国商业体系的大循环中，需要有特别的、定制化的解决方案。

近些年，许多县域联合菜鸟网络乡村事业部（简称"菜鸟乡村"）围绕县域物流体系展开了多样化的建设实践，取得了一定的效果。梳理这些案例模式，有助于我们重新思考乡村物流体系建设的关键节点。

## 1. 构筑县域共配的技术基础

对于农村和欠发达地区来说，由于道路情况复杂、包裹货物量不足、本地快递站人员不足、乡村无人有能力承接快递中转等问题，依靠传统物流的市场逻辑无法向下延伸。这一局面导致一些地区被一定程度上隔绝于电子商务发展的浪潮之外，快递配送困难又进一步降低了农村人口消费的愿望，影响农村产品上行出村。

面对这一物流困境，一个最为现实的路径是整合多家快递品牌，以规模效应降低派送成本。但这一想法直接面临着各类组织和技术难题：由于不同快递公司内部有一套自行设定的编码规则，一旦进行整合之后，按照谁的规则执行派送，这一问题难以运用传统市场规则协调解决。多公司间的协调问题常常使得规模效应难以在快递物流量较少的地区出现，特别是在欠发达地区和农村地区。

为解决这一问题，菜鸟乡村通过数字化手段支持搭建了一套处理快递包裹的自动化分拣物联网设备，帮助快递企业建设县域快递物流智慧共同配送项目，使得各家快递公司无需修改自己内部编码标准，就能实现高效的共同配送。基于菜鸟研发的出库监控自动识别设备、自动分拣流水线和各家快递公司编码规则整合的算法支持，能实现几乎所有快递公司货物入仓、分拣到分派给快递员的自动化全过程。目前，菜鸟乡村通过"互联网+物流"数字化方式，帮助全国上千个县域数千家快递企业建设物流共配项目，推动县乡村物流软硬件及运营模式升级，助力农村物流集约化、标准化、智能化发展。目前已建成县级共配中心1200多个、县乡村三级共配站点近5万个（含村级站点1万多个），业务覆盖1.6万多个乡镇。

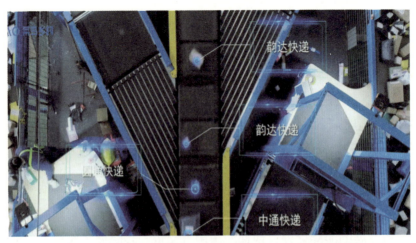

菜鸟快递共配中心同时混扫识别多家快递品牌包裹电子面单信息

案例：以浙江省丽水市青田县为例，青田县是浙江"山区26县"之一，相较于浙江其他地区，经济发展水平较差，进出港物流包裹数量与浙江强县之间有很大差距。菜鸟的共配项目帮助全县整合主流快递品牌达5个，共配中心和共配末端站点平均每天处理包裹7.5万个，占全县进港包裹近90%，实现县域物流共配的深度融合。这一融合的技术基础来源于菜鸟的自动化分拣物联网设备。在使用菜鸟物联网设备前，进行物流共配，一天平均派件4万件包裹量，需要63个钟点工和18个临时工完成分拣与配送工作；使用了菜鸟乡村物联网设备之后，一天平均7万件包裹，仅需要约40个钟点工即可完成分拣派送，平均每人从处理494件包裹提升到了1750件，效率提升了3倍。在共配之前，商业物流虽然能够覆盖青田100%的乡镇，但是对村一级的覆盖率仅能达到30%。与菜鸟合作实现数字技术支持的共配后，菜鸟协助改造县乡村三级站点61个，覆盖乡、行政村363个。共配中心的运行成本显著下降，使得共配企业有能力拓展乡村的物流配送业务，打通农村地区的电商消费场景通路，物流对本县农村的覆盖率提升至83%。共配中心的运作也同样实现了农村产品上行成本下降，根据不同地区的单量水平，共配后平均上行单个包裹成本下降48分钱，成为助力农村产品上行的直接推动力。

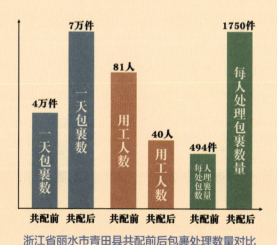

浙江省丽水市青田县共配前后包裹处理数量对比

## 2. 激活乡村站点的毛细血管

县域共配中心的智能化改造解决的是县域节点上下行物流成本的问题，而特定站点才是决定某一区域能否被纳入整个物流体系的关键。若仅仅降低县域共配的成本，无法解决特定站点商业模式的自洽问题，物流配送体系依然会丧失基层的"毛细血管"。以乡镇物流代收点为例，与分散在城市小区的快递柜等代收点不同，乡镇物流代收点有以下特点：第一，由于乡镇站点更少，单个站点的包裹量相对城市社区来说较大，取件人依靠肉眼找包裹十分困难；第二，取件人文化水平有限，靠识别快递面单上的文字取件的方式效率低下；第三，取件人的取件距离常常较远，因此总希望将同村邻居或近亲的包裹一起取出，这又显著提高了取件查件的时间。低效运转常常造成乡镇代收点入不敷出，降低了商户开设代收点的意愿，进一步损害了乡镇物流快递的产业完整性。

为解决乡镇终端取件问题，菜鸟乡村也在用数字化改造代收点。传统的代收点一般是取件人证明身份（如报手机号、出示取件信息等），代收点工作人员协助取件，这种封闭式末端站点模式在应对人流量较小的城市社区尚可以有效运作，但在人流量较大的乡镇地区，运作效率太低。如果让取件人自行取件，受限于文化水平等因素，也会造成现场的混乱。因此，菜鸟乡村尝试通过技术的手段解决这些问题，比如高拍仪实现包裹的快速签收，还有一个值得关注的小技术发明，用会发光的智能取件"灯条"来引起取件人的直观注意：代收点工作人员只需要在收到包裹后扫码，在快递上附着一个"灯条"置入取货架即可，包裹上架效率明显提升。代收点后台终端将自动根据用户习惯，完成通知收件人错峰取货等工作，无需代收点工作人员再进行操作。待取件人取货时，只要通过代收点门口机器扫码，关联包裹上的灯条就会自动发光，取件人跟随对应提示颜色的光源取走包裹，完成取件的全过程。

该系统最为直观的结果是提升了效率，总体而言，整体效率提升了

夹在快递包裹上的"灯条"

30% 左右。如内蒙古赤峰市巴林左旗碧流台镇共配站点 2022 年采购 750 个智能灯条和高拍仪后，消费者仅用扫码，即可实名自助取件，无需排队。2022 年"双 11"期间包裹由上年 400 个增至 700 个，每日上架时间仅用 1.5 小时，较之前缩短 2 小时，单个包裹取件仅有 30 秒钟，较之前减少 2 分钟，前期取件堵、漏取件、找件慢、找件难问题完全得到解决。2022 年，菜鸟乡村泰和县共配中心推动共配中心、县乡村末端站点标准化、可视化、智能化改造和升级。截至 2022 年 12 月，该县在 33 个站点上线 3 万余个数智化取件灯条，帮助站点提高取件时效 35%，降低站点运营成本 25%，年整体减少成本 30 万元。

除了通过技术赋能降低成本来激活基层站点之外，菜鸟还积极探索通过商业模式来运转基层站点，将集团内外的商业资源与基层站点对接，打造传统物流难以自发形成的商业模式。以山东郓城县为例，菜鸟和淘菜菜的快递电商团点融合业务，用时一年覆盖 20 个乡镇、117 个村点，服务用户超过 1 万人，融合团站点 100 余个（全量铺设广告一体机设备），涵盖淘菜菜、快递、广告等业务，有效推动站点商业化升级和创收，每月增收 1000 多元。同样，在湖南耒阳，末端共配站点通过叠加社区电商业务，每月增收500元。项目实施半年，当地快递进村覆盖率从不到1%增至近70%，村级站点日均派送包裹10至50个，单个站点月收入最小的增长40%，最高的达150%。

技术支撑的降本增效使得县域商业体系建设的"毛细血管"站点能够自我造血，大大提升了农村地区的物流覆盖率，最终实现县域物流下行体系的持续运转。

## 3. 促发农产品的出村进城

菜鸟乡村在建设县域物流共配项目的同时，还积极建设县域农产品上行产地仓、加工中心等，帮助当地升级农产品数字供应链和品牌能力，拉动农产品上行。

2020年以来，菜鸟与越来越多的县级政府和龙头企业开展合作，共同推动产业带供应链能力升级。截至2022年11月，菜鸟乡村已在全国12省建设38个农产品上行供应链项目，其中产地仓14个、上行中心20个、4个加工中心。已开仓（不含上行中心）面积80000m$^2$，日处理包裹能力100万单。在助力升级农产品数字供应链和品牌能力、拉动农产品上行等方面取得了明显效果。

案例：2021年11月15日，位于江西省赣州市寻乌县（阿里巴巴乡村特派员驻点县域）幸福小镇的菜鸟农业产地仓开仓，面积达到5500平方米。该项目由寻乌县人民政府、寻乌县经投、阿里巴巴公益基金会、菜鸟乡村及当地商企联合投资建设，仓内包含1条双通道脐橙智能光电分选设备，4条高标半自动智能水果包装线及1条水果精品包装线。自11月开仓，供应链履约能力初具规模，整个产季赣南脐橙累计发货80万单，共发出240万斤脐橙，日峰值出货量4万单，日均1万单。通过阿里内购平台，将寻乌脐橙推送给超过20万阿里人，寻乌脐橙成为阿里内购平台销售第一单品。在菜鸟内部，使用寻乌脐橙作为春节开门红大礼包，为菜鸟提供2万份。寻乌脐橙首次试水高端消费场景，春节前夕为银泰提供4万单带寻乌标志的春节礼盒装。通过阿里各渠道对寻乌脐橙进行全方面的线上宣传和售卖，共计超过6000万人次通过各途径了解了寻乌脐橙。

上述成绩的取得，依靠的就是菜鸟产地仓链接城乡的重要节点作用。在寻乌产地仓，一方面，通过自动化设备投入，解决脐橙的分选分级，加工效率提高50%以上，损耗降低10%以上，基本解决农产品标准不统一、不可控、损耗大的痛点，将农产品打造成符合城市消费者偏好的标准品。另一方面，通过链接成熟的商业渠道，推动当地商家打开淘宝、天猫、淘特、抖音等销售渠道。同时提供入仓直播、一件代发等服务，为返乡创业年轻人提供就业机会。截至2021年底，该仓已具备完备的采购、销售、包装、分选、干线、城配的履约能力，以及单日20万斤的加工能力。

对于整个产业链的运转，菜鸟依托多年来在电商领域积累的丰富仓配供应链线上履约、数据监控、运营管理等优势，结合农业板块特殊场景，打造了一套成熟的、行业领先的集采供交易和产地供应链履约于一体的数字化线上产品，可支持企业资质认证、在线报价、在线结算，出入库订单的接入、智能汇波出库、在线加工生产、库位管理、效期管理，入库生产流程、品控管理系等，彻底解决了农产品管理难、溯源难的问题。

## 4. 经验启示

菜鸟物流体系建设的实践探索，对于县域物流体系建设具有启示作用。菜鸟乡村的实践，可以用九个字来概括："聚起来、分下去、引上来"。这三个部分实现整合，县域物流就能形成一个内生稳定的体系，从而有效助力县域商业体系建设。

聚起来，即以县域为主要节点，整合县域内多个快递品牌，在保证市场竞争的同时，实现县域快递配送的规模效应。实现这一点必须依靠共配科技和组织模式的创新。这不仅在效益和成本上跑通经济账，也能在县域的快递组织上统一步伐，实现县域物流资源的统筹和引导。

分下去，即在县域聚起来的前提下，通过多个快递公司的统筹协调，实现基层站点覆盖率的稳步提升。基层站点的存续仰赖于派单费用和其他附加的商业收入，聚起来实现的是规模效应下整体派单费用的提升，但站点能否盈利仍旧需要依靠站点的实际运作效果。基于上述案例我们看到，站点同样可以依靠技术创新降低物流成本，同时还可以依靠组织创新引入更多的商业伙伴来提高站点的收入。对于县域来说，是否有成熟的"分下去"模式，直接决定了县域商业体系建设的覆盖能力。

引上来，即发挥物流对农村产品赋能上行的能力，依托物流科技保证农村产品与更多地区的消费偏好完成匹配，从而真正让农村分享数字社会中产业发展的红利。引上来对于农村地区产业的发展最为关键，只有将农村产业更紧密地纳入到数字社会城乡发展的共生体中，才能真正在共同富裕的背景下实现乡村振兴。

**本文作者**

张树沁　中央财经大学社会与心理学院副教授、博士

杨来旺、庞凯明、左维维、戴斌博、陈坤、邓水斌、戴薛、郭浩、刘登龙　菜鸟网络

# 人才振兴促进产业兴旺　打造乡村振兴生命力

## 1. 乡村振兴之人才振兴

实施乡村振兴战略，人才是关键。2018年1月，中共中央、国务院《实施乡村振兴战略的意见》中指出，要把人力资本开发放在首要位置，畅通智力、技术、管理下乡通道，造就更多乡土人才，聚天下人才而用之；同年9月，中共中央、国务院印发《乡村振兴战略规划（2018—2022）》，明确要求强化乡村振兴人才支撑，实行更加积极、更加开放、更加有效的人才政策，推动乡村人才振兴；2021年2月，中共中央办公厅、国务院办公厅印发《关于加快推进乡村人才振兴的意见》，明确了目标任务和工作原则，并对人才培养、支持体系、保障体系等方面作出全面部署；7月，中组部召开抓党建促乡村振兴电视电话会议，强调要坚持招才引智和培育本土人才有机结合，积极引导各类人才投身乡村振兴。省委、市委组织部相继启动了"万名人才兴万村"行动，促进各类人才在乡村振兴中发挥智力、资源优势、助力乡村振兴高质量发展。

近年来，随着国家对"三农"的高度重视、农村电商的蓬勃发展、以及乡村振兴战略的实施，乡村人才培养如火如荼，极大提升了农村电商运营水平和产业运营能力。从农村电商发展角度而言，基本上解决了"看不见、瞧不起"的问题，各地政府、民众认识到了电商促进产业兴旺、带动乡村振兴的极大效用。但"看不懂、跟不上"的问题普遍存在，一些培训还存在着求数不求质、内容杂而不精、理论多于实践等问题，导致培训流于形式，甚至冒出"培训无用论"。乡村振兴核心在人，培训是培养专业人才、营造发展氛围最好的方式，也是电商发展的引擎。"不是培训没有用，而是没有找到有用的培训。""法乎其上、得乎其中"，跟着更懂电商、更懂平台、更懂乡村经济的老师学习，能真正做到学之有效、学以致用。

## 2. 淘宝教育构建区域人才培养体系，助力乡村振兴

淘宝教育（http://daxue.taobao.com/）是阿里巴巴集团旗下核心教育培训平台，历时17年发展，以不断提升网商成长为己任，立足电商成长之所需，整合阿里巴巴集团及数字经济领域优势资源，通过在线学习和线下实训等方式提供实操培训，为社会各层次输送专业人才，是一个多元化、全方位的数字经济学习平台。

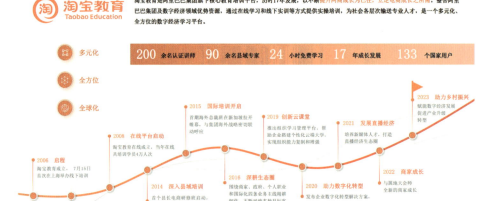

淘宝教育现有认证讲师200余名，特邀县域专家90余名。平台在线课程内容丰富、贴近实战，为不同发展阶段的电商从业者提供24小时免费学习机会。共有133个国家的用户通过淘宝教育平台学习专业知识，是培养未来电商新生力军的主要平台。

截至2022年底，淘宝教育在国内与地方政府/企业/特色产业园等共建77个数字经济区域人才培训基地，累计交付1000个培训班级，累计培训超过17万人次，为区域数字经济发展、乡村振兴提供了强有力的人才支撑。

# 3. 淘宝教育助力乡村振兴业务模式

淘宝教育紧跟国家乡村振兴战略，研究数字经济发展趋势，依托乡村振兴和数字经济发展实践，把握最新商业风向，捕捉最新、最有价值的前沿信息，多维度服务商业，通过实操反复验证后凝练成精品课程和咨询、陪跑项目，并根据政府领导、传统企业、网商、网红/达人、高校学生、社会青年、退伍军人等分类、分层、分级实训，全方位助力区域经济转型升级。

淘宝教育紧跟国家乡村振兴战略、研究数字经济发展趋势，依托**乡村振兴**和**数字经济**发展实践，把握最新商业风向，捕捉最新、最有价值的前沿信息，多维度服务商业，通过实操反复验证，而后萃取成精品课程和咨询、陪跑项目；根据政府领导、传统企业、网商、网红/达人、高校学生、社会青年、退伍军人等**分类、分层、分级**实训，全方位**助力区域经济转型升级**，促进乡村振兴。

## 3.1  乡村振兴领航营——政府官员

为配合阿里巴巴集团农村电商战略，帮助政府在县域电商发展中更好地发挥自己的角色，淘宝教育于2014年12月推出了首届淘宝教育县长电商研修班。这是淘宝教育倾力打造的针对县级政府领导干部量身定制的电商专题研修班，通过对政府学员进行包括电商政策解读、县域电商趋势分析、县域电商探索实践等一系列相关课程的培训和标杆学习，帮助政府全面推进县域电商的发展。截至2018年底，县长电商研修班举办了74期，共培训2926名县领导；县域干部电商研修班举办了32期，累计培训13417

**淘宝教育举办乡村振兴骨干人才培训班**

名县域干部，覆盖170个原国家级贫困县。

此外，2022年8月17日，在阿里巴巴西溪园区，淘宝教育与农业农村部联合主办的乡村振兴骨干人才培训班首期班顺利召开，来自全国37个区县的97名领导汇聚杭州，围绕乡村振兴政策内涵、发展思路、路径规划，数字经济助力乡村振兴商业洞察，阿里巴巴乡村振兴探索以及乡村振兴优秀案例等内容版块，共商乡村振兴发展大计。未来，淘宝教育联合农业农村部会持续在全国开设乡村振兴骨干人才培训班。

## 3.2 乡村振兴造星营——网红/达人

借助电商及数字农业的快速发展红利，田间地头活跃着一支"新农人"队伍，数字技术成为其必不可少的"新农具"，电商直播等模式成为推动农产品上行的重要场景。乡村振兴关键在人，农产品上行需要更多的新农人网红，淘宝教育针对县域不同需求，开发短视频/直播电商基础、进阶、高端课程，并组织区域直播大赛等活动，培养实操人才，营造直播电商氛围，双管齐下，联合供应链服务商整合货源，链接阿里淘宝直播、聚划算、盒马鲜生、淘菜菜等平台资源，打造品牌营销节，共建地方直播经济生态圈。

从2021年开始在全国75个培训基地共开设短视频课程72期，直播课程159期，培养13800人次，孵化农村主播近3000人。

案例：江苏沭阳90后"花乡李子柒"李敏，从沭阳到联合国

    7岁那年，她因车祸失去左臂，她喜欢时尚、爱美，大学时，学了服装设计，想象着以后做出漂亮的衣服。但毕业即失业，一连投了多次简历，参加了很多面试，无一例外收到的都是拒绝。她带着沮丧回到家乡，一度迷茫如何自力更生。看到亲朋好友在网上开店卖花，她重新燃起斗志。适逢当地政府与淘宝教育合作建立沭阳培训基地，她跑去听课，两个月后，将百合、风信子、绿萝等花卉绿植搬到网上，生活渐有起色。十年间，这个曾经对未来一筹莫展的独臂女孩，凭借着过人的毅力与努力，在人生的新旅程中绽放出了绚丽之花。这十年，通过电商自主创业，她不仅开辟了个人新生活，还带动家乡村民触"网"创富，让花木之乡焕发出了新面貌。2017年4月，在联合国第三届电子商务周大会上，马云带着全英文版的《你好，淘宝》纪录片，向世界讲述了沭阳草根创业者的故事，"惊动"了联合国，她和花的淘宝奇缘被越来越多人熟知，成了远近闻名的"花乡维纳斯"。作为党的二十大代表，她带着沭阳新河镇双荡村全体村民的期盼和嘱托，走进人民大会堂。

## 3.3 乡村振兴青训营——就业创业

    2022年中央一号文件提出，促进农副产品直播带货规范健康发展，实施"数商兴农"工程、"快递进村"工程、"互联网＋"农产品出村进城工程等。农村电商正在异军突起，农产品的加工、县乡村物流配送体系的建设，将释放出大量工作岗位和创业机遇，无论对于社会青年、高校毕业生还是返乡能人，都将是大有可为的舞台。

案例: 菏泽单县返乡青年打造乡村振兴新样板

生于菏泽单县农村的孙畅, 大学毕业后, 心系家乡返乡创业, 投身到家乡特色绿色食品预制菜的研发事业中。2021年以吊炉烧饼、杂粮团子、窝窝头等为代表的无添加冷冻半成品正式上线, 但现实给这位新手创业者泼了一盆冷水。面对消费遇冷、渠道收缩、变现无门等问题, 淘宝教育单县培训基地的建立, 给孙畅开启了一扇窗, 淘宝教育电商运营、直播、短视频等专业实训, 以及产业园区的品牌营销咨询、优品甄选供应链服务、技术孵化等综合服务, 为孙畅的事业插上了坚实的翅膀, 仅用半年时间就吸粉近20万, 单场直播利润破万。更令人欣喜的是, 线上业务极大地带动了线下销售, 越来越多的采购商"慕名而来"送订单。2022年实现线上线下总销量破千万, 带动生产、销售、电商运维、仓储、打包等相关就业110人, 为单县乡村振兴带来了新的样板。

## 3.4 乡村振兴领创营——规上企业

产业兴旺是乡村振兴核心, 而产业振兴的关键在于龙头带动、示范引领, 县域里传统企业触网大都缺乏战略思维和专业团队, 导致很多企业转型时在"自己做"和"代运营"间徘徊往复, 花费大收效微且错失转型良机。

淘宝教育乡村振兴领创营(龙头企业孵化班), 优选当地10家代表性企业进行深入调研、数据分析, 量身定制, 提供"实训＋孵化＋顾问"陪跑式专业服务。淘宝教育依托阿里巴巴全平台经验及对企业转型升级的实践和研究, 从战略、业务、组织、技术等方面为中小企业量身定制数智化转型发展方案。通过专业的课程研发、强大的师资队伍帮助中小企业明战略、定业务、强组织、懂技术, 培养实用技能型数字经济专业人才, 为相关企业解决流量、转化、数据分析等核心问题, 构建属于自己的核心团队, 促进代表性企业健康、高效发展, 起到示范引领作用。

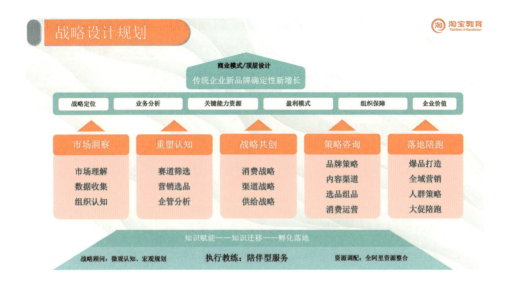

## 3.5   乡村振兴匠心营——特色商家

2021年商务部发布的《老字号数字化转型与创新发展报告》显示，老字号企业的"老""旧""弱"等问题对其数字化转型发展造成一定程度的阻碍，存在品牌意识欠缺导致侵权风险、创新乏力、人才断档传承技艺面临困难、保护力度不足经营环境欠佳四方面问题。

淘宝教育根据数据分析，从客户定位、品牌打造、产品研发、组织能力、渠道销售等全方位为老字号、非遗打造转型升级新链路，准确把握老字号历史沿革和文化特色，着力完善品牌保护体系，打造文化传承载体，激发企业创新活力，推动新技术新业态新模式发展，多措并举、综合提升。将老字号所蕴含的中华优秀传统文化更多融入现代生产生活，讲好中国故事，更好满足国潮消费需求，促进中华优秀传统文化的创造性转化和创新性发展，满足人民日益增长的美好生活需要。

## 3.6   乡村振兴扬帆营——跨境出海

2022年，我国跨境电商发展迅速。海关数据显示，2022年我国跨境电商进出口（含B2B）2.11万亿元，同比增长9.8%。其中，出口1.55万亿元，同比增长11.7%，进口0.56万亿元，同比增长4.9%。

跨境电商的发展急需更多运营能力、管理能力、实操性强的跨境电商专业人才，淘宝教育扬帆营开设跨境出海公开课、领航班、精英班、总裁班等系列课程，满足不同学员、不同平台的实战需求。

## 3.7 乡村振兴雏鹰营——政校企合作

高校拥有大量丰富的人力资源，但缺乏项目和供应链资源，学生的学习多以理论为主，缺乏项目实战；县域很多中小企业、农村合作社等没有精力和能力从事电商销售。

淘宝教育以《国家职业教育改革实施方案》为指导，依托阿里巴巴集团及生态的产业、技术、师资、课程等相关优势资源，通过产业学院、产教融合基地、生产性实训基地等的建设，与学校在共建人才培养体系、推进双师队伍打造、构建社会服务工程等方面进行全方位、多维度的合作，针对学员做专业能力培训，并对接地方政府引地方供应链资源和实训项目入校，很好地将专业技术融入高校项目实战中，为人力资源和社会项目搭建起专业桥梁，助力高校打造学生高质量创业、就业发展体系。

2022年5月，陇南乡村振兴学院在陇南师专挂牌，并完成为期一个月的新媒体实训课程交付，课程有百余名学生报名，经过筛选共有70名师生参与课程。开课期间，学校学生和老师自发为当地滞销樱桃做直播带货，经过老师手把手教学和现场指导，2小时直播销售樱桃百余斤。

2022年9月，苍溪乡村振兴学院在苍溪职中挂牌，并完成学生新媒体实训课程交付，80名学生参与课程，班级学生和老师都表示受益良多，真正做到了理论与实操相结合，给一群十几岁的孩子种下了新媒体电商带动家乡发展的种子。

## 3.8 乡村振兴满天星——淘宝教育学习中心

淘宝教育学习中心是淘宝教育赋能区域数字经济发展，培育专业人才的在线学习平台（云课堂）。淘宝教育通过学习中心免费为全国的电商企业、直播达人、大学生、数字经济从业者提供丰富的线上学习内容，不定期开展线上直播课程，传播数字经济发展新趋势、主流平台新动向、电商运营技能技巧等，提升本地企业、电商从业者的综合运营能力，为各地数字经济发展提供强大的人才支撑。目前淘宝教育学习中心已上线近2000节课程，涵盖电商、管理、新零售、财务、职业素养类等相关课程，学习内容可分配、学习过程可追踪、学习效果可评估。自2022年9月份以来，已经有48个区域开设了学习中心，超过11000人在线学习，开展了75期在线直播培训，涵盖双11策略、复盘等平台最新玩法及技巧。

## 3.9  乡村振兴星选秀——直播大赛

为了更好地巩固培训效果，将本地产业与人才培养高度融合，同时营造良好电商发展氛围，淘宝教育整合电商培训讲师和课程资源、电商直播平台资源与地方政府、高校、供应链资源等合作打造区域直播大赛，广泛邀请本地社会、高校选手参与，通过培训+大赛结合的形式，培育本土直播达人，助力本地直播产业发展。

"共享浙里货，共富山区路"直播电商大赛，是由淘宝教育与浙报集团携手，助力浙江山区26县跨越式高质量发展的直播大赛，通过"训+赛"的模式，围绕本地直播人才的技能培训、比拼，在地方挖掘一批"共富直播官"，推广本地的直播优选产品，构建县域电子商务全链条生态体系，逐步理清共同富裕建设模式，打造山区26县在共同富裕示范区的"造血"行动，推进当地的人才振兴、产业赋能和就业增收。2022年完成了龙泉、泰顺、缙云、江山、磐安、景宁、龙游、淳安8个分会场和杭州决赛场主播技能培训和比赛，淘宝讲师针对主播技能提升授课，主播们能力得到明显提升，多位素人主播迅速成长。300多个主播和团队参与课程和分会场的比赛，9个地方MCN机构、电商产业园，近40家地方企业参与选品、支持协同。2022年度大赛圆满结束，受到了浙江省商务厅的关注和支持。

## 4. 江苏沭阳：淘宝教育助力乡村振兴案例

江苏省沭阳县花木种植面积60万亩，花木品种3000余种，各类花木从业人员约30万人，专业花木经纪人约3万人，各类花木网店3万余家。近年来，沭阳县"互联网＋农业"蓬勃发展，成立全国首个县域花木种苗网络诚信基金，12个乡镇获评"淘宝镇"，86个村获评"淘宝村"，2021年电商直播超过100万场，花木产值突破200亿元，涉农产品网络零售额达60亿元，较上年增长30％，名列"2021中国县域电商竞争力百强榜"第7位，成为全国十大淘宝村集群之一，全国唯一的农产品淘宝村集群。

2016年10月25日，沭阳县政府和淘宝教育（原淘宝大学）签订全国首家县级培训基地。该基地针对政府领导开设县域电商发展、乡村振兴等专业课程，针对传统企业开设企业转型相关课程，针对网商、社会青年、大学生等创业群体开设运营、视觉、直播、短视频、粉丝营销、跨境电商等专业实操课程。5年间，共为沭阳花卉苗木等相关产业定制化开设了85期培训班，培育了6813名专业电商人才。2017年，淘宝直播等相关课程在沭阳率先试点，让沭阳在新媒体电商时代赢得先机。淘宝教育为沭阳从贫困县到传统电商强县，再到新媒体电商示范县提供了强大的人才支撑。

**本文作者**

淘宝教育

# 数字化实用人才培训体系助力乡村振兴

　　县域与乡村的发展需要有好产品，更需要有合适的人才，尤其是直面市场需求的技术型人才。然而这类人才大多在大中城市集聚，优越的物质条件和丰富的市场机会使得他们基本选择在大中城市安家落户。长期的人才外流使得县域和乡村越发不易获得数字时代的技术红利，甚至被隔绝在数字技术浪潮之外。面向市场需求、服务县域发展的数字化实用人才的培训在当前变得日益重要。

　　当前承担本地人才培养职能的主要是各地方院校，在培养人才过程中，虽然一直强调要与市场需求接轨，但学校毕竟不是市场活动的重要主体，无法及时有效地捕捉市场快速变化的技术需求，课程教授的内容往往较为传统和陈旧。与活跃于市场经济一线的企业合作就成为解决上述问题的主要出路。2021年10月12日，中共中央办公厅和国务院办公厅印发了《关于推动现代职业教育高质量发展的意见》，特别强调了"完善产教融合办学体制"和"创新校企合作办学机制"两大要点，直接指出职业教育高质量发展离不开行业龙头企业等优质企业的参与。

　　阿里巴巴"橙点同学"项目就是行业龙头企业进入职业教育的成功案例。该项目2022年6月上线，运营目标是打造公益性的、学习—认证—就业一体化的线上教育教学平台。整合阿里巴巴在科技、商贸、物流等方面的课程、师资以及生态等资源，向全社会免费开放，结合阿里巴巴自身产业优势及岗位需求，打造普惠共享的"学、练、赛、考、聘"一体的数字化公益教学资源平台。

## 1. 从市场中来，到企业中去

在橙点同学平台上，以就业为导向，上线了阿里巴巴集团面向职业发展实际需求、面向就业的商贸、技术等近百门精品特色课程及多门职业认证，并且保持着全免费和持续更新。目前平台已上线200多门课程，23项专业化认证，课程总时长近3万分钟。比如围绕"设计"这一细分类目已经形成了36门课程的课程组，其中包括"交互设计概述"这样的基础性课程，也包括"设计工具实践"这样的工具性课程，还包括"货架导购设计""双十一游戏化设计"这样应用性极强的实践性课程；授课的老师不仅有来自浙江大学等高等教育学府的教授，也有来自行业一线实战的阿里巴巴集团员工。截至2023年2月6日，橙点平台累计学习人数已达到7.12万，累计学习时长达26万小时，累计注册用户数达9.08万人，累计发放的课程认证达3.99万张。

到企业中去，意味着课程设计要能够解决民营企业在经营过程中面临的实际问题。"橙点同学"项目基于阿里巴巴国际站、淘宝等平台的运营规则和技术，为职业院校学生开发电商实训平台。同时为在校学生及适龄青年提供阿里生态岗位供需信息，满足职业需求。除此之外，依托于橙点同学项目，阿里巴巴集团和多个职业教育学院展开深度合作。目前阿里与杭州科技职业技术学院、丽水职业技术学院试点合作，通过实训基地的建设为职业院校引入真实的企业项目，共建数字经济和乡村振兴产业学院，目

"橙点平台"校企合作的实践

前平台已在信息技术、跨境贸易等领域培训学生4万余人。以丽水职业技术学院与阿里巴巴集团合作共建的橙点乡村振兴产业学院为例，作为乡村振兴产业学院建设以来的首个落地项目，在合作协议签订后，基于橙点平台的已有实践，首期营销实战训练营马上投入到实际教学活动中，参训的丽水职业技术学院工商管理学院市场营销专业学生积极投入直播实战并取得了相关证书，部分学习优秀的学生还得到了优质企业的就业意向函。这一探索形成了可复制的职教发展模式，成为教育过程中实训活动的重要一环。

## 2. 促发师资成长的培训活动

在互联网教育平台逐渐普及的当下，校内授课老师能力的差异常常影响不同地区学生接受互联网教育的效果。因此，企业参与地区人才培养的过程中，既要重视学员能力的培养，也要重视师资能力的建设，只有这样才能实现对当地教育"土壤"的改良，最终形成本地人才发展的内生良性循环。以"橙点同学"项目为例，2022年6月正式运转后，立即在7—8月组织了三次橙点师资培训活动，平均每次师资培训时长为5天，邀请到了100多位来自浙江山区县和全国欠发达地区的职教老师来杭州参加公益培训。并通过高职带动中职发展，2022年覆盖了浙江省内18个、省外10个中高职院校。

在培训师资方面，橙点师资培训非常注重实用性，广泛邀请高校和企业内部相关领域的专家，如阿里管理层、官方认证讲师、阿里小二等，围绕电商数据运营、新媒体直播和视觉设计营销三大与实践紧密结合的课程展开培训活动。讲授的课程特别重视实操环节的设计，依靠阿里多平台运营过程中涌现的大量实践，课程案例实现"四真"：基于真实项目、引入真实案例、操盘真实平台、复盘真实数据，这对于电商化程度不高的山区县职教老师来说非常重要。以5天时长的"新媒体直播"为例，课程1—2天围绕直播的基本规律开展"直播基础认知"和"直播内核提升"教学，帮助学员理解直播运作的核心逻辑；从第3天开始转入实战，首先是"直播技巧进阶",帮助学员形成直播的技巧体系;第4—5天是"开播实战＆直播PK赛"环节,直接让学员投入到应用环节。这一百多位老师在接受培训的同时,运用橙点同学平台同步培训各自教授的两千多名学生,实现教学成果的快速转化。这一课程受到学员的普遍好评,大家对这一课程的评分高达4.97(5分制)。

参与"橙点同学"师资培训项目的教师也分享了自己参与过程中的真实体会,以下摘录三个具有代表性的评价:

欧智龙(广东财贸职业学院):历来所参加的所有公益免费活动当中,只有阿里这个是干货最多、实战能力最强的。

付合军(河南技师学院):第一个,从平台再到产业、再到人才、再到培训端,你们的资源是最丰富的;第二个相对来讲,是最专业的。

包县峰(丽水职业技术学院):职业教育跟我们普通高等教育相比来说,其实培养的目标是同一个,那就是培养人。我们(职业教育)是培养有技术技能、有知识的同时,更加侧重于实操的,就是技术型跟应用型人才。

由阿里驱动的"橙点同学"项目比起其他机构拥有"最丰富"的资源,更能体现"干货"和"实战能力",也自然构成了助力县域地区人才发展的强劲动能。"橙点同学"项目的实践表明,以龙头数字平台企业牵头,为欠发达地区和有需要人群提供的与市场需求紧密联结的课程培训,是数字社会县域人才振兴的有效模式。

**本文作者**

张樹沁　中央财经大学社会与心理学院副教授、博士

# 跨越数字教育鸿沟　云电脑架起桥梁

　　我国的教育信息化建设虽然起步较晚，但是发展速度很快。据统计2001年我国中小学的互联网接入率只有1.8%，截至2020年底，中小学学校互联网接入率已达到100%，98.35%的中小学已拥有多媒体教室。同时中国各级各类教育师生网络学习空间开通数量10397万个。然而教育信息化的投入不止包括硬件的初始投入，硬件的使用效果、与其相配套的相关管理人员、信息化人才和能很好使用信息化资源的教师更为重要。纵观我国的教育信息化建设，仍存在着较大的城乡差距和地域差距，使用效果和相关教师队伍的差距更大。

　　阿里集团曾组织调研团队面向125所学校开展田野调查，发现乡村学校教学用计算机使用年限超过5年的数量占比超过76.5%。大量公益捐赠的电脑最终变成"无法使用"的摆设，究其原因主要有以下几个方面：作为接受捐赠的学校方，鉴于电脑本身价格较为高昂且容易发生故障的特点，为了"良好保存"通常限制学生使用；电脑软件更新较为困难，学生和老师自行更新常常容易下载电脑病毒或垃圾软件，影响电脑正常使用；学校能够组织信息技术教学的老师非常有限，既无法单独组织适合欠发达地区学生信息技术能力成长的课程，也无法充分利用电脑进行辅助教学工作。乡村学校设备更新换代周期长、性能逐年衰减，维修升级效率低、成本高，资源获取和使用能力都极为欠缺，严重地制约了乡村学生数字素养的培育。针对这一问题，阿里巴巴集团提出"少年云助学计划"（以下简称"少年云"）。作为一项科技公益项目，少年云通过引入全新自研的"无影"云网端协议架构技术，为欠发达地区中小学校捐建云机房，并配套开发"云学桌面"等教学管理系统，以工具公平促进教育公平，更早激发乡村孩子的数字创造力。

## 1. 云电脑构筑稳定的数字桥梁

云电脑和普通电脑的差别在哪？"云技术"在其中扮演了非常重要的角色。因为"云技术"，云机房中的电脑无须再安装电脑主机，这带来了三大有意义的改变：第一，电脑中最容易损坏的主机不再存在，仅需要显示屏和专用带宽就能实现云技术支持的电脑界面互动，电脑使用寿命大大延长，学校和学生更加"敢用"电脑；第二，因为软件集成在云端，能够一直保持最新，无须教师自行寻找软件更新的途径，解决了原先线下电脑中资源陈旧的问题，也解决了自行下载软件导致的电脑病毒感染；第三，学生学习的进度以个人用户的方式存储在云端，能够随时承接上次学习的进度，解决了每次上信息课换电脑作业丢失的问题。对于家中有电脑的学生，还可以实现在家中继续学习，极大地延展了学习的边界。目前，少年云助学项目已在浙江山区县、海岛县等64所学校部署落地64间云机房，服务超30000名师生，约50%是留守儿童。按照计算机教室装备标准建成的云机房：配备包含云电脑教师一体机1台、云电脑学生一体机40～60台（依据学生实际开课人数确定），云电脑操作系统、应用软件、键盘、鼠标等，同时配备专用带宽网络。

云机房的稳定性拓展了数字教育的多种可能。依托"云"上丰富资源，通过阿里自研出品的"云上课堂"，欠发达地区的学校无须自行编写更为复杂的教学方案，就可以组织学有余力的学生开展编程、艺术学习等活动，成为"科技素养空间"。借助针对中小学的编程和人工智能技术课程，欠发达地区的学生也可以开始全面接触互联网理念和思维，成为"小小产品经理"，助力学生更全面发展。

稳定、前沿、高效的云机房已经成为一些欠发达地区小学教育公平的坚实起点。在课后，云机房成为"课后服务空间"，学校间结成共同体，开展美术、音乐、数学、编程等学习探索。例如，在淳安、松阳等地引入中国美术学院等高校的学生志愿者，借助云机房开展"乡村艺术课""碳中和"低碳教育课等，高校学生可以通过云机房与欠发达地区的中小学学生展开持久且全面的教育交流。以浙江省枫树岭小学为例，云机房的稳定连接功能使得学校可以组织一百多名师范类院校的志愿者老师，通过线上授课的方式给学生教授美术、音乐等综合素质的课程。这一技术解决方案有效地缩小与城市学生的数字素养差距，推动城乡资源共建共享。

## 2. 数字场景创造更多可能

"云机房"技术的引入，激活了学校信息技术的应用场景，真正地将本地学生有效地"接入"互联网。"云机房"成为学校所有数字技术创新的关键节点。以浙江淳安枫树岭小学的云机房为例，云机房运转一段时间后还实现了一个项目运作初期没有预料到的效果：云机房成为了农村留守儿童和进城务工父母"亲情电话"的场所。本校学生可以在每周三下午用三节课的时间和外出工作的父母打视频电话展开交流，既发挥了"云"端资源和能力，也有利于形成家校共育的合力，助力山区县留守儿童的学习成长。

> 姜军建（枫树岭小学校长）：我们通过这个云机房开展亲情通话，说心里话，一方面，家长们很感激学校给他们提供这么一个平台；另一方面，我们也扎扎实实地看到这种通话对孩子健康成长的效果是很明显的。因为有些学生真的在通话的过程当中，跟父母聊得蛮动情的，有些甚至聊得眼泪都会流出来。学生跟父母这种深入的视频沟通交流，真的可以促进他的身体健康。更多的留守儿童通过这样的一种载体，也适当地弥补了缺失的亲情。这个项目的落地，已经成为我们学校改进、提升教学和学生工作的一个很重要的平台。（2022年9月5日）

对于当下多数学生来说，并不缺乏与千里之外的父母沟通的技术手段。一些学生在家中的长辈虽然也有手机可以远程视频，但惯常的情况是"视频来了，孩子不接"或者"聊两句就挂掉了"。调研发现造成上述问题的原

浙江新闻报道浙江淳安枫树岭云机房"亲情电话"

因，一是家中缺少倾诉的环境，学生在独自面对家长时比较紧张，没有话题可聊；二是一些学生在家中更关注的是寻找休闲放松的娱乐活动，即使父母有意愿沟通，孩子也"没时间"交流。相较之下，学校充分利用云机房的资源，在尊重学生个体和保护隐私的前提下，组织学生在特定时间和外出务工的家长通过云机房亲情电话沟通是更有效的方式。这一沟通的仪式感不仅促发学生和家长沟通的意愿，也有利于培养学生和家长良好倾诉的习惯，这对于维护外出家长和留守儿童之间的亲情关系非常有意义。

一个看似简单的数字场景更新，却成为一个教育公平和亲情互动的实现平台。围绕这一数字场景，更多数字社会中的技术创新就能被引入到学校，成为推动学校数字素养教育和融洽师生关系、家校关系的有益助力。"少年云助学"项目不仅解决了原先学校—电脑—学生关系中的矛盾，而且让电脑机房不再是昂贵且易坏的、神秘的"高科技场所"，而是新技术学习与应用的日常场景。

## 3. 县域基础教育的数字底座

"少年云助学"项目是县域基础教育数字化的一个初步探索，虽然刚刚起步但蕴含了共同富裕背景下理解县域基础教育数字化的关键，对于欠发达地区数字素养的培育很有启示。

首先，数字技术的应用绝对不是简单地将技术置入应用场景，而是必须考察技术应用多方主体间的关系，只有当技术应用契合于技术使用主体的关系模式，才能切实地发挥作用。少年云助学项目的成功就在于理顺了师生和电脑的关系，将电脑从"害怕弄坏的金贵之物"变成了"结实耐用的信息平台"，由此激活了欠发达地区数字基础教育的运转。

其次，数字场景的建构比数字技术的堆砌更加重要。与其投入大量的资金引入各种技术，不如聚焦于何种技术更能形成人们持续互动的数字场景。在少年云助学项目中，云机房的建设费用可能低于很多传统的电脑公益捐赠，硬件方面必要的投入就是显示屏、键盘和鼠标，但是由于云机房能够切实地吸纳教师和学生其中持续性的互动，从而衍生出更多数字教育的创新。

最后，数字素养的培育有赖于地区多样化的数字场景的塑造。从少年云助学这一项目，我们发现，任何数字素养的培育都必须从成熟的数字场景中汲取经验，无论是在基础教育领域，需要依靠云机房完成师生的数字互动，还是在成人教育领域，需要将谋生技能与特定的数字商业活动紧密结合。因此，梳理本地区成熟的数字场景，并将更多的资源聚焦于本地区数字场景的塑造上，才能在数字社会中获得本地区内生的数字人才。

**本文作者**

张樹沁　中央财经大学社会与心理学院副教授、博士

# 企业数字化转型助力乡村振兴的实践案例

- 圣农集团

- 纽澜地

- 网商银行

- 常熟银行

- 农大狮学院

# 农业龙头企业数字化转型与农食价值链升级

## 1. 肉鸡循环经济产业链可持续经营模式与"数字圣农"战略

圣农集团创立于1983年，是我国白羽肉鸡市场的龙头企业，也是亚洲白羽肉鸡行业产业链最完整的企业，位列白羽肉鸡全产业链亚洲第一、世界第七。2019年，圣农更是率先培育出全国第一个白羽肉鸡种源，使得国内不再依赖国外引种，实现了科技反垄断，有效保障了国家的粮食安全。依托于"自育·自繁·自养·自宰·深加工"的绿色循环经济全产业链发展模式，圣农在保障食品安全、提高环境绩效等方面表现突出。然而长期作为餐饮企业的供应商身份，使其也难以充分实现经济价值。鸡肉作为初加工农产品，原材料属性重且信任主体缺失，消费者缺乏对品牌资源的认知，使得圣农面临优质不优价、溢价能力弱的困局。

为此，圣农借助数字化的浪潮再次出发，目标是成为科技驱动的现代农业及消费品企业。2021年企业发布五年战略发展规划，着重提出"数字圣农"战略，进行数字化转型，做优圣农品牌，争创国内禽肉行业第一品牌；打造数字圣农，持续推进智能化和数据化，提升自动化程度。

在消费端，圣农在线上线下展开全渠道布局，搭建用户流量全域覆盖、线上线下全场景化的数字化营销平台，并基于数据研究和消费者洞察进行产品创新，全力打造满足消费者需求的可溢价的品牌。在产业端，圣农将数字化嵌入全产业链中，在同行业中开启养殖4.0时代，实现管理智能化、生产自动化、食品安全系统化、环保消防标准化，进一步稳固了产业"横到边，纵到深"一体化的优势，并带动闽赣周边经济发展，促进更多周边农户就业，打造出智慧农业"新样板"。

圣农作为农业产业化龙头企业，全面总结其数字化转型的创新实践，对我国实现农业现代化和建设农业强国具有十分重要的参考意义。

## 2. 圣农数字化转型实践

### 2.1 消费端数字化转型：向C端全面发力

圣农作为头部大餐饮系统背后的主力肉鸡供应商，在中国白肉鸡类产品供应商中的领先地位早已确立。然而，作为原材料厂家，终端消费者缺乏对品牌的认知，导致产品不能实现优质优价。为此，圣农以圣农食品为"食品深加工"版块的主要子公司，发力向C端转型，进行全方位战略布局：一方面利用电商和移动互联网进行全渠道布局，另一方面基于消费者需求进行产品创新，树立C端品牌形象，提升产品附加值。

（1）线上线下全渠道营销

以销售额和品牌价值双百亿为战略目标，圣农对零售业务进行了全面升级，将C端和B端的销售、推广体系分离，建立了独立的C端营销体系，并形成了以圣农品牌为主的多品牌策略（朱翠萍，2020）。圣农以天猫旗舰店作为营销中心，展开线上线下全渠道营销，树立C端品牌形象。在线下渠道，圣农将产品进驻沃尔玛、永辉、大润发、家乐福等国内外大型连锁超市；在线上渠道，圣农借助传统电商（天猫旗舰店等）、内容电商（抖音等）、社区团购（美团优选等）和新零售（朴朴超市等）等渠道进行营销。

借助这些线上线下的营销渠道，圣农将全产业链带来的产品质量优势触达终端消费者，使得自身to B的信用快速拓展到C端，在消费者心目中树立了"安全、健康、便捷、美味"的品牌形象，打造了"圣农＝炸鸡"的定位，提升了品牌的知名度。

（2）面向消费者的产品创新

除了利用电商和移动互联网全渠道营销以外，圣农还通过数字技术进行消费者洞察，进行产品创新，打造爆品，提升品牌知名度。圣农拥有光泽和上海2个食品研发中心，并于2021年在杭州建立圣农食品营销创新中心，目标是基于全链路的用户数据分析和用户行为研究，实现创新型品类品牌的孵化打造。通过对用户数据的分析，圣农以"轻烹即食"的产品理念精准定位目标人群，推出了一系列快速便捷烹饪产品，比如"空气炸锅系列""微波叮叮系列""香煎系列"等。2022年双11，圣农推出的王炸爆款"脆皮炸鸡"冲入天猫榜单——人气好物榜，荣获"甄选全球理想餐桌人气好物奖"，一举成为爆品。2022年，脆皮炸鸡年销额再度突破2个亿，同时又打造了2个亿元爆品——嘟嘟翅和香煎鸡排。

> 专栏："空气炸锅系列"成为天猫爆品
>
> 　　圣农基于天猫数字技术进行消费者洞察，将炸鸡作为产品创新的切入点。针对消费者"更方便、更好吃、更健康、更好看"的需求和"家庭餐桌"的炸鸡消费场景，对原有脆皮炸鸡的配方、包装规格和设计进行了相应的调整，升级了产品形态。在包装规格上，按照家庭一顿吃完的原则将规格调整为250g；在配方上，根据消费者方便、口感和健康的需求，结合空气炸锅的工作原理，对裹粉的配方和比例进行了调整；在包装设计上，更加符合年轻人审美。基于消费者的产品创新使这款产品上市仅2个多月就成为天猫炸鸡品类第一名。

## 2.2　产业端数字化转型：迈向"农业养殖4.0"

　　2016年，圣农在全行业中率先开启了农业养殖4.0模式，即生产自动化、管理智能化、食品安全系统化和消防环保标准化。基于农业养殖4.0模式，圣农开启了产业端的数字化转型，致力于打造智慧农业新样板，实现现代农业规模化、特色化、科技化、生态化。一方面，圣农将数字化嵌入全产业链中，打造"数字圣农"，持续推进智能化和数据化管理；另一方面，圣农基于消费端数字化转型，升级产业链，发力食品深加工板块，建设生熟一体化智慧工厂，提高熟食转化比例。2021年，圣农被授予"中国养殖数字化集成应用优秀企业"称号。

（1）数字化嵌入全产业链

圣农将数字化嵌入种源研发、孵化、饲料加工、种肉鸡养殖、肉鸡加工、食品深加工、余料转化、产品销售、冷链物流等产业链的多个环节，推动"制造"向"智造"转型，打造"数字圣农"，提升公司精细化管理水平。在育种环节，持续每年投入1个亿，培育出包括"圣泽901"在内的10多个不同的遗传资源品系；在饲料加工环节，通过计算机自动控制监测，实现从原料接收、投放到成品整个流程全封闭、智能化生产；在肉鸡养殖环节，研发出肉鸡养殖场智能环控系统，通过养殖数据分析，降低死淘率，实现肉鸡养殖"四化"：环控智能化、设备自动化、水料优质化、饲养标准化；在肉鸡加工环节，圣农全自动宰杀肉鸡，引进欧洲肉鸡加工设备，生产线达成高度自动化。10座自动化肉鸡加工厂，15条自动化屠宰生产线，年完成6亿羽肉鸡屠宰量；在物流仓储环节，开发出运输管理系统，实现全流程智能管理，持续构建数字化仓储，预计2023年将达到13万吨以上。通过全产业链的数字化嵌入，降低了安全生产风险，提高了生产效率，提升了"以销定产"的能力，加强了横纵一体化企业在食品安全、生产稳定性、规模化经营、疫病可控性等方面的优势。

（2）向食品深加工领域延伸产业链

为满足消费者"轻烹即食"的需求，配合消费端的数字化转型，圣农向食品深加工业务领域延伸产业链，提出"熟食化"发展战略，提升产品的熟食化比例，进一步提高产品附加值。C端业务的增长加速了圣农熟食化转型的步伐。为匹配"熟食化"战略的需求，圣农对种鸡养殖、鸡苗孵化、饲料加工、肉鸡加工、冷链物流、食品深加工等全产业链进行改造和扩产，提高上游产能，提升供应链能力。2022年9月，为支撑圣农食品44万吨的年产能设计，强化供应链，圣农投资建设光泽县生态食品冷链配送中心，该配送中心是一座全自动智能冷藏物流中心。2022年12月，为使得白羽鸡产能新增9000万羽，圣农投资30多亿建设浦城基地二期项目，包括新建8座种鸡场、19座肉鸡养殖场、1座年产30万吨饲料加工厂和1座生熟一体化智慧工厂。

## 3. 圣农数字化转型的主要成效与社会影响

圣农在消费端和产业端的数字化转型，产生了四个方面的效果：第一，提升了品牌价值和产品溢价；第二，加强了产业链"横到边，纵到深"一体化程度，巩固了企业的竞争优势，使得食品安全、提高环境绩效等社会价值得以更好地实现；第三，企业副产业链规模扩大，有效推动了精准脱贫的落实落地，带动更多农户就业增收，实现了助力脱贫攻坚和企业C端转型升级的双赢；第四，助力企业实施种业创新，解决肉鸡种业"卡脖子"问题，维护国家肉鸡产业安全和种源安全。

### 3.1　提升品牌价值和产品溢价

通过全渠道营销和面向消费者的产品创新，圣农将自身固有的产品质量优势触达到终端消费者，使得to B的信用得以扩展，形成了强大的信用背书，赢得了更多消费者的信任，提升了圣农品牌的知名度，提高了产品溢价和品牌价值。在疫情冲击的大背景下，C端零售业务帮助圣农稳定营收，实现从服务型公司向产品型公司转型。2019年至2021年，圣农C端渠道结构不断优化，近三年C端的复合增长率超过70%，尤其是线上及新零售业务的增长最为迅速，近三年复合增长率达到300%左右。2021年圣农发展品牌价值首次突破百亿，达到100.51亿元。

### 3.2　加强全产业链化程度，降低食品安全风险

数字化转型加强了圣农"横到边，纵到深"产业链一体化程度，使得企业固有的在育种研发、食品安全、生产稳定性、疫病可控性、规模化经营等方面的竞争优势得以加强。一方面，全产业链数字化的嵌入提升了企业精细化管理的水平，使得食品生产的每一个环节可以被追溯，完善了圣农食品安全的溯源体系；另一方面，向食品深加工领域产业链的延伸和消

费端的数字化转型，提升了圣农产品直接触达终端消费者的能力，减少了中间环节，有效降低了食品安全风险。此外，智能化和数据化管理也降低了员工的劳动强度，简化工作流程，提升了安全管理水平。

## 3.3 经营规模扩大，带动更多农户就业增收

数字化转型除了强化圣农的竞争优势以外，还通过经营规模的扩大转化为更多的就业机会，在企业独特的乡村振兴模式的支持下，带动了更多农户创收致富。圣农坚持立农村、干农业、带农民，通过将农户转化为产业工人或为圣农提供产业配套服务的方式，以光泽为核心，带动闽赣经济增长。目前已带动光泽、政和、浦城、资溪10万多人就业。

圣农以产业链为支撑、以项目为抓手，因地制宜，导入优势资源到经济薄弱村，协助他们围绕服务圣农产业集群兴办企业，以此激发乡村发展的内生动力，形成镇村、农民、企业多方共赢的局面，目前已带动光泽县3个乡（镇）32个行政村。未来将连线成片，带动全县8个乡（镇）全域实现乡村振兴，形成光泽乡村振兴示范带。此外，圣农还复制经验，向浦城县、政和县推广乡村振兴运营机制、模式，助力浦城县、政和县多个经济薄弱村实现乡村振兴。

为配合消费端的数字化转型，圣农进一步提升供应链能力，向食品深加工领域延伸产业链，扩大企业规模，持续带动更多主、副产业链条上的农村和更多农户实现脱贫致富。在甘肃省镇原县，圣农投资建设的甘肃圣越1.2亿羽白羽肉鸡全产业链项目在建成投产后，预计可以为当地直接带来1万人的就业机会，间接带动5万户10万人实现产业增收。在浦城县，圣农新建的生熟一体化智慧工厂除了带来白羽肉鸡出栏量和熟食品产能的扩大以外，还给县域带来了1000多个就业机会。

## 3.4 助力品种创新和种业振兴，维护国家种源安全

党的二十大报告指出要深入实施种业振兴行动，加快建设农业强国，确保中国人的饭碗牢牢端在自己手中。然而种业研发不仅需要巨额的资金

投入，而且还存在着强烈的正外部性，使得农业企业普遍缺乏种业创新的能力和动力。圣农通过数字化转型，一方面提升了整体的经济效益，为肉鸡品种选育、更新和整个肉鸡种业发展创造了条件，奠定了物质基础；另一方面加强了一体化程度，使得种业研发的外部性进一步内部化。2019年，经过数年的秘密实验和十多亿的巨额投入后，圣农成功研发出国内第一个白羽肉鸡原种鸡配套系——"圣泽901"，填补了国内白羽肉鸡种源空白。2021年12月，"圣泽901"获白羽肉鸡种源审查牌照，标志着我国白羽肉鸡种源"卡脖子"问题得到彻底解决，有力保障了种源安全。2022年6月，"圣泽901"正式对国内行业供应，意味着我国的白羽肉鸡养殖企业完全依靠进口种源的历史告一段落。

## 4. 圣农案例启示

作为农业产业化龙头企业，圣农数字化转型的实践和创新改变了传统肉鸡养殖产业"小、散、乱"的局面，将传统农业升级为"智慧工业"，走出了一条优质、高效、安全、生态、可持续发展的现代肉鸡产业化之路。其农业工业化发展的企业历程为我国建设农业强国提供了新样板。

### 4.1　消费端数字化放大产品质量优势

圣农之所以能在短时间内通过全渠道营销打造出爆品，形成品牌溢价，根本原因还在于固有的产品质量优势和通过40年逐步打磨出来的循环经济产业链发展模式。完全一体化发展模式最大程度保障了产品质量和食品安全，全渠道营销和面向消费者的产品创新，使得企业进一步"明厨亮灶"，让终端的消费者能快速感知到圣农固有的产品质量优势，使得自身to B的信用拓展到C端的速度加快，具备强大的信用背书，赢得了消费者的信任。

### 4.2　系统的人才培养体系助力农户向产业工人的转型

企业数字化转型的一个隐忧是数字素养较低的产业工人被替代。圣农从个体养殖户成长为产业链一体化的农业龙头企业的过程，也是将农户转型成为产业化工人的过程。圣农通过系统的人才培养体系，让全体员工在生产、研发、品管、销售和管理等方面得到系统性的实习和训练，帮助员工成长为成熟的产业化工人（朱翠萍，2020）。圣农2.5万名员工中，来自福建、江西和甘肃三个省的农民占到80%以上，系统的人才培养体系润滑了数字化转型对圣农产业工人产生的替代效应。与此同时，凭借B+C双发展的产业链，圣农为乡村振兴带来真正的"有源之水"，助力乡村自力发展，留住乡村人才。通过这样的可持续发展，企业更好地实现了经济价值、社会价值和环境价值的统一。

## 4.3 数字化转型加速养殖产业现代化

党的二十大报告提出全面建设社会主义现代化国家，加快建设农业强国。然而，农业产业小而散的局面依然是我国实现农业现代化的短板。圣农基于农业养殖4.0模式进行的数字化转型，把更多资源投向数字化"软投资"上，将育种、肉鸡饲养、宰杀、深加工等全产业链与大数据、人工智能技术深度融合，从而将肉鸡养殖的传统农业做成了"智慧工业"，彻底改变了肉鸡养殖产业小而散的局面。通过把散户养鸡做成规模化、现代化和标准化的现代农业，帮助农户转型成为产业化工人，圣农自身的发展历程为我国实现农业现代化和建设农业强国提供了样版。

**案例来源**

本案例研究受到中国人民大学科研基金项目（21XNL022）支持。

**本文作者**

马九杰 中国人民大学农业与农村发展学院教授

曹 扬 中国人民大学农业与农村发展学院博士研究生

# 新零售与肉牛全产业链纵向一体化运营

## 1. 把握新零售机遇，联合打造数字农业产业中心

山东纽澜地何牛食品有限公司是一家国产黑牛全产业链经营公司，创立于2016年12月。公司位于山东省淄博市高青县，高青县地处北纬37°，这一黄金纬度线上聚集了无数美丽富饶的城市，有希腊雅典、韩国首尔、美国旧金山、意大利西西里，中国威海等，提到北纬37°，通常也会想到一个经济概念：37°经济带，这是产业和人口聚集的经济带，太阳照射的角度决定了这个纬度一年四季分明、气候温和、土壤肥沃。这样的自然环境为黑牛提供了优良的生长环境，再加上高青县盛产玉米、大豆等优质谷物，成为纽澜地高品质牛肉产出的秘诀之一。除了肉牛品牌，纽澜地深耕动物蛋白生鲜供应和新鲜短保食物类目，轻食沙拉、预制菜也正精准发力。

纽澜地是盒马鲜生孵化的第一个全国性"盒品牌"，是"新零售＋新农业"的代表性企业，双方共同探索出一个最佳的新零售供应链模式，为农产品品牌化带来积极的示范意义。2017年5月28日纽澜地进驻上海盒马，是盒马第一个覆盖全国的KA品牌，也是盒马的第一个盒品牌；2020年，纽澜地与盒马、阿里数字农业在淄博市周村区打造了纽澜地（阿里巴巴）数字农业产业中心，成为阿里布局全国的农产品数字化流通网络五大产地仓之一——阿里巴巴数字农业山东仓；2021年12月，纽澜地·阿里巴巴盒马数字农业牛肉产业投产，纽澜地联手盒马在淄博市打造数字农业牛肉产业集群，有效带动了淄博高青黑牛产业集群发展。经过短短5年时间，纽澜地已经成为国内目前唯一实现自养从源头直达餐桌的全产业链、供应链的新消费品牌。并借助盒马渠道，进入了全国27个一、二线城市320家

盒马门店。截至2021年2月，纽澜地已经完成了3大供应链中心、27条冷链链路、6大分仓，赢得了盒马8000万消费者的口碑，成为盒马第一品牌，更是中国家喻户晓的牛肉品牌。

## 2. 新零售与全产业链一体化运营

纽澜地黑牛品牌成立之初是为消费者提供高端牛肉，在纽澜地之前，中国的牛肉消费市场没有一个真正意义的C端品牌，高端牛肉在国内尚是一个蓝海市场。在中国人的饮食结构中，牛肉的占比不高，中国人吃牛肉才刚刚开始，特别是高端牛肉。目前消费市场上的高端牛肉的目标客户群体是一群重视口感、鲜度的高收入人群。因此为了满足他们的需求，纽澜地从两个方面入手，一是培育出高品质肉牛，二是将新鲜的高品质牛肉送到消费者手中。

### 2.1 高品质肉牛的育种与育肥

针对育牛环节，纽澜地特别重视育种和牧场管理工作。首先，为保证肉牛品质，采取胚胎移植、精液冷配技术改良鲁西黄牛繁育的高档肉牛新品种，成为国内第一个通过鉴定的高档肉牛种质。针对牧场管理，对每头牛建立档案，包括身份信息和饲养信息，身份信息包括性别、年龄、体重、家族谱系等信息，尤其是家族谱系，对于肉牛来说，它们会根据父系基因去生长，因此掌握其父系基因，有利于制定饲养方案。饲养信息包括前、中、后期育肥，饲料情况，日增重，疫苗等情况。系统定点回传肉牛的数据用以研判其

纽澜地养殖产业园区

健康状况。由于肉牛的肉质与饲料配比、饲养天数等有关，因此会根据订单量采取定制配餐。另外，为了更好的口感，还会对肉牛进行一系列像听音乐、按摩、喝啤酒等活动。以上所产生的数据都通过黑牛管家数据云平台展示，用于随时掌握牧场情况。

## 2.2 建设数字化全链路供应体系

纽澜地以现代信息技术为依托进行全产业链智能化数字化转型改造，建立起一套养殖、屠宰、分割、生产、深加工，新鲜牛肉的日订单、日配送的供应链体系。在纽澜地之前，传统养殖只是做到了整个产业的原材料生产、半成品加工，未能形成完整的全产业链布局。而纽澜地打通上下游，健全完整产业链，在养殖、生产管理、订单管理、配送四个环节进行数字化赋能，推动黑牛产业规模做大、品质做优、品牌做强。养殖方面的数字化在上一节已经介绍过。在生产管理方面，为保障食品安全，需要对肉品质量进行检验。在屠宰之前，企业自己的兽医和当地动物卫生监督管理局的工作人员共同对活体牛进行一系列的抽检，包括查看疫苗接种的情况，对血液、尿液的抽检等，抽检结束后才可以屠宰，屠宰过程中，动检局的工作人员也会在屠宰线上进行抽检，合格后，会派发检疫合格证，产品才能正常地出厂。等到送达盒马的大仓时，也会进行抽检，合格之后才进行货物验收。为保障肉质口感，在速冻环节，采用日本最先进的磁力速冻技术，一整块牛肉能实现从内到外瞬间同时冷冻，保证了牛肉最好的肉质口感。整个生产车间也是全自动化，采用牛肉智能扫描电脑等量分析切割设备和自动化传送包装线，实现了全部自动切、自动称重、自动投料、自动包装、自动装箱、自动入库。在订单管理方面，根据日订单，自动匹配到各个区域，每日中午12点左右，统一接单并安排生产，同时将订单派给物流部，匹配车辆，统一配送到盒马的大仓，大仓再根据订单分配给各门店。在物流配送环节，首先是自建物流体系，然后是与盒马共建产地仓，从出厂到盒马上架，控温0～4℃，整个控温过程中采取AIoT模式，其目的是实现同时时刻监控全国24个城市大仓的配物流在途的情况。至2020年，纽澜地已经完成华北、华东、西南、华南、中南的供应链布局（淄博生产基地、东莞加工中心、成都加工中心；上海分仓、北京分仓、武汉分仓、西安分仓、杭州分仓、南京分仓）。另外，养殖、生产管理、订单系统、物流配送四个环节的数字化，也方便消费者追踪、扫码溯源。

## 3. 纽澜地全产业链经营的主要成效

六年时间，纽澜地取得了很多成绩，2017年5月28日纽澜地以自养雪花黑牛品牌首先进驻上海盒马，也是盒马唯一的国产黑牛品牌；2018年5月纽澜地鲁西黄牛系列产品全面进入盒马，成为盒马第一个覆盖全国的KA品牌，在双11成为盒马单日top1单品；2019年为盒马定制供应链，双方正式签订战略合作，纽澜地单品成为盒马的第一个百万宝贝；2020年11月至今，纽澜地超过猪肉品牌成为盒马销量第一的品牌，纽澜地单品成为盒马的第一个千万宝贝；2021年，纽澜地稳坐盒马第一品牌，同时向天猫、抖音等新零售渠道全面扩张。除了在销售业绩方面取得的成绩，纽澜地在新零售与新农业的融合中也取得了不错的成绩。

### 3.1 提升牛肉质量，推动当地牛肉产业的发展

中国是一个有悠久农耕文明的国家，牛很常见，但没有高端肉牛品牌，牛肉品质远远落后于欧美、日本等国家。这是因为以前的牛肉产业，养殖户、各级经销商、销售商和消费者之间各自独立，信息互通有限，很难保证牛肉品质，一旦出现食品安全问题，溯源也非常难。而纽澜地采取全产业链管理，从牧场直达C端，培育中国本土的高档优质肉牛新杂交品种，并在整个过程实施精细化管理，其肉质与日本和牛不相上下，曾入选2016年杭州G20峰会、2018年青岛上合峰会国宴食材。纽澜地用全链路数字化解决了牛肉行业的痛点，饲料喂养、屠宰分装、冷链运输、货物上架等环节都记录在产业大脑中。

### 3.2 精准匹配消费者需求，提升消费者满意度

纽澜地的价值链构成是基于C端的市场需求来倒推和重塑整个牛肉产业链和供应链的每一个环节，从而精准匹配用户的需求。首先是了解品牌消费者的需求，比如他们更喜欢独立的小包装，方便储存、食用和配送，为了简化家庭餐食步骤，节省时间，经过处理的牛肉送到消费者手中后免洗、免切、免处理。纽澜地还深入研究新零售的消费场景，为各种食用场景定制产品，搭建了一套完善的商品体系，在规格、产品形态、性价比等方面非常吻合现代人的消费需求。再加上高效的日订单日配送体系，每天准时把新鲜好吃的牛肉源源不断地送达全国消费者手中。根据盒马的线上、线下反馈渠道可知，不同地区对不同部位的需求不同，对不同部位的需求频次也不一样，因此纽澜地专门为盒马定制了一条供应链。盒马门店的补货系统也会及时反馈给纽澜地，确保缺货率低于5%，上架率达到95%。

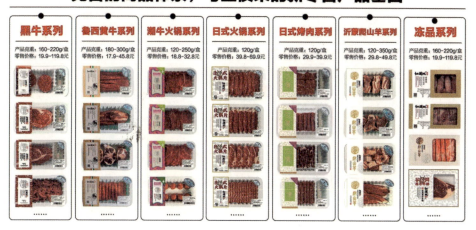

纽澜地目前的商品体系

### 3.3 探索"企业+合作社+农户"模式，带动当地就业

纽澜地带动了全县五千余户农民直接从事黑牛养殖，辐射周边两万余户农民从事饲草种植及配套服务，农民变身新型产业工人，年人均增收5000

元。纽澜地积极探索"企业＋合作社＋农户"模式，把部分黑牛无偿租给合作社代孕、代养，通过订单式、托管式带动当地合作社和农户养殖黑牛，统一技术服务、饲料供给、防疫、消毒、无害化处理以及综合利用养殖废弃物，有效提升了农户饲养管理水平。比如，李孟德村以办公场地、集体土地等资产入股，领办黑牛养殖专业合作社，增加了村集体收入，村集体经济收入超过百万，成功摘下省级贫困村的帽子。仉家村以村集体土地、资金入股，与纽澜地合作进行黑牛养殖，通过联村党委成立盒马肉牛养殖专业合作社，为所联村农户提供就业岗位1000余个，培养了2000人次的切割岗位女工。

## 3.4　助力推动淄博地区的农业农村数字化建设

淄博虽然是一个资源型工业城市，城镇化率也超过72%，但是农业生产依然占据了重要地位，因此为推进淄博农业农村高质量发展，须采取不同于传统农业时代的模式，以数字思维、工业理念推动农业发展，不断丰富数字农业发展新场景，利用数字赋能。淄博作为一个拥有全国41个工业行业大类中的39个、国内化工产品配套最为完善的地级市，展开了一场用"工业化思维"对接农业，推动农业现代化的数字化革命。淄博市人民政府与阿里巴巴集团共建数字农业农村示范城市（盒马市），投产高青黑牛优势特色产业集群，带动国家级沿黄肉牛全产业链数字化发展，形成了立足淄博、服务山东、辐射全国的产业覆盖格局。作为当地的农业产业化龙头企业，纽澜地打造了现代农业产业园和三产融合发展的"黑牛小镇"。对接阿里巴巴盒马鲜生等新零售平台，有效带动了淄博高青黑牛产业集群发展。成立纽澜地（阿里巴巴）数字农业产业中心，致力于打造以淄博市为轴心的现代化农产品流通枢纽。

# 4. 纽澜地案例启示

## 4.1　"新零售＋新农业"助力纽澜地做大做强

在传统电商发展遭遇瓶颈、在线零售业增速放缓的时期，新零售的概念产生了。在线零售与实体零售不断相互融合，逐渐呈现出一种无边界化的现象，企业开始以互联网为依托，通过大数据、人工智能等技术手段，对商品生产、流通与销售过程进行升级改造，将线上服务、线下体验以及物流进行深度融合。农业在新零售这种生态下，其生产模式和供应链模式也发生了翻天覆地的变化。作为盒马孵化的"新零售+新农业"的标杆企业，纽澜地用数据指导养殖、屠宰、生产、加工、运输等整个流程，为消费者带去优质优价的牛肉。在以往没有数字农业的概念时，纽澜地采用人工记录，每头牛都有一个档案，出栏屠宰后，分割出来的部位肉信息也会录入企业ERP。在之后纽澜地跟盒马合作的六年里，不断完善从牧场到餐桌的新鲜雪花牛肉的数字化管理体系，目前在部分环节已经可以接入系统管控。不仅是养殖环节，纽澜地还实现了生产管理数字化、订单体系数字化、物流配送数字化。而在全产业链智能化数字化转型改造之后，逐步建立起一套供应链体系，这有利于黑牛产业全产业生态链的健康发展。这种搭建全产业生态链的模式既保障了从牧场到餐桌过程中的食品安全，实现全过程溯源；又有利于企业对产品品质和消费者体验进行精准把控。除了数字化、全产业的思路，最重要的一点是新零售背景下的零供协同效率提高，运营成本降低，高效的消费者响应，为消费者创造更多价值。

## 4.2　助力企业品牌发展，政府角色不可或缺

　　纽澜地的快速发展离不开公司全链路、数字化运营，也与"高青黑牛"这个农产品区域公用品牌的背书以及淄博市政府大力支持农村农业的数字化建设分不开。农产品区域品牌对乡村产业振兴、农民增收发挥积极作用，对企业品牌的建设也具有重大的推动作用，高青黑牛产业拥有20多年历史，淄博市政府将黑牛产业区域公用品牌建设作为乡村振兴战略的重要抓手，通过扶持黑牛产业区域公用品牌的建设，吸收大量当地农户和农民合作社等多种经营主体投入到黑牛养殖及饲草种植产业的发展中，区域经济效益显著增加，为纽澜地企业的成长与发展提供了优质的肉牛品种、适宜

的生长环境以及现代产业发展平台。另外，纽澜地全产业链经营也离不开全过程的数字化建设，而在推动数字农业发展的过程中，政府力量的参与也不可或缺，淄博市政府在产业上规划、布局，建设数字化基础设施，将数字农业农村中心城市建设作为重大项目，出台相关方案，政策措施，更好带动农民、农村和农业的数字化发展进程。

**案例来源**

本案例研究受到中国人民大学科研基金项目（21XNL022）支持。

**本文作者**

马九杰　中国人民大学农业与农村发展学院教授

张梓煜　中国人民大学农业与农村发展学院博士研究生

# 卫星遥感大数据与人工智能技术助力农村金融普惠

## 1. 农村金融痛点与科技银行的空间金融科技创新选择

　　一直以来，由于农业生产周期长、风险高且缺乏有效的抵押和担保，传统金融机构缺乏信息从而无法甄别农户风险，农户被传统金融机构"排斥"的贷款难问题没有得到很好的解决，"三农"发展仍然面临融资困境的制约瓶颈。近年来农村数字普惠金融的发展，有望缓解乃至消除农村金融服务中面临的痛点。凭借覆盖广、成本低且效率高的优势，数字普惠金融有效降低了金融服务的门槛，可以为农村低收入和弱势群体提供普惠金融服务。虽然数字普惠金融的发展为缓解农村金融融资困境提供了一定的契机，但由于农村信息化和数字化程度相对较低，存在"数字鸿沟""数字排斥"等新的挑战，农户因"线上交易""数字痕迹"等信息缺乏，金融机构难以对其进行"精准画像"，进而使得农户可能面临传统金融和数字金融的"双重排斥"。

　　为更好解决农户贷款难问题，网商银行创新性地研发了"大山雀"农村金融风险控制系统，并于2020年宣布正式商用。该系统的关键创新在于将卫星遥感技术应用于农村金融风险识别、评估业务过程中，探索运用卫星遥感等"空间金融科技"助力农村金融普惠。具体地，就是通过卫星遥感技术结合人工智能模型算法，获取可信动态"无感"数据，再结合行政管理大数据辅助交叉验证，可以实现对传统信用数据和数字行为数据的替代。将这些"替代性"信用数据应用到涉农信用贷款模型中，可以实现对广大农业生产经营主体，特别是对小规模农户、缺乏信用历史的白户精准授信和信贷支持，有效解决"双重排斥"问题。同时，升级的算法机器可以融合人工经验，利用地形、降水、积温、历史产量等信息识别作物，让天上的卫星真正掌握了传统"信贷员"的技能，助力超百万种植大户获得无接触贷款，享受到了数字科技升级的农村金融服务。

截至2022年底，网商银行农村金融大山雀系统应用通过卫星遥感技术看清农户资产，通过人工智能算清资产价值，目前已识别多种农作物，准确率93%以上，已帮助超100万种植户获得贷款。此外，基于强大的科技和数据优势，网商银行与传统银行也达成了合作，通过联合贷款的合作模式赋能中小金融机构，进一步扩大了农村数字普惠金融服务覆盖。

总之，在国家全面推进乡村振兴的大背景下，网商银行积极探索服务"三农"群体，把农村金融数字化作为发展战略，联合地方政府、传统银行、担保机构等，有效解决了农村金融痛点问题，以数字科技带动农村金融不断升级，不断助力农村金融普惠。

## 2. "大山雀"系统助力农业农村金融普惠的机理与做法

### 2.1 卫星遥感大数据发挥核心作用

卫星遥感技术虽然已经存在多年，将其大规模应用在农村金融领域，则是网商银行首创。

（1）精准识别：获取"替代性"信用数据

农户最主要的资产就是农作物，而农作物的数字化程度很低，难以识别，因此无法判断其资产价值，进而无法进行风控和授信。基于此，解决农户贷款难问题首先要解决识别农作物难题。在确定使用卫星遥感技术之前，网商银行农村金融团队先尝试了人工勘探和无人机拍摄，结果发现前者成本太高，后者范围太小，都不足以满足要求，最后决定大胆地使用卫星遥感技术辨别农作物。

简单来说，其原理就是利用卫星遥感影像的光谱识别技术，精准识别出水稻、玉米、小麦、苹果等多种作物。农户在手机圈定自己的地块，网商银行通过了解农户的种植情况和生长趋势，同时结合气候、地理位置、行业景气度等因素，使用几十个风控模型预估产量和产值，为农户提供精准的授信和信贷支持。

（2）还原与追溯：了解农户持续种植经营行为

卫星遥感数据不仅可以还原当前的数据信息，而且可以追溯到2年以内的数据。这意味着使用卫星遥感技术不仅可以了解土地当前的情况，还可以追溯过去两年内的种植情况，对于网商银行了解农户持续的种植经营行为有很大帮助，更多有效信息如同一地区同一客户的种植稳定性、种植的规律性，以及经营的情况等可以输入到信贷风控模型中。

总之，网商银行首创的这套"大山雀"卫星遥感信贷技术可以解决以往农村金融的核心痛点：识别出农户种了多少亩地（种植面积）、种的是什么（作物类型）、种得好不好（作物长势）、是否遭遇病虫害和洪涝灾害等（高频监测和气象灾害预警），而这些正是农户资产价值的最好证明，是一种"替代性"的信用数据。基于此，再结合风控模型预估产量和产值，就可以给予那些被"双重排斥"的农户精准信贷支持了。

## 2.2　行政管理大数据辅助风险控制

除了利用卫星遥感大数据，网商银行还与涉农县域政府部门进行合作，适当地应用行政管理大数据，更加准确地进行贷款决策分析。

（1）交叉验证助力农户信用评定

通过与县域普惠金融地区政府合作，网商银行可以获得政府端提供的土地确权信息、家庭关系信息和农业财政补贴等信息；通过与银保信平台合作，网商银行基于农户身份判断之后，也可以调用全国的农业保险信息。这些数据都可以对农户的数据信息进行交叉验证，一方面可以佐证和交叉认证客户的真实生产经营身份；另一方面在确定农户身份之后，也会唤起卫星遥感对于农户的地块识别应用覆盖，将卫星遥感图像和农户自主上传的或政府提供的信息进行交叉验证，进一步控制信贷风险。

（2）云平台保障数据安全和隐私保护

值得注意的是，网商银行特别注重对客户隐私数据的保护。通过阿里云单独的数据存储平台处理数据，解决了大众所担心的一些数据安全和隐私保护问题。

## 2.3　人工智能等数字科技赋能，提升农村金融运营效率

虽然相比于网商银行通常的"310"模式，"大山雀"风控系统增加了卫星遥感技术在风险模型中的应用，但这并没有额外增加农户的贷款申请环节和操作，农户在前端申请贷款以及贷款的拨付和支用环节，都与网商银行通常的"310"模式保持一致。目前，网商银行提供的贷款主要是一年以内的信用贷款，还款方式也是支持随借随还、随支随取、按日计息，过程中没有任何的提前还款手续费，这些快速便捷的服务和精准的贷款额度与定价都得益于人工智能等数字科技的赋能。

# 3. 主要成效

网商银行首创基于卫星遥感技术的"大山雀"风控系统充分发挥了数字科技优势，解决了以往金融机构服务农户的几大痛点，从而有效解决农户面临的"双重排斥"问题，大幅提升了农户的获贷率，进一步助力农村金融普惠，让更多的农户可以获得更加精准便捷的资金支持，从而更好地进行农业生产经营。

## 3.1　推广情况与覆盖范围

2020年9月，"大山雀"系统在外滩大会上宣布正式商用，使得中国成为全球第一个把这些科技运用在农村贷款领域的国家，帮助农户解决贷款难的世界级难题，享受到数字科技带来的金融普惠。2021年，"大山雀"系统再次升级，在水稻、玉米等主粮作物之外，进一步实现了对苹果、柑橘等较难识别的经济作物的风控技术。截至2022年底，"大山雀"系统已识别多种农作物，准确率93%以上，已帮助超100万种植户获得贷款，并成功入选农业农村部2021数字农业农村新技术新产品新模式优秀案例，并成为中国唯一入榜"2021全球农村金融技术创新榜单"的农村金融创新技术。

"大山雀"系统卫星遥感在网商银行涉农贷款中服务最多的是种植行业的客群。其中，种植行业最大的类别又分为主粮作物跟经济作物。对于主粮作物，网商银行从模型覆盖到识别能力覆盖上，最主要解决的是水稻、玉米、小麦三个主粮品种，模型识别准确率可以达到93%。对于经济作物，在国内当前没有存量模型可应用借鉴的情况下，网商银行依靠完全自研模型，已经成功识别苹果、柑橘、猕猴桃等经济作物模型，处于国内领先地位。

陕西率先向果农推广网商银行卫星遥感信贷技术"大山雀"，陕西洛川苹果种植户何功庆，成首批获得卫星贷款的果农

### 3.2　贷款规模、覆盖群体与信用风险

在"大山雀"风控系统上线两年多的时间内，全国已有超100万种植户通过该技术获得网商银行数字贷款。

更重要的是，在网商银行服务的客户群体中，有80%以上的客户是历史首贷客户，也就是当前同业机构由于触达成本或获客成本较高，还没有下沉服务的客群。而他们确实也是有很多的生产经营需求，因此，网商银行提供的纯线上信用贷款产品，凭借其独特的数据技术和科技优势，服务了大量的征信白户或贷款首用客户。

与此同时，2022年受到整体经济下行的影响，网商银行面临的风险也发生了一定变化，涉农贷款整体的余额不良率略有上升。尽管如此，网商银行服务农户客群的数量还是在不断增加的，且风险的提升其实更多牺牲的是网商银行的利润，并没有从风险定价上显著提升，依然维持了2020年和2021年的对客利率定价，也就是说并没有增加农户的贷款成本。

### 3.3 基于数据优势，为中小金融机构提供助贷服务

除了利用大山雀风控系统直接给予农户信贷支持以外，网商银行还基于其强大数据优势，积极与传统银行开展联合贷款合作，辅助中小金融机构为农户提供信贷支持，进一步扩大金融普惠范围。

传统地方银行受制于农户贷款运营成本高、缺乏相关信息等问题，存在慎贷现象。网商银行可以利用"大山雀"系统的遥感大数据，以及行为数据、税务数据等多维度数据等，识别和评估潜在客户，向合作银行提供候选客户建议，进行联合贷款服务，扩大对农户的信贷覆盖面。

## 4. 挑战与展望

网商银行"大山雀"基于卫星遥感技术的风控系统取得的成就离不开网商银行农村金融团队成员的潜心钻研，在"大山雀"风控模型开发和应用的过程中，他们取得了突破性进展的同时，也面临新的挑战。

### 4.1 在确保识别精准率的前提下有效降低卫星图像采集成本

在卫星遥感技术的应用中，最核心的环节是不希望增加过多的中后台成本。一般来说，卫星图像采集的成本与其分辨率有关，但随着分辨率的降低，识别的精准度也会受到影响。因此，在确保识别精准率的前提下有效降低卫星图像采集成本是网商银行农村金融团队的一大突破。

现在，"大山雀"系统基于中低分辨率的卫星，在模型识别准确率上，已经达到了业界比较精准的93%以上，也就是说可以达到高清卫星的识别结果，这是网商银行的农村金融团队取得的成绩，从而在确保识别精准率的前提下有效降低了应用卫星遥感技术的成本。同时，团队成员也花费了大量时间有效缩减了卫星图像同一地块的更新频率，目前，在中低分辨率

档次下,"大山雀"系统可以做到5天就刷新同一地块的整个卫星遥感图像;同时,在覆盖范围上,网商银行卫星遥感的图像识别已经做到了全国覆盖,取得了突破性进展。

## 4.2　从业界主流的主粮作物识别扩展到复杂的经济作物识别

从主粮作物领域延伸到复杂难以识别、且国内当前没有存量模型可应用借鉴的整个经济作物领域里,大量拓展经济作物的识别和对种植经济作物客户的服务,是网商银行的另一重要突破。

由于经济作物的品类非常复杂多元,想要精准识别经济作物是比较困难的,是国内当前相对来讲比较空白的领域。以果树为例,不同树木的情况以及不同树木从挂果期到成熟期再到盛产期的不同阶段,都需要长时间、长期的跟踪和维护。在国内存量的卫星遥感作物识别模型没有针对经济作物的情况下,网商银行通过自研的形式,实现了融合识别不同分辨率的影像,提升了水果等经济作物的识别精度,目前已经成功上线了苹果、柑橘、猕猴桃、大棚还有果园等7种经济作物模型,实现了品类的研发、上线;模型的上线和贷款客户的覆盖,相对来讲在国内处于领先地位,在行业内尚属首次。

## 4.3　在大量农村地区的推广应用还有很大提升空间

根据网商银行农村金融团队对客户调研情况的反馈,大量的客户没有使用贷款的原因主要是不知道或不信任。因此,网商银行"大山雀"系统涉农贷款在进一步推广应用中存在较大的挑战,在广大农村地区还有很大的提升空间。过去的网络P2P诈骗等给客户造成了较大的困扰,对网络贷款的信任度较低,而较低的信任度也对网商银行的推广应用造成了一定的挑战。所以在未来的贷款应用中,网商银行线上涉农信用贷款仍需通过政府、监管部门和媒体报道等,进一步宣传普及,改善农户对于线上信用贷款产品的感知情况,实现更大范围的农村金融普惠。

## 5. 结语

网商银行将自身发展与国家和社会的需要有机结合，不断服务"三农"群体，助力农村地区数字普惠金融发展，拓展金融服务领域，成为农村金融的"有益补充者"。

一方面，网商银行首创的"大山雀"系统与其他风控模型不同，通过卫星遥感大数据、行政管理大数据和人工智能模型算法的结合，可以获取可信动态数据作为信贷决策的依据，既可以替代传统金融机构信用评价、打分等依赖的数据，也可以替代数字金融机构"线上交易"等依赖的数字痕迹数据，因此可以有效缓解"双重排斥"问题。在农户依然缺乏相关数据信息的情况下，在传统银行和数字风控模型无法覆盖的情况下，让"三农"融资有了更多新的可能性，实现了数字科技升级农村金融，从而扩大了"首贷"范围，进一步推进了农业农村金融普惠。

另一方面，网商银行与地方中小银行的资金合作、数据合作、"引流"助贷等，可以弥补中小银行自身科技能力不足难题，提升中小银行的数字化普惠服务能力，改进业务模式，降低中小银行服务农户的成本，提高时效，更好地服务农户，助力农村金融普惠。

**案例来源**

本案例研究受到中国人民大学科研基金项目（21XNL022）支持。

**本文作者**

马九杰　中国人民大学农业与农村发展学院教授

尹慧玲　中国人民大学农业与农村发展学院硕士研究生

沈浩翔　中国人民大学农业与农村发展学院硕士研究生

# 用"有温度的金融"助力乡村振兴

## 1. "三农两小"特色发展，农商行的领跑者

2022年6月，中国银行业协会发布"2022年中国银行业100强榜单"，江苏常熟农村商业银行股份有限公司（简称"常熟银行"）以199.77亿元的核心一级资本净额跻身榜单，排名第81位，较上一年度排名上升2位，位列全国县域农商行首位。作为一家县域级的农商行，常熟银行还连续四年跻身英国《银行家》杂志评选的全球银行五百强，2022年排名第419位。

常熟银行前身是常熟农村信用合作联社，2001年11月28日，作为全国首批组建的股份制农村金融机构，改制为股份制商业银行。2016年9月30日，于上海证券交易所上市。常熟银行自成立以来，牢牢把握服务"三农两小"（三农两小：三农，指农业、农村和农民；两小，指小微企业、小微客户），"做农商行的领跑者"的战略定位，累计发放小微贷款超4000亿元，服务小微客户近70万户，帮助40多万户小微经营客户解决融资难题，带动400多万人创业就业，已经发展成为支持"三农"、中小微企业和地方经济的主力军银行。

荣誉与成绩的取得，是常熟银行在普惠金融服务乡村振兴路上探索、坚守与担当的结果。自改制以来，常熟银行扎根小微金融，坚守普惠金融的创新与情怀，坚持做有温度的银行，在"支农支小"的道路上，用金融活水滴灌田园乡村，积极打造"乡村振兴主办行"，在普惠金融服务乡村振兴中创出了一条特色化、差异化的可持续发展道路。

## 2. 实践与创新

在乡村振兴战略落实与推进的过程中，农村金融体系存在着以下的短

板：农村信用环境建设滞后，涉农贷款风险把控较难；农村金融基础设施薄弱，金融服务精准触达受限；农户基础数据相对缺乏，适配融资产品供给有限等，致使乡村振兴战略在实施的过程中受到了很大的阻碍。常熟银行通过线下实践与线上创新，走出了数字普惠金融助力乡村振兴的特色之路。

## 2.1　常熟银行农村数字普惠金融的线下实践

（1）躬身入局：融入乡村治理，绘就美丽图景

2019年诺贝尔经济学奖得主在他们获奖的书籍《贫穷的本质》揭示，扶贫这件事，光靠理论与理念是没用的，必须深入到一个个具体问题里面，去找出独特的解决方案。常熟银行在乡村振兴的实践验证了这一观点。常熟银行躬身入局，遴选274名熟悉农业农村工作的"飞燕专员"挂职干部，将金融服务与城乡融合、乡村治理、农业农村改革等紧密联系起来，促进金融服务与农村基层党建深度融合，汇聚金融资源向基层下沉，让党建共建工作更好地融入地方、融入农村，高质量助力乡村振兴。通过建立定村、定时间和定服务的"三定"挂职机制，推动挂职干部与当地百姓打成一片，真正打造一支"懂三农、懂金融、懂经济"的"飞燕铁军"。"飞燕专员"及时了解乡村建设金融需求的同时，融入社区治理，将乡风文明与社会治理结合起来，以金融力量为秀美乡村建设绘就了一幅"山水田园画"。

（2）体系建设：推进信用工程，打好振兴基础

乡村信用治理助推乡村振兴内源性发展。针对农村地区信用体系不完善、信用数据缺乏等问题，常熟银行提出了信用户、信用村、信用农业的"三个信用"创建工程。以农村普惠金融服务点为推进阵地，联合村委组织，共同探索"走访＋建档＋授信"的整村授信模式。通过网格走访、收集信息、数字建模等方式，有效提升农村金融的覆盖面。

（3）科技赋能：开发资金系统，完善乡村治理

完善乡村治理，必须强化村级"三资①"管理监督。2016年常熟银行运

---

① 农村"三资"，就是指在集体所有制下，农村集体所有的资金、资产和资源。

用自身企业发展过程中积累的技术资源与常熟市农业部门合作开发"农村集体资金管理数字平台系统",并在梅李镇开展试点。该系统集资金收付、监督和控制功能为一体,规范了农村集体资金管理,完善了监管手段,给村镇资金管理带来巨大转变,让农村集体资金管理实现了实时查询、实时监管、实时关联、实时分析,还能做到实时审批,大大提高了运转效率和安全性。

（4）响应政策:创建产品体系,促进富民兴产

产业振兴是乡村振兴的前提,如何针对农村地区独特的产业结构提供精准资金支持则考验着金融机构的能力与担当。乡村振兴战略实施的效果如何,关键还是要通过"农民的腰包鼓不鼓、是否实现了生活富裕"来检验。常熟银行充分发挥普惠数字金融的科技优势,将"三农"重点领域需求产品化。为了更好地服务客户,常熟银行对小微客户群体相关的230多个细分行业进行了分析,以"标准化＋个性化"定制相结合的方式,创建了四大乡村振兴产品体系,以"精准滴灌"方式高效准确地响应客户需求,助力乡村振兴,在帮助客户成长的同时,也成就了自己。

## 2.2　常熟银行农村数字普惠金融的线上创新

普惠金融这一概念最初在2005年由联合国在推行小额信贷年时明确提出,在实践中存在着风险、规模、效益的"不可能三角"。针对这一难题,常熟银行于2009年初成立小额贷款中心,将科技创新用在数字普惠金融道路上,走出了不断迭代的特色之路。

（1）引入德国IPC技术:解决风险问题

"它山之石可以攻玉",2009年常熟银行引入德国IPC微贷技术,解决信息不对称问题。IPC微贷技术指的是由信贷员对借款人相关信息进行人工采集,注重实地对客户信息进行调查和验证。IPC微贷技术下,信贷员需花费大量时间走访客户实地考察,收集客户家庭情况、资产负债、经营状况等信息,根据信息判断客户的还款意愿与还款能力,保证银行自身可持续经营能力。以交叉验证为判断方法,即通过将不同变量或不同渠道获

得的同一变量进行一致性对比，实现微贷业务模型的标准化。IPC模式就其本质而言，仍是人海战术，通过较高的业务成本换取较低的风险成本。

（2）基于IPC技术的信贷工厂：解决流程与效率问题

IPC技术成熟应用三年后，随着业务量的上升，如何规范流程、突破运营效率成为常熟银行普惠金融急需解决的新难题。2012年常熟银行以IPC技术为底层逻辑，嵌套信贷工厂标准化流程，推出了"基于IPC技术的信贷工厂"方案，通过"前端减负、后端剥离、集中审批"，形成前台营销调查、中台审批、后台管理操作的流水线作业，实现微贷流程的标准化。这次技术升级与数字化改造，一方面实现了降本增效，另一方面进一步分散风险，信贷工厂通过分离前中后台业务并采取专人专岗运行，大大抑制了道德风险和操作风险。

（3）运用大数据、人工智能技术：解决规模与效益的问题

2018年，沈益明出任常熟银行小微金融总部总经理，接到的第一道考题就是："规模增速不能降、人员增速不能升"，这一约束条件倒逼小微金融总部必须走内涵式发展道路。常熟银行运用大数据、云计算与互联网技术，实现了前台开发移动贷款平台，运用生物识别、文字识别等新技术实现"线下扫街"与"线上扫街"结合；中台开发信贷审批模型，实现信贷业务各环节全流程、全时段线上审批，单笔贷款平均审批时间缩短至15分钟以内，模型审批贷款达到秒批；后台运用大数据、人工智能等技术，实现业务的移动化、智能化、线上化，不断提升普惠金融服务效率、降低成本、提高人均产能。

## 3. 主要成效

常熟银行"仰望战略、脚踏实地"，聚焦"三农"发展重点，搭建综合服务平台，目前涉农贷款规模1000亿元，支持粮食生产主体7000户、专业合作社、农业企业等新型经营主体1000户、支持村级集体经济组织100个。通过"飞燕专员"挂职，推进"三个信用"建设，助力农村信用体系

建设，促进乡村产业兴旺。

## 3.1　提升乡村治理水平

通过组织管理能力与信息科技能力的溢出，即"飞燕专员"挂职+"农村集体资金管理系统"，促进乡村治理有效，也为边区战略（实现"做小、做微、做下沉"与"向下、向偏、向信用"）的目标达成奠定了基础。梅李镇农村集体资金管理系统的成功经验迅速在常熟市各乡镇推广，2021年该系统帮助村级管理农村集体资产收支近76万笔、金额176亿元，进一步促进了农村资金使用的规范化、制度化。

## 3.2　完善信用工程建设

在信用工程建设方面，常熟银行按照"前期试点—区域推广—全面铺开"的思路，在海虞镇试点成功后，在所有合作的村镇全面开展"三个信用"创建工程。

> **客户案例**：以海虞镇为例，通过海虞镇各村的"乡村诚信宣传队"与常熟银行员工兼任的"社会治理管理员"联合走访农户、农企，深入对接各类金融需求的方式，截至2022年3月底，在"信用户"建设方面，走访海虞镇居民家庭2.1万户，覆盖率达86%；在"信用村"建设方面，选择当地信用基础较好的汪桥村为试点村，全村实际居住460户，正式授信222户，金额达6500多万元；在"信用农业"建设方面，已为2个家庭农场和4户农业企业提供近200万元的资金支持，有效支持当地新型农业经营主体的发展。

截至2022年4月，常熟银行完成常熟市108个行政村的授信评议，为9万多户农户授信172亿元。

## 3.3　助力振兴目标落地

常熟银行以"真人真事真交易"为底层逻辑，采用"望闻问切"的方法，高效准确地响应客户需求。

客户案例：东大豫镇季兰（化名）是常熟银行的老客户，也是常熟银行金融扶贫的受益者。10年前季兰刚开始承包农田50亩，种植西蓝花。一场大雨，导致农田产量下降、亏损严重。常熟银行如东支行服务经理得知她的困境后，立刻上门，当天调查、当天上会，隔天签合同办理抵押并放款，24小时内为季兰发放了20万元信用贷。这笔贷款帮助季兰渡过难关，常熟银行也成为她最信任的伙伴。10年间，季兰从50亩的小规模种植户到1000多亩的"南通市优秀家庭农场"，从单纯的西蓝花种植到形成种植、储存、加工生产一条龙产业链，从自产自销到带动周边小规模农户共同致富，如今，大豫镇农场社区村西蓝花种植面积达4000余亩，占村总种植面积的二分之一。看到季兰的成长，服务经理心里也乐开了花，"传递品质　共享成长"，常熟银行以实际行动惠民、助农，帮助老百姓用勤劳与智慧把日子过得更有甜头、更有奔头，这样的故事还有一箩筐。

## 4. 案例启示

常熟银行践行普惠数字金融的理念，坚持"战略引领、问题导向、科技赋能、情怀驱动"，用"有温度的服务"走出了助力乡村振兴的特色之路。

### 4.1 核心战略不动摇

常熟银行历任管理层一直坚守这样的定位，从来没有离开"小"和"农"两个关键字，并把"专注小微"写进了战略发展规划。在常熟银行，战略不是墙上挂挂的摆设，也不仅仅是高层的事；而是历任董事长的战略定力与全体员工的战略执行力。他们以"支农支小，做农村金融的领跑者"战略初心不变应万变，将注意力、出发点放在如何更好地服务小微客户，不断地思考、实践，试点、推广，在攻克难题的过程中提升了企业的核心竞争力。

在乡村振兴的时代背景下，"三农两小"类金融需求正在持续被激发，常熟银行迎来了长期发展机遇的同时，也遭遇到国有大型银行服务下沉的挑战。常熟银行在市场中摸爬滚打出来的"普惠数字金融"之路，为其积累了丰富的信息技术能力与管理组织能力。在庄广强董事长"下沉再下沉，下沉到做同业不愿做不能做的小微客户，回到乡村振兴的主战场去，做最有温度的农村金融"的战略指引下，闯出乡村振兴的特色之路。

## 4.2  科技赋能促转型

当前，全球从工业经济向数字经济大转型，中国从赶超型经济体向创新型经济体转型，银行业也在努力寻求转型发展之路。对于银行业金融机构而言，数字化转型正成为一道为生存而战的"必选题"。常熟银行数字化转型的实践经验，不仅为银行业的数字化转型提供了思路，也为我国工业数字化转型提供借鉴。

常熟银行的数字化转型是成功的，首先是清晰的战略定位，"以用户为中心（不仅是小微贷的客户，还包括员工等）"，技术项目团队在业务专家与技术专业反复磨合，经常切换到用户的视角，深入地分析他们需要什么，他们会在什么情况下产生这些需求，然后在此基础之上决定要做什么；其次是合理的技术选择，通过小微贷款业务流程进行"碎片化、并联式"改造，通过标准化作业流程使信贷流程的前、中、后台分离，用标准化的技术、流程来做非标准的小微贷款业务，形成工厂化的"流水线"作业，逐步形成了标准化、可复制的"信贷工厂"模式；最后是管理配套，数字化转型不仅是技术的变革，更是团队与管理的变革，常熟银行在数字化转型过程中形成的平台化、网络状的组织结构，更有利于员工贴近市场、走进客户，赢得市场竞争的胜利。

## 4.3  造血脱贫闯新路

有世界银行的专家指出，过去50年，西方对非洲的援助金额高达23

万亿美元，并没有达到应有的效果，普惠金融的最初践行者格莱珉银行也未能改变贫困状况，但常熟银行做到了，其最本质的区别在于：以"造血"代替"输血"，全面提升了脱贫"战斗力"。

首先，常熟银行"飞燕专员"融入乡村治理，清楚村民之所急，四大系列接地气，注重于解决生产、经营、改善等需求，以用户为核心，以解决问题为出发点，提供精准贷款；其次，通过贷后监督其长期构建的线上、线下小微网络可以进行有效跟踪和交叉验证，强大的调查团队和大数据系统，确保资金真正用于乡村振兴项目实处；最后，在助力乡村振兴工作时，常熟银行还注重与政府、社会协同，形成合力。所以，常熟银行以科技的力量对贷款流程的重构，形成的标准化、个性化、可复制的普惠数字金融助力乡村振兴一整套解决方案，让老百姓得到更多的便利和实惠，增强了对美好生活的体验感，为共同富裕目标的实现提供了实践路径。

**本文作者**

王旭辉　南京审计大学副研究员、博士
高　晴　南京审计大学硕士研究生
王军伟　南京审计大学副教授、博士
杨　峥　南京审计大学助理研究员、硕士

# 培育新型职业农民　助力乡村人才振兴

## 1. 蜻蜓助力乡村人才振兴，农大狮提高农民数字素养

数字乡村建设，产业是基础，人才是根本。数字乡村的发展，离不开专业人才队伍的建设。中农网购（江苏）电子商务有限公司作为一家农业社会化服务公司，先后建成蜻蜓农服网站、蜻蜓农服实训基地（田间学校）、农大狮学院。为了使更多的青年留在农村、更多的农民掌握最新的数字技术，蜻蜓农服农大狮学院以"强农必先储才，储才必先兴学"为使命，以"推进乡村人才振兴"为己任，开展新型职业农民培训。农大狮学院通过线上、线下积极开办农村数字素养、数字技能培训班，对数字乡村用户进行针对性培训，加快农村居民生产力和创造力的数字化转型，培养农业经理人。公司先后被农业农村部评为全国农业农村信息化示范基地、全国农村创新创业园区（基地）、全国新型职业农民培育示范基地、全国示范农民田间学校，被科技部评为国家级星创天地，被江苏省委网信办、省农业农村厅评为江苏省首批数字乡村服务资源池单位。

## 2. 农大狮学院的创新实践

作为新型职业农民培训基地，以"新农人商学院"为定位，提高农民数字素养，农大狮学院遵循产业人才的职业特点和成长规律，按照培育内容模块化、师资队伍品牌化、研修基地标准化、培育方式特色化的要求，对培育对象实施多种形式的孵化培养。

### 2.1　多方位搭建培训平台载体

创建了蜻蜓农服农大狮学院、蜻蜓农服实训基地（田间学校）、蜻蜓农服网站等培训平台和载体，构建了"三位一体"的培训教育阵地，蜻蜓农

服农大狮学院被农业农村部认定为全国新型职业农民培育示范基地。

## 2.2　多形式开展课堂培训

先后承办江苏省中小农业企业产业双创新农人培育、农产品电商、信息进村入户、数字农业等方面的培训项目21个。培训过程中，除集中授课外，还积极创新培训方式，举办主题沙龙交流会或"专家会客厅"等活动，让学员结合课堂学习与自身实践进行交流，帮助学员充分沟通、互相启发、协同进步。近年来，先后举办数字素养与技能方面的培训班33场次，累计培训3150人次。

## 2.3　多场次推进田间实训

安排培训班学员到蜻蜓农服实训基地（田间学校）开展实操技能培训，现场教授"互联网+"现代农业新技术、新装备和新系统，先后举办田间实训57场次，培训学员4200多人次。同时，推进实训基地资源共享，先后接待农产品电商、智慧农业、农业专业化服务等方面的考察观摩学员8600多人次。

## 2.4　多目标推动对标学习

先后20多次组织2200多名学员"走出去"，到阿里巴巴、宿迁沭阳苗木电商基地、盐都"盐之有物"网红直播基地等国家级或省级信息化示范基地进行对标学习，寻找差距，开拓思维，取回发展真经。

## 2.5　多平台开展线上培训

利用蜻蜓农服网站、微信公众号、农大狮云课堂和"农技耘"等多个线上平台，发布、推介农业信息化方面的专题培训教材。累计上传各类教材1180份，其中专家讲座视频156个。同时，邀请数字农业农村方面的知名专家学者参加"农大狮"直播活动，先后直播45场次，收看直播人数达到4.3万人。

## 3. 农大狮的主要成效

经过多年的发展，蜻蜓农服农大狮学院取得了可喜的成绩，2018年和2019年，公司先后被农业农村部评为全国新型职业农民培育示范基地、全国示范农民田间学校；2021年，被江苏省委网信办、省农业农村厅评为江苏省首批数字乡村服务资源池单位。

### 3.1　提升农民数字素养与技能

通过多平台、多形式、多内容培训，新型职业农民的数字素养与技能极大地提升，种养生产用农业物联网技术，农产品销售上电商平台、企业管理用大数据系统，已成为职业农民生产经营的新常态。

### 3.2　获得社会各界广泛关注

近年来，央视《聚焦三农》、央广网、《新华日报》《农民日报》等媒体50多次宣传报道公司农民数字素养与技能培训工作。"无人机培训哪家强，农大狮顶杠杠""农大狮，育农人，出大师"，这些朗朗上口的流行语，已在大江南北的广袤田野上，被许多新农人广泛传播。

### 3.3　取得显著的社会经济效益

带着农民干、做给农民看、带着农民赚，已成为蜻蜓农服农大狮学院的显著特点。学院推出的"健康水稻智能化种植"课程，为学员培训辅导"一飞两减三增"水稻精准栽培技术。通过学员的学习和应用，该项技术已在江苏推广60多万亩次，平均每亩减药量达到35%、产量增加12%、节本增收162元。

### 3.4　形成独特的培训亮点

农大狮独树一帜的教学方式为经销商、服务商、农户等搭建了一条完整的成长体系。与时俱进的农大狮培训已经形成了以下特色亮点。

培训平台多样化

坚持线上线下相结合，打造蜻蜓农服农大狮学院、蜻蜓农服实训基地

（田间学校）、蜻蜓农服网站（App、微信公众号）"三位一体"培训平台，构建了全方位、多层次、广覆盖的培训体系。

培训方式多元化

创新推行理论教育和实践教育相结合、农业培训和生产指导相结合、课堂教育与网络教育相结合"三结合"方式，提高了培训的针对性、实用性和时效性。

培训课程精品化

强化校企合作、行业合作，加强培训师资队伍建设，邀请行业知名专家，设计了农业物联网、农产品电商、数字农业、无人机飞防服务、水肥一体化喷滴灌等精品课程，提升了培训工作的效果和效益。

## 4. 农大狮学院的经验启示

一直以"新农人培育"为己任的农大狮学院，为新型经营主体、中小农户和农业服务人才提供培训服务，积极推动学员由"身份农民"向"职业农民"转变，积累了行业经验，助力推进数字乡村人才建设。

### 4.1 优化升级平台载体

按照"三位一体"建设目标，积极推进培训平台升级改造。重点对蜻蜓农服培训基地（田间学校）进行提档升级，开发、安装智能化、自动化、无人化控制系统，向更多的学员和新型职业农民展示未来"如何种地，怎么种好地"的数字农业应用场景。

### 4.2 精心设计精品课程

围绕生产经营型、专业技能型和专业服务型三类培训对象，强化校企合作、行业合作，邀请行业知名专家学者，设计数字乡村、智慧农业、农业物联网应用、农产品电商、无人机飞防服务、农业专业化服务等方面的精品课程，不断提升了培训工作的针对性和实用性。

## 4.3 扎实开展集中培训

继续争取或承办江苏省中小农业企业产业双创新农人培育、农产品电商万人培训、信息进村入户等方面的培训项目，除邀请知名专家学者集中授课外，创新授课方式，丰富培训内容，举办主题沙龙交流会或"专家会客厅"等活动，帮助学员充分沟通、互相启发、协同进步，提高教学效果和质量。

## 4.4 持续推进田间实训

坚持学中干、干中学，理论联系实际，安排学员到蜻蜓农服实训基地（田间学校）开展实操技能培训，提升学员的智慧农业和农产品电商等方面的实际操作技能。同时，组织学员"走出去"，到国家级或省级农业农村信息化、数字农业示范基地进行考察学习，开拓思维，对标找差，提升数字素养，增强创新创业能力。

## 4.5 积极发展线上直播

优化提升蜻蜓农服网站、微信公众号、农大狮云课堂线上培训平台，加大宣传推广力度，丰富培训教材资源，定期举办农业农村信息化知名专家学者的直播活动，提升观众点击量和浏览量，不断放大线上平台培训教育的效果。

**本文作者**

中农网购（江苏）电子商务有限公司

# 附录  数字乡村政策一览表

　　我国数字乡村发展可以归纳为三个阶段：第一阶段，以农村电商发展为主要表现的萌芽阶段，这一时期的政策主要围绕乡村信息化、网络化、智慧化等方面进行布局；第二阶段，提出数字乡村战略的起步阶段，这一时期的政策明确了数字乡村战略，并进行试点；第三阶段，系统规划建设数字乡村的发展阶段，这一时期的政策明确了实施数字乡村建设发展工程，数字乡村发展行动的政策体系、标准规范更加完善。

数字乡村不同阶段主要政策一览表

| | 时间 | 政策文件名称 | 发文单位 | 主要内容 |
|---|---|---|---|---|
| 萌芽阶段 | 2012年2月 | 《关于加快推进农业科技创新 持续增强农产品供给保障能力的若干意见》 | 中共中央、国务院 | 全面推进农业农村信息化；加快国家农村信息化示范省建设，重点加强面向基层的涉农信息服务站点和信息示范村建设 |
| | 2013年1月 | 《关于加快发展现代农业 进一步增强农村发展活力的若干意见》 | 中共中央、国务院 | 加快用信息化手段推进现代农业建设，启动金农工程二期，推动国家农村信息化试点省建设 |
| | 2014年1月 | 《关于全面深化农村改革 加快推进农业现代化的若干意见》 | 中共中央、国务院 | 建设以农业物联网和精准装备为重点的农业全程信息化和机械化技术体系 |
| | 2015年2月 | 《关于加大改革创新力度 加快农业现代化建设的若干意见》 | 中共中央、国务院 | 推动新型工业化、信息化、城镇化和农业现代化同步发展；支持电商、物流、商贸、金融等企业参与涉农电子商务平台建设。开展电子商务进农村综合示范 |
| | 2015年7月 | 《关于积极推进"互联网+"行动的指导意见》 | 国务院 | 到2025年，网络化、智能化、服务化、协同化的"互联网+"产业生态体系基本完善，"互联网+"新经济形态初步形成，"互联网+"成为经济社会创新发展的重要驱动力量 |

续表

| | 时间 | 政策文件名称 | 发文单位 | 主要内容 |
|---|---|---|---|---|
| 萌芽阶段 | 2016年1月 | 《关于落实发展新理念加快农业现代化实现全面小康目标的若干意见》 | 中共中央、国务院 | 大力推进"互联网+"现代农业，应用物联网、云计算、大数据、移动互联等现代信息技术，推动农业全产业链改造升级。大力发展智慧气象和农业遥感技术应用 |
| | 2017年2月 | 《关于深入推进农业供给侧结构性改革加快培育农业农村发展新动能的若干意见》 | 中共中央、国务院 | 实施智慧农业工程，推进农业物联网试验示范和农业装备智能化 |
| 起步阶段 | 2018年2月 | 《关于实施乡村振兴战略的意见》 | 中共中央、国务院 | 大力发展数字农业；实施数字乡村战略，做好整体规划设计，加快农村地区宽带网络和第四代移动通信网络覆盖步伐，弥合城乡数字鸿沟 |
| | 2019年2月 | 《关于坚持农业农村优先发展 做好"三农"工作的若干意见》 | 中共中央、国务院 | 实施数字乡村战略；深入推进"互联网+农业"，扩大农业物联网示范应用；推进重要农产品全产业链大数据建设，加强国家数字农业农村系统建设 |
| | 2019年5月 | 《数字乡村发展战略纲要》 | 中共中央办公厅、国务院办公厅 | 明确实施数字乡村战略的四个阶段，部署了数字乡村建设的十项重点任务 |
| | 2019年12月 | 《数字农业农村发展规划（2019—2025年）》 | 农业农村部、中央网信办 | 到2025年，农业数字经济占农业增加值比重从2018年的7.3%增长到15%，农产品网络零售额占农产品总交易额比重从9.8%增长到15%，农村互联网普及率从2018年的38.4%增长到70% |
| | 2020年1月 | 《抓好"三农"领域重点工作 确保如期实现全面小康的意见》 | 中共中央、国务院 | 依托现有资源建设农业农村大数据中心，加快物联网、大数据、区块链、人工智能、第五代移动通信网络、智慧气象等现代信息技术在农业领域的应用。开展国家数字乡村试点 |
| | 2020年5月 | 《关于印发〈2020年数字乡村发展工作要点〉的通知》 | 中央网信办、农业农村部、国家发改委、工信部 | 部署数字乡村发展工作要点，指出要推动乡村数字经济发展，促进农业农村科技创新，建设绿色智慧乡村，加强数字乡村发展 |

| | 时间 | 政策文件名称 | 发文单位 | 主要内容 |
|---|---|---|---|---|
| 起步阶段 | 2020年7月 | 《关于开展国家数字乡村试点工作的通知》 | 中央网信办、农业农村部、国家发改委、工信部、科技部、市场监管总局、国务院扶贫办 | 在全国部署了117个数字乡村的试点县（市、区） |
| 发展阶段 | 2021年1月 | 《关于全面推进乡村振兴 加快农业农村现代化的意见》 | 中共中央、国务院 | 实施数字乡村建设发展工程，发展智慧农业，建立农业农村大数据体系，推动新一代信息技术与农业生产经营深度融合 |
| | 2021年7月 | 《数字乡村建设指南1.0》 | 中央网信办、农业农村部、国家发改委、工信部、科技部、市场监管总局、国家乡村振兴局 | 围绕"为什么建、怎么建、谁来建、建成什么样"的问题，系统搭建了数字乡村建设的总体参考框架，明确了各类应用场景的建设内容、建设主体任务、注意事项等关键要素，分别从省、县两级层面给出指导性建议 |
| | 2021年11月 | 《"十四五"推进农业农村现代化规划》 | 国务院 | 围绕如何加快数字乡村建设，重点在加强乡村信息基础设施建设。实施数字乡村建设工程、发展智慧农业和推进乡村管理服务数字化三个方面作出安排 |
| | 2021年12月 | 《"十四五"国家信息化规划》 | 中央网信办 | 到2023年，数字乡村发展行动的政策体系、标准规范更加完善，国家数字乡村试点示范效应明显，城乡信息化发展水平差距进一步缩小；到2025年，数字乡村建设取得重要进展 |
| | 2022年1月 | 《数字乡村发展行动计划（2022—2025年）》 | 中央网信办、农业农村部、国家发展改革委、工业和信息化部、科技部、住房和城乡建设部、商务部、市场监管总局、广电总局、国家乡村振兴局 | 部署8个方面重点行动，包括数字基础设施升级、智慧农业创新发展、新业态新模式发展、数字治理能力提升、乡村网络文化振兴、智慧绿色乡村打造、公共服务效能提升、网络帮扶拓展深化 |

续 表

| | 时间 | 政策文件名称 | 发文单位 | 主要内容 |
|---|---|---|---|---|
| 发展阶段 | 2022年1月 | 《"十四五"数字经济发展规划》 | 国务院 | 统筹推动新型智慧城市和数字乡村建设,加快城市智能设施向乡村延伸覆盖,完善农村地区信息化服务供给,推进城乡要素双向自由流动,合理配置公共资源,形成以城带乡、共建共享的数字城乡融合发展格局 |
| 发展阶段 | 2022年1月 | 《关于做好2022年全面推进乡村振兴重点工作的意见》 | 中共中央、国务院 | 大力推进数字乡村建设。推进智慧农业发展,促进信息技术与农机农艺融合应用,加强农民数字素养与技能培训,以数字技术赋能乡村公共服务,推动"互联网+政务服务"向乡村延伸覆盖;加快推动数字乡村标准化建设,研究制定发展评价指标体系,持续开展数字乡村试点,加强农村信息基础设施建设 |
| | 2022年2月 | 《"十四五"全国农业农村信息化发展规划》 | 农业农村部 | 到2025年,我国农业农村信息化发展水平明显提升,现代信息技术与农业农村各领域各环节深度融合,支撑农业农村现代化的能力显著增强 |
| | 2022年8月 | 《数字乡村标准体系建设指南》 | 中央网信办、农业农村部、工信部、市场监管总局 | 到2025年,初步建成数字乡村标准体系;并提出数字乡村标准体系框架和数字乡村标准化建设路径 |
| | 2023年2月 | 《关于做好2023年全面推进乡村振兴重点工作的意见》 | 中共中央、国务院 | 加快完善县乡村电子商务和快递物流配送体系;深入推进农业现代化示范区建设;深入实施"数商兴农"和"互联网+"农产品出村进城工程,鼓励发展农产品电商直采、定制生产等模式,建设农副产品直播电商基地;深入实施数字乡村发展行动,推动数字化应用场景研发推广 |

# 后 记

数字乡村是乡村振兴的战略方向，也是建设数字中国的重要内容。近年来，各地、有关部门、社会各界积极响应国家号召，探索数字乡村建设的有效路径，推动数字技术与农业农村领域的深度融合，为县域经济社会发展提供新引擎，取得了积极成效。

为及时总结梳理各地的鲜活案例，以期为开展数字乡村建设提供经验交流和借鉴，去年11月，我们萌生了出一本相关图书的想法。这个想法得到了各方的积极响应，一些专家学者、地方领导、企业纷纷参与，如期提交资料。我们有幸邀请到浙江大学中国农村发展研究院教授、国家社科基金重大项目"加快数字乡村建设的理论创新与实践探索研究（21ZDA031）"首席专家徐旭初，中国人民大学农业与农村发展学院教授、国家社科基金重大项目"乡村振兴背景下数字乡村发展的理论、实践与政策研究（20&ZD164）"首席专家马九杰与我共同担任主编，并与编委会成员罗震东（南京大学）、王金杰（南开大学）、赵桂茹（中国商务出版社）等专家一起，在春节前后完成了两轮统稿工作，经由中国商务出版社编辑们精心编校而最终成书。衷心感谢所有参与者的辛勤付出！

本书理论与实践相结合，深入浅出地描绘了数字乡村的壮美画卷。第一部分理论探索篇，简洁明了地介绍了数字乡村发展的背景、现状和发展趋势。第二部分县域案例篇，精选33个县域典型案例，从综合发展、产业振兴、人才振兴、科技振兴、新业态新模式五大方向做了翔实的介绍和分析。第三部分企业实践篇，介绍了阿里巴巴作为数字化平台在助力乡村振兴方面的探索实践，以及圣农集团、网商银行等5家企业数字化转型助力乡村振兴的典型做法。希望本书能为各地推进智慧农业和数字乡村建设提供有益的理论支撑和实践参考。

由于时间紧，以及编者水平有限，书中难免有疏漏和不足之处，诚恳希望同行和读者批评指正。

左臣明

2023年3月于北京